영적인 성도가 되는 길

하나님 나라의 비밀

이을휘 지음

영적인 성도가 되는 길

하나님 나라의 비밀

이을휘 지음

반복하여 사용하면
영적인 사람으로 변화시키는 능력이 있는 책이다!

좋은땅

| 중요 성경 구절 |

1. 막 4:11 하나님 나라의 비밀을 너희에게는 주었으나 외인에게는 모든 것을 비유로 하나니.

2. 눅 17:21 또 여기 있다 저기 있다고도 못하리니 하나님의 나라는 너희 안에 있느니라.

3. 눅 19:27 그리고 나의 왕 됨을 원치 아니하던 저 원수들을 이리로 끌어다가 내 앞에서 죽이라 하였느니라.

4. 출 33:11 사람이 그 친구와 이야기함같이 여호와께서는 모세와 대면하여 말씀하시며 모세는 진으로 돌아오나 그 수종자 눈의 아들 청년 여호수아는 회막을 떠나지 아니하니라.

5. 막 4:20 좋은 땅에 뿌리웠다는 것은 곧 말씀을 듣고 받아 삼십 배와 육십 배와 백 배의 결실을 하는 자니라.

6. 고후 1:9 우리 마음에 사형 선고를 받은 줄 알았으니 이는 우리로 자기를 의뢰하지 말고 오직 죽은 자를 다시 살리시는 하나님만 의뢰하게 하심이라

7. 시 2:8 내게 구하라 내가 열방을 유업으로 주리니 네 소유가 땅 끝까지 이르리로다.

8. 롬 4:17 기록된바 내가 너를 많은 민족의 조상으로 세웠다 하심과 같으니 그의 믿은 바 하나님은 죽은 자를 살리시며 없는 것을 있는 것같이 부르시는 이시니라.

9. 요일 2:27 너희는 주께 받은바 기름 부음이 너희 안에 거하나니 아무도 너희를 가르칠 필요가 없고 오직 그의 기름 부음이 모든 것을 너희에게 가르치며 또 참되고 거짓이 없으니 너희를 가르치신 그대로 주 안에 거하라.

10. 요일 4:12 어느 때나 하나님을 본 사람이 없으되 만일 우리가 서로 사랑하면 하나님이 우리 안에 거하시고 그의 사랑이 우리 안에 온전히 이루느니라.

11. 잠 8:17 나를 사랑하는 자들이 나의 사랑을 입으며 나를 간절히 찾는 자가 나를 만날 것이니라.

12. 엡 6:12 우리의 씨름은 혈과 육에 대한 것이 아니요 정사와 권세와 이 어두움의 세상 주관자들과 하늘에 있는 악의 영들에게 대함이라.

13. 롬 8:6 육신의 생각은 사망이요 영의 생각은 생명과 평안이니라.

14. 히 9:7 오직 둘째 장막은 대제사장이 홀로 일 년 일 차씩 들어가되 피 없이는 아니하나니 이 피는 자기와 백성의 허물을 위하여 드리는 것이라.

15. 막 11:23 내가 진실로 너희에게 이르노니 누구든지 이 산더러 들리어 바다에 던지우라 하며 그 말하는 것이 이룰 줄 믿고 마음에 의심치 아니하면 그대로 되리라.

16. 행 20:24 나의 달려갈 길과 주 예수께 받은 사명 곧 하나님의 은혜의 복음 증거하는 일을 마치려 함에는 나의 생명을 조금도 귀한 것으로 여기지 아니하노라.

사랑하는 성도 여러분! 이 책은 성경의 보조 교재입니다.

이 책의 목적은 육신적인 성도가 영적인 성도가 되어서 영적인 교회를 세우는 데 도움을 주기 위한 것입니다(고전 2:13).

다시 살아나신 주 예수님을 마음에 모시고 부활신앙을 가지고 주 예수님과 동행, 동거하며 친밀해지는 데 중점을 두었습니다. 신앙생활에 기초가 되고 뼈대가 되는 말씀들로 구성되어 있습니다.

고난 가운데서 하나님께서 인도하시는 대로 영감을 주시는 대로 기록한 것입니다. 반복적으로 100번 이상 묵상하여 큰 믿음을 얻고 좋은 열매를 맺어 교회가 부흥되며 형통한 삶의 큰 역사가 일어나시기를 바랍니다.

모든 것은 성령의 역사로만 되는 것이기 때문에 오직 성령님의 임재하심과 인도하심을 먼저 간절히 구하시기를 바랍니다.

인생의 최고의 목적은 부활하신 주 예수님 한 분으로 만족하는 것입니다(빌 3:8). 예수님은 부활이요 생명이시며, 예수님 안에 모든 것이 다 있기 때문입니다(골 2:3).

주 예수님 외에 다른 것을 더 추가한다면 반드시 실패하는 인생을 살게 될 것입니다. 주 예수님을 떠나서는 아무것도 할 수 없습니다(요 15:5). 부활하신 예수님이 바로 창조주 하나님이시기 때문입니다.

그러므로 살아 계신 예수님을 지금 즉시로 마음에 나의 주인으로 모시고 사는 것입니다(롬 14:9). 주 예수님은 십자가의 생명의 핏값으로 우리를 지옥 불에서 사셨기 때문에 100% 순종과 100% 헌신을 요구하십니다(행 20:28). 주 예수님 앞에서 항복하는 길밖에는 없습니다(빌 2:5). 하루빨리 기도하여 순종하는 은혜를 받아야 합니다(고후 5:15).

나의 주인이 마귀에게서 예수님께로 바뀌는 길밖에는 없습니다. 주인이 바뀌는 것이 구원의 핵심입니다(롬 10:9). 예수님은 그리스도이십니다. 하나님의 아들, 아들 하나님, 창조주 하나님이십니다.

무능한 죄인의 마음속에 전지전능하신 여호와 하나님이 들어와 사시는 것입니다.

내 몸이 성전입니다. 예수님의 인격으로 성장하여 예수님과 동거, 동행하는 변화가 일어납니다. 예수님의 인격으로 말하고 행동하고 전도하는 역사가 일어납니다. 주 예수님이 내 마음속에 내주하심으로 마음속에서 천지개벽이 일어나는 것입니다. 마음속에서 혁명이 일어나는 것입니다.

이 길이 지름길입니다. 이 길만이 승리의 길이요, 능력의 길이요, 축복의 길입니다. 내 힘으로는 안 되고 성령님의 역사와 은혜로만 됩니다. 다른 길은 없습니다. 불순종의 길은 망하는 길입니다(삼상 15:23). 시간만 낭비하게 됩니다. 이것을 깨닫는 것이 아주 중요합니다.

주님의 일은 반심으로는 안 됩니다. 전심전력을 다하는 은혜를 받아야 합니다. 예수님도 생명, 피, 목숨을 나에게 주셨습니다. 나도 주님께 내 생명을 드려야 합니다. 나 자신을 부인하고 전심을 다하는 산 순교자의 마음을 가져야 합니다.

십자가의 도가 구원의 능력입니다(고전 1:18). 주 예수님은 십자가에서 오직 자기의 피로 영원한 속죄를 이루사 단번에 성소에 들어가셨습니다(히 9:12). 우리는 주 예수님의 피로 구속 곧 죄사함을 받았습니다(엡 1:7). 우리는 새로운 피조물입니다. 옛사람은 죽고 새사람이 되었습니다.

옛사람은 죄인입니다. 육신 속에는 선한 것이 없습니다. 옛사람은 죽어야 합니다.

롬 7:14 우리가 율법은 신령한 줄 알거니와 나는 육신에 속하여 죄 아래 팔렸도다.
롬 7:24 오호라 나는 곤고한 사람이로다 이 사망의 몸에서 누가 나를 건져 내랴.

그러므로 내 육신 속에 죄가 있기 때문에 주 예수님을 마음에 모시고 말씀으로 다스림을 받아야 합니다.

주 예수님의 보혈의 능력, 십자가의 죽으심, 부활, 승천, 회개, 성령충만(주와 동행), 풍성한 영혼의 열매. 7가지는 복음의 핵심입니다.

예수님은 십자가에서 피 흘려 죽으시고 3일 만에 다시 살아나셨습니다. 부활하심으로 예수님이 하나님의 아들이심이 확증되셨습니다(롬 1:4). 예수님은 나의 주, 나의 하나님이십니다(요 20:28). 창조주 예수님은 나의 주인이십니다(사 9:6).

나를 하나님의 형상과 모양대로 창조하셔서 나의 주인이 되셨고 핏값으로 나를 사셨습니다. 부활하신 예수님을 나의 주인으로 인정하지 않는 죄보다 더 큰 죄는 없습니다. 하나님을 배척하는 죄가 가장 큰 죄입니다. 하나님을 거역하고 자기가 하나님이 되려고 한 죄가 죄의 근원입니다(창 3:5).

성령님이 책망하시는 가장 큰 죄는 부활하신 주 예수님을 나의 하나님으로 믿지 않는 죄입니다(요 16:9). 아담은 하나님의 말씀에 불순종하고 마귀의 말을 듣고 마귀처럼 자기가 하나님이 되려는 무서운 죄를 범하였습니다. 내가 주인으로 살아온 죄가 얼마나 무서운 죄인가를 깨닫고 회개하고 주 예수님을 나의 주인으로 영접하여야 합니다.

십자가에서 피 흘려 죽으시고 내 죗값을 갚아 주시고 다시 살아나신 주 예수님이 나를 만나 주시기를 간절함으로 사모해야 합니다. 간절히 사모하고 기도하면 누구나 만나 주십니다.

사람이 구원을 받고 나면 부활신앙을 가지고 살아야 합니다. 죽은 자를 살리시는 하나님, 없는 것을 있는 것같이 부르시는 전능하신 하나님을 마음에 모시고 살아야 합니다(롬 4:17).

이제는 예수님을 목숨을 다하여 사랑하고 절대 순종하며 주님과 함께 왕 같은 제사장의 삶을 사는 것입니다.

작은 예수가 되어서 예수님의 삶을 재현하는 것입니다. 하나님의 형상과 모양으로 회복되어서 사랑의 체질로 변화를 받는 것입니다. 주와 함께 사랑의 전쟁에서 항상 승리하는 삶을 사는 것입니다.

그리고 날마다 경건생활을 통하여서 내 영혼이 성장하여야 합니다. 나 자신을 부인하고 마음속에서 성령님을 의지하여 말씀으로 온전한 다스림, 통치를 받는 하나님 나라의 삶을 사는 것입니다(눅 17:21). 생명의 성령의 법이 내 마음을 통치하여 주십니다. 지금 천국입니다. 새 하늘과 새 땅의 삶을 지금 이 땅에서 사는 것입니다(계 21:1).

그리고 주님의 인격을 닮아서 영혼을 사랑하는 어부, 예수님의 부활의 증인인 복음전도자가 되는 것입니다(행 1:22). 영혼사랑의 열매를 통하여서 아버지께 영광을 돌리는 것입니다(요 15:8). 중생과 영혼성장과 복음전파는 신앙생활의 핵심입니다. 주님께 쓰임 받는 일꾼이 되는 것입니다.

3가지 믿음, 즉 구원받은 믿음, 주와 동행하는 믿음, 영혼을 살리는 믿음을 소유해야 합니다. 부활의 믿음을 통한 구원의 확신과 영혼성장이 되어서 주님과 동행하는 믿음, 영혼을 살리는 어부의 삶을 사는 믿음의 은혜를 받아야 합니다.

성령님께서 내 마음속에 기름을 부으심으로 임재하시고(요일 2:27) 속사람 영혼이 성장하여 예수님의 인격으로 변화를 받아서 세상의 빛으로 보이는 삶을 사는 것입니다(마 5:14). 주님과 하나가 되어서 주님의 영광이 나타나는 인격이 되는 것입니다(행 7:55).

그리고 포도나무 가지처럼 예수님의 아가페의 사랑이 나를 통해서 흘러나와서 영혼을 살리는 것입니다. 예수님의 사랑의 실천의 도구로 쓰임 받는 것입니다(요일 3:16). 주님의 은혜로 내가 먼저 주님의 사랑을 실천하면 주님의 사랑을 계속 부어 주십니다.

먼저 내 영혼이 성경말씀을 주야로 묵상하여 고침받고 오직 말씀으로만 사는 생활, 절대 순종하는 생활, 성령의 역사로 말씀을 성취하는 삶을 사는 은혜를 받아야 합니다.

은혜로 구원받으면 5가지 중요한 변화가 나타납니다. 마음속의 하나님 나라를 얻고, 마귀와 육신과 세상의 욕망과 모든 죄악을 이기고, 자유함을 얻습니다.

이 모든 것이 십자가 보혈의 은혜입니다. 지금도 하나님의 피는 능력이 있습니다. 보혈의 능력을 날마다 선포하여야 합니다. 원수 마귀를 제압하고 추방하여야 합니다.

십자가에서 옛사람은 죽고 새사람이 되었습니다. 옛사람인 죄인을 확실하게 부인하고 처리하는 것이 가장 중요합니다. 십자가 예수 안에서 죽은 옛사람이 살아 있다면 신앙생활은 실패하게 되는 것입니다. 옛사람이 죽었다고 알고, 여기고, 드리고, 쓰임 받아야 합니다. 번제단에 드려진 제물이 되어야 합니다(롬 12:1).

십자가를 자랑하는 것이 구원받은 증거입니다(갈 6:14). 아직도 이 세상 것을 가지고 자랑하는 사람은 구원받은 사람이 아닙니다. 십자가에서 피 흘리시는 사랑의 예수님을 만나 볼 때에 돌 같은 내 마음이 녹으며 내 영혼이 비로소 주님을 사랑하게 되며 내가 주인이 되어서 살아온 무서운 죄를 회개하게 되는 것입니다.

마귀의 통로인 나의 옛사람이 반드시 죽어야 새 생명으로 주님과 교제하며 마귀를 이기며 영적인 전쟁에서 승리할 수 있습니다. 사랑의 전쟁, 기도의 전쟁에서 승리할 수 있습니다.

날마다 지은 죄를 자백하고 보혈로 씻음받고(요일 1:9) 말씀으로 고침받고(히 12:13) 성령으로 충만하여 주와 동거하는 거룩한 생활의 은혜를 받아야 합니다(살전 5:10). 너희는 세상의 빛이다. 마음속의 성령의 빛이 세상 사람들에게 보이므로 하나님께서 영광을 받으시는 생활입니다.

가장 중요한 것은 예수님과 나는 한 몸입니다. 예수님과 일체요, 지체입니다(고전 6:17). 나를 통해서 사랑과 능력이 나타나는 것입니다. 나의 주인은 예수님이시기 때문에 예수님이 나를 통해서 예수님의 일을 하십니다(갈 2:20). 여기에 예수님만 의지하는 믿음이 필요합니다.

그리고 죄를 지을 때마다 지은 죄를 시인하면 예수님의 피로 정결함을 받고 즉시로 주님과

의 교제가 회복됩니다.

마음속에 주 예수님을 나의 왕으로 모시고 말씀으로 다스림 받고 사랑하여 영혼의 풍성한 열매를 맺는 삶이 하나님 나라의 비밀입니다(막 4:20).

이 길은 지극히 거룩한 길입니다. 사랑하지 않고서는 거룩하신 하나님을 볼 수도 없고 동행할 수도 없습니다. 기도하여 거룩함의 은혜를 반드시 받아야 합니다.

영혼구원을 받은 것만으로는 부족합니다. 반드시 영혼이 성장하여야 합니다. 하나님의 말씀으로 살아야 합니다. 하나님의 말씀으로 살지 못하고 불순종하면 고난이 옵니다.

순종을 배우는 기간, 양육 기간, 광야 40년, 제자들의 3년 반이 양육 기간이요, 고난의 기간입니다(계 12:14).

자아를 포기하고 주님을 의지하고 순종하여 열매를 맺는 길이 축복의 길입니다. 말씀에 순종하는 인격들이 모여서 예수님이 거하시는 신령한 교회공동체로 세워져야 합니다. 예수님의 다스림을 받아야 합니다. 영적인 사람이 되어야 합니다.

성령으로 충만하여 성령의 권능으로 부활하신 예수님을 증거하는 부활의 증인의 삶을 사는 것입니다(행 4:31). 참 제자는 부활과 회개를 전하는 복음전도자입니다. 복음전파의 사명은 내 생명보다도 귀한 것입니다(행 20:24).

이 길밖에는 없습니다. 다른 길은 없습니다. 이 좁은 길은 십자가의 사랑의 길입니다. 승리의 길이요, 축복의 길입니다.

예수님께서 십자가의 보혈과 부활로 다 이루어 놓으셨습니다. 이 길은 은혜로만 갈 수 있습니다. 십자가의 도의 은혜를 전심전력을 다하여 간구하시기를 바랍니다.

호시탐탐 원수 마귀가 방해할 때가 많습니다. 주 예수님은 끝까지 자녀들을 사랑하십니다(요 13:1). 주 예수님은 십자가에서 피를 흘려 죽으시기까지 우리를 사랑하셨습니다. 구원의 확신과 아버지 하나님의 사랑의 확신을 가지고 날마다 승리하는 삶을 살아갑시다. 결론적으로 말씀을 한 번 더 강조한다면 이스라엘 백성들이 애굽의 종살이에서 출애굽하여 홍해바다를 건너서 광야로 나와서 40년 동안 고난 가운데서 주님만을 의지하는 훈련을 받았습니다. 그리고 나서 요단강을 건너서 가나안 땅을 점령하고 정착하여 하나님을 섬기며 영광과 번영의 삶을 살았습니다. 이와 같이 오늘날 예수님을 믿고 구원을 받은 우리들도 오직 주 예수님만 의지하는 3년 반 동안의(1,260일) 고난의 경건생활이 꼭 필요합니다. 회개, 성령충만, 말씀, 기도, 전도, 교제, 주의 만찬(성찬)으로 영혼성장의 집중 과정이 꼭 필요합니다. 마음속에 하나님 나라가 이루어져서 나의 주인, 나의 왕이신 주 예수님의 다스림을 받아 마귀, 자아, 세상, 죄악을 이기고 승리하며 영혼의 풍성한 열매를 맺어 하나님께 영광을 돌리는 풍성한 삶을 사는 은혜가 반드시 임하여야 합니다. 내 몸이 성전입니다. 능력의 성령 하나님이 지금 내 안에 계십니다. 하나님과 나는 하나입니다. 능력의 하나님은 나를 통하여서 사람들의 영혼을 살리십니다. 주님과 함께 내 생명보다 귀한 복음전파의 사명을 감당하기 위하여 간절히 기도합시다.

사랑하는 형제자매 여러분! 지금 말세 지말에 전도의 현장에서 영적인 진리의 전쟁터에서 (계 19:19) 항상 승리하시는 여러분들 되시기를 주 예수님의 이름으로 간절히 축원합니다. 할 렐루야!

차례 contents

제4부

부록

제1부

하나님 나라의 비밀과
영적인 생활

말씀 묵상, 영, 믿음 훈련:

100번 이상 말하고 묵상하세요

1

하나님 나라의 비밀

말씀에 순종하는 생활: 좋은 땅-100배의 열매

2. 이에 예수께서 여러 가지를 비유로 가르치시니 그 가르치시는 중에 저희에게 이르시되.

3. 들으라 씨를 뿌리는 자가 뿌리러 나가서.

4. 뿌릴 새 더러는 길가에 떨어지매 새들이 와서 먹어 버렸고.

5. 더러는 흙이 얇은 돌밭에 떨어지매 흙이 깊지 아니하므로 곧 싹이 나오나

6. 해가 돋은 후에 타져서 뿌리가 없으므로 말랐고.

7. 더러는 가시떨기에 떨어지매 가시가 자라 기운을 막으므로 결실치 못하였고.

8. 더러는 좋은 땅에 떨어지매 자라 무성하여 결실하였으니 삼십 배와 육십 배와 백 배가 되었느니라 하시고.

9. 또 이르시되 들을 귀 있는 자는 들으라 하시니라

10. 예수께서 홀로 계실 때에 함께한 사람들이 열두 제자로 더불어 그 비유들을 묻자오니.

11. 이르시되 하나님 나라의 비밀을 너희에게는 주었으나 외인에게는 모든 것을 비유로 하나니.

12. 이는 저희로 보기는 보아도 알지 못하며 듣기는 들어도 깨닫지 못하게 하여 돌이켜 죄사함을 얻지 못하게 하려 함이니라 하시고.

13. 또 가라사대 너희가 이 비유를 알지 못할진대 어떻게 모든 비유를 알겠느뇨.

14. 뿌리는 자는 말씀을 뿌리는 것이라.

15. 말씀이 길가에 뿌리웠다는 것은 이들이니 곧 말씀을 들었을 때에 사단이 즉시 와서 저희에게 뿌리운 말씀을 빼앗는 것이요.

16. 또 이와 같이 돌밭에 뿌리웠다는 것은 이들이니 곧 말씀을 들을 때에 즉시 기쁨으로 받으나.

17. 그 속에 뿌리가 없어 잠깐 견디다가 말씀을 인하여 환난이나 핍박이 일어나는 때에는 곧

넘어지는 자요.

18. 또 어떤 이는 가시떨기에 뿌리우는 자니 이들은 말씀을 듣되.

19. 세상의 염려와 재리의 유혹과 기타 욕심이 들어와 말씀을 막아 결실치 못하게 되는 자요.

20. 좋은 땅에 뿌리웠다는 것은 곧 말씀을 듣고 받아 삼십 배와 육십 배와 백 배의 결실을 하는 자니라.

문답

1) 천국의 비밀을 누가 알 수 있나요?

제자들에게는 허락되었으나 다른 사람에게는 비유로 하여 깨닫지 못하게 하였습니다(막 4:11).

2) 누가 하나님 나라의 말씀을 들을 수 있나요?

들을 귀, 영의 귀가 있는 자. 주님을 따라가며 순종하는 은혜를 받은 사람들은 알아듣습니다(막 4:9).

내 양은 내 음성을 들으며 나는 그들을 알며 그들은 나를 따르느니라(요 10:27).

3) 밭에 뿌리는 씨는 무엇인가요?

하나님의 말씀입니다(막 4:14).

4) 말씀을 빼앗아 가는 자가 누구인가요?

사탄입니다(막 4:15).

5) 하나님의 나라의 핵심은 무엇인가요?

예수님을 나의 주인으로 영접하여 구원받고 성령과 말씀으로 영혼이 성장하여 주님을 사랑하고 말씀에 순종하는 생활입니다. 주와 동행, 동거하며 영혼의 풍성한 열매를 맺어 하나님의 영광을 나타내는 생활입니다.

마음의 밭에 말씀을 풍성하게 심어 순종함으로 100배의 열매를 맺는 주님과 동거, 동행하는 생활입니다.

6) 4가지 밭의 종류(심령의 밭)

(1) 길가 밭

밭이 단단하여 씨앗이 심기지 못하고 밟힌다. 사람이 하나님을 말씀을 들으나 마음으로 깨닫지 못한다. 마귀가 와서 그 마음에서 말씀을 즉시로 **빼앗아** 간다.

(2) 돌밭

흙이 얇은 돌밭에 떨어지나 햇볕에 곧 시들어 버린다. 사람이 하나님의 말씀을 받고 기쁨으로 받으나 그 속에 뿌리가 없어 잠깐 견디다가 말씀을 인하여 환난이나 핍박이 오면 곧 믿음이 사라지고 넘어지는 자이다. 말씀을 듣고 깨닫지만 순종이 안 되고 환난에 넘어지는 사람이다.

(3) 가시떨기 밭

말씀을 듣고 말씀을 믿음으로 간직하되 세상의 염려와 재리의 유혹과 기타 욕심이 들어와 말씀을 막아 결실치 못하게 되는 자. 어느 정도의 영혼성장은 있으나 열매가 없는 자이다. 말씀에 어느 정도 순종하지만 믿음이 부족하여 유혹을 이기지 못하고 열매가 없다.

(4) 좋은 땅(밭)

곧 말씀을 듣고 받아 삼십 배, 육십 배, 백 배의 결실을 맺는 자이다. 말씀을 듣고 순종하고 사랑하여 풍성한 열매를 맺는 자이다.

7) 좋은 땅이 되려면 어떤 은혜를 받아야 하나요?

주님과 동행 동거함. 기도하여 성령님이 임재하시어 역사하시면 십자가의 피 흘리시는 예수님을 뵈옵게 되고 십자가의 사랑을 알게 됩니다. 부활하신 예수님은 하나님이십니다. 내가 주인 되어서 살아온 죄를 회개하고 부활하신 예수님을 나의 주인으로 모셔 들이면 죄사함을 받고 성령을 받게 됩니다.

간절히 기도하여 성령충만 받고 주야로 말씀을 묵상하고 기도하면 마음속에 말씀의 뿌리를 깊이 내리며 세상의 염려와 재리의 유혹과 기타 욕심을 버리는 십자가의 은혜를 받게 됩니다. 세상 것을 가지치기하고 세상과 구별하게 됩니다. 그리고 주의 보혈로 날마다 지은 죄를 자백하여 깨끗하게 씻어야 합니다. 거룩함이 필요합니다. 나의 옛사람이 100% 죽었다고 믿고 이제는 주님만을 위하여 사는 은혜를 받아야 합니다. 예수님이 십자가에 죽으신 것처럼 나도 예수님 안에서 나의 옛사람인 자아가 죽었음을 알고 쓰임 받아야 합니다.

사도 바울은 날마다 죽었음을 시인하고 주님만 의지하여 많은 열매를 맺었습니다. 좋은 땅이란 주님의 마음, 주님의 인격, 주님 안에 거함, 성령충만, 100배의 영혼의 열매를 맺는 사람입니다.

8) 심겨진 말씀은 어떻게 자라고 열매를 맺게 되는가요?

자라고 열매를 맺게 하시는 분은 하나님이십니다.

고전 3:6~8 나는(바울) 심었고 아볼로는 물을 주었으되 오직 하나님께서 자라나게 하셨나니 그런즉 심는 이나 물주는 이는 아무것도 아니로되 오직 자라게 하시는 이는 하나님뿐이니라 심는 이와 물주는 이는 한 가지이나 각각 자기가 일한 대로 상을 받으리라.

9) 말씀을 어떻게 마음의 밭에 심을 수 있을까요?

(1) 말씀을 주야로 묵상해야 합니다.

시 1:2~3 오직 여호와의 율법을 즐거워하여 그의 율법을 주야로 묵상하는도다 그는 시냇가에 있는 나무가 철을 따라 열매를 맺으며 그 잎사귀가 마르지 아니함 같으니 그가 하는 모든 일이 다 형통하리로다.

수 1:8 이 율법책을 네 입에서 떠나지 말게 하며 주야로 그것을 묵상하여 그 안에 기록된 대로 다 지켜 행하라 그리하면 네 길이 평탄하게 될 것이며 네가 형통하리라.

(2) 주님 안에 거하라.

요 15:3~9 내 안에 거하라 나도 너희 안에 거하리라. 말씀을 깊이 묵상하여 순종함으로 심령이 깨끗하여지고 성령충만하여 서로 사랑, 주님의 사랑 안에 거하여야 합니다.

(3) 성령님을 의지해야 합니다.

겔 36:27 또 내 영을 너희 속에 두어 너희로 내 율례를 행하게 하리니 너희가 내 규례를 지켜 행할지라.

(4) 말씀을 입으로 시인해야 합니다.

롬 10:10 사람이 마음으로 믿어 의에 이르고 입으로 시인하여 구원에 이르느니라.

(5) 말씀을 계속해서 들어야 합니다.

롬 10:17 그러므로 믿음은 들음에서 나며 들음은 그리스도의 말씀으로 말미암았느니라.

사 55:3 너희는 귀를 기울이고 내게로 나아와 들으라 그리하면 너희의 영혼이 살리라.

10) 하나님의 말씀을 듣고 행하는 사람은 어떤 사람인가요?

지혜로운 사람, 기도하는 사람, 사랑을 실천하는 사람입니다.

마 7:24 그러므로 누구든지 나의 이 말을 듣고 행하는 자는 그 집을 반석 위에 지은 지혜로운 사람 같으니.

11) 풍성한 열매를 맺는 비결은 무엇입니까?

(1) 하나님의 은혜를 기도하여 받아야만 합니다.

고전 15:10 그러나 내가 나 된 것은 하나님의 은혜로 된 것이니 내게 주신 그의 은혜가 헛되지 아니하여 내가 모든 사도보다 더 많이 수고하였으나 내가 한 것이 아니요 오직 나와 함께하신 하나님의 은혜로다.

(2) 날마다 생명의 말씀을 받아야 합니다.

(3) 받은 말씀 가지고 말씀 성취를 위하여 간절히 기도해야 합니다.

(4) 말씀에 순종하여 사랑을 실천하는 은혜를 받아야 합니다.

(5) 인격이 고침받고 거룩한 은혜를 받아야 합니다.

(6) 주 안에 거하고 주와 동행하는 은혜를 받아야 합니다.

요 15:5 나는 포도나무요 너희는 가지라 그가 내 안에 내가 그 안에 거하면 사람이 열매를 많이 맺나니 나를 떠나서는 너희가 아무것도 할 수 없음이라.

(7) 믿음의 기도와 명령, 선포하라, 자녀의 권세와 혀의 권세

(8) 풍성한 열매: 하나님의 영광이요, 상급 받고 형통하게 됩니다.

(9) 전심전력: 말씀과 순종의 집중력이 필요함, 죽도록 충성하라.

(10) 나의 옛사람이 확실하게 죽었다고 믿고 이제는 100% 영혼만을 위하여 살아야 합니다.

12) 좋은 땅(옥토밭)에서 열매는 몇 배입니까?

30배, 60배, 100배.

13) 열매 중 가장 귀한 열매는 무엇입니까?

구원받은 영혼이 신의 성품으로 변화됨. 주님의 형상과 모양으로 회복되는 것과 영혼구원입니다.

14) 은혜를 받는 비결은 무엇입니까?

하나님께 간구해야 합니다.

욥 33:26 그는 하나님께 기도함으로 하나님이 은혜를 베푸사 그로 말미암아 기뻐 외치며 하나님의 얼굴을 보게 하시고 사람에게 그의 공의를 회복시키느니라.

시 119:58 내가 전심으로 주께 간구하였사오니 주의 말씀대로 내게 은혜를 베푸소서.

15) 우리가 제일 먼저 구할 것은 무엇입니까?

그의 나라: 하나님의 다스리심.

그의 의: 거룩함.

> 마 6:33 그런즉 너희는 먼저 그의 나라와 그의 의를 구하라 그리하면 이 모든 것을 더하여 주시리라.

16) 하나님의 나라는 어디에 있습니까?

심령 속에, 마음속에 있습니다.

> 눅 17:21 또 여기 있다 저기 있다 못하리니 하나님의 나라는 너희 안에 있느니라.

17) 하나님의 성전은 어디에 있나요?

마음 성전. 내 몸 안에 있습니다.

> 고전 6:19~20 너희 몸은 너희가 하나님께로부터 받은바 너희 가운데 계신 성령의 전인 줄을 알지 못하느냐 너희는 너희 것이 아니라 값으로 산 것이 되었으니 그런즉 너희 몸으로 하나님께 영광을 돌리라.

18) 마음속의 하나님 나라에서 어떻게 다스리시나요?

천국 지점에서 성령님께서 말씀으로 다스려 주십니다.

> 요일 2:27 너희는 주께 받은바 기름부음이 너희 안에 거하나니 아무도 너희를 가르칠 필요가 없고 오직 그의 기름부음이 모든 것을 너희에게 가르치며 또 참되고 거짓이 없으니 너희를 가르치신 그대로 주 안에 거하라.

19) 인생 최고의 복은 무엇입니까?

마음속의 하나님 나라에서 성령님을 모시고 말씀으로 다스림 받고 서로 사랑하여 영혼의 열매를 맺어 아버지 하나님께 영광을 드리는 생활입니다. 믿음으로 말씀을 순종하여 하나님을 기쁘게 하여 드리는 생활입니다.

20) 마음속의 하나님 나라

넓고 넓은 마음 밭에 하나님의 말씀을 종류대로 부지런히 아주 많이 심어서 풍성한 영혼의 열매를 거두시기를 바랍니다. 말씀대로 순종하고 서로 사랑하는 은혜를 받으시기를 바랍니다. 성령님을 나의 왕으로 마음속에 모시고 완전한 다스림을 받고 온전한 통치를 받으시도록 간절하게 기도드리시기를 바랍니다. 성령 하나님 앞에서 사시는 복을 받으시고 마음속의 새 하늘과 새 땅에서 서로 사랑하는 삶을 사는 복을 받으시기를 바랍니다.

2

인생의 참된 목적

: 예수님을 닮은 인격, 예수님의 형상회복, 예수님의 증인, 주와 동행, 온전함, 참 제자

문답

1) 인생의 참된 목적이 무엇입니까?

하나님의 형상과 모양으로 회복하는 것입니다. 내 인격이 예수님의 성품으로 변화받고 내 영혼이 성장하는 것입니다. 예수님과 동거, 동행하는 것입니다.

새 에덴이 회복되는 것, 재창조되는 것, 성령으로 충만한 사람이 되는 것, 예수님을 닮는 것, 영적인 사람이 되는 것, 참 제자가 되는 것, 주님과 친밀하게 사는 것, 복음의 증인이 되는 것, 온전한 사람이 되는 것, 거룩함의 회복, 주님을 마음에 모시고 말씀으로 다스림 받으며 함께 사는 것입니다.

이웃을 사랑하고 풍성한 영혼의 열매를 맺어서 하나님께 영광을 돌리고 하나님을 기쁘시게 하여 드리는 생활, 절대 순종하는 생활, 서로 사랑하는 생활, 예수님을 나의 주인으로 모시고 영원토록 기뻐하는 생활입니다. 나의 주인이 예수님으로 바뀌는 것입니다. 예수님의 증인이 되는 것입니다.

2) 성경을 기록한 목적이 무엇입니까?

선한 일을 행하기에 온전한 사람이 되는 것입니다. 사람이 구원을 받고 온전한 사람으로 성장하여서 하나님의 일꾼이 되는 것, 예수님을 나의 주인으로 모시고 증인이 되는 것입니다.

3) 영적인 교회를 세우신 목적이 무엇입니까?

성도를 온전하게 하며 봉사의 일을 하게 하며 그리스도의 몸을 세우기 위함. 순종하고 전도하여 영혼을 구원하는 것. 성도를 하나님의 일꾼으로 양육하여 하나님의 영광을 위하여 사는

것. 예수님을 나의 주인으로 모시고 증인이 되는 것입니다.

4) 모세는 여호와 하나님과 어느 정도 친밀하였습니까?

하나님과 대면하여 친구처럼 친밀하게 대화하였습니다.

5) 전도서의 결론이 무엇입니까?

하나님을 경외하고 그의 명령을 지키는 은혜를 받는 것입니다. 사람이 한 번 죽는 것은 정해진 것이요, 그다음에는 심판이 있습니다.

6) 300년 동안 하나님과 동행하다가 죽지 않고 하늘로 올라간 사람은 누구입니까?

에녹.

7) 하나님의 뜻은 무엇입니까?

거룩함입니다.

8) 어떻게 하여야 거룩하게 삽니까?

말씀과 기도로 거룩하게 됩니다. 약속의 말씀을 가지고 기도하여 말씀으로 순종하며 사는 생활입니다. 또한 불순종한 죄를 자백하여 예수님의 피로 날마다 죄를 씻는 생활이 있어야 합니다.

9) 성도는 누구를 따라가야 합니까?

성령 하나님: 성령을 따라 행하라.

10) 예수님의 마음은 무엇입니까?

아버지 하나님의 말씀에 죽기까지 순종하신 것입니다. 우리는 이 마음을 가져야 합니다.

11) 순교자들과 우리의 참 소망은 무엇입니까?

더 좋은 부활을 얻는 것입니다.

12) 인생의 목적은 무엇입니까?

예수 닮기, 신의 성품 닮기, 서로 사랑하는 사람이 되는 것, 복음전도자, 예수 증인, 주와 동행하는 것입니다, 예수님은 나의 주인이십니다.

13) 지혜로운 사람은 누구입니까?

말씀을 듣고 행하는 자입니다.

말씀

1. 창 1:26 하나님이 이르시되 우리의 형상을 따라 우리의 모양대로 우리가 사람을 만들고 그들로 바다의 물고기와 하늘의 새와 가축과 온 땅과 땅에 기는 모든 것을 다스리게 하자 하시고.

　　재창조: 하나님의 형상과 모양으로 회복, 성령님이 내주하시는 것, 구원받는 것.

2. 창 2:7 여호와 하나님이 땅의 흙으로 사람을 지으시고 생기를 그 코에 불어 넣으시니 사람이 생령이 된지라.

3. 창 3:5 너희가 그것을 먹는 날에는 너희 눈이 밝아 하나님과 같이 되어 선악을 알 줄을 하나님이 아심이니라.

4. 롬 8:29~30 하나님이 미리 아신 자들을 또한 그 아들의 형상을 본받게 하기 위하여 미리 정하셨으니 이는 그로 많은 형제 중에서 맏아들이 되게 하려 하심이니라 또 미리 정하신 그들을 또한 부르시고 부르신 그들을 또한 의롭다 하시고 의롭다 하신 그들을 또한 영화롭게 하셨느니라.

5. 갈 4:19 나의 자녀들아 너희 속에 그리스도의 형상을 이루기까지 다시 너희를 위하여 해산하는 수고를 하노니.

6. 딤후 3:15~17 또 네가 어려서부터 성경을 알았나니 성경은 능히 너로 하여금 그리스도 예수 안에 있는 믿음으로 말미암아 구원에 이르는 지혜가 있게 하느니라 모든 성경은 하나님의 감동으로 된 것으로 교훈과 책망과 바르게 함과 의로 교육하기에 유익하니 이는 하나님

의 사람으로 온전케 하며 모든 선한 일을 행하기에 온전케 하려 함이니라(성경 기록 목적).

7. 엡 4:11~13 그가 어떤 사람은 사도로 어떤 사람은 선지자로 어떤 사람은 복음 전하는 자로 어떤 사람은 목사와 교사로 삼으셨으니 이는 성도를 온전하게 하며 봉사의 일을 하게 하며 그리스도의 몸을 세우려 하심이라 우리가 다 하나님의 아들을 믿는 것과 아는 일에 하나가 되어 온전한 사람을 이루어 그리스도의 장성한 분량이 충만한 데까지 이르리니.

8. 행 16:30~31 저희를 데리고 나가 가로되 선생들아 내가 어떻게 하여야 구원을 얻으리이까 하거늘 가로되 주 예수를 믿으라 그리하면 너와 네 집이 구원을 얻으리라.

9. 롬 14:8~9 우리가 살아도 주를 위하여 살고 죽어도 주를 위하여 죽나니 그러므로 사나 죽으나 우리가 주의 것이로라 이를 위하여 그리스도께서 죽었다가 다시 살으셨으니 곧 죽은 자와 산 자의 주가 되려 하심이니라.

10. 마 4:19~20 말씀하시되 나를 따라오너라 내가 너희로 사람을 낚는 어부가 되게 하리라 하시니 저희가 곧 그물을 버려 두고 예수를 좇으니라.

11. 요 20:27~28 도마가 대답하여 가로되 나의 주시며 나의 하나님이시니이다.

12. 요 15:15 이제부터는 너희를 종이라 하지 아니하리니 종은 주인이 하는 것을 알지 못함이라 너희를 친구라 하였노니.

13. 출 33:11 사람이 자기의 친구와 이야기함 같이 여호와께서는 모세와 대면하여 말씀하시며 모세는 진으로 돌아오나 눈의 아들 젊은 수종자 여호수아는 회막을 떠나지 아니하니라.

14. 마 22:37~39 예수께서 이르시되 네 마음을 다하고 목숨을 다하고 뜻을 다하여 주 너의 하나님을 사랑하라 하셨으니 이것이 크고 첫째 되는 계명이요 둘째도 그와 같으니 네 이웃을 네 자신과 같이 사랑하라.

15. 창 5:24 에녹이 하나님과 동행 하더니 하나님이 그를 데려가심으로 세상에 있지 아니하였더라.

16. 고전 15:30~32 또 어찌하여 우리가 때마다 위험을 무릅쓰리요 형제들아 내가 그리스도 예수 우리 주 안에서 가진 바 너희에게 대한 나의 자랑을 두고 단언하노니 나는 날마다 죽노라 내가 범인처럼 에베소에서 맹수로 더불어 싸웠으면 내게 무슨 유익이 있느뇨 죽은 자가 다시 살지 못할 것이면 내일 죽을 터이니 먹고 마시자 하리라.

17. 히 11:35 여자들은 자기의 죽은 자를 부활로 받기도 하며 또 어떤 이들은 더 좋은 부활을 얻고자 하여 악형을 받되 구차히 면하지 아니하였으며.

18. 벧후 1:4 이로써 그 보배롭고 지극히 큰 약속을 우리에게 주사 이 약속으로 말미암아 너희가 정욕 때문에 세상에서 썩어질 것을 피하여 신의 성품에 참여하는 자가 되게 하려 하셨느니라.

19. 빌 2:5~9 너희 안에 이 마음을 품으라 곧 그리스도 예수의 마음이니 그는 근본 하나님의 본체시나 하나님과 동등됨을 취할 것으로 여기지 아니하시고 오히려 자기를 비워 종의 형체를 가지사 사람들과 같이 되셨고 사람의 모양으로 나타나사 자기를 낮추시고 죽기까지 복종하셨으니.

20. 살전 5:10 예수께서 우리를 위하여 죽으사 우리로 하여금 깨어있든지 자든지 자기와 함께 살게 하려 하셨느니라.

21. 고후 5:15 그가 모든 사람을 대신하여 죽으심은 살아 있는 자들로 하여금 다시는 그들 자신을 위하여 살지 않고 오직 그를 대신하여 죽었다가 다시 살아나신 이를 위하여 살게 하려 함이라.

22. 갈 5:16~17 내가 이르노니 너희는 성령을 따라 행하라 그리하면 육체의 욕심을 이루지 아니하리라 육체의 소욕은 성령을 거스르고 성령은 육체를 거스르나니 이 둘이 서로 대적하므로 너희가 원하는 것을 하지 못하게 하려 함이니라.

23. 벧전 2:9 오직 너희는 택하신 족속이요 왕 같은 제사장들이요 거룩한 나라요 그의 소유된 백성이니 이는 너희를 어두운 데서 불러내어 그의 기이한 빛에 들어가게 하신 자의 아름다운 덕을 선전하게 하려 하심이라.

24. 약 5:1~3 들으라 부한 자들아 너희에게 임할 고생으로 말미암아 울고 통곡하라 너희 재물은 썩었고 너희 옷은 좀먹었으며 너희 금과 은은 녹이 슬었으니 이 녹이 너희에게 그 증거가 되며 불같이 너희 살을 먹으리라 너희가 말세에 재물을 쌓았도다.

25. 요일 2:15~17 이 세상이나 세상에 있는 것들을 사랑하지 말라 누구든지 세상을 사랑하면 아버지의 사랑이 그 안에 있지 아니하니 이는 세상에 있는 모든 것이 육신의 정욕과 안목의 정욕과 이생의 자랑이니 다 아버지께로부터 온 것이 아니요 세상으로부터 온 것이라 이 세상도 정욕도 지나가되 오직 하나님의 뜻을 행하는 자는 영원히 거하느니라.

26. 마 6:33 너희는 먼저 그의 나라와 그의 의를 구하라 그리하면 이 모든 것을 너희에게 더하시리라.

27. 요삼 1:3 사랑하는 자여 네 영혼이 잘됨 같이 네가 범사에 잘되고 강건하기를 내가 간구하

노라.

28. 엡 6:12 우리의 씨름은 혈과 육을 상대하는 것이 아니요 통치자들과 권세들과 이 세상의 어둠의 세상 주관자들과 하늘에 있는 악의 영들을 상대함이라.

29. 고후 6:19~20 너희 몸은 너희가 하나님께로 받은바 너희 가운데 계 성령의 전인 줄을 알지 못하느냐 너희는 너희 것이 아니라 값으로 산 것이 되었으니 그런즉 너희 몸으로 하나님께 영광을 돌리라.

30. 엡 2:6 또 함께 일으키사 그리스도 예수 안에서 함께 하늘에 앉히시니.

31. 미 6:8 사람아 주께서 선한 것이 무엇임을 네게 보이셨나니 여호와께서 네게 구하는 것은 오직 정의를 행하며 인자를 사랑하며 겸손하게 네 하나님과 함께 동행하는 것이 아니냐.

32. 사 43:7 내 이름으로 불려지는 모든 자 곧 내가 내 영광을 위하여 창조한 자를 오게 하라 그를 내가 지었고 만들었느니라.

33. 17c 웨스트 민스터 신앙고백: 사람의 제일의 목적은 무엇입니까? 하나님을 영화롭게 하고 영원토록 하나님을 기뻐하는 것입니다.

34. 요일 2:27 너희는 주께 받은바 기름부음이 너희 안에 거하나니 아무도 너희를 가르칠 필요가 없고 오직 그의 기름부음이 모든 것을 너희에게 가르치며 또 참되고 거짓이 없으니 너희를 가르치신 그대로 주 안에 거하라.

35. 창 41:38~41 바로가 그 신하들에게 이르되 이와 같이 하나님의 신에 감동한 사람을 우리가 어찌 얻을 수 있으리요 하고 요셉에게 이르되 하나님이 이 모든 것을 네게 보이셨으니 너와 같이 명철하고 지혜 있는 자가 없도다 너는 내 집을 치리하라 내 백성이 다 네 명을 복종하리니 나는 너보다 높음이 보좌뿐이니라.

36. 살전 4:7~8 하나님이 우리를 부르심은 부정케 하심이 아니요 거룩케 하심이니 그러므로 저버리는 자는 사람을 저버림이 아니요 너희에게 그의 성령을 주신 하나님을 저버림이니라.

37. 욥 42:5 내가 주께 대하여 귀로 듣기만 하였삽더니 이제는 눈으로 주를 뵈옵나이다.

38. 골 2:3 하나님의 비밀인 그리스도를 깨닫게 하려 함이라 그 안에는 지혜와 지식의 모든 보화가 감추어 있느니라.

39. 빌 3:7~8 그러나 무엇이든지 내게 유익하던 것을 내가 그리스도를 위하여 다 해로 여길 뿐더러 또한 모든 것을 해로 여김은 내 주 그리스도 예수를 아는 지식이 가장 고상함을 인함이라 내가 그를 위하여 모든 것을 잃어버리고 배설물로 여김은 그리스도를 얻고.

40. 딤전 4:5 하나님의 말씀과 기도로 거룩하여짐이니라.

41. 전 12:13~14 일의 결국을 다 들었으니 하나님을 경외하고 그 명령을 지킬지어다 이것이 사람의 본분이니라 하나님은 모든 행위와 모든 은밀한 일을 선악 간에 심판하시리라.

42. 마 28:18~20 예수께서 나아와 일러 가라사대 하늘과 땅의 모든 권세를 내게 주셨으니 그러므로 너희는 가서 모든 족속으로 제자를 삼아 아버지와 아들과 성령의 이름으로 세례를 주고 내가 너희에게 분부한 모든 것을 가르쳐 지키게 하라 볼지어다 내가 세상 끝날까지 너희와 항상 함께 있으리라 하시니라.

43. 고전 2:13 우리가 이것을 말하거니와 사람의 지혜의 가르친 말로 아니하고 오직 성령의 가르치신 것으로 하니 신령한 일은 신령한 것으로 분별하느니라.

44. 행 1:8 오직 성령이 너희에게 임하시면 너희가 권능을 받고 예루살렘과 온 유대와 사마리아와 땅끝까지 이르러 내 증인이 되리라 하시니라.

45. 마 7:24 그러므로 누구든지 나의 이 말을 듣고 행하는 자는 그 집을 반석 위에 지은 지혜로운 사람 같으리니.

46. 요일 4:16 하나님이 우리를 사랑하시는 사랑을 우리가 알고 믿었노니 하나님은 사랑이시라 사랑 안에 거하는 자는 하나님 안에 거하고 하나님도 그 안에 거하시느니라.

3

영적인 사람

: 100% 순종과 헌신, 주인 바꾸기, 주와 동행, 영적인 가치관의 변화, 예수님의 인격

문답

1) 영적인 사람은 누구를 말합니까?

나의 몸과 마음으로 하나님만을 위하여 살고 하나님의 영광을 위하여 사는 사람입니다. 이 몸과 마음을 주님께 온전히 드려서 죽은 자가 다시 산 자같이 주 예수님만을 위하여 사는 사람입니다. 나 자신을 부인하고 옛사람이 죽었음을 믿고 나 자신을 위하여 살지 않고 주 하나님만을 위하여 사는 사람입니다. 백 퍼센트 주님께 헌신하여 주님의 말씀에 절대적으로 순종하는 사람입니다.

마음속의 하나님 나라에서 성령께서 말씀으로 다스려 주십니다. 나의 주인이 내가 아니고 예수님이십니다. 예수님을 나의 주인으로 모시고 동거하며 영원토록 기뻐하는 것입니다. 예수님의 증인으로 사는 것입니다. 예수님 한 분만으로 만족하는 사람입니다. 육신의 가치관에서 하늘의 영적인 가치관으로 바뀐 사람입니다.

2) 우리를 누구의 핏값을 주고 사셨습니까?

예수님의 핏값으로 우리를 지옥 불에서 사셨습니다.

3) 하나님과 나와의 관계는 무슨 관계입니까?

나는 하나님의 자녀요 친구요 일꾼이요 종입니다.

4) 어떻게 성령 받고 구원받습니까?

부활하신 예수님을 나의 주인으로 인정하지 않고 내가 주인이 되어서 살아온 죄를 회개하

고 예수님을 나의 주인으로 영접하고 세례 받고 죄사함 받으면 성령을 받습니다. 즉 주인이 바뀌는 것입니다. 주 예수님을 나의 주인으로 모시는 것입니다.

5) 성도는 누구를 위하여 살아야 합니까?

오직 나를(성도) 대신하여 죽었다가 다시 살아나신 주 예수님만을 위하여 살아야 합니다. 즉 영혼을 위하여 살아야 합니다.

6) 십자가에서 누가 죽었습니까?

예수님과 나의 옛사람입니다. 예수님과 나의 옛사람이 죽었고 예수님 안에서 나도 새사람으로 부활하고 승천하였습니다.

7) 우리는 무엇을 생각해야 합니까?

땅의 것을 생각하지 말고 하늘에 속한 예수님과 말씀을 생각해야 합니다.

8) 영혼구원을 받았어도 육신 속에는 죄가 있는데 이 죄를 이기는 길은 무엇입니까?

성령과 말씀으로 충만하여야 합니다. 성령 하나님께서 내 마음을 다스려 주셔야 합니다.

9) 성도의 4대 적은 무엇입니까?

육신의 욕망, 세상의 욕망, 원수 마귀, 죄입니다.

10) 주 예수님을 따라가려면 어떠한 은혜를 받아야 합니까?

나 자신을 부인하고 자기 십자가를 지고 따라가야 합니다. 나의 옛사람이 십자가에서 죽었음을 인정하고 내 자아가 십자가에 죽었음을 날마다 확인하면서 따라가야 합니다. 나는 날마다 죽노라. 나를 위하여 살지 않고 주 예수님만을 위하여 사는 성령충만한 생활입니다.

11) 세례 받을 때 누가 죽어서 장사 지냈습니까?

옛사람 자아가 죽어서 장사 지내고 예수님 부활하실 때에 새사람으로 다시 태어났습니다.

12) 새사람은 어떻게 사는 은혜를 받아야 합니까?

새사람은 새로운 생각으로 새로운 가치관과 새로운 목표를 가지고 새롭게 생활하여야 합니다. 즉 하나님의 말씀으로 나의 주인이신 예수님만을 위하여 살아야 합니다. 주님의 영혼을 위하여 살아야 합니다. 성령의 인도하심을 따라 살아야 합니다.

13) 예수님의 마음을 가지라는 뜻은 무엇입니까?

나도 예수님 안에서 옛사람이 죽었음을 인정하고 예수님처럼 죽기까지 순종하는 은혜를 기도하여 받는 것입니다.

14) 지금 우리 앞에 당한 경주를 경주하려면 어떠한 은혜를 받아야 합니까?

무거운 짐과 얽매이기 쉬운 죄를 벗어 버려야 합니다. 무거운 짐은 주님을 따라가는 데 걸림돌이 되는 이 세상의 것들, 육신의 목숨과 가족과 재산들입니다. 이것들 때문에 귀한 주님의 시간을 허비하면 안 됩니다.

죄는 주님과 멀어지게 하는 어두움입니다. 또한 아직도 자백되지 않은 죄들을 찾아서 자백하여 예수님의 피로 씻어 내야 합니다.

15) 좋은 열매를 맺지 못하는 나무는 어떻게 됩니까?

도끼에 찍혀 불에 던짐을 당합니다. 구원받지 못한 사람입니다.

16) 예수님께서 죽으시고 부활하신 목적이 무엇입니까?

나의 주인이 되셔서 나와 영원토록 함께 살기 위함입니다.

말씀

1. 롬 14:8~9 우리가 살아도 주를 위하여 살고 죽어도 주를 위하여 죽나니 그러므로 사나 죽으나 우리가 주의 것이로라 이를 위하여 그리스도께서 죽었다가 다시 살으셨으니 곧 죽은 자와 산 자의 주가 되려 하심이니라.
2. 요 20:27~28 도마에게 이르시되 네 손가락을 이리 내밀어 내 손을 보고 네 손을 내밀어

내 옆구리에 넣어 보라 그리하고 믿음 없는 자가 되지 말고 믿는 자가 되라 도마가 대답하여 가로되 나의 주시며 나의 하나님이시니이다.

3. 살전 5:10 예수께서 우리를 위하여 죽으사 우리로 하여금 깨어있든지 자든지 자기와 함께 살게 하려 하셨느니라.

4. 고전 6:19~20 너희 몸은 너희가 하나님께로부터 받은바 너희 가운데 계신 성령의 전인 줄을 알지 못하느냐 너희는 너희 것이 아니라 값으로 산 것이 되었으니 그런즉 너희 몸으로 하나님께 영광을 돌리라.

5. 고후 5:15 저가 모든 사람을 대신하여 죽으심은 산 자들로 하여금 다시는 자기 자신을 위하여 살지 않고 오직 저희를 대신하여 죽었다가 다시 사신 자를 위하여 살게 하려 함이니라.

6. 롬 6:13 또한 너희 지체를 불의의 병기로 죄에게 드리지 말고 오직 너희 자신을 죽은 자 가운데서 다시 산 자 같이 하나님께 드리며 너희 지체를 의의 병기로 하나님께 드리라 죄가 너희를 주관치 못하리니 이는 너희가 법 아래 있지 아니하고 은혜 아래 있음이니라.

7. 갈 2:20 내가 그리스도와 함께 십자가에 못 박혔나니 그런즉 이제는 내가 산 것이 아니요 오직 내 안에 그리스도께서 사신 것이라 이제 내가 육체 가운데 사는 것은 나를 사랑하사 나를 위하여 자기 몸을 버리신 하나님의 아들을 믿는 믿음 안에서 사는 것이라.

8. 요 12:24 한 알의 밀이 땅에 떨어져 죽지 아니하면 한 알 그대로 있고 죽으면 많은 열매를 맺느니라.

9. 골 3:1~6 그러므로 너희가 그리스도와 함께 다시 살리심을 받았으면 위엣 것을 찾으라 거기는 그리스도께서 하나님 우편에 앉아 계시느니라 위엣 것을 생각하고 땅엣 것을 생각지 말라 이는 너희가 죽었고 너희 생명이 그리스도와 함께 하나님 안에 감취었음이니라 …그러므로 땅에 있는 지체를 죽이라 곧 음란과 부정과 사욕과 악한 정욕과 탐심이니 탐심은 우상숭배니라 이것들을 인하여 하나님의 진노가 임하느니라.

10. 눅 14:26~27 무릇 내게 오는 자가 자기 부모와 처자와 형제와 자매와 및 자기 목숨까지 미워하지 아니하면 능히 나의 제자가 되지 못하고 누구든지 자기 십자가를 지고 나를 좇지 않는 자도 능히 나의 제자가 되지 못하리라.

11. 롬 10:9 네가 만일 네 입으로 예수를 주로 시인하며 또 하나님께서 그를 죽은 자 가운데서 살리신 것을 네 마음에 믿으면 구원을 얻으리니.

12. 행 2:38 베드로가 가로되 너희가 회개하여 각각 예수 그리스도의 이름으로 세례를 받고

죄사함을 얻으라 그리하면 성령을 선물로 받으리니.

13. 롬 7:23~24 내 지체 속에서 한 다른 법이 내 마음의 법과 싸워 내 지체 속에 있는 죄의 법 아래로 나를 사로잡아 오는 것을 보는도다 오호라 나는 곤고한 사람이로다 이 사망의 몸 에서 누가 나를 건져 내랴.

14. 롬 8:12~13 그러므로 형제들아 우리가 빚진 자로되 육신에게 져서 육신대로 살 것이 아니 니라 너희가 육신대로 살면 반드시 죽을 것이로되 영으로써 몸의 행실을 죽이면 살리니.

15. 마 16:24~25 이에 예수께서 제자들에게 이르시되 아무든지 나를 따라오려거든 자기를 부 인하고 자기 십자가를 지고 나를 좇을 것이니라 누구든지 제 목숨을 구원코자 하면 잃을 것이요 누구든지 나를 위하여 제 목숨을 잃으면 찾으리라.

16. 롬 6:3~4 무릇 그리스도 예수와 합하여 세례를 받은 우리는 그의 죽으심과 합하여 세례 받은 줄을 알지 못하느뇨 그러므로 우리가 그의 죽으심과 합하여 세례를 받음으로 그와 함께 장사되었나니 이는 아버지의 영광으로 말미암아 그리스도를 죽은 자 가운데서 살리 심과 같이 우리로 또한 새 생명 가운데서 행하게 하려 함이니라.

17. 빌 2:5~8 너희 안에 이 마음을 품으라 곧 그리스도 예수의 마음이니 그는 근본 하나님의 본체시나 하나님과 동등됨을 취할 것으로 여기지 아니하시고 오히려 자기를 비어 종의 형 체를 가져 사람들과 같이 되었고 사람의 모양으로 나타나셨으매 자기를 낮추시고 죽기까 지 복종하셨으니 곧 십자가에 죽으심이라.

18. 마 6:24 한 사람이 두 주인을 섬기지 못할 것이니 혹 이를 미워하여 저를 사랑하거나 혹 이 를 중히 여기며 저를 경히 여김이라 너희가 하나님과 재물을 겸하여 섬기지 못하느니라.

19. 갈 5:16~17 내가 이르노니 너희는 성령을 좇아 행하라 그리하면 육체의 욕심을 이루지 아 니하리라 육체의 소욕은 성령을 거스리고 성령의 소욕은 육체를 거스리나니 이 둘이 서로 대적함으로 너희의 원하는 것을 하지 못하게 하려 함이니라.

20. 벧전 2:11 사랑하는 자들아 행인 같은 너희를 권하노니 영혼을 거스려 싸우는 육체의 정 욕을 제어하라.

21. 롬 8:7 육신의 생각은 하나님과 원수가 되나니 이는 하나님의 법에 굴복치 아니할 뿐만 아 니라 할 수도 없음이라.

22. 마 16:23 예수께서 돌이키시며 베드로에게 이르시되 사단아 내 뒤로 물러가라 너는 나를 넘 어지게 하는 자로다 네가 하나님을 생각하지 아니하고 도리어 사람의 일을 생각하는도다.

23. 요일 2:15~17 이 세상이나 세상에 있는 것들을 사랑하지 말라 누구든지 세상을 사랑하면 아버지의 사랑이 그 안에 있지 아니하니 이는 세상에 있는 모든 것이 육신의 정욕과 안목의 정욕과 이생의 자랑이니 다 아버지께로부터 온 것이 아니요 세상으로부터 온 것이라 이 세상도 정욕도 지나가되 오직 하나님의 뜻을 행하는 자는 영원히 거하느니라.

24. 요 14:10 내가 아버지 안에 거하고 아버지께서 내 안에 계심을 네가 믿지 아니하느냐 내가 너희에게 이르는 말은 스스로 하는 것이 아니라 아버지께서 내 안에 계셔서 그의 일을 하시는 것이라.

25. 요일 2:27 너희는 주께 받은바 기름부음이 너희 안에 거하나니 아무도 너희를 가르칠 필요가 없고 오직 그의 기름부음이 모든 것을 너희에게 가르치며 또 참되고 거짓이 없으니 너희를 가르치신 그대로 주 안에 거하라.

26. 마 22:37~40 네 마음을 다하고 목숨을 다하고 뜻을 다하여 주 너의 하나님을 사랑하라 하셨으니 이것이 크고 첫째 되는 계명이요 둘째는 그와 같으니 이웃을 네 몸과 같이 사랑하라.

27. 요일 3:16 그가 우리를 위하여 목숨을 버리셨으니 우리가 이로써 사랑을 알고 우리도 형제들을 위하여 목숨을 버리는 것이 마땅하니라.

28. 요 19:30, 34~35 예수께서 신 포도주를 받으신 후 가라사대 다 이루었다 하시고 머리를 숙이시고 영혼이 돌아가시니라 그중 한 군병이 창으로 옆구리를 찌르니 곧 피와 물이 나오더라 이를 본 자가 증거하였으니 그 증거가 참이라 저가 자기의 말하는 것이 참인 줄 알고 너희로 믿게 하려 함이니라.

29. 요 6:63 살리는 것은 영이니 육은 무익하니라 내가 너희에게 이른 말이 영이요 생명이라.

30. 고전 15:31 형제들아 내가 그리스도 예수 우리 주 안에서 가진 바 너희에게 대한 나의 자랑을 두고 단언하노니 나는 날마다 죽노라.

31. 고후 1:8 형제들아 우리가 아시아에서 당한 환난을 너희가 알지 못하기를 원치 아니하노니 힘에 지나도록 심한 고생을 받아 살 소망까지 끊어지고 우리는 우리 마음에 사형 선고를 받은 줄 알았으니 이는 우리로 자기를 의뢰하지 말고 오직 죽은 자를 다시 살리시는 하나님만 의뢰하게 하심이라.

32. 마 13:44 천국은 마치 밭에 감추인 보화와 같으니 사람이 이를 발견한 후 숨겨 두고 기뻐하여 돌아가서 자기의 소유를 다 팔아 그 밭을 샀느니라.

33. 마 20:26 너희 중에는 그렇지 아니하니 너희 중에 누구든지 크고자 하는 자는 너희를 섬기는 자가 되고 너희 중에 누구든지 으뜸이 되고자 하는 자는 너희 종이 되어야 하리라.

34. 딤전 4:5 하나님의 말씀과 기도로 거룩하여짐이니라.

35. 고후 5:17 그런즉 누구든지 그리스도 안에 있으면 새로운 피조물이라 이전 것은 지나갔으니 보라 새것이 되었도다.

36. 히 12:10~14 저희는 잠시 자기의 뜻대로 우리를 징계하였거니와 오직 하나님은 우리의 유익을 위하여 그의 거룩하심에 참여케 하시느니라.

37. 히 12:1 이러므로 우리에게 구름같이 둘러싼 허다한 증인들이 있으니 모든 무거운 것과 얽매이기 쉬운 죄를 벗어 버리고 인내로써 우리 앞에 당한 경주를 경주하며.

38. 롬 5:19 한 사람의 순종치 아니함으로 많은 사람이 죄인 된 것같이 한 사람의 순종하심으로 많은 사람이 의인이 되리라.

39. 고전 2:13 우리가 이것을 말하거니와 사람의 지혜의 가르친 말로 아니하고 오직 성령의 가르치신 것으로 하니 신령한 일은 신령한 것으로 분별하느니라.

40. 빌 3:7~14 그러나 무엇이든지 내게 유익하던 것을 내가 그리스도를 위하여 다 해로 여길 뿐더러 또한 모든 것을 해로 여김은 내 주 그리스도 예수를 아는 지식이 가장 고상함을 인함이라 내가 그를 위하여 모든 것을 잃어버리고 배설물로 여김은 그리스도를 얻고 그 안에서 발견되려 함이니 내가 가진 의는 율법에서 난 것이 아니요 오직 그리스도를 믿음으로 말미암은 것이니 곧 믿음으로 하나님께로서 난 의라 내가 그리스도와 그 부활의 권능과 그 고난에 참여함을 알려 하여 그의 죽으심을 본받아 어찌하든지 죽은 자 가운데서 부활에 이르려 하노니 내가 이미 얻었다 함도 아니요 온전히 이루었다 함도 아니라 오직 내가 그리스도 예수께 잡힌바 된 그것을 잡으려고 좇아가노라 형제들아 나는 아직 내가 잡은 줄로 여기지 아니하고 오직 한 일 즉 뒤에 있는 것은 잊어버리고 앞에 있는 것을 잡으려고 푯대를 향하여 그리스도 예수 안에서 하나님이 위에서 부르신 부름의 상을 위하여 좇아가노라.

41. 신 4:30 이 모든 일이 네게 임하여 환난을 당하다가 끝날에 네가 네 하나님 여호와께로 돌아와서 그 말씀을 청종하리니.

42. 고후 6:9~10 무명한 자 같으나 유명한 자요 죽는 자 같으나 보라 우리가 살고 징계를 받는 자 같으나 죽임을 당하지 아니하고 근심하는 자 같으나 항상 기뻐하고 가난한 자 같으

나 많은 사람을 부요하게 하고 아무것도 없는 자 같으나 모든 것을 가진 자로다.

43. 창 3:5 너희가 그것을 먹는 날에는 너희 눈이 밝아 하나님과 같이 되어 선악을 알 줄을 하나님이 아심이니라.

4
예수님의 부활과 부활신앙
: 주인 바꾸기(예수님)

문답

1) 부활체의 모습은 무엇입니까?

살과 뼈가 있다. 음식을 먹기도 한다. 시간 공간을 초월합니다.

2) 모든 사람이 믿을 만한 증거는 무엇입니까?

예수님이 부활하셔서 모든 사람들의 주와 하나님이 되신 것.

3) 제자들이 예수님이 하신 말씀들을 언제 믿었습니까?

예수님이 성경대로 죽으시고 성경대로 부활하심을 보고서야.

4) 예수님의 부활로 확증이 된 것은 무엇입니까?

나의 주 나의 하나님. 아들 하나님.

5) 도마가 부활하신 예수님을 만나 보고 무엇이라고 고백하였습니까?

나의 주님, 나의 하나님.

6) 십자가의 피는 누구의 피입니까?

하나님의 피.

7) 회개는 누가 시키십니까?

성령님. 회개의 영.

8) 회개의 내용은 무엇입니까?

내가 하나님의 노릇을 한 죄. 내가 나의 주인으로 여긴 죄. 부활하신 예수님을 나의 주인으로 모시지 않은 죄.

9) 성령을 받으려면?

회개하고 세례 받고 죄사함을 받으라.

10) 사람의 근본적인 죄는 무엇입니까?

사람이 하나님이 되려고 한 죄. 교만의 죄. 불순종의 죄.

11) 예수님이 죽으시고 부활하신 이유는 무엇입니까?

구원받은 자들로 하여금 주님만을 위하여 살게 하기 위함. 주인이 나로부터 주님으로 바뀌는 것이다. 나의 주인과 함께 살기 위함이다.

12) 성령님께서 책망하신 죄는 무엇입니까?

우리의 모든 죗값을 갚아 주시고 부활하신 하나님을 믿지 아니한 죄.

13) 사도들이 전한 복음은 무엇입니까?

성령의 큰 권능으로 부활하신 아들 하나님이심을 증거하고 예수님을 나의 주인으로 영접하여 영생을 얻도록 하였다.

14) 사도들이 죽음을 무릅쓰고 복음을 전한 이유?

죽음으로 부활하신 예수님을 증거하며 죽어도 더 좋은 부활의 소망이 있기 때문.

15) 제자들이 복음을 전할 때에 제사장들과 사두개인들이 싫어한 것은 무엇입니까?

예수님이 부활하셔서 주와 하나님으로 인정받으신 것.

16) 구원을 받으려면 어떻게 하여야 합니까?

주 예수님을 하나님의 아들 그리스도로 믿고 나의 주인으로 시인하고 영접할 때 구원을 얻습니다.

17) 부활의 확실한 증거는 무엇입니까?

(1) 역사적 사실이다, (2) 성경에 예언됨, (3) 예수님의 예언, (4) 성령강림, (5) 사도의 증언, (6) 빈 무덤.

18) 예수님의 부활은 언제 부활입니까?

나는 부활이요.

지금 부활입니다. 현재 부활.

19) 예수님을 나의 왕으로 인정하지 않는 사람들을 어떻게 하라고 하였습니까?

내 앞에서 죽이라고 하였습니다.

말씀

1. 요 11:25~26 예수께서 가라사대 나는 부활이요 생명이니 나를 믿는 자는 죽어도 살겠고 무릇 살아서 나를 믿는 자는 영원히 죽지 아니하리니 이것을 네가 믿느냐.
2. 눅 24:39 내 손과 발을 보고 나인 줄 알라 또 나를 만져보라 영은 살과 뼈가 없으되 너희 보는 바와 같이 나는 있느니라.
3. 행 17:30~31 알지 못하던 시대에는 하나님이 간과하였거니와 이제는 어디든지 사람에게 다 명하사 회개하라 하셨으니 이는 정하신 사람으로 하여금 천하를 공의로 심판할 날을 작정하시고 이에 그를 죽은 자 가운데서 다시 살리신 것으로 모든 사람에게 믿을 만한 증거로 주셨음이니라 하니라.
4. 고전 12:2~4 내가 받은 것을 먼저 너희에게 전하였노니 이는 성경대로 그리스도께서 우리 죄를 위하여 죽으시고 장사 지낸 바 되었다가 성경대로 사흘 만에 다시 살아나사 게바에게 보이시고 후에 열두 제자에게와 그 후에 오백여 형제에게 일시에 보이셨나니.

5. 요 2:22 죽은 자 가운데서 살아나신 후에야 제자들이 이 말씀하신 것을 기억하고 성경과 및 예수의 하신 말씀을 믿었더라.

6. 롬 1:4 성결의 영으로는 죽은 가운데서 부활하여 능력으로 하나님의 아들로 인정되셨으니 곧 우리 주 예수 그리스도시니라.

7. 요 20:27~28 네 손가락을 이리 내밀어 내 손을 보고 네 손을 내밀어 내 옆구리에 넣어 보고 그리하여 믿음 없는 자가 되지 말고 믿는 자가 되라 도마가 대답하여 이르되 나의 주님 이시요 나의 하나님이시니이다.

8. 롬 10:9~10 네가 만일 네 입으로 예수를 주로 시인하며 또 하나님께서 그를 죽은 자 가운데서 살리신 것을 네 마음에 믿으면 구원을 받으리라 사람이 마음으로 믿어 의에 이르고 입으로 시인하여 구원에 이르느니라.

9. 행 2:36~41 그런즉 이스라엘 온 집이 정녕 알지니 너희가 십자가에 못 박은 이 예수를 하나님이 주와 그리스도가 되게 하셨느니라 저희가 이 말을 듣고 마음에 찔려 베드로와 다른 사도들에게 물어 가로되 형제들아 우리가 어찌할꼬 하거늘 베드로가 가로되 너희가 회개하여 각각 예수 그리스도의 이름으로 세례를 받고 죄사함을 얻으라 그리하면 성령을 선물로 받으리니 이 약속은 너희와 너희 자녀와 모든 먼 데 사람 곧 주 우리 하나님이 얼마든지 부르시는 자들에게 하신 것이라 하고.

10. 행 5:30~31 너희가 나무에 달아 죽인 예수를 우리 조상의 하나님이 살리시고 이스라엘에게 회개함과 죄사함을 주시려고 그의 오른손으로 높이 사 임금과 구주로 삼으셨느니라 우리는 이 일에 증인이요 하나님이 자기에게 순종하는 사람들에게 주신 성령도 그러하니라.

11. 창 3:5 너희가 그것을 먹는 날에는 너희 눈이 밝아 하나님과 같이 되어 선악을 알 줄을 하나님이 아심이니라.

12. 롬 14:8~9 우리가 살아도 주를 위하여 살고 죽어도 주를 위하여 죽나니 그러므로 사나 죽으나 우리가 주의 것이로다 이를 위하여 그리스도께서 죽었다가 다시 살아나셨으니 곧 죽은 자와 산 자의 주가 되려 하심이라.

13. 고후 5:15 그가 모든 사람을 대신하여 죽으심은 살아 있는 자들로 하여금 다시는 그들 자신을 위하여 살지 않고 오직 그들을 대신하여 죽었다가 다시 살아나신 이를 위하여 살게 하려 함이라.

14. 행 1:21~22 이러하므로 요한의 세례로부터 우리 가운데서 올리워 가신 날까지 주 예수께

서 우리 가운데 출입하실 때에 항상 우리와 함께 다니던 사람 중에 하나를 세워 우리로 더불어 예수의 부활하심을 증거할 사람이 되게 하여야 하리라.

15. 요 16:8~9 그가 와서 죄에 대하여 의에 대하여 심판에 대하여 세상을 책망하시리라 죄에 대하여라 함은 그들이 나를 믿지 아니함이요.

16. 롬 6:4~5 그러므로 우리가 그의 죽으심과 합하여 세례를 받음으로 그와 함께 장사 되었나니 이는 아버지의 영광으로 말미암아 그리스도를 죽은 자 가운데서 살리심과 같이 우리로 또한 새 생명(예수 생명) 가운데서 행하게 하려 함이라.

17. 롬 8:11 예수를 죽은 자 가운데서 살리신 이의 영이 너희 안에 거하시면 그리스도 예수를 죽은 자 가운데서 살리신 이가 너희 안에 거하시는 그의 영으로 말미암아 너희 죽을 몸도 살리시리라.

18. 고전 15:42~44 죽은 자의 부활도 그와 같으니 썩을 것으로 심고 썩지 아니할 것으로 다시 살아나며 욕된 것으로 심고 영광스러운 것으로 다시 살며.

19. 마 12:38~39 그때에 서기관과 바리새인 중 몇 사람이 말하되 선생님 이여 우리에게 표적 보여 주시기를 원하나이다 예수께서 대답하여 가라사대 악하고 음란한 세대가 표적을 구하나 선지자 요나의 표적밖에는 보일 표적이 없느니라.

20. 마 12:43~45 더러운 귀신이 사람에게서 나갔을 때에 물 없는 곳으로 다니며 쉬기를 구하되 얻지 못하고 이에 가로되 내가 나온 내 집으로 돌아가리라 하고 와 보니 그 집이 비고 소제되고 수리되었거늘 이에 가서 저보다 더 악한 귀신 일곱을 데리고 들어가서 거하니 그 사람의 나중 형편이 전보다 더욱 심하게 되느니라 이 악한 세대가 또한 이렇게 되리라.

21. 행 4:33 사도들이 큰 권능으로 주 예수의 부활을 증언하니 무리가 큰 은혜를 받아.

22. 고전 15:17 그리스도께서 다시 살아나신 일이 없으면 너희의 믿음도 헛되고 너희가 여전히 죄 가운데 있을 것이요.

23. 고후 4:3~7 만일 우리 복음이 가리웠으면 망하는 자들에게 가리운 것이라 그중에 이 세상 신이 믿지 아니하는 자들의 마음을 혼미케 하여 그리스도의 영광의 복음의 광채가 비취지 못하게 함이니 그리스도는 하나님의 형상이니라 우리가 우리를 전파하는 것이 아니라 오직 그리스도 예수의 주신 것과 또 예수를 위하여 우리가 너희의 종된 것을 전파함이라 어두운 데서 빛이 비취리라 하시던 그 하나님께서 예수 그리스도의 얼굴에 있는 하나님의 영광을 아는 빛을 우리 마음에 비취셨느니라 우리가 이 보배를 질그릇에 가졌으니

이는 능력의 심히 큰 것이 하나님께 있고 우리에게 있지 아니함을 알게 하려 함이라.

24. 고전 15:35~38 누가 묻기를 죽은 자들이 어떻게 다시 살며 어떠한 몸으로 오느냐 하리니 어리석은 자여 너의 뿌리는 씨가 죽지 않으면 살아나지 못하겠고 또 너의 뿌리는 것은 장래 형체를 뿌리는 것이 아니요 다만 밀이나 다른 것의 알갱이뿐이로되 하나님이 그 뜻대로 저에게 형체를 주시되 각 종자에게 그 형체를 주시느니라.

25. 요 1:12 영접하는 자 곧 그 이름을 믿는 자들에게는 하나님의 자녀가 되는 권세를 주셨으니.

26. 빌 3:10~11 내가 그리스도와 그 부활의 권능과 그 고난에 참여함을 알려 하여 그의 죽으심을 본받아 어찌하든지 죽은 자 가운데서 부활에 이르려 하노니 내가 이미 얻었다 함도 아니요 온전히 이루었다 함도 아니라 오직 내가 그리스도 예수께 잡힌바 된 그것을 잡으려고 좇아가노라.

27. 계 20:6 이 첫째 부활에 참여하는 자들은 복이 있고 거룩하도다 둘째 사망이 그들을 다스리는 권세가 없고 도리어 그들이 하나님과 그리스도의 제사장이 되어 천 년 동안 그리스도로 더불어 왕노릇하리라.

28. 눅 22:28~30 너희는 나의 모든 시험 중에 항상 나와 함께한 자들인즉 내 아버지께서 나라를 내게 맡기신 것같이 나도 너희에게 맡겨 너희로 내 나라에 있어 내 상에서 먹고 마시며 또는 보좌에 앉아 이스라엘 열두 지파를 다스리게 하려 하노라.

29. 마 28:18~20 예수께서 나아와 일러 가라사대 하늘과 땅의 모든 권세를 내게 주셨으니 그러므로 너희는 가서 모든 족속으로 제자를 삼아 아버지와 아들과 성령의 이름으로 세례를 주고 내가 너희에게 분부한 모든 것을 가르쳐 지키게 하라 볼지어다 내가 세상 끝날까지 너희와 항상 함께 있으리라 하시니라.

30. 살전 1:5 이는 우리 복음이 말로만 너희에게 이른 것이 아니라 오직 능력과 성령과 큰 확신으로 된 것이니 우리가 너희 가운데서 너희를 위하여 어떠한 사람이 된 것은 너희 아는 바와 같으니라.

31. 고후 6:9~10 무명한 자 같으나 유명한 자요 죽는 자 같으나 보라 우리가 살고 징계를 받는 자 같으나 죽임을 당하지 아니하고 근심하는 자 같으나 항상 기뻐하고 가난한 자 같으나 많은 사람을 부요하게 하고 아무것도 없는 자 같으나 모든 것을 가진 자로다.

32. 행 2:42~47 저희가 사도의 가르침을 받아 서로 교제하며 떡을 떼며 기도하기를 전혀 힘쓰니라 사람마다 두려워하는데 사도들로 인하여 기사와 표적이 많이 나타나니 믿는 사람

하나님 나라의 비밀

이 다 함께 있어 모든 물건을 서로 통용하고 또 재산과 소유를 팔아 각 사람의 필요를 따라 나눠 주고 날마다 마음을 같이 하여 성전에 모이기를 힘쓰고 집에서 떡을 떼며 기쁨과 순전한 마음으로 음식을 먹고 하나님을 찬미하며 또 온 백성에게 칭송을 받으니 주께서 구원받는 사람을 날마다 더하게 하시니라.

33. 고전 12:3 그러므로 내가 너희에게 알게 하노니 하나님의 영으로 말하는 자는 누구든지 예수를 저주할 자라 하지 않고 또 성령으로 아니하고는 누구든지 예수를 주시라 할 수 없느니라.

34. 엡 3:6 이는 이방인들이 복음으로 말미암아 그리스도 예수 안에서 함께 후사가 되고 함께 지체가 되고 함께 약속에 참여하는 자가 됨이라.

35. 행 4:1~4 사도들이 백성에게 말할 때에 제사장들과 성전 맡은 자와 사두개인들이 이르러 백성을 가르침과 예수를 들어 죽은 자 가운데서 부활하는 도 전함을 싫어하여 저희를 잡으매 날이 이미 저문 고로 이튿날까지 가두었으나 말씀을 들은 사람 중에 믿는 자가 많으니 남자의 수가 약 오천이나 되었더라.

36. 계 3:20 볼지어다 내가 문밖에 서서 두드리노니 누구든지 내 음성을 듣고 문을 열면 내가 그에게로 들어가 그로 더불어 먹고 그는 나로 더불어 먹으리라.

37. 살전 5:10 예수께서 우리를 위하여 죽으사 우리로 하여금 깨든지 자든지 자기와 함께 살게 하려 하셨느니라.

38. 마 7:21~24 나더러 주여 주여 하는 자마다 천국에 다 들어갈 것이 아니요 다만 하늘에 계신 내 아버지의 뜻대로 행하는 자라야 들어가리라 그날에 많은 사람이 나더러 이르되 주여 주여 우리가 주의 이름으로 선지자 노릇 하며 주의 이름으로 귀신을 쫓아내며 주의 이름으로 많은 권능을 행치 아니하였나이까 하리니 그때에 내가 저희에게 밝히 말하되 내가 너희를 도무지 알지 못하니 불법을 행하는 자들아 내게서 떠나가라 하리라.

39. 고전 15:32 내가 범인처럼 에베소에서 맹수로 더불어 싸웠으면 내게 무슨 유익이 있느뇨 죽은 자가 다시 살지 못할 것이면 내일 죽을 터이니 먹고 마시자 하리라.

40. 히 11:35 여자들은 자기의 죽은 자를 부활로 받기도 하며 또 어떤 이들은 더 좋은 부활을 얻고자 하여 악형을 받되 구차히 면하지 아니하였으며.

41. 요 17:18 아버지께서 나를 세상에 보내신 것같이 나도 저희를 세상에 보내었고.

42. 행 9:20, 22 즉시로 각 회당에서 예수의 하나님의 아들이심을 전파하니 사울은 힘을 더

얻어 예수를 그리스도라 증명하여 다메섹에 사는 유대인들을 굴복시키니라.

43. 사 9:6~7 이는 한 아기가 우리에게 났고 한 아들을 우리에게 주신 바 되었는데 그 어깨에는 정사를 메었고 그 이름은 기묘자라, 모사라, 전능하신 하나님이라, 영존하시는 아버지라, 평강의 왕이라 할 것임이라 그 정사와 평강의 더함이 무궁하며 또 다윗의 위에 앉아서 그 나라를 굳게 세우고 지금 이후 영원토록 공평과 정의로 그것을 보존하실 것이라 만군의 여호와의 열심이 이를 이루시리라.

44. 엡 1:20~21 그 능력이 그리스도 안에서 역사하사 죽은 자들 가운데서 다시 살리시고 하늘에서 자기의 오른편에 앉히사 모든 정사와 권세와 능력과 주관하는 자와 이 세상뿐 아니라 오는 세상에 일컫는 모든 이름 위에 뛰어나게 하시고.

45. 요 20:29~31 예수께서 가라사대 너는 나를 본 고로 믿느냐 보지 못하고 믿는 자들은 복되도다 하시니라 예수께서 제자들 앞에서 이 책에 기록되지 아니한 다른 표적도 많이 행하셨으나 오직 이것을 기록함은 너희로 예수께서 하나님의 아들 그리스도이심을 믿게 하려 함이요 또 너희로 믿고 그 이름을 힘입어 생명을 얻게 하려 함이니라.

46. 눅 19:27 그리고 나의 왕 됨을 원치 아니하던 저 원수들을 이리로 끌어다가 내 앞에서 죽이라 하였느니라.

47. 영접기도

주 예수님, 저는 죄인입니다. 예수님을 나의 주인으로 나의 하나님으로 믿지 않은 죄를 회개합니다. 저 대신 십자가에 죽으시고 다시 부활하신 주 예수님을 나의 하나님 나의 주인으로 모셔드립니다. 내 마음을 다스려 주세요. 주 예수님의 이름으로 기도드립니다.

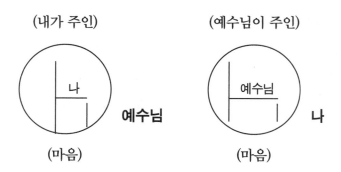

* 예수님을 주인으로 믿는 것은 마음 중심에서 주인이 예수님으로 바뀌는 것이다.

성경의 핵심 및 예수님의 부활

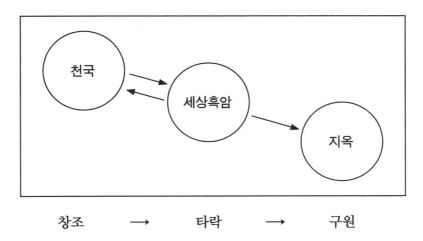

창조   →   타락   →   구원

5

주와 하나됨과 주와 동행

: 일체-다 아심-주와 동행

문답

1) 구원받은 성도는 누구와 동거하고 동행하며 살고 있습니까?

주 예수님.

2) 주님을 마음에 나의 주인으로 영접한 사람은 주님과의 어떠한 관계입니까?

주님과 한 영입니다. 주님의 자녀. 주님과 함께 살고 있습니다.

3) 육체는 밥을 먹어야 살고 영혼은 무엇을 먹어야 삽니까?

생명의 말씀.

4) 사람이 형통하게 되는 길은 무엇입니까?

주야로 말씀을 묵상하고 말씀에 순종하여 말씀으로 살아야 합니다.

5) 예수님께서 죽으시고 부활하신 이유는 무엇입니까?

주님이 나의 주인이 되셔서 주님과 함께 살기 위하여.

6) 누가 내 마음 문을 열라고 두드리십니까?

주 예수님.

7) 예수님 안에 누가 계십니까?

아버지 하나님.

8) 예수님은 포도나무요 가지는 누구입니까?

성도. 자녀.

9) 하나님은 친구처럼 대화한 사람이 있는데 누구입니까?

모세.

10) 성도와 영원토록 함께하시는 분이 계신데 누구입니까?

성 삼위일체 하나님.

11) 주님과 동행하다가 죽지 않고 승천한 사람은 누구입니까?

에녹.

12) 우리의 필요한 것들을 누가 다 알고 계십니까?

아버지 하나님. 천부.

말씀

1. 고전 6:17 주와 합하는 자는 한 영이니라.
2. 갈 2:20 내가 그리스도와 함께 십자가에 못 박혔나니 그런즉 이제는 내가 산 것이 아니요 오직 내 안에 그리스도께서 사신 것이라 이제 내가 육체 가운데 사는 것은 나를 사랑하사 나를 위하여 자기 몸을 버리신 하나님의 아들을 믿는 믿음 안에서 사는 것이라.
3. 롬 6:4 그러므로 우리가 그의 죽으심과 합하여 세례를 받음으로 그와 함께 장사되었나니 이는 아버지의 영광으로 말미암아 그리스도를 죽은 자 가운데서 살리심과 같이 우리로 또한 새 생명 가운데서 행하게 하려 함이니라.
4. 고후 5:15 저가 모든 사람을 대신하여 죽으심은 산 자들로 하여금 다시는 저희 자신을 위하여 살지 않고 오직 저희를 대신하여 죽었다가 다시 사신 자를 위하여 살게 하려 함이니라.

5. 고전 6:19~20 너희 몸은 너희가 하나님께로부터 받은바 너희 가운데 계신 성령의 전인 줄을 알지 못하느냐 너희는 너희의 것이 아니라 값으로 산 것이 되었으니 그런즉 너희 몸으로 하나님께 영광을 돌리라.

6. 살전 5:10 예수께서 우리를 위하여 죽으사 우리로 하여금 깨어 있든지 자든지 자기와 함께 살게 하려 하셨느니라.

7. 계 3:20 볼지어다 내가 문밖에 서서 두드리노니 누구든지 내 음성을 듣고 문을 열면 내가 그에게로 들어가 그와 더불어 먹고 그는 나와 더불어 먹으리라.

8. 시 16:8 내가 여호와를 항상 내 앞에 모심이여 그가 나의 오른쪽에 계시므로 내가 흔들리지 아니하리로다.

9. 요일 4:16 하나님이 우리를 사랑하시는 사랑을 우리가 알고 믿었노니 하나님은 사랑이시라 사랑 안에 거하는 자는 하나님 안에 거하고 하나님도 그의 안에 거하시느니라.

10. 요 14:10 내가 아버지 안에 거하고 아버지는 내 안에 계신 것을 믿지 아니하느냐 내가 너희에게 이르는 말은 스스로 하는 것이 아니라 아버지께서 내 안에 계셔서 그의 일을 하시는 것이라.

11. 요 14:16~17, 20 내가 아버지께 구하겠으니 그가 또 다른 보혜사를 너희에게 주사 영원토록 너희와 함께 있게 하시리니 저는 진리의 영이라 세상은 능히 저를 받지 못하나니 이는 저를 보지도 못하고 알지도 못함이라 그러나 너희는 저를 아나니 저는 너희와 함께 거하심이요 또 너희 속에 계시겠음이라 그날에는 내가 아버지 안에, 너희가 내 안에, 내가 너희 안에 있는 것을 너희가 알리라.

12. 요 15:5 나는 포도나무요 너희는 가지라 그가 내 안에 내가 그 안에 거하면 사람이 열매를 많이 맺나니 나를 떠나서는 너희가 아무것도 할 수 없음이라.

13. 창 6:9 노아는 의인이요 당대에 완전한 자라 그는 하나님과 동행하였으며.

14. 출 33:11 사람이 자기의 친구와 이야기함 같이 여호와께서는 모세와 대면하여 말씀하시며 모세는 진으로 돌아오나 눈의 아들 젊은 수종자 여호수아는 회막을 떠나지 아니하니라.

15. 수 1:5 너의 평생에 너를 능히 당할 자 없으리니 내가 모세와 함께 있던 것같이 너와 함께 있을 것임이라 내가 너를 떠나지 아니하며 버리지 아니하리니.

16. 마 8:20 내가 너희에게 분부한 모든 것을 가르쳐 지키게 하라 볼지어다 내가 세상 끝날까지 너희와 항상 함께 있으리라 하시니라.

하나님 나라의 비밀

17. 사 41:10 두려워 말라 내가 너와 함께 함이니라 놀라지 말라 나는 네 하나님이 됨이니라 내가 너를 굳세게 하리라 참으로 너를 도와주리라 참으로 나의 의로운 오른손으로 너를 붙들리라.

18. 롬 8:39 높음이나 깊음이나 다른 아무 피조물이라도 우리를 우리 주 그리스도 예수 안에 있는 하나님의 사랑에서 끊을 수 없으리라.

19. 신 8:3 너를 낮추시며 너를 주리게 하시며 또 너도 알지 못하며 네 조상들도 알지 못하던 만나를 네게 먹이신 것은 사람이 떡으로만 사는 것이 아니요 여호와의 입에서 나오는 모든 말씀으로 사는 줄을 네가 알게 하려 하심이니라.

20. 마 4:4 사람이 떡으로만 살 것이 아니요 하나님의 입으로부터 나오는 모든 말씀으로 살 것이라 하였느니라.

21. 수 1:8 이 율법책을 네 입에서 떠나지 말게 하며 주야로 그것을 묵상하여 그 안에 기록된 대로 다 지켜 행하라 그리하면 네 길이 평탄하게 될 것이며 네가 형통하리라.

22. 갈 5:25~26 만일 우리가 성령으로 살면 또한 성령으로 행할지니 헛된 영광을 구하여 서로 노엽게 하거나 서로 투기하지 말지니라.

23. 갈 3:11 하나님 앞에서 아무도 율법으로 말미암아 의롭게 되지 못할 것이 분명하니 이는 의인은 믿음으로 살리라 하였음이라.

24. 롬 8:13 너희가 육신대로 살면 반드시 죽을 것이로되 영으로서 몸의 행실을 죽이면 살리니 무릇 하나님의 영으로 인도함 받는 사람은 곧 하나님의 아들이라.

25. 벧전 4:2 그 후로는(고난받은 후로는) 다시 사람의 정욕을 따르지 않고 하나님의 뜻을 따라 육체의 남은 때를 살게 하려 함이니라.

26. 고전 9:14 이와 같이 주께서도 복음 전하는 자들이 복음으로 말미암아 살리라 명하셨느니라.

27. 시 119:67 고난당하기 전에는 내가 그릇 행하였더니 이제는 주의 말씀을 지키나이다.

28. 전 12:13 일의 결국을 다 들었으니 하나님을 경외하고 그의 명령들을 지킬지어다 이것이 모든 사람의 본분이니라.

29. 고전 9:19 내가 모든 사람에게 자유하였으나 스스로 모든 사람에게 종이 된 것은 더 많은 사람을 얻고자 함이라.

30. 마 6:32 이는 다 이방인들이 구하는 것이라 너희 천부께서 이 모든 것이 너희에게 있어야 할 줄을 아시느니라.

31. 시 139:1~4 여호와여 주께서 나를 감찰하시고 아셨나이다 주께서 나의 앉고 일어섬을 아시며 멀리서도 나의 생각을 통촉하시오며 나의 길과 눕는 것을 감찰하시며 나의 모든 행위를 익히 아시오니 여호와여 내 혀의 말을 알지 못하시는 것이 하나도 없으시니이다.

32. 요일 2:27 너희는 주께 받은바 기름부음이 너희 안에 거하나니 아무도 너희를 가르칠 필요가 없고 오직 그의 기름부음이 모든 것을 너희에게 가르치며 또 참되고 거짓이 없으니 너희를 가르치신 그대로 주 안에 거하라.

33. 눅 17:20~21 하나님의 나라는 볼 수 있게 임하는 것이 아니요 또 여기 있다 저기 있다고도 못하리니 하나님의 나라는 너희 안에 있느니라.

34. 계 3:20 볼지어다 내가 문밖에 서서 두드리노니 누구든지 내 음성을 듣고 문을 열면 내가 그에게로 들어가 그와 더불어 먹고 그는 나와 더불어 먹으리라.

6
은혜로 된다

1) 은혜는 무엇입니까?
값없이 주시는 하나님의 선물.

2) 누가 은혜를 입었습니까?
노아.

3) 구원을 어떻게 받습니까?
그 은혜에 의하여 믿음으로.

4) 죄사함은 무엇으로 받습니까?
예수님의 피로.

5) 예수님은 십자가에 무엇을 이루었습니까?
다 이루었다. 구속사업 등 인생의 모든 문제를 해결하심.

6) 누가 은혜를 받습니까?
겸손한 자들.

7) 하나님이 주시는 은사는 무엇입니까?

그 아들과 함께 모든 것을 주십니다.

8) 은혜에서 떨어진 자는 누구입니까?
예수님이 아닌 율법 안에서 의롭다 함을 얻으려 하는 자들.

9) 율법으로는 무엇을 깨닫습니까?
죄.

10) 은혜를 어떻게 받습니까?
하나님께 전심으로 기도함으로.

11) 때를 따라 돕는 은혜를 얻기 위하여 어디로 나아가야 합니까?
은혜의 보좌 앞.

말씀

1. 창 6:6~8 땅 위에 사람 지으셨음을 한탄하사 근심하시고 이르시되 내가 창조한 사람을 내가 지면에서 쓸어버리되 사람으로부터 가축과 기는 것과 공중의 새까지 그리하리니 이는 내가 그것들을 지었음을 한탄함이니라 하시니라 그러나 노아는 여호와께 은혜를 입었더라.
2. 엡 2:5, 8~9 허물로 죽은 우리를 그리스도와 함께 살리셨고(너희는 은혜로 구원을 받은 것이라) 너희는 그 은혜에 의하여 믿음으로 말미암아 구원을 받았으니 이것은 너희에게서 난 것이 아니요 하나님의 선물이라 행위에서 난 것이 아니니 이는 누구든지 자랑하지 못하게 함이라.
3. 엡 1:7 우리는 그리스도 예수 안에서 그의 은혜의 풍성함을 따라 그의 피로 말미암아 속량 곧 죄사함을 받았느니라.
4. 요 19:30 예수께서 신 포도주를 받으신 후에 이르시되 다 이루었다 하시고 머리를 숙이니 영혼이 떠나가시니라(십자가 은혜).
5. 히 10:19 그러므로 형제들아 우리가 예수의 피를 힘입어 성소에 들어갈 담력을 얻었나니.
6. 벧전 5:5 젊은 자들아 이와 같이 장로들에게 순종하고 다 서로 겸손으로 허리를 동이라 하

나님은 교만한 자를 대적하시되 겸손한 자들에게는 은혜를 주시느니라.

7. 신 30:6 네 하나님 여호와께서 네 마음과 네 자손의 마음에 할례를 베푸사 너로 마음을 다하여 뜻을 다하여 네 하나님 여호와를 사랑하게 하사 너로 생명을 얻게 하실 것이며.

8. 고후 9:8 하나님이 능히 모든 은혜를 너희에게 넘치게 하시나니 이는 너희로 모든 일에 항상 모든 것이 넉넉하여 모든 착한 일을 넘치게 하게 하려 하심이라.

9. 롬 8:32 자기 아들을 아끼지 아니하시고 우리 모든 사람을 위하여 내주신 이가 어찌 그 아들과 함께 모든 것을 우리에게 은사로 주시지 아니하겠느냐.

10. 갈 3:3 너희가 이같이 어리석으냐 성령으로 시작하였다가 이제는 육체로 마치겠느냐.

11. 갈 5:4 율법 안에서 의롭다 함을 얻으려 하는 너희는 그리스도에게서 끊어지고 은혜에서 떨어진 자로다.

12. 빌 3:3 하나님의 성령으로 봉사하며 그리스도 예수로 자랑하고 육체를 신뢰하지 아니하는 우리가 곧 할례파라.

13. 롬 3:20 그러므로 율법의 행위로 그의 앞에 의롭다 하심을 얻을 육체가 없나니 율법으로는 죄를 깨달음이니라.

14. 욥 33:26 그는 하나님께 기도함으로 하나님이 은혜를 베푸사 그로 말미암아 기뻐 외치며 하나님의 얼굴을 보게 하시고 사람에게 그의 공의를 회복시키시느니라.

15. 고전 15:10 그러나 내가 나 된 것은 하나님의 은혜로 된 것이니 내게 주신 그의 은혜가 헛되지 아니하여 내가 모든 사도보다 더 많이 수고하였으나 내가 한 것이 아니요 오직 나와 함께하신 하나님의 은혜로라.

16. 히 12:15 너희는 돌아보아 하나님 은혜에 이르지 못하는 자가 있는가 두려워하고 또 쓴 뿌리가 나서 괴롭게 하고 많은 사람이 이로 말미암아 더러움을 입을까 두려워하고.

17. 시 119:58 내가 전심으로 주께 간구하였사오니 주의 말씀대로 내게 은혜를 베푸소서.

18. 롬 6:1 그런즉 우리가 무슨 말 하리요 은혜를 더하게 하려고 죄에 거하겠느뇨 그럴 수 없느니라 죄에 대하여 죽은 우리가 어찌 그 가운데 더 살리요.

19. 마 14:14 예수께서 나오사 큰 무리를 보시고 불쌍히 여기사 그중에 있는 병인을 고쳐 주시니라.

20. 히 4:16 그러므로 우리는 긍휼하심을 받고 때를 따라 돕는 은혜를 얻기 위하여 은혜의 보좌 앞에 담대히 나아갈 것이니라.

21. 눅 18:11~14 바리새인은 서서 따로 기도하여 가로되 하나님이여 나는 다른 사람들 곧 토색, 불의, 간음을 하는 자들과 같지 아니하고 이 세리와도 같지 아니함을 감사 하나이다 나는 이레에 두 번씩 금식하고 또 소득의 십일조를 드리나이다 하고 세리는 멀리 서서 감히 눈을 들어 하늘을 우러러 보지도 못하고 다만 가슴을 치며 가로되 하나님이여 불쌍히 여기옵소서 나는 죄인이로소이다 하였느니라 내가 너희에게 이르노니 이 사람이 저보다 의롭다 하심을 받고 집에 내려갔느니라 무릇 자기를 높이는 자는 낮아지고 자기를 낮추는 자는 높아지리라 하였느니라.

22. 눅 11:13 너희가 악할지라도 좋은 것을 자식에게 줄 줄 알거든 하물며 너희 천부께서 구하는 자에게 성령을 주시지 않겠느냐 하시니라.

23. 마 6:33 너희는 먼저 그의 나라와 그의 의를 구하라 그리하면 이 모든 것을 너희에게 더하시리라.

24. 약 5:15 믿음의 기도는 병든 자를 구원하리니 주께서 저를 일으키시리라 혹시 죄를 범하였을지라도 사하심을 얻으리라.

25. 눅 17:12~14 한 촌에 들어가시니 문둥병자 열 명이 예수를 만나 멀리 서서 소리를 높여 가로되 예수 선생님이여 우리를 긍휼히 여기소서 하거늘 보시고 가라사대 가서 제사장들에게 너희 몸을 보이라 하셨더니 저희가 가다가 깨끗함을 받은지라.

26. 딤전 1:13 내가 전에는 훼방자요 핍박자요 포행자이었으나 도리어 긍휼을 입은 것은 내가 믿지 아니할 때에 알지 못하고 행하였음이라.

27. 마 9:27 예수께서 거기서 떠나가실새 두 소경이 따라오며 소리 질러 가로되 다윗의 자손이여 우리를 불쌍히 여기소서 하더니.

28. 막 9:22 귀신이 저를 죽이려고 불과 물에 자주 던졌나이다 그러나 무엇을 하실 수 있거든 우리를 불쌍히 여기사 도와주옵소서.

29. 삼상 2:6~7 여호와는 죽이기도 하시고 살리기도 하시며 음부에 내리게도 하시고 올리기도 하시는도다 여호와는 가난하게도 하시고 부하게도 하시며 낮추기도 하시고 높이기도 하시는도다.

30. 시 103:19 여호와께서 그 보좌를 하늘에 세우시고 그 정권으로 만유를 통치하시도다.

31. 요일 2:27 너희는 주께 받은바 기름부음이 너희 안에 거하나니 아무도 너희를 가르칠 필요가 없고 오직 그의 기름부음이 모든 것을 너희에게 가르치며 또 참되고 거짓이 없으니 너희를 가르치신 그대로 주 안에 거하라.

7

거룩한 순종의 능력

: 최고의 복

1) 한 사람이 순종하심으로 많은 사람이 의인이 되었는데 그 한 사람은 누구입니까?

예수님.

2) 백 배의 결실을 맺는 사람은 누구입니까?

말씀을 듣고 받아 순종하는 사람입니다.

3) 사람들은 고난당한 후에 순종하게 되는데 무엇을 순종하는 것입니까?

하나님의 모든 말씀.

4) 순종의 비결은 무엇입니까?

성령충만입니다.

5) 이스라엘 백성들이 광야에서 40년 동안 고난을 받은 이유는 무엇입니까?

고난 가운데서 주님을 의지하고 순종하는 최고의 복을 받기 위함입니다.

6) 예수님의 품 안에서 안식하는 사람은 누구입니까?

순종하는 은혜를 받은 사람입니다.

7) 순종하는 은혜는 어떻게 받습니까?

간절히 기도하여 성령의 거룩한 역사가 일어나야 합니다.

8) 순종이 제사보다 낫고 듣는 것이 숫양의 기름보다 나으니 이는 거역하는 것은 점치는 죄와 같고 완고한 것은 무슨 죄와 같습니까?

사신우상에게 절하는 죄와 같습니다.

9) 불순종하여 쫓겨난 왕은 누구입니까?

사울 왕.

10) 구원받지 못한 불신자의 주인, 왕은 누구입니까?

자기 자신. 자아. 사탄.

11) 구원받은 사람의 주인은 누구입니까?

주 예수님. 주인이 나에게서 예수님으로 교체된 사람이 성도입니다.

12) 하나님이 우리를 부르심은 부정케 하심이 아니요 거룩케 하심이니 그러므로 저버리는 자는 사람을 저버림이 아니요 너희에게 그의 성령을 주신 누구를 저버림입니까?

하나님을 저버림입니다.

13) 어느 정도 순종하고 헌신하여야 합니까?

죽기까지 해야 합니다.

14) 지혜로운 사람은 누구입니까?

말씀을 듣고 행하는 자.

하나님 나라의 비밀

말씀

1. 롬 5:19 한 사람이 순종하지 아니함으로 많은 사람이 죄인 된 것같이 한 사람이 순종하심으로 많은 사람이 의인이 되리라.

2. 빌 2:5, 8~9 너희 안에 이 마음을 품으라 곧 그리스도 예수의 마음이니 사람의 모양으로 나타나사 자기를 낮추시고 죽기까지 복종하셨으니 곧 십자가에 죽으심이라 이러므로 하나님이 그를 지극히 높여 모든 이름 위에 뛰어난 이름을 주사.

3. 히 5:8~9 그가 아들이면서도 받으신 고난으로 순종함을 배워서 온전하게 되셨은즉 자기에게 순종하는 모든 자에게 영원한 구원의 근원이 되시고.

4. 시 119:67, 71~72 고난당하기 전에는 내가 그릇 행하였더니 이제는 주의 말씀을 지키나이다 고난당한 것이 내게 유익이라 이로 말미암아 내가 주의 율례들을 배우게 되었나이다 주의 입의 법이 내게는 천천 금은보다 좋으니이다.

5. 신 8:1~3, 16 네 하나님 여호와께서 이 사십 년 동안에 네게 광야 길을 걷게 하신 것을 기억하라 이는 너를 낮추시며 너를 시험하사 네 마음이 어떠한지 그 명령을 지키는지 지키지 않는지 알려 하심이라 너를 낮추시며 너를 주리게 하시며 또 너도 알지 못하며 네 조상들도 알지 못하던 만나를 네게 먹이신 것은 사람이 떡으로만 사는 것이 아니요 여호와의 입에서 나오는 모든 말씀으로 사는 줄을 네가 알게 하려 하심이라 네 조상들도 알지 못하던 만나를 광야에서 네게 먹이셨나니 이는 다 너를 낮추시며 너를 시험하사 마침내 네게 복을 주려 하심이었느니라.

6. 히 12:8~9 징계는 다 받는 것이거늘 너희에게 없으면 사생자요 친아들이 아니니라 또 우리 육신의 아버지가 우리를 징계하여도 공경하였거든 하물며 모든 영의 아버지께 더욱 복종하며 살려 하지 않겠느냐.

7. 요 14:23 예수께서 대답하여 가라사대 사람이 나를 사랑하면 내 말을 지키리니 내 아버지께서 저를 사랑하실 것이요 우리가 저에게 와서 거처를 저와 함께하리라.

8. 시 119:136 그들이 주의 법을 지키지 아니하므로 내 눈물이 시냇물 같이 흐르나이다.

9. 벧전 1:2, 22 곧 하나님 아버지의 미리 아심을 따라 성령이 거룩하게 하심으로 순종함과 예수그리스도의 피 뿌림을 얻기 위하여 택하심을 받은 자들에게 편지하노니 너희가 진리를 순종함으로 너희 영혼을 깨끗하게 하여 거짓이 없이 형제를 사랑하기에 이르렀으니 마음

으로 서로 뜨겁게 사랑하라.

10. 마 7:21 나더러 주여 주여 하는 자마다 다 천국에 들어갈 것이 아니요 다만 하늘에 계신 내 아버지의 뜻대로 행하는 자라야 들어가리라.

11. 요 14:10 내가 아버지 안에 거하고 아버지는 내 안에 계신 것을 네가 믿지 아니하느냐 내가 너희에게 이르는 말은 스스로 하는 것이 아니라 아버지께서 내 안에 계셔서 그의 일을 하시는 것이라.

12. 겔 36:26~27 또 새 영을 너희 속에 두고 새 마음을 너희에게 주되 너희 육신에서 굳은 마음을 제거하고 부드러운 마음을 줄 것이며 또 내 영을 너희 속에 두어 너희로 내 율례를 행하게 하리니 너희가 내 규례를 지켜 행할지라.

13. 히 4:11 그러므로 우리가 저 안식에 들어가기를 힘쓸지니 이는 누구든지 저 순종하지 아니하는 본에 빠지지 않게 하려 함이라.

14. 말 4:9 너희 곧 온 나라가 나의 것을 도둑질하였으므로 너희가 저주를 받았느니라(십일조와 헌물).

15. 롬 6:12 그러므로 너희 죄가 너희 죽을 몸을 지배하지 못하게 하여 몸의 사욕에 순종하지 말고.

16. 마 20:27~28 너희 중에 누구든지 으뜸이 되고자 하는 자는 너희의 종이 되어야 하리라 인자가 온 것은 섬김을 받으려 함이 아니라 도리어 섬기려 하고 자기 목숨을 많은 사람의 대속물로 주려 함이니라.

17. 창 22:12 사자가 이르시되 그 아이에게 네 손을 대지 말라 그에게 아무 일도 하지 말라 네가 네 아들 네 독자까지도 내게 아끼지 아니하였으니 내가 이제야 네가 하나님을 경외하는 줄을 아노라.

18. 삼상 15:22~23 순종이 제사보다 낫고 듣는 것이 숫양의 기름보다 나으니 이는 거역하는 것은 점치는 죄와 같고 완고한 것은 사신우상에게 절하는 죄와 같음이라 왕이 여호와의 말씀을 버렸으므로 여호와께서도 왕을 버려 왕이 되지 못하게 하셨나이다.

19. 막 16:15 너희는 온 천하에 다니며 만민에게 복음을 전파하라.

20. 요 15:7 너희가 내 안에 거하고 내 말이 너희 안에 거하면 무엇이든지 원하는 대로 구하라 그리하면 이루리라.

21. 사 58:13~14 만일 안식일에 네 발을 금하여 내 성일에 오락을 행치 아니하고 안식일을 일

컬어 즐거운 날이라. 여호와의 성일을 존귀한 날이라 하여 이를 존귀히 여기고 네 길로 행치 아니하며 네 오락을 구치 아니하며 사사로운 말을 하지 아니하면 네가 여호와의 안에서 즐거움을 얻을 것이라 내가 너를 땅의 높은 곳에 올리고 네 조상 야곱의 업으로 기르리라 여호와의 입의 말이니라.

22. 살전 4:3~6 하나님의 뜻은 이것이니 너희의 거룩함이라 곧 음란을 버리고 각각 거룩함과 존귀함으로 자기의 아내 취할 줄을 알고 하나님을 모르는 이방인과 같이 색욕을 좇지 말고 이 일에 분수를 넘어서 형제를 해하지 말라 이는 우리가 너희에게 미리 말하고 증거한 것과 같이 이 모든 일에 주께서 신원하여 주심이니라 하나님이 우리를 부르심은 부정케 하심이 아니요 거룩케 하심이니 그러므로 저버리는 자는 사람을 저버림이 아니요 너희에게 그의 성령을 주신 하나님을 저버림이니라.

23. 신 28:1~3 네가 네 하나님 여호와의 말씀을 삼가 듣고 내가 오늘날 네게 명하는 그 모든 명령을 지켜 행하면 네 하나님 여호와께서 너를 세계 모든 민족 위에 뛰어나게 하실 것이라 네가 네 하나님 여호와의 말씀을 순종하면 이 모든 복이 네게 임하며 네게 미치리니 성읍에서도 복을 받고 들에서도 복을 받을 것이며.

24. 마 28:18~20 예수께서 나아와 일러 가라사대 하늘과 땅의 모든 권세를 내게 주셨으니 그러므로 너희는 가서 모든 족속으로 제자를 삼아 아버지와 아들과 성령의 이름으로 세례를 주고 내가 너희에게 분부한 모든 것을 가르쳐 지키게 하라 볼지어다 내가 세상 끝날까지 너희와 항상 함께 있으리라 하시니라.

25. 마 6:31~34 그러므로 염려하여 이르기를 무엇을 먹을까 무엇을 마실까 무엇을 입을까 하지 말라 이는 다 이방인들이 구하는 것이라 너희 천부께서 이 모든 것이 너희에게 있어야 할 줄을 아시느니라 너희는 먼저 그의 나라와 그의 의를 구하라 그리하면 이 모든 것을 너희에게 더하시리라 그러므로 내일 일을 위하여 염려하지 말라 내일 일은 내일 염려할 것이요 한 날 괴로움은 그날에 족하니라.

26. 창 19:14 롯이 나가서 그 딸들과 정혼한 사위들에게 고하여 이르되 여호와께서 이 성을 멸하실 터이니 너희는 일어나 이곳에서 떠나라 하되 그 사위들이 농담으로 여겼더라.

27. 시 107:10~11 사람이 흑암과 사망의 그늘에 앉으며 곤고와 쇠사슬에 매임은 하나님의 말씀을 거역하며 지존자의 뜻을 멸시함이라.

28. 요일 4:16 하나님이 우리를 사랑하시는 사랑을 우리가 알고 믿었노니 하나님은 사랑이시

라 사랑 안에 거하는 자는 하나님 안에 거하고 하나님도 그 안에 거하시느니라.

29. 고전 9:19 내가 모든 사람에게 자유하였으나 스스로 모든 사람에게 종이 된 것은 더 많은 사람을 얻고자 함이라.

30. 마 7:24~25 그러므로 누구든지 나의 이 말을 듣고 행하는 자는 그 집을 반석 위에 지은 지혜로운 사람 같으리니 비가 내리고 창수가 나고 바람이 불어 그 집에 부딪히되 무너지지 아니하나니 이는 주초를 반석 위에 놓은 연고요.

31. 눅 10:16 너희 말을 듣는 자는 곧 내 말을 듣는 것이요 너희를 저버리는 자는 곧 나를 저버리는 것이요 나를 저버리는 자는 나 보내신 이를 저버리는 것이라 하시니라.

32. 막 4:20 좋은 땅에 뿌리웠다는 것은 곧 말씀을 듣고 받아 삼십 배와 육십 배와 백 배의 결실을 하는 자니라.

8
고난과 징계의 유익

문답

1) 고난의 유익은 무엇입니까?
하나님의 거룩함에 참여하게 됩니다. 말씀에 순종하여 복을 받게 됩니다.

2) 사도 바울이 아시아에서 복음을 전할 때에 죽을 고비를 많이 받았는데 그 이유가 무엇입니까?
오직 죽은 자를 살리시는 하나님만 의지하게 하기 위함입니다.

3) 여러 가지 시험을 당할 때에 대처방법은 무엇입니까?
온전히 기쁘게 여기며 참고 견디면서 주님이 역사하실 때까지 기도하는 것입니다.

4) 고난을 인내로 이겨낸 결과는 무엇입니까?
온전하고 구비하여 조금도 부족함이 없게 하여 주십니다.

5) 이스라엘 백성들이 광야에서 40년 동안 고난받은 이유가 어디에 있습니까?
백성의 마음을 낮추시고 순종하는 마음을 주시어서 복을 주시기 위함입니다.

6) 마귀를 물리치는 비결은 무엇입니까?
마음을 굳게 하여 기도하고 금식하며 저를 대적하여야 합니다.

7) 사도 바울은 주님의 몸된 교회와 성도들을 위하여 받는 고난을 어떻게 받았습니까?

기쁨으로 받았습니다.

8) 하나님 나라에 들어가려면 무엇을 받아야 합니까?

많은 환난을 겪어야 합니다.

9) 욥의 고난의 결말은 무엇입니까?

주님을 보는 은혜와 갑절의 복을 받았습니다.

10) 징계는 누가 받습니까?

하나님의 자녀들은 다 받습니다.

말씀

1. 히 12:8, 10, 13 징계는 다 받는 것이거늘 너희에게 없으면 사생자요 친아들이 아니니라 그들은 잠시 자기의 뜻대로 우리를 징계하거니와 오직 하나님은 우리의 유익을 위하여 그의 거룩하심에 참여하게 하시느니라 너희 발을 위하여 곧은 길을 만들어 저는 다리로 하여금 어그러지지 않고 고침을 받게 하라.

2. 시 119:67, 71 고난당하기 전에는 내가 그릇 행하였더니 이제는 주의 말씀을 지키나이다 고난당한 것이 내게 유익이라 이로 말미암아 주의 율례들을 배우게 되었나이다.

3. 고후 1:8~9 형제들아 우리가 아시아에서 당한 환난을 너희가 모르기를 원하지 아니하노니 힘에 겹도록 심한 고난을 당하여 살 소망까지 끊어지고, 우리는 우리 자신이 사형 선고를 받은 줄 알았으니 이는 우리로 자기를 의지하지 말고 오직 죽은 자를 다시 살리시는 하나님만 의지하게 하심이라.

4. 약 1:2~4, 12 내 형제들아 너희가 여러 가지 시험을 당하거든 온전히 기쁘게 여기라 이는 너희 믿음의 시련이 인내를 만들어 내는 줄 너희가 앎이라 인내를 온전히 이루라 이는 너희로 온전하고 구비하여 조금도 부족함이 없게 하려 함이라 시험을 참는 자는 복이 있나니 이는 시련을 견디어 낸 자가 주께서 자기를 사랑하는 자들에게 약속하신 생명의 면류관을

얻을 것이기 때문이라.

5. 신 8:16 네 조상들도 알지 못하던 만나를 광야에서 네게 먹이셨나니 이는 다 너를 낮추시며 너를 시험하사 마침내 네게 복을 주려 하심이었느니라.

6. 벧전 4:8~9 근신하라 깨어라 너희 대적 마귀가 우는 사자 같이 두루 다니며 삼킬 자를 찾나니 너희는 마음을 굳게 하여 그를 대적하라 이는 세상에 있는 너희 형제들도 동일한 고난을 당하는 줄을 앎이라.

7. 욥 23:10 그러나 내가 가는 길을 그가 아시나니 그가 나를 단련하신 후에는 내가 순금(정금)같이 되어 나오리라.

8. 히 5:8~9 그가 아들이면서도 받으신 고난으로 순종함을 배워서 온전하게 되셨은즉 자기에게 순종하는 모든 자에게 영원한 구원의 근원이 되시고.

9. 골 1:24 나는 이제 너희를 위하여 받는 괴로움을 기뻐하고 그리스도의 남은 고난을 그의 몸된 교회를 위하여 내 육체에 채우노라.

10. 욥 42:5~6 내가 주께 대하여 귀로 듣기만 하였사오나 이제는 눈으로 주를 뵈옵나이다 그러므로 내가 스스로 거두어들이고 티끌과 재 가운데에서 회개하나이다.

11. 행 14:22 제자들의 마음을 굳게 하여 이 믿음에 머물러 있으라 권하고 또 우리가 하나님의 나라에 들어가려면 많은 환난을 겪어야 할 것이라 하고.

12. 시 80:5 주께서 그들에게 눈물의 양식을 먹이시며 많은 눈물을 마시게 하셨나이다.

13. 약 5:10~11 형제들아 주의 이름으로 말한 선지자들을 고난과 오래참음의 본으로 삼으라 보라 인내하는 자를 우리가 복되다 하나니 너희가 욥의 인내를 들었고 주께서 주신 결말을 보았거니와 주는 가장 자비하시고 긍휼히 여기시는 이시니라.

14. 벧전 1:7 너희 믿음의 확실함은 불로 연단하여도 없어질 금보다 더 귀하여 예수 그리스도께서 나타나실 때에 칭찬과 영광과 존귀를 얻게 할 것이니라.

15. 계 2:21~23 또 내가 그에게 회개할 기회를 주었으되 자기의 음행을 회개 하고자 하지 아니하는도다 볼지어다 내가 그를 침상에 던질 것이요 또 그와 더불어 간음하는 자들도 만일 그의 행위를 회개하지 아니하면 큰 환난 가운데 던지고 또 내가 사망으로 그의 자녀를 죽이리니 모든 교회가 나는 사람의 뜻과 마음을 살피는 자인 줄 알지라 내가 너희 각 사람의 행위대로 갚아 주리라.

16. 신 4:30 이 모든 일이 네게 임하여 환난을 당하다가 끝날에 네가 네 하나님 여호와께로 돌

아와서 그의 말씀을 청종하리니.

17. 히 12:2 믿음의 주요 또 온전하게 하시는 이인 예수를 바라보자 그는 그 앞에 있는 기쁨을 위하여 십자가를 참으사 부끄러움을 개의치 아니하시더니 하나님 보좌 우편에 앉으셨느니라.

18. 마 16:24 누구든지 나를 따라오려거든 자기를 부인하고 자기 십자가를 지고 나를 따를 것이니라.

19. 마 27:28~31 그의 옷을 벗기고 홍포를 입히며 가시 면류관을 엮어 그 머리에 씌우고 갈대를 그 오른손에 들리고 그 앞에서 무릎을 꿇고 희롱하여 가로되 유대인의 왕이여 평안할지어다 하며 그에게 침 뱉고 갈대를 빼앗아 그의 머리를 치더라 희롱을 다한 후 홍포를 벗기고 도로 그의 옷을 입혀 십자가에 못 박으려고 끌고 나가니라.

20. 약 5:7~11 그러므로 형제들아 주의 강림하시기까지 길이 참으라 보라 농부가 땅에서 나는 귀한 열매를 바라고 길이 참아 이른 비와 늦은 비를 기다리나니 너희도 길이 참고 마음을 굳게 하라 주의 강림이 가까우니라 형제들아 서로 원망하지 말라 그리하여야 심판을 면하리라 보라 심판자가 문밖에 서 계시니라.

21. 벧전 4:1~3 그리스도께서 이미 육체의 고난을 받으셨으니 너희도 같은 마음으로 갑옷을 삼으라 이는 육체의 고난을 받은 자가 죄를 그쳤음이니 그 후로는 다시 사람의 정욕을 좇지 않고 오직 하나님의 뜻을 좇아 육체의 남은 때를 살게 하려 함이라 너희가 음란과 정욕과 술 취함과 방탕과 연락과 무법한 우상숭배를 하여 이방인의 뜻을 좇아 행한 것이 지나간 때가 족하도다.

22. 롬 5:3~5 다만 이뿐 아니라 우리가 환난 중에도 즐거워하나니 이는 환난은 인내를 인내는 연단을, 연단은 소망을 이루는 줄 앎이로다 소망이 부끄럽게 아니함은 우리에게 주신 성령으로 말미암아 하나님의 사랑이 우리 마음에 부은바 됨이니.

23. 눅 8:15 좋은 땅에 있다는 것은 착하고 좋은 마음으로 말씀을 듣고 지키어 인내로 결실하는 자니라.

24. 눅 21:19 너희의 인내로 너희 영혼을 얻으리라.

25. 살후 3:5 주께서 너희 마음을 인도하여 하나님의 사랑과 그리스도의 인내에 들어가게 하시기를 원하노라.

26. 히 10:36 너희에게 인내가 필요함은 너희가 하나님의 뜻을 행한 후에 약속을 받기 위함이라.

27. 욥 5:7 인생은 고난을 위하여 났나니 불티가 위로 날음 같으니라.

28. 딤후 1:8 그러므로 네가 우리 주의 증거와 또는 주를 위하여 갇힌 자 된 나를 부끄러워 말고 오직 하나님의 능력을 좇아 복음과 함께 고난을 받으라.

29. 벧전 4:13 오직 너희가 그리스도의 고난에 참여하는 것으로 즐거워하라 이는 그의 영광을 나타내실 때에 너희로 즐거워하고 기뻐하게 하려 함이라.

9

영적인 교회

: 신약교회, 보이지 않는 교회, 새 예루살렘 교회, 마귀를 이기는 교회
 (보이는 교회, 구약교회, 예루살렘 교회)

참고: 육신적인 교회-연약한 교회-영적으로 성장하지 못한 교회-마귀를 이기지 못하는 교회이다.

문답

1) 세상 만물 위에 누가 있습니까?

　교회. 교회의 머리이신 예수 그리스도.

2) 교회는 누구의 몸입니까?

　예수님의 몸입니다.

3) 일곱 촛대는 무엇입니까?

　일곱 교회.

4) 오른손에 일곱 별을 붙잡고 일곱 금 촛대 사이에 다니시는 이가 누구입니까?

　예수 그리스도.

5) 창 3:15 '내가 너로 여자와 원수가 되게 하고 너의 후손도 여자의 후손과 원수가 되게 하리니 여자의 후손은 네 머리를 상하게 할 것이요'에서 여자의 후손은 누구입니까?

　예수 그리스도.

하나님 나라의 비밀

6) 베드로와 도마는 예수님을 누구라고 고백하였습니까?

주는 그리스도시요 하나님의 아들. 나의 주 나의 하나님.

7) 주는 그리스도시요 하나님의 아들이라는 베드로의 신앙 고백 위에 무엇을 세웁니까?

지옥의 권세가 이기지 못하는 주님의 몸된 교회.

8) 성도의 몸은 무엇입니까?

성전. 주님이 함께 사시는 집.

9) 성도의 모임을 무엇이라고 합니까?

교회입니다.

모이는 교회: 에클레시아, 헬라어.

흩어지는 교회: 디아스포라, 헬라어.

10) 교회는 예수님의 무엇으로 사셨습니까?

예수님의 피, 예수님의 생명.

11) 사도 바울과 제자들과 스데반 집사와 성도들은 주님의 몸된 교회와 사명을 위하여 어떻게 하였습니까?

자기의 생명도 조금도 귀한 것으로 여기지 아니하였습니다.

12) 골 1:24 '내가 이제 너희를 위하여 받는 괴로움을 기뻐하고 그리스도의 남은 고난을 그의 몸된 교회를 위하여 채운다'라고 하였는데 사도 바울은 어디에 채운다고 하였습니까?

내 육체에 채운다고 하였습니다.

13) 집사의 직분을 잘한 자들의 상급은 무엇입니까?

아름다운 지위와 그리스도 예수 안에 있는 믿음에 큰 담력을 얻습니다.

14) 그 집을 반석 위에 지은 지혜로운 사람은 누구입니까?

나의 이 말을 듣고 행하는 자입니다. 말씀에 순종하는 자입니다.

15) 초대교회의 성찬예배는 언제 하였습니까?

모일 때마다 매일 드렸습니다.

16) 성찬 예배 때 몸과 피는 무엇을 상징합니까?

참된 양식과 참된 음료.

몸—죽으심과 부활을 기억—영생의 양식.

피는 죄사함의 언약의 피—살아 계신 하나님의 능력의 피이다.

17) 성찬 예식은 누가 제정하였습니까?

주 예수님.

18) 영적인 예배는 무엇입니까?

내 몸을 산 제물로 드리는 것입니다.

말씀

1. 엡 1:21~23 모든 정사와 권세와 능력과 주관하는 자와 이 세상뿐 아니라 오는 세상에 일컫는 모든 이름 위에 뛰어나게 하시고 또 만물을 그 발아래 복종하게 하시고 그를 만물 위에 교회의 머리로 주셨느니라 교회는 그의 몸이니 만물 안에서 만물을 충만케 하시는 자의 충만이니라.

2. 계 1:20 네 본 것은 내 오른손에 일곱 별의 비밀과 일곱 금 촛대라 일곱 별은 일곱 교회의 사자요 일곱 촛대는 일곱 교회니라.

3. 계 2:1 에베소 교회의 사자에게 편지하기를 오른손에 일곱 별을 붙잡고 일곱 금 촛대 사이

에 다니시는 이가 가라사대.

4. 계 3:21~22 이기는 그에게는 내가 내 보좌에 함께 앉게 하여 주기를 내가 이기고 아버지 보좌에 함께 앉은 것과 같이 하리라.

5. 요 19:30 예수께서 신 포도주를 받으신 후 가라사대 다 이루었다 하시고 머리를 숙이시고 영혼이 돌아가시니라.

6. 창 3:15 내가 너로 여자와 원수가 되게 하고 너의 후손도 여자의 후손과 원수가 되게 하리니 여자의 후손은 네 머리를 상하게 할 것이요 너는 그의 발꿈치를 상하게 할 것이니라 하시고.

7. 창 22:17 내가 네게 큰 복을 주고 네 씨로 크게 성하여 하늘의 별과 같고 바닷가의 모래와 같게 하리니 네 씨가 그대적의 문을 얻으리라.

8. 엡 2:5~6 허물로 죽은 우리를 그리스도와 함께 살리셨고 (너희가 은혜로 구원을 얻은 것이라) 또 함께 일으키사 그리스도 예수 안에서 함께 하늘에 앉히시니.

9. 마 16:15~17 가라사대 너희는 나를 누구라 하느냐 시몬 베드로가 대답하여 가로되 주는 그리스도시요 살아 계신 하나님의 아들이시니이다 예수께서 대답하여 가라사대 바요나 시몬아 네가 복이 있도다 이를 네게 알게 한 이는 혈육이 아니요 하늘에 계신 내 아버지시니라 또 내가 네게 이르노니 너는 베드로라 내가 이 반석 위에 내 교회를 세우리니 음부의 권세가 이기지 못하리라.

10. 요 20:27~28 도마에게 이르시되 네 손가락을 이리 내밀어 내 손을 보고 네 손을 내밀어 내 옆구리에 넣어 보라 그리하고 믿음 없는 자가 되지 말고 믿는 자가 되라 도마가 대답하여 가로되 나의 주시며 나의 하나님이시니이다.

11. 요 1:12 영접하는 자 곧 그 이름을 믿는 자들에게는 하나님의 자녀가 되는 권세를 주셨으니.

12. 요 3:3 예수께서 대답하여 가라사대 진실로 진실로 네게 이르노니 사람이 거듭나지 아니하면 하나님 나라를 볼 수 없느니라.

13. 행 2:36~38 그런즉 이스라엘 온 집이 정녕 알지니 너희가 십자가에 못 박은 이 예수를 하나님이 주와 그리스도가 되게 하셨느니라 하니라 저희가 이 말을 듣고 마음에 찔려 베드로와 다른 사도들에게 물어 가로되 형제들아 우리가 어찌할꼬 하거늘 베드로가 가로되 너희가 회개하여 각각 예수 그리스도의 이름으로 세례를 받고 죄사함을 얻으라 그리하면 성령을 선물로 받으리니.

14. 요일 2:27 너희는 주께 받은바 기름부음이 너희 안에 거하나니 아무도 너희를 가르칠 필요가 없고 오직 그의 기름부음이 모든 것을 너희에게 가르치며 또 참되고 거짓이 없으니 너희를 가르치신 그대로 주 안에 거하라.

15. 롬 6:4 그러므로 우리가 그의 죽으심과 합하여 세례를 받음으로 그와 함께 장사되었나니 이는 아버지의 영광으로 말미암아 그리스도를 죽은 자 가운데서 살리심과 같이 우리로 또한 새 생명 가운데서 행하게 하려 함이니라.

16. 고전 6:19~20 너희 몸은 너희가 하나님께로부터 받은바 너희 가운데 계신 성령의 전인 줄을 알지 못하느냐 너희는 너희의 것이 아니라 값으로 산 것이 되었으니 그런즉 너희 몸으로 하나님께 영광을 돌리라.

17. 눅 17:21 또 여기 있다 저기 있다고도 못하리니 하나님의 나라는 너희 안에 있느니라.

18. 엡 4:11~13 그가 혹은 사도로, 혹은 선지자로, 혹은 복음 전하는 자로, 혹은 목사와 교사로 주셨으니 이는 성도를 온전케 하며 봉사의 일을 하게 하며 그리스도의 몸을 세우려 하심이라 우리가 다 하나님의 아들을 믿는 것과 아는 일에 하나가 되어 온전한 사람을 이루어 그리스도의 장성한 분량이 충만한 데까지 이르리니.

19. 마 18:20 두세 사람이 내 이름으로 모인 곳에는 나도 그들 중에 있느니라.

20. 행 2:42~47 저희가 사도의 가르침을 받아 서로 교제하며 떡을 떼며 기도하기를 전혀 힘쓰니라 사람마다 두려워하는데 사도들로 인하여 기사와 표적이 많이 나타나니 믿는 사람이 다 함께 있어 모든 물건을 서로 통용하고 또 재산과 소유를 팔아 각 사람의 필요를 따라 나눠 주고 날마다 마음을 같이 하여 성전에 모이기를 힘쓰고 집에서 떡을 떼며 기쁨과 순전한 마음으로 음식을 먹고 하나님을 찬미하며 또 온 백성에게 칭송을 받으니 주께서 구원받는 사람을 날마다 더하게 하시니라.

21. 행 20:23~24 오직 성령이 각 성에서 내게 증거하여 결박과 환난이 나를 기다린다 하시나 나의 달려갈 길과 주 예수께 받은 사명 곧 하나님의 은혜의 복음 증거하는 일을 마치려 함에는 나의 생명을 조금도 귀한 것으로 여기지 아니하노라.

22. 골 1:24 내가 이제 너희를 위하여 받는 괴로움을 기뻐하고 그리스도의 남은 고난을 그의 몸된 교회를 위하여 내 육체에 채우노라.

23. 마 6:33 너희는 먼저 그의 나라와 그의 의를 구하라 그리하면 이 모든 것을 너희에게 더하시리라.

24. 마 28:18~20 예수께서 나아와 일러 가라사대 하늘과 땅의 모든 권세를 내게 주셨으니 그러므로 너희는 가서 모든 족속으로 제자를 삼아 아버지와 아들과 성령의 이름으로 세례를 주고 내가 너희에게 분부한 모든 것을 가르쳐 지키게 하라 볼지어다 내가 세상 끝날까지 너희와 항상 함께 있으리라 하시니라.

25. 행 20:28 너희는 자기를 위하여 또는 온 양떼를 위하여 삼가라 성령이 저들 가운데 너희로 감독자를 삼고 하나님이 자기 피로 사신 교회를 치게 하셨느니라.

26. 엡 5:23~31 이는 남편이 아내의 머리 됨이 그리스도께서 교회의 머리 됨과 같음이니 그가 친히 몸의 구주시니라 그러나 교회가 그리스도에게 하듯 아내들도 범사에 그 남편에게 복종할지니라 남편들아 아내 사랑하기를 그리스도께서 교회를 사랑하시고 위하여 자신을 주심같이 하라 이는 곧 물로 씻어 말씀으로 깨끗하게 하사 거룩하게 하시고 자기 앞에 영광스러운 교회로 세우사 티나 주름 잡힌 것이나 이런 것들이 없이 거룩하고 흠이 없게 하려 하심이니라.

27. 살후 1:4~9 그리고 너희의 참는 모든 핍박과 환난 중에서 너희 인내와 믿음을 인하여 하나님의 여러 교회에서 우리가 친히 자랑함이라.

28. 딤전 3:4~5 자기 집을 잘 다스려 자녀들로 모든 단정함으로 복종케 하는 자라야 할지며 (사람이 자기 집을 다스릴 줄 알지 못하면 어찌 하나님의 교회를 돌아보리요).

29. 딤전 3:15 만일 내가 지체하면 너로 하나님의 집에서 어떻게 행하여야 할 것을 알게 하려 함이니 이 집은 살아 계신 하나님의 교회요 진리의 기둥과 터이니라.

30. 막 11:17 이에 가르쳐 이르시되 기록된바 내 집은 만민의 기도하는 집이라 칭함을 받으리라고 하지 아니하였느냐 너희는 강도의 굴혈을 만들었도다 하시매.

31. 몬 1:1~2 그리스도 예수를 위하여 갇힌 자 된 바울과 및 형제 디모데는 우리의 사랑을 받는 자요 동역자인 빌레몬과 및 자매 압비아와 및 우리와 함께 군사 된 아킵보와 네 집에 있는 교회에게 편지하노니.

32. 사 26:1~2 그날에 유다 땅에서 이 노래를 부르리라 우리에게 견고한 성읍이 있음이여 여호와께서 구원으로 성과 곽을 삼으시리로다.

33. 롬 14:4 남의 하인을 판단하는 너는 누구뇨 그 섰는 것이나 넘어지는 것이 제 주인에게 있으매 저가 세움을 받으리니 이는 저를 세우시는 권능이 주께 있음이니라.

34. 마 18:15~17 네 형제가 죄를 범하거든 가서 너와 그 사람과만 상대하여 권고하라 만일 들

으면 네가 네 형제를 얻은 것이요 만일 듣지 않거든 한두 사람을 데리고 가서 두세 증인의 입으로 말마다 증참케 하라 만일 그들의 말도 듣지 않거든 교회에 말하고 교회의 말도 듣지 않거든 이방인과 세리와 같이 여기라.

35. 딤전 3:13 집사의 직분을 잘한 자들은 아름다운 지위와 그리스도 예수 안에 있는 믿음에 큰 담력을 얻느니라.

36. 계 21:2 또 내가 보매 거룩한 성 새 예루살렘이 하나님께로부터 하늘에서 내려오니 그 예비한 것이 신부가 남편을 위하여 단장한 것 같더라.

37. 마 7:24~27 그러므로 누구든지 나의 이 말을 듣고 행하는 자는 그 집을 반석 위에 지은 지혜로운 사람 같으리니 비가 내리고 창수가 나고 바람이 불어 그 집에 부딪히되 무너지지 아니하나니 이는 주초를 반석 위에 놓은 연고요 나의 이 말을 듣고 행치 아니하는 자는 그 집을 모래 위에 지은 어리석은 사람 같으리니 비가 내리고 창수가 나고 바람이 불어 그 집에 부딪히매 무너져 그 무너짐이 심하니라.

38. 엡 2:20~22 너희는 사도들과 선지자들의 터 위에 세우심을 입은 자라 그리스도 예수께서 친히 모퉁이 돌이 되셨느니라 그의 안에서 건물마다 서로 연결하여 주 안에서 성전이 되어 가고 너희도 성령 안에서 하나님의 거하실 처소가 되기 위하여 예수 안에서 함께 지어져 가느니라.

39. 요 6:55~56 내 살은 참된 양식이요 내 피는 참된 음료로다 내 살을 먹고 내 피를 마시는 자는 내 안에 거하고 나도 그 안에 거하나니.

40. 고전 11:23~26 내가 너희에게 전한 것은 주께 받은 것이니 곧 주 예수께서 잡히시던 밤에 떡을 가지사 축사하시고 떼어 가라사대 이것은 너희를 위하는 내 몸이니 이것을 행하여 나를 기념하라 하시고 식후에 또한 이와 같이 잔을 가지시고 가라사대 이 잔은 내 피로 세운 새 언약이니 이것을 행하여 마실 때마다 나를 기념하라 하셨으니 너희가 이 떡을 먹으며 이 잔을 마실 때마다 주의 죽으심을 오실 때까지 전하는 것이니라.

41. 롬 12:1 그러므로 형제들아 내가 하나님의 모든 자비하심으로 너희를 권하노니 너희 몸을 하나님이 기뻐하시는 거룩한 산 제사로 드리라 이는 너희의 드릴 영적 예배니라.

10
사탄 마귀의 정체

문답

1) 우리의 씨름(싸움)의 대상은 누구입니까?

통치자들과 권세자들과 이 어두움의 세상 주관자들과 하늘에 있는 악의 영들입니다.

2) 여자의 후손인 예수님은 누구의 머리를 상하게 하였습니까?

원수 마귀.

3) 누가 믿지 않는 사람들의 마음을 혼미하게 하여 예수님을 믿지 못하도록 방해합니까?

이 세상의 신. 원수 마귀.

4) 진노의 자녀는 누구입니까?

이 세상 풍속을 쫓고 공중의 권세 잡은 자를 따르고 육체의 욕심을 따라 지내며 육체와 마음이 원하는 것을 하는 사람들.

5) 이방인의 제사는 누구에게 하는 것입니까?

귀신.

6) 일천 년 동안 결박하여 무저갱에 들어가 있는 자는 누구입니까?

용 곧 옛 뱀, 마귀, 사단.

7) 사단. 마귀의 출처는 어디입니까?

자기 자리를 이탈하고 교만하여 하나님을 대적한 천사들. 천사의 타락.

8) 통치자들과 권세자들을 무력화시키고 승리하신 분은 누구입니까?

십자가에서 죽으시고 부활하신 예수님.

9) 마귀를 무엇으로 이기고 승리합니까?

십자가에서 흘리신 예수님의 보혈과 복음의 말씀으로.

10) 마귀의 집은 어디입니까?

사람의 몸.

11) 귀신을 어떻게 쫓아냅니까?

예수 이름의 능력으로. 금식과 기도로. 주님이 쫓아내 주십니다.

12) 마귀는 무엇을 싫어합니까?

예수님 부활을 전함을 싫어합니다.

13) 사람의 가장 큰 죄는 무엇입니까?

자기가 하나님이 되려고 선악과를 먹고 하나님의 말씀에 불순종한 죄.

14) 사람의 전쟁터는 어디입니까?

마음의 보좌.

말씀

1. 엡 6:12 우리의 씨름은 혈과 육을 상대하는 것이 아니요 통치자들과 권세자들과 이 어둠의 세상 주관자들과 하늘에 있는 악의 영들에게 대함이라.

2. 창 3:15 내가 너로 여자와 원수가 되게 하고 네 후손도 여자의 후손과 원수가 되게 하리니 여자의 후손은 네 머리를 상하게 할 것이요 너는 그의 발꿈치를 상하게 할 것이니라.

3. 요 16:11 심판에 대하여라 함은 이 세상 임금이 심판을 받았음이니라.

4. 고후 4:4 그중에 이 세상 신이 믿지 아니하는 자들의 마음을 혼미케 하여 그리스도의 영광의 광채가 비취지 못하게 함이니 그리스도는 하나님의 형상이니라.

5. 엡 2:2~3 그때에 너희가 그 가운데서 행하여 이 세상 풍속을 쫓고 공중의 권세 잡은 자들을 따랐으니 곧 지금 불순종의 아들들 가운데 역사하는 영이라 전에는 우리도 그 가운데서 우리 육체의 욕심을 따라 지내며 육체와 마음이 원하는 것을 하여 다른 이들과 같이 본질상 진노의 자녀이었더니.

6. 고전 10:20 대저 이방인의 제사하는 것은 귀신에게 하는 것이요 하나님께 제사하는 것이 아니니 나는 너희가 귀신과 교제하는 자 되기를 원치 아니하노라.

7. 계 20:2~3 용을 잡으니 곧 옛 뱀이요 마귀요 사단이라 잡아 일천 년 동안 결박하여 무저갱에 던져 잠그고 그 위에 인봉하여 천 년이 차도록 다시는 만국을 미혹하지 못하게 하였다가 그 후에 반드시 잠깐 놓이리라.

8. 유 1:6 또 자기 지위를 지키지 아니하고 자기 처소를 떠난 천사들을 큰 날의 심판까지 영원한 결박으로 흑암에 가두셨으며.

9. 사 14:12~15 너 아침의 아들 계명성이여 어찌 그리 하늘에서 떨어졌으며 너 열국을 엎은 자여 어찌 그리 땅에 찍혔는고 네가 네 마음에 이르기를 내가 하늘에 올라 하나님의 뭇 별 위에 나의 보좌를 높이리라 내가 북극 집회의 산 위에 좌정하리라 가장 높은 구름에 올라 지극히 높은 자와 비기리라 하도다 그러나 이제 네가 음부 곧 구덩이의 맨 밑에 빠치우리로다.

10. 요 10:10 도적이 오는 것은 도적질하고 죽이고 멸망시키려는 것뿐이요.

11. 골 2:15 통치자들과 권세들을 무력화하여 드러내어 구경거리로 삼으시고 십자가로 그들을 이기셨느니라.

12. 행 10:38 하나님이 나사렛 예수에게 성령과 능력을 기름 붓듯 하셨으매 저가 두루 다니시며 착한 일을 행하시고 마귀에게 눌린 모든 자를 고치셨으니 이는 하나님이 함께하셨음이라.

13. 행 12:28 그러나 내가 하나님의 성령을 힘입어 귀신을 쫓아내는 것이면 하나님의 나라가 이미 너희에게 임하였느니라.

14. 계 12:11 또 여러 형제가 어린 양의 피와 자기의 증거하는 말을 인하여 저를 이기었으니 그들은 죽기까지 자기 생명을 아끼지 아니하였도다.

15. 벧전 5:8~9 근신하라 깨어라 너희 대적 마귀가 우는 사자같이 두루 다니며 삼킬 자를 찾나니 너희는 마음을 굳게 하여 저를 대적하라 이는 세상에 있는 너희 형제들도 동일한 고난을 당하는 줄을 앎이니라.

16. 고후 11:14 사단도 자기를 광명의 천사로 가장 하나니.

17. 눅 10:17~19 칠십 인이 기뻐하며 돌아와 이르되 주여 주의 이름이면 귀신들도 우리에게 항복하더이다 예수께서 이르시되 사단이 하늘로부터 번개같이 떨어지는 것을 내가 보았노라 내가 너희에게 뱀과 전갈을 밟으며 원수의 모든 능력을 제어할 권능을 주었으니 너희를 해칠 자가 결코 없으리라.

18. 엡 4:26~27 분을 내어도 죄를 짓지 말며 해가 지도록 분을 품지 말고 마귀에게 틈을 주지 말라.

19. 마 4:10~11 이에 예수께서 말씀하시되 사탄아 물러가라 기록 되었으되 주 너의 하나님께 경배하고 다만 그를 섬기라 하였느니라 이에 마귀는 예수를 떠나고 천사들이 나아와서 수종 드니라.

20. 행 8:5~8 빌립이 사마리아성에 내려가 그리스도를 백성에게 전파하니 많은 사람에게 붙었던 귀신들이 크게 소리를 지르며 나가고 또 많은 중풍병자와 못 걷는 사람이 나으니 그 성에 큰 기쁨이 있더라.

21. 막 4:4~5 뿌리는 자는 말씀을 뿌리는 것이라 말씀이 길가에 뿌려졌다는 것은 이들을 가리킴이니 곧 말씀을 들었을 때에 사탄이 즉시 와서 그들에게 뿌려진 말씀을 빼앗는 것이요.

22. 마 12:43~45 더러운 귀신이 사람에게서 나갔을 때에 물 없는 곳으로 다니며 쉬기를 구하되 얻지 못하고 이에 가로되 내가 나온 내 집으로 돌아가리라 하고 와 보니 그 집이 비고 소제되고 수리되었거늘 이에 가서 저보다 더 악한 귀신 일곱을 데리고 들어가서 거하니 그 사람의 나중 형편이 전보다 더욱 심하게 되느니라 이 악한 세대가 또한 이렇게 되리라.

23. 눅 22:31~32 시몬아, 시몬아, 보라 사탄이 너희를 밀 까부르듯 하려고 요구하였으나 그러나 내가 너를 위하여 네 믿음이 떨어지지 않기를 기도하였노니 너는 돌이킨 후에 네 형제를 굳게 하라.

24. 욥 1:12 여호와께서 사단에게 이르시되 내가 그의 소유물을 다 네 손에 맡기노라 다만 그

의 몸에는 네 손을 대지 말라 사탄이 곧 여호와 앞에서 물러가니라.

25. 계 12:4, 11 그 꼬리가 하늘의 별 삼분의 일을 끌어다가 땅에 던지니라 용이 해산하려는 여자 앞에서 그가 해산하면 그 아이를 삼키고자 하더니 또 우리 형제들이 어린 양의 피와 자기들이 증언하는 말씀으로써 그를 이겼으니 그들은 죽기까지 자기들의 생명을 아끼지 아니하였도다.

26. 계 18:2 힘찬 음성으로 외쳐 이르되 무너졌도다 무너졌도다 큰 성 바벨론이여 귀신의 처소와 각종 더러운 영이 모이는 곳 각종 더럽고 가증한 새들이 모이는 곳이 되었도다.

27. 사 58:6 내가 기뻐하는 금식은 흉악의 결박을 풀어주며 멍에의 줄을 끌러주며 압제당하는 자를 자유하게 하며 모든 멍에를 꺾는 것이 아니겠느냐.

28. 막 9:29 우리는 어찌하여 능히 그 귀신을 쫓아내지 못하였나이까 이르시되 기도와 금식 외에 다른 것으로는 이런 종류가 나갈 수 없느니라.

29. 삼상 18:10 그 이튿날 하나님의 부리신 악신이 사울에게 힘있게 내리매 그가 집 가운데서 야료하는 고로 다윗이 평일과 같이 손으로 수금을 타는데 때에 사울의 손에 창이 있는지라.

30. 약 3:15 이러한 지혜는 위로부터 내려온 것이 아니요 세상적이요 정욕적이요 마귀적이니 (마귀는 세상과 정욕을 통하여서 사람을 현혹시킨다, 속인다).

31. 마 12:28 그러나 내가 하나님의 성령을 힘입어 귀신을 쫓아내는 것이 면 하나님의 나라가 이미 너희에게 임하였느니라.

32. 골 1:13 그가 우리를 흑암의 권세에서 건져 내사 그의 사랑의 아들의 나라로 옮기셨으니.

33. 행 5:30~33 너희가 나무에 달아 죽인 예수를 우리 조상의 하나님이 살리시고 이스라엘로 회개케 하사 죄사함을 얻게 하시려고 그를 오른손으로 높이사 임금과 구주를 삼으셨느니라 우리는 이 일에 증인이요 하나님이 자기를 순종하는 사람들에게 주신 성령도 그러하니라 하더라 저희가 듣고 크게 노하여 사도들을 없이 하고자 할새.

34. 창 3:5 너희가 그것을 먹는 날에는 너희 눈이 밝아 하나님과 같이 되어 선악을 알 줄을 하나님이 아심이니라.

35. 잠 4:23 무릇 지킬 만한 것보다 더욱 네 마음을 지키라 생명의 근원이 이에서 남이니라.

36. 마 23:33 뱀들아 독사의 새끼들아 너희가 어떻게 지옥의 판결을 피하겠느냐.

37. 요 8:44 너희는 너희 아비 마귀에게서 났으니 너희 아비의 욕심을 너희도 행하고자 하느니라 저는 처음부터 살인한 자요 진리가 그 속에 없으므로 진리에 서지 못하고 거짓을 말할 때마다 제 것으로 말하나니 이는 저가 거짓말쟁이요 거짓의 아비가 되었음이니라.

11
축복의 하나님

문답

1) 복은 누가 주십니까?

축복의 하나님. 아버지 하나님.

2) 이삭은 이방 땅에서 몇 배의 복을 받았습니까?

100배.

3) 부귀와 권세와 능력이 누구의 손에 있습니까?

아버지 하나님.

4) 고난 받는 목적이 무엇입니까?

마침내 복을 받기 위함입니다.

5) 우리는 누구를 떠나서는 아무것도 할 수 없습니까?

주 예수님.

6) 나의 하나님은 우리에게 무엇을 채워 주십니까?

모든 쓸 것을 풍성한 가운데서 채워 주십니다.

7) 하나님이 우리에게 모든 일에 풍성하게 채워 주시는 목적이 무엇입니까?

모든 착한 일을 넘치게 하게 하려 하심입니다.

8) 하늘의 축복의 창고의 문을 여는 열쇠는 무엇입니까?

온전한 십일조입니다.

9) 하나님께로부터 차고 넘치도록 받는 비결이 무엇입니까?

하나님께 먼저 나의 모든 것을 드리는 것입니다.

10) 왜 하나님께 먼저 드려야 합니까?

모든 것은 하나님의 것이며 예수님의 핏값을 주고 사셨기 때문입니다.

11) 형통의 복은 누가 받습니까?

성경책을 주야로 묵상하여 말씀으로 사는 사람입니다.

12) 범사가 잘되고 건강한 사람은 누구입니까?

먼저 영혼이 잘된 사람입니다.

13) 먼저 그의 나라와 그의 의를 구한 사람, 즉 주님과 동행하는 복을 받은 사람에게는 부수적으로 무슨 복이 있습니까?

먹을 것과 입을 것을 비롯하여 이 세상에서 걱정할 것이 없는 복을 받습니다.

14) 영혼이 잘되고 주님과 동행하는 영적인 참복은 무엇입니까?

8복입니다(마 5:3~10).

15) 성도의 복은 무엇입니까?

다 가진 자입니다.

1. 민 6:24~27 여호와는 네게 복을 주시고 너를 지키시기를 원하며 여호와는 그 얼굴로 네게 비치사 은혜 베푸시기를 원하며 여호와는 그 얼굴을 네게로 향하여 드사 평강 주시기를 원하노라 할지니라 하라 그들은 이같이 내 이름으로 이스라엘 자손에게 축복할찌니 내가 그들에게 복을 주리라.

2. 창 26:12~13 이삭이 그 땅에서 농사하여 그해에 백 배나 얻었고 여호와께서 복을 주시므로 그 사람이 창대하고 왕성하여 마침내 거부가 되었더라.

3. 대상 29:12 부와 귀가 주께로 말미암고 또 주는 만유의 주재가 되사 손에 권세와 능력이 있사오니 모든 자를 크게 하심과 강하게 하심이 주의 손에 있나이다.

4. 신 8:16 네 열조도 알지 못하던 만나를 광야에서 네게 먹이셨나니 이는 다 너를 낮추시며 너를 시험하사 마침내 네게 복을 주려 하심이었느니라.

5. 요 15:5 나는 포도나무요 너희는 가지니 저가 내 안에 내가 저 안에 있으면 이 사람은 과실을 많이 맺나니 나를 떠나서는 너희가 아무것도 할 수 없음이라.

6. 빌 4:19 나의 하나님이 그리스도 예수 안에 영광 가운데 그 풍성한 대로 너희 모든 쓸 것을 채우시리라.

7. 고후 9:8 하나님이 능히 모든 은혜를 너희에게 넘치게 하시나니 이는 너희로 모든 일에 항상 모든 것이 넉넉하여 모든 착한 일을 넘치게 하려 하심이라.

8. 말 3:10 만군의 여호와가 이르노라 너희의 온전한 십일조를 창고에 들여 나의 집에 양식이 있게 하고 그것으로 나를 시험하여 내가 하늘 문을 열고 너희에게 복을 쌓을 곳이 없도록 붓지 아니하나 보라.

9. 삼하 7:12, 29 네 수한이 차서 네 조상들과 함께 잘 때에 내가 네 몸에서 날 자식을 네 뒤에 세워 그 나라를 견고케 하리라 이제 청하건대 종의 집에 복을 주사 주 앞에 영원히 있게 하옵소서 주 여호와께서 말씀하셨사오니 주의 종의 집이 영원히 복을 받게 하옵소서 하니라.

10. 히 6:14~15 이르시되 내가 반드시 너에게 복 주고 복 주며 너를 번성하게 하고 번성하게 하리라 하셨더니 그가 이같이 오래 참아 약속을 받았느니라.

11. 마 6:33 그런즉 너희는 먼저 그의 나라와 그의 의를 구하라 그리하면 이 모든 것을 너희에게 더하시리라.

12. 수 1:8 이 율법책을 네 입에서 떠나지 말게 하며 주야로 그것을 묵상하여 그 안에 기록된 대로 다 지켜 행하라 그리하면 네 길이 평탄하게 될 것이며 네가 형통하리라.

13. 삼상 2:6~7 여호와는 죽이기도 하시고 살리기도 하시며 스올에 내리게도 하시고 거기에서 올리기도 하시는도다 여호와는 가난하게도 하시고 부하게도 하시며 낮추기도 하시고 높이기도 하시느니라.

14. 신 28:8 여호와께서 명령하사 네 창고와 네 손으로 하는 일에 복을 내리시고 네 하나님 여호와께서 네게 주시는 땅에서 네게 복을 주실 것이며.

15. 눅 6:38 주라 그리하면 너희에게 줄 것이니 곧 후히 되어 누르고 흔들어 넘치도록 하여 너희에게 안겨 주리라.

16. 창 12:2 내가 너로 큰 민족을 이루고 네게 복을 주어 네 이름을 창대하게 하리니 너는 복이 (복의 근원이) 될지라.

17. 창 32:26 그가 이르되 날이 새려 하니 나로 가게 하라 야곱이 이르되 당신이 내게 축복하지 아니하면 가게 하지 아니하겠나이다.

18. 대상 13:14 하나님의 궤가 오벧에돔의 집에서 그 권속과 함께 석 달을 있으니라 여호와께서 오벧에돔의 집과 그 모든 소유에 복을 내리셨더라.

19. 잠 10:22 여호와께서 복을 주심으로 사람으로 부하게 하시고 근심을 겸하여 주지 아니하시느니라.

20. 창 41:38~40 바로가 그의 신하들에게 이르되 이와 같이 하나님의 영에 감동된 사람을 우리가 어찌 찾을 수 있으리요 하고 요셉에게 이르되 하나님이 이 모든 것을 네게 보이셨으니 너와 같이 명철하고 지혜 있는 자가 없도다 너는 내 집을 다스리라 내 백성이 다 네 명령에 복종하리니 내가 너보다 높은 것은 내 왕좌뿐이니라.

21. 마 5:3~10(8복) 심령이 가난한 자는 복이 있나니 천국이 그들의 것임이요 애통하는 자는 복이 있나니 그들이 위로를 받을 것임이요 온유한 자는 복이 있나니 그들이 땅을 기업으로 받을 것임이요 의에 주리고 목마른 자는 복이 있나니 그들이 배부를 것임이요 긍휼히 여기는 자는 복이 있나니 그들이 긍휼히 여김을 받을 것임이요 마음이 청결한 자는 복이 있나니 그들이 하나님을 볼 것임이요 화평하게 하는 자는 복이 있나니 그들이 하나님의 아들이라 일컬음을 받을 것 임이요 의를 인하여 핍박을 받는 자는 복이 있나니 천국이 그들의 것임이라.

22. 왕상 3:12~13 내가 네 말대로 하여 네게 지혜롭고 총명한 마음을 주노니 너의 전에도 너와 같은 자가 없었거니와 너의 후에도 너와 같은 자가 일어남이 없으리라 내가 또 너의 구하지 아니한 부와 영광도 네게 주노니 네 평생에 열 왕 중에 너와 같은 자가 없을 것이라.

23. 고전 6:19~20 너희 몸은 너희가 하나님께로부터 받은바 너희 가운데 계신 성령의 전인 줄을 알지 못하느냐 너희는 너희의 것이 아니라 값으로 산 것이 되었으니 그런즉 너희 몸으로 하나님께 영광을 돌리라.

24. 요삼 1:2 사랑하는 자여 네 영혼이 잘 됨같이 네가 범사에 잘되고 강건하기를 내가 간구하노라.

25. 롬 4:17 기록된바 내가 너를 많은 민족의 조상으로 세웠다 하심과 같으니 그의 믿은바 하나님은 죽은 자를 살리시며 없는 것을 있는 것같이 부르시는 이시니라.

26. 요일 4:16 하나님이 우리를 사랑하시는 사랑을 우리가 알고 믿었노니 하나님은 사랑이시라 사랑 안에 거하는 자는 하나님 안에 거하고 하나님도 그 안에 거하시느니라.

27. 사 9:6 이는 한 아기가 우리에게 났고 한 아들을 우리에게 주신 바 되었는데 그 어깨에는 정사를 메었고 그 이름은 기묘자라, 모사라, 전능하신 하나님이라, 영존하시는 아버지라, 평강의 왕이라 할 것임이라.

28. 사 30:18~19 그러나 여호와께서 기다리시나니 이는 너희에게 은혜를 베풀려 하심이요 일어나시리니 이는 저희를 긍휼히 여기려 하심이라 대저 여호와는 공의의 하나님이심이라 무릇 그를 기다리는 자는 복이 있도다 시온에 거하며 예루살렘에 거하는 백성아 너는 다시 통곡하지 않을 것이라 그가 너의 부르짖는 소리를 인하여 네게 은혜를 베푸시되 들으실 때에 네게 응답하시리라.

29. 고후 6:8~10 영광과 욕됨으로 말미암으며 악한 이름과 아름다운 이름으로 말미암으며 속이는 자 같으나 참되고 무명한 자 같으나 유명한 자요 죽는 자 같으나 보라 우리가 살고 징계를 받는 자 같으나 죽임을 당하지 아니하고 근심하는 자 같으나 항상 기뻐하고 가난한 자 같으나 많은 사람을 부요하게 하고 아무것도 없는 자 같으나 모든 것을 가진 자로다.

30. 고후 4:7~10 우리가 이 보배를 질그릇에 가졌으니 이는 능력의 심히 큰 것이 하나님께 있고 우리에게 있지 아니함을 알게 하려 함이라 우리가 사방으로 우겨쌈을 당하여도 싸이지 아니하며 답답한 일을 당하여도 낙심하지 아니하며 핍박을 받아도 버린바 되지 아

니하며 거꾸러뜨림을 당하여도 망하지 아니하고 우리가 항상 예수 죽인 것을 몸에 짊어
짐은 예수의 생명도 우리 몸에 나타나게 하려 함이라.

31. 골 2:2~3 이는 저희로 마음에 위안을 받고 사랑 안에서 연합하여 원만한 이해의 모든 부
요에 이르러 하나님의 비밀인 그리스도를 깨닫게 하려 함이라 그 안에는 지혜와 지식의
모든 보화가 감취어 있느니라.

12
인격 변화와 고침과 안식

문답

1) 예수 안에 있으면 무엇이 됩니까?

새로운 피조물.

2) 징계받은 사람은 무슨 열매를 맺습니까?

의와 평강의 열매.

3) 세례의 목적은 무엇입니까?

새 생명 가운데서 행하기 위함.

4) 심령이 새롭게 되어 하나님을 따라 의와 진리의 거룩함으로 지으심을 받은 사람을 무엇이라 부릅니까?

새사람.

5) 위의 것을 생각하고 땅의 것을 생각하지 말아야 하는 이유는 무엇입니까?

이는 너희가 죽었고 너희 생명이 그리스도와 함께 하나님 안에 감추어져 있기 때문에.

6) 사도 바울이 다시 해산하는 수고를 한 목적은 무엇입니까?

우리 속에 그리스도의 형상을 이루기 위하여.

하나님 나라의 비밀

7) 빛의 열매는 무엇입니까?

모든 착함과 의로움과 진실함.

8) 빛나고 깨끗한 세마포 옷은 무엇입니까?

성도의 옳은 행실.

9) 하나님과 원수가 되는 생각은 무엇입니까?

육신의 생각.

10) 마음을 다하여 여호와를 신뢰하여야 하나 우리가 의지하지 말아야 할 것이 있는데 무엇입니까?

내 명철함.

말씀

1. 고후 5:17 그런즉 누구든지 그리스도 안에 있으면 새로운 피조물이라 이전 것은 지나갔으니 보라 새것이 되었도다.

2. 히 12:11~13 무릇 징계가 당시에는 즐거워 보이지 않고 슬퍼 보이나 후에 그로 말미암아 연단받은 자들은 의와 평강의 열매를 맺느니라 그러므로 피곤한 손과 연약한 무릎을 일으켜 세우고 너희 발을 위하여 곧은 길을 만들어 저는 다리로 하여금 어그러지지 않고 고침을 받게 하라.

3. 롬 12:2 너희는 이 세대를 본받지 말고 오직 마음을 새롭게 함으로 변화를 받아 하나님의 선하시고 기뻐하시고 온전하신 뜻이 무엇인지 분별하도록 하라.

4. 롬 6:4 그러므로 우리가 그의 죽으심과 합하여 세례를 받음으로 그와 함께 장사 되었나니 이는 아버지의 영광으로 말미암아 그리스도를 죽은 자 가운데서 살리심과 같이 우리로 또한 새 생명 가운데서 행하게 하려 함이니라.

5. 엡 4:22~24 너희는 유혹의 욕심을 따라 썩어져 가는 구습을 따르는 옛사람을 벗어 버리고 오직 너희의 심령이 새롭게 되어 하나님을 따라 의와 진리의 거룩함으로 지으심을 받은 새

사람을 입으라.

6. 골 3:1~3, 5~6, 8~10 그러므로 너희가 그리스도와 함께 다시 살리심을 받았으면 위의 것을 찾으라 거기는 그리스도께서 하나님 우편에 앉아 계시느니라 위의 것을 생각하고 땅의 것을 생각하지 말라 이는 너희가 죽었고 너희 생명이 그리스도와 함께 하나님 안에 감추어졌음이라 이제는 너희가 서로 거짓말을 하지 말라 옛사람과 그 행위를 벗어 버리고 새사람을 입었으니 이는 자기를 창조하신 이의 형상을 따라 지식에까지 새롭게 하심을 입은 자니라.

7. 갈 4:19 나의 자녀들아 너희 속에 그리스도의 형상을 이루기까지 다시 너희를 위하여 해산하는 수고를 하노니.

8. 벤후 1:4 이로써 그 보배롭고 지극히 큰 약속을 우리에게 주사 이 약속으로 말미암아 너희가 정욕 때문에 세상에서 썩어질 것을 피하여 신성한 성품에 참여하는 자가 되게 하려 하셨느니라.

9. 갈 5:22 오직 성령의 열매는 사랑과 희락과 화평과 오래참음과 자비와 양선과 충성과 온유와 절제니 이 같은 것을 금지할 법이 없느니라.

10. 엡 5:8~9 너희가 전에는 어둠이더니 이제는 주 안에서 빛이라 빛의 자녀들처럼 행하라 빛의 열매는 모든 착함과 의로움과 진실함에 있느니라.

11. 계 19:8 그에게 빛나고 깨끗한 세마포 옷을 입도록 허락하셨으니 이 세마포 옷은 성도들의 옳은 행실이로다.

12. 롬 8:6~8 육신의 생각은 사망이요 영의 생각은 생명과 평안이니라 육신의 생각은 하나님과 원수가 되나니 이는 하나님의 법에 굴복하지 아니할 뿐 아니라 할 수도 없음이라.

13. 롬 8:12~14 그러므로 형제들아 우리가 빚진 자로되 육신에게 져서 육신대로 살 것이 아니니라 너희가 육신대로 살면 반드시 죽을 것이로되 영으로서 몸의 행실을 죽이면 살리니 무릇 하나님의 영으로 인도함을 받는 사람은 곧 하나님의 아들이라.

14. 잠 3:5 너는 마음을 다하여 여호와를 신뢰하고 네 명철을 의지하지 말라.

15. 마 4:4 사람이 떡으로만 살 것이 아니요 하나님의 입으로부터 나오는 모든 말씀으로 살 것이라 하였느니라.

16. 갈 5:16~17, 24 내가 너희에게 이르노니 너희는 성령을 따라 행하라 그리하면 육체의 욕심을 이루지 아니하리라 육체의 소욕은 성령을 거스르고 성령은 육체를 거스르나니 이 둘이 서로 대적함으로 너희가 원하는 것을 하지 못하게 하려 함이니라.

17. 벧전 1:22 너희가 진리를 순종함으로 너희 영혼을 깨끗하게 하여 거짓이 없이 형제를 사랑하기에 이르렀으니 마음으로 뜨겁게 서로 사랑하라.

18. 요일 1:9 만일 우리가 우리 죄를 자백하면 그는 미쁘시고 의로우사 우리 죄를 사하시며 우리를 모든 불의에서 깨끗하게 하실 것이요.

19. 빌 2:5~8 너희 안에 이 마음을 품으라 곧 그리스도 예수의 마음이니 사람의 모양으로 나타나사 자기를 낮추시고 죽기까지 복종하셨으니 곧 십자가에 죽으심이라.

20. 마 23:37 네 마음을 다하고 목숨을 다하고 뜻을 다하여 주 너의 하나님을 사랑하라 하셨으니 이것이 크고 첫째 되는 계명이요.

21. 히 4:10~11 이미 그의 안식에 들어간 자는 하나님이 자기 일을 쉬심과 같이 그도 자기의 일을 쉬느니라 그러므로 우리가 저 안식에 들어가기를 힘쓸지니 이는 누구든지 저 순종하지 아니하는 본에 빠지지 않게 하려 함이라.

22. 고전 9:19 내가 모든 사람에게 자유하였으나 스스로 모든 사람에게 종이 된 것은 더 많은 사람을 얻고자 함이라.

13
하나님 나라와 보좌 앞의 생활

문답

1) 세상이 새롭게 되어 인자가(예수님) 자기 영광의 보좌에 앉으실 때에 열두 보좌에 함께 앉을 사람들은 누구입니까?

　제자들. 성도들.

2) 성도는 예수님의 보좌 앞에서 무엇을 합니까?

　이스라엘 열두 지파를 심판합니다.

3) 부활 승천하신 후에 하늘의 권세와 땅의 권세를 누구에게 주셨습니까?

　예수님과 성도들에게.

4) 구체적인 권세는 무엇입니까?

　뱀과 전갈을 밟으며 원수의 모든 능력을 제어할 권세입니다.

5) 만물 위의 교회의 머리는 누구입니까?

　주 예수님.

6) 궁휼하심을 얻고 때를 따라 돕는 은혜를 얻기 위하여 어디로 나아가야 합니까?

　은혜의 보좌 앞에.

7) 주님의 보좌 앞에 앉으려면 어떠한 은혜를 받아야 합니까?

이기는 은혜. 처음 사랑과 처음 행위를 가져야 합니다(계 2:5).

8) 우리의 시민권은 어디에 있습니까?

하늘에 있습니다.

9) 지금 성령의 전은 어디입니까?

성도의 몸입니다.

말씀

1. 고후 5:17 그런즉 누구든지 그리스도 안에 있으면 새로운 피조물이라 이전 것은 지나갔으니 보라 새것이 되었도다.
2. 히 12:2 믿음의 주요 또 온전케 하시는 이인 예수를 바라보자 저는 그 앞에 있는 즐거움을 위하여 십자가를 참으사 부끄러움을 개의치 아니하시더니 하나님 보좌 우편에 앉으셨느니라.
3. 엡 2:5~6 허물로 죽은 우리를 그리스도와 함께 살리셨고(너희가 은혜로 구원을 얻은 것이라) 또 함께 일으키사 그리스도 예수 안에서 함께 하늘에 앉히시니.
4. 마 19:28 예수께서 가라사대 내가 진실로 너희에게 이르노니 세상이 새롭게 되어 인자가 자기 영광의 보좌에 앉을 때에 나를 좇는 너희도 열두 보좌에 앉아 이스라엘 열두 지파를 심판하리라.
5. 골 3:1~3 그러므로 너희가 그리스도와 함께 다시 살리심을 받았으면 위엣 것을 찾으라 거기는 그리스도께서 하나님 우편에 앉아 계시느니라 위엣 것을 생각하고 땅엣 것을 생각하지 말라 이는 너희가 죽었고 너희 생명이 그리스도와 함께 하나님 안에 감취었음이니라.
6. 마 28:18~20 예수께서 나아와 일러 가라사대 하늘과 땅의 모든 권세를 내게 주셨으니.
7. 눅 10:19 내가 너희에게 뱀과 전갈을 밟으며 원수의 모든 능력을 제어할 권세를 주었으니 너희를 해할 자가 결단코 없으리니.
8. 엡 1:22~23 또 만물을 그 발아래 복종하게 하시고 그를 만물 위에 교회의 머리로 주셨느니라 교회는 그의 몸이니 만물 안에서 만물을 충만케 하시는 자의 충만이니라.

9. 눅 17:21 또 여기 있다 저기 있다고도 못하리니 하나님의 나라는 너희 안에 있느니라.

10. 고전 6:19~20 너희 몸은 너희가 하나님께로부터 받은바 너희 가운데 계신 성령의 전인 줄을 알지 못하느냐 너희는 너희의 것이 아니라 값으로 산 것이 되었으니 그런즉 너희 몸으로 하나님께 영광을 돌리라.

11. 잠 16:33 사람이 제비는 뽑으나 일을 작정하기는 여호와께 있느니라(하나님의 주권).

12. 잠 21:1 왕의 마음이 여호와의 손에 있음이 마치 보의 물과 같아서 그가 임의로 인도하시느니라.

13. 삼상 2:6~7 여호와는 죽이기도 하시고 살리기도 하시며 음부에 내리게도 하시고 올리기도 하시는도다 여호와는 가난하게도 하시고 부하게도 하시며 낮추기도 하시고 높이기도 하시는도다.

14. 골 3:17 또 무엇을 하든지 말에나 일에나 다 주 예수의 이름으로 하고 그를 힘입어 하나님 아버지께 감사하라.

15. 막 9:23 예수께서 이르시되 할 수 있거든이 무슨 말이냐 믿는 자에게는 능치 못할 일이 없느니라 하시니.

16. 요 14:13~14 너희가 내 이름으로 무엇을 구하든지 내가 시행하리니 이는 아버지로 하여금 아들을 인하여 영광을 얻으시게 하려 함이라 내 이름으로 무엇이든지 내게 구하면 내가 시행하리라.

17. 막 16:17~18 믿는 자들에게는 이런 표적이 따르리니 곧 저희가 내 이름으로 귀신을 쫓아내며 새 방언을 말하며 뱀을 집으며 무슨 독을 마실지라도 해를 받지 아니하며 병든 사람에게 손을 얹은즉 나으리라 하시더라.

18. 요 14:11~12 내가 아버지 안에 있고 아버지께서 내 안에 계심을 믿으라 그렇지 못하겠거든 행하는 그 일을 인하여 나를 믿으라 내가 진실로 진실로 너희에게 이르노니 나를 믿는 자는 나의 하는 일을 저도 할 것이요 또한 이보다 큰 것도 하리니 이는 내가 아버지께로 감이니라.

19. 히 4:16 그러므로 우리가 긍휼하심을 받고 때를 따라 돕는 은혜를 얻기 위하여 은혜의 보좌 앞에 담대히 나아갈 것이니라.

20. 갈 5:16~17 내가 이르노니 너희는 성령을 좇아 행하라 그리하면 육체의 욕심을 이루지 아니하리라 육체의 소욕은 성령을 거스리고 성령의 소욕은 육체를 거스리나니 이 둘이

서로 대적함으로 너희의 원하는 것을 하지 못하게 하려 함이니라.

21. 계 3:21 이기는 그에게는 내가 내 보좌에 함께 앉게 하여 주기를 내가 이기고 아버지 보좌에 함께 앉은 것과 같이 하리라.

22. 계 12:12 그러므로 하늘과 그 가운데 거하는 자들은 즐거워하라 그러나 땅과 바다는 화 있을진저 이는 마귀가 자기의 때가 얼마 못된 줄을 알므로 크게 분 내어 너희에게 내려갔음이라 하더라.

23. 빌 3:20 오직 우리의 시민권은 하늘에 있는지라 거기로서 구원하는 자 곧 주 예수 그리스도를 기다리노니.

24. 요 15:5 나는 포도나무요 너희는 가지니 저가 내 안에, 내가 저 안에 있으면 이 사람은 과실을 많이 맺나니 나를 떠나서는 너희가 아무것도 할 수 없음이라.

25. 요 14:20 그날에는 내가 아버지 안에, 너희가 내 안에, 내가 너희 안에 있는 것을 너희가 알리라.

26. 고전 6:17 주와 합하는 자는 한 영이니라.

27. 계 20:4 또 내가 보좌들을 보니 거기 앉은 자들이 있어 심판하는 권세를 받았더라 또 내가 보니 예수의 증거와 하나님의 말씀을 인하여 목 베임을 받은 자의 영혼들과 또 짐승과 그의 우상에게 경배하지도 아니하고 이마와 손에 그의 표를 받지도 아니한 자들이 살아서 그리스도로 더불어 천 년 동안 왕노릇하니.

28. 계 21:1 또 내가 새 하늘과 새 땅을 보니 처음 하늘과 처음 땅이 없어졌고 바다도 다시 있지 않더라.

29. 엡 1:20~21 그 능력이 그리스도 안에서 역사하사 죽은 자들 가운데서 다시 살리시고 하늘에서 자기의 오른편에 앉히사 모든 정사와 권세와 능력과 주관하는 자와 이 세상뿐 아니라 오는 세상에 일컫는 모든 이름 위에 뛰어나게 하시고.

14

왕 같은 제사장

문답

1) 누구의 형상과 모양대로 사람을 만드셨습니까?

하나님.

2) 예수님께서 십자가에서 돌아가실 때 무엇이라고 말씀하셨습니까?

다 이루었다.

3) 영접하는 자 그 이름을 믿는 자에게는 무슨 권세를 주십니까?

하나님의 자녀가 되는 권세.

4) 왕 같은 제사장의 직분을 가지고 무엇을 합니까?

왕: 말씀으로 다스림. 제사장: 속죄함. 죄 씻음.

주 예수님의 아름다운 덕을 선전합니다.

5) 왕, 제사장, 선지자를 세울 때 머리 위에 기름을 붓는데 기름은 무엇을 상징합니까?

성령, 하나님의 임재.

6) 하나님의 말씀을 거역하는 죄는 무슨 죄입니까?

사술의 죄. 우상숭배. 직분에서 버림받음.

7) 성도는 어디서 왕노릇 합니까?

하나님 앞에서와 이 땅 위에서 합니다.

8) 성령님께서 내 마음에 오셔서 무엇으로 내 마음을 다스려 주십니까?

말씀으로 다스리십니다.

9) 첫째 부활은 무엇입니까?

중생, 거듭남, 하나님의 자녀.

말씀

1. 창 1:26 하나님이 가라사대 우리의 형상을 따라 우리의 모양대로 우리가 사람을 만들고 그로 바다의 고기와 공중의 새와 육축과 온 땅과 땅에 기는 모든 것을 다스리게 하자 하시고.

2. 눅 4:5~6 마귀가 또 예수를 이끌고 올라가서 순식간에 천하만국을 보이며 가로되 이 모든 권세와 그 영광을 내가 네게 주리라 이것은 내게 넘겨준 것이므로 나의 원하는 자에게 주노라.

3. 요 19:30 예수께서 신 포도주를 받으신 후 가라사대 다 이루었다 하시고 머리를 숙이시고 영혼이 돌아가시니라.

4. 요 1:12 영접하는 자 곧 그 이름을 믿는 자들에게는 하나님의 자녀가 되는 권세를 주셨으니.

5. 엡 2:5~6 허물로 죽은 우리를 그리스도와 함께 살리셨고 (너희가 은혜로 구원을 얻은 것이라) 또 함께 일으키사 그리스도 예수 안에서 함께 하늘에 앉히시니.

6. 벧전 2:9 오직 너희는 택하신 족속이요 왕 같은 제사장들이요 거룩한 나라요 그의 소유된 백성이니 이는 너희를 어두운 데서 불러내어 그의 기이한 빛에 들어가게 하신 자의 아름다운 덕을 선전하게 하려 하심이라.

7. 요일 2:27 너희는 주께 받은바 기름부음이 너희 안에 거하나니 아무도 너희를 가르칠 필요가 없고 오직 그의 기름부음이 모든 것을 너희에게 가르치며 또 참되고 거짓이 없으니 너희를 가르치신 그대로 주 안에 거하라.

8. 출 28:41 너는 그것들로 네 형 아론과 그와 함께한 그 아들들에게 입히고 그들에게 기름을

부어 위임하고 거룩하게 하여 그들로 제사장 직분을 내게 행하게 할지며.

9. 삼상 10:1 이에 사무엘이 기름병을 취하여 사울의 머리에 붓고 입맞추어 가로되 여호와께서 네게 기름을 부으사 그 기업의 지도자를 삼지 아니하셨느냐.

10. 삼상 15:23 이는 거역하는 것은 사술의 죄와 같고 완고한 것은 사신우상에게 절하는 죄와 같음이라 왕이 여호와의 말씀을 버렸으므로 여호와께서도 왕을 버려 왕이 되지 못하게 하셨나이다.

11. 삼상 16:13 사무엘이 기름 뿔을 취하여 그 형제 중에서 그에게 부었더니 이 날 이후로 다윗이 여호와의 신에게 크게 감동되니라 사무엘이 떠나서 라마로 가니라.

12. 삼하 5:3 이에 이스라엘 모든 장로가 헤브론에 이르러 왕에게 나아오매 다윗 왕이 헤브론에서 여호와 앞에서 저희와 언약을 세우매 저희가 다윗에게 기름을 부어 이스라엘 왕을 삼으니라.

13. 왕상 19:15~16 여호와께서 저에게 이르시되 너는 네 길을 돌이켜 광야로 말미암아 다메섹에 가서 이르거든 하사엘에게 기름을 부어 아람 왕이 되게 하고 너는 또 님시의 아들 예후에게 기름을 부어 이스라엘 왕이 되게 하고 또 아벨므홀라 사밧의 아들 엘리사에게 기름을 부어 너를 대신하여 선지자가 되게 하라.

14. 삼하 19:10 우리가 기름을 부어 우리를 다스리게 한 압살롬은 싸움에 죽었거늘 이제 너희가 어찌하여 왕을 도로 모셔 올 일에 잠잠하고 있느냐 하니라.

15. 행 10:38 하나님이 나사렛 예수에게 성령과 능력을 기름 붓듯 하셨으매 저가 두루 다니시며 착한 일을 행하시고 마귀에게 눌린 모든 자를 고치셨으니 이는 하나님이 함께하셨음이라.

16. 엡 1:22~23 또 만물을 그 발아래 복종하게 하시고 그를 만물 위에 교회의 머리로 주셨느니라 교회는 그의 몸이니 만물 안에서 만물을 충만케 하시는 자의 충만이니라.

17. 사 32:15 필경은 위에서부터 성신을 우리에게 부어 주시리니 광야가 아름다운 밭이 되며 아름다운 밭을 삼림으로 여기게 되리라.

18. 요엘 2:28 그 후에 내가 내 신을 만민에게 부어 주리니 너희 자녀들이 장래 일을 말할 것이며 너희 늙은이는 꿈을 꾸며 너희 젊은이는 이상을 볼 것이며.

19. 행 10:44~45 베드로가 이 말 할 때에 성령이 말씀 듣는 모든 사람에게 내려오시니 베드로와 함께 온 할례 받은 신자들이 이방인들에게도 성령 부어 주심을 인하여 놀라니.

20. 요 15:26 내가 아버지께로서 너희에게 보낼 보혜사 곧 아버지께로서 나오시는 진리의 성

령이 오실 때에 그가 나를 증거하실 것이요.

21. 행 2:33, 38 하나님이 오른손으로 예수를 높이시매 그가 약속하신 성령을 아버지께 받아서 너희 보고 듣는 이것을 부어 주셨느니라 베드로가 가로되 너희가 회개하여 각각 예수 그리스도의 이름으로 세례를 받고 죄사함을 얻으라 그리하면 성령을 선물로 받으리니.

22. 행 1:8 오직 성령이 너희에게 임하시면 너희가 권능을 받고 예루살렘과 온 유대와 사마리아와 땅끝까지 이르러 내 증인이 되리라 하시니라.

23. 계 5:9~10 사람들을 피로 사서 하나님께 드리시고 저희로 우리 하나님 앞에서 나라와 제사장을 삼으셨으니 저희가 땅에서 왕노릇하리로다 하더라.

24. 계 20:6 이 첫째 부활에 참여하는 자들은 복이 있고 거룩하도다 둘째 사망이 그들을 다스리는 권세가 없고 도리어 그들이 하나님과 그리스도의 제사장이 되어 천 년 동안 그리스도로 더불어 왕노릇하리라.

15

자기 포기와 100% 헌신

: 죽어야 산다, 부활신앙

문답

1) 예수님의 일을 방해하는 생각은 무엇입니까?

하나님의 일을 생각하지 아니하고 사람의 일을 생각하는 것.

2) 하나님과 원수이며 사망인 것은 무엇입니까?

육신의 생각입니다.

3) 사망하는 모든 사람의 몸속에는 무엇이 존재하고 있습니까?

죄의 법, 죄의 뿌리, 죄성이 있습니다.

4) 죄와 사망의 법에서 해방받으려면 어떠한 은혜가 필요합니까?

생명의 성령의 법. 성령으로 충만하면 됩니다.

5) 내 몸은 누구의 것입니까?

하나님이 핏값을 주고 사셨으므로 하나님의 것입니다. 주님이 내주하시는 성전입니다.

6) 내 몸 안에 누가 사십니까?

주 예수님이 나의 주인이 되시어서 사십니다.

7) 예수님께서 나 대신 십자가에서 죽으신 이유가 무엇입니까?

나와 함께 영원히 사시기 위함입니다.

8) 사도 바울이 복음을 전할 때에 죽을 고생을 많이 하였는데 그 이유가 무엇입니까?

오직 죽은 자를 살리시는 하나님만 의지하기 위함입니다.

9) 주님을 따라가려면 무엇까지도 마음에서 포기하는 은혜가 필요합니까?

내 목숨까지도 미워하고 내 모든 소유를 버려야 합니다.

10) 사도 바울의 자랑은 무엇입니까?

나는 날마다 죽노라.

말씀

1. 마 16:23 예수께서 돌이키시며 베드로에게 이르시되 사탄아 내 뒤로 물러가라 너는 나를 넘어지게 하는 자로다 네가 하나님의 일을 생각하지 아니하고 도리어 사람의 일을 생각하는도다.

2. 롬 8:6~7 육신의 생각은 사망이요 영의 생각은 생명과 평안이니라 육신의 생각은 하나님과 원수가 되나니 이는 하나님의 법에 굴복하지 아니할 뿐만 아니라 할 수도 없음이라.

3. 롬 7:20, 23~24 만일 내가 원하지 아니하는 그것을 하면 이를 행하는 자는 내가 아니요 내 속에 거하는 죄니라 내 속사람으로는 하나님의 법을 즐거워하되 내 지체 속에서 한 다른 법이 내 마음의 법과 싸워 내 지체 속에 있는 죄의 법으로 나를 사로잡는 것을 보는도다 오호라 나는 곤고한 사람이로다 이 사망의 몸에서 누가 나를 건져 내랴.

4. 롬 8:2, 13~14 이는 그리스도 예수 안에 있는 생명의 성령의 법이 죄와 사망의 법에서 너를 해방하였음이라 너희가 육신대로 살면 반드시 죽을 것이로되 영으로써 몸의 행실을 죽이면 살리니 무릇 하나님의 영으로 인도함을 받는 사람은 곧 하나님의 아들이라.

5. 고전 6:19~20 너희 몸은 너희가 하나님께로부터 받은바 너희 가운데 계신 하나님의 전인 줄을 알지 못하느냐 너희는 너희 자신의 것이 아니라 값으로 산 것이 되었으니 너희 몸으

로 하나님께 영광을 돌리라.

6. 갈 2:20 내가 그리스도와 함께 십자가에 못 박혔나니 그런즉 이제는 내가 사는 것이 아니요 오직 내 안에 그리스도께서 사시는 것이라 이제 내가 육체 가운데 사는 것은 나를 사랑하사 나를 위하여 자기 자신을 버리신 하나님의 아들을 믿는 믿음 안에서 사는 것이라.

7. 고후 5:15 그가 모든 사람을 대신하여 죽으심은 살아 있는 자들로 하여금 다시는 그들 자신을 위하여 살지 않고 오직 그들을 대신하여 죽었다가 다시 살아나신 이를 위하여 살게 하려 함이라.

8. 고후 1:8~9 형제들아 우리가 아시아에서 당한 환난을 너희가 모르기를 원하지 아니하노니 힘에 겹도록 심한 고난을 당하여 살 소망까지 끊어지고 우리는 우리 자신이 사형 선고를 받은 줄 알았으니 이는 우리로 자기를 의지하지 말고 오직 죽은 자를 다시 살리시는 하나님만 의지하게 하심이라.

9. 고전 15:31 형제들아 내가 그리스도 예수 우리 주 안에서 가진 바 너희에 대한 나의 자랑을 두고 단언하노니 나는 날마다 죽노라.

10. 골 3:2~3, 5~6 위엣 것을 생각하고 땅엣 것을 생각하지 말라 이는 너희가 죽었고 너희 생명이 그리스도와 함께 하나님 안에 감추어졌음이라 그러므로 땅에 있는 지체를 죽이라 곧 음란과 부정과 사욕과 악한 정욕과 탐심이니 탐심은 우상숭배니라 이것들로 말미암아 하나님의 진노가 임하느니라.

11. 막 14:26~27, 33 무릇 내게 오는 자가 자기 부모와 처자와 형제와 자매와 더욱이 자기 목숨까지 미워하지 아니하면 능히 내 제자가 되지 못하고 누구든지 자기 십자가를 지고 나를 따르지 않는 자도 능히 내 제자가 되지 못하리라 너희 중에 누구든지 자기의 모든 소유를 버리지 아니하면 능히 내 제자가 되지 못하리라.

12. 빌 3:7~9 그러나 무엇이든지 내게 유익하던 것을 내가 그리스도를 위하여 다 해로 여길 뿐더러 또한 모든 것을 해로 여김은 내 주 그리스도 예수를 아는 지식에 가장 고상하기 때문이라 내가 그를 위하여 모든 것을 잃어버리고 배설물로 여김은 그리스도를 얻고 그 안에서 발견되려 함이니.

13. 빌 3:10~12 내가 그리스도와 그 부활의 권능과 그 고난에 참여함을 알고자 하여 그의 죽으심을 본받아 어떻게 해서든지 죽은 자 가운데서 부활에 이르려 하노니 내가 이미 얻었다 함도 아니요 온전히 이루었다 함도 아니라 오직 내가 그리스도 예수께 잡힌바 된 그것

을 잡으려고 달려가노라.

14. 요 12:24~25 한 알의 밀이 땅에 떨어져 죽지 아니하면 한 알 그대로 있고 죽으면 많은 열 매를 맺느니라.

15. 마 16:24~25 누구든지 나를 따라오려거든 자기를 부인하고 자기 십자가를 지고 나를 따를 것이니라 누구든지 제 목숨을 구원하고자 하면 잃을 것이요 누구든지 나를 위하여 제 목숨을 잃으면 찾으리라.

16. 잠 3:5 너는 마음을 다하여 여호와를 신뢰하고 네 명철을 의지하지 말라.

17. 요 6:63 살리는 것은 영이니 육은 무익하니라 내가 너희에게 이른 말은 영이요 생명이라.

18. 벧전 2:11 사랑하는 자들아 거류민과 나그네 같은 너희를 권하노니 영혼을 거슬러 싸우는 육체의 정욕을 제어하라.

19. 렘 17:9 만물보다 심히 부패한 것은 마음이라 누가 이를 알리요마는 나 여호와는 심장을 살피며 폐부를 시험하고 각각 그 행위와 그의 행실대로 보응하나니.

20. 시 51:5 내가 죄악 중에 출생하였음이여 어머니가 죄 중에서 나를 잉태 하였나이다(모든 사람은 죄인이다).

21. 고후 5:17 그런즉 누구든지 그리스도 안에 있으면 새로운 피조물이라 이전 것은(옛사람) 지나갔으니 보라 새것이 되었도다.

22. 히 12:11~13 무릇 징계가 당시에는 즐거워 보이지 않고 슬퍼보이나 후에 그로 말미암아 연단 받은 자들은 의와 평강의 열매를 맺느니라 그러므로 피곤한 손과 연약한 무릎을 일으켜 세우고 너희 발을 위하여 곧은 길을 만들어 저는 다리로 하여금 어그러지지 않고 고침을 받게 하라.

23. 갈 5:16~17 너희는 성령을 좇아 행하라 그리하면 육체의 욕심을 이루지 아니하리라 육체의 소욕은 성령을 거스리고 성령의 소욕은 육체를 거스리나니 이 둘이 서로 대적함으로 너희의 원하는 것을 하지 못하게 하려 함이니라.

24. 갈 5:24~26 그리스도 예수의 사람들은 육체와 함께 그 정과 욕심을 십자가에 못 박았느니라 만일 우리가 성령으로 살면 또한 성령으로 행할지니 헛된 영광을 구하여 서로 격동하고 서로 투기하지 말지니라.

25. 요일 4:12 어느 때나 하나님을 본 사람이 없으되 만일 우리가 서로 사랑하면 하나님이 우리 안에 거하시고 그의 사랑이 우리 안에 온전히 이루어지느니라 그의 성령을 우리에게

주시므로 우리가 그 안에 거하고.

26. 빌 2:5~7 너희 안에 이 마음을 품으라 곧 그리스도 예수의 마음이니 오히려 자기를 비워 종의 형체를 가지사 사람들과 같이 되셨고 사람의 모양으로 나타나사 자기를 낮추시고 죽기까지 복종하셨으니 곧 십자가에 죽으심이라.

27. 마 20:26~27 너희 중에 누구든지 크고자 하는 자는 너희를 섬기는 자가 되고 너희 중에 누구든지 으뜸이 되고자 하는 자는 너희 종이 되어야 하리라.

28. 롬 6:17~19 하나님께 감사하리로다 너희가 본래 죄의 종이더니 너희에게 전하여 준 바 교훈의 본을 마음으로 순종하여 죄에게서 해방되어 의에게 종이 되었느니라 너희 육신이 연약하므로 내가 사람의 예대로 말하노니 전에 너희가 너희 지체를 부정과 불법에 드려 불법에 이른 것같이 이제는 너희 지체를 의에게 종으로 드려 거룩함에 이르라.

29. 삼상 15:22~23 사무엘이 가로되 여호와께서 번제와 다른 제사를 그 목소리 순종하는 것을 좋아하심같이 좋아하시겠나이까 순종이 제사보다 낫고 듣는 것이 숫양의 기름보다 나으니 이는 거역하는 것은 사술의 죄와 같고 완고한 것은 사신우상에게 절하는 죄와 같음이라 왕이 여호와의 말씀을 버렸으므로 여호와께서도 왕을 버려 왕이 되지 못하게 하셨나이다.

하나님 나라의 비밀

16

자녀의 권세

1) 영접하는 자, 곧 그 이름을 믿는 자에게는 무슨 권세를 주십니까?

하나님의 자녀가 되는 권세를 주십니다.

2) 하나님의 말씀을 받은 사람을 무엇이라고 합니까?

신이라 합니다.

3) 자녀의 신분은 무엇입니까?

성도는 택하신 족속이요 왕 같은 제사장들이요 거룩한 나라요 그의 소유가 된 백성입니다.

4) 자녀가 받은 권능은 무엇입니까?

내가 너희에게 뱀과 전갈을 밟으며 원수의 모든 능력을 제어할 권능을 주었으니 너희를 해칠 자가 결코 없으리라.

5) 천국의 열쇠는 무엇입니까?

기도의 열쇠.

6) 자녀이면 또한 상속자 곧 하나님의 상속자요 그리스도와 함께한 상속자니 우리가 그와 함께 영광을 받기 위하여 함께 받아야 할 것이 있는데 그것이 무엇입니까?

고난입니다.

7) 포도나무와 가지의 관계는 무엇입니까?

하나, 일체이다. 열매는 가지에서 열린다.

8) 자녀의 몸은 무엇입니까?

성전입니다. 주님이 함께 사십니다.

9) 천사들은 누구를 섬기고 있습니까?

하나님의 자녀들.

10) 자녀들의 소유는 무엇입니까?

다 가진 자.

11) 자녀의 사명은 무엇입니까?

하늘의 권세와 땅의 권세를 가지고 복음을 전파하는 사명.

말씀

1. 요 1:12 영접하는 자 곧 그 이름을 믿는 자들에게는 하나님의 자녀가 되는 권세를 주셨으니.
2. 요 10:35 성경은 폐하지 못하나니 하나님의 말씀을 받은 사람들을 신이라 하셨거든.
3. 벧전 2:9 너희는 택하신 족속이요 왕 같은 제사장들이요 거룩한 나라요 그의 소유가 된 백성이니 이는 너희를 어두운 가운데서 불러내어 그의 기이한 빛에 들어가게 하신 이의 아름다운 덕을 선포하게 하려 하심이라.
4. 눅 10:19~20 내가 너희에게 뱀과 전갈을 밟으며 원수의 모든 능력을 제어할 권능을 주었으니 너희를 해칠 자가 결코 없으리라 그러나 귀신들이 너희에게 항복하는 것으로 기뻐하지 말고 너희 이름이 하늘에 기록된 것으로 기뻐하라 하시니라.
5. 마 16:19 내가 천국의 열쇠를 네게 주노니 네가 땅에서 무엇이든지 매면 하늘에서도 매일 것이요 네가 땅에서 무엇이든지 풀면 하늘에서도 풀리리라.
6. 눅 20:36 저희는 다시 죽을 수도 없나니 이는 천사와 동등이요 부활의 자녀로서 하나님의

자녀임이니라.

7. 롬 8:16~17 성령이 친히 우리의 영과 더불어 우리가 하나님의 자녀인 것을 증언하시나니 자녀이면 또한 상속자 곧 하나님의 상속자요 그리스도와 함께한 상속자니 우리가 그와 함께 영광을 받기 위하여 고난도 함께 받아야 할 것이니라.

8. 갈 4:19 나의 자녀들아 너희 속에 그리스도의 형상을 이루기까지 다시 너희를 위하여 해산하는 수고를 하노니(형상 회복).

9. 요일 3:3 주를 향하여 이 소망을 가진 자마다 그의 깨끗하심과 같이 자기를 깨끗하게 하느니라.

10. 살전 5:10 예수께서 우리를 위하여 죽으사 우리로 하여금 깨어 있든지 자든지 자기와 함께 살게 하려 하셨느니라(동행).

11. 요 15:5 나는 포도나무요 너희는 가지니 저가 내 안에 내가 저 안에 있으면 이 사람은 과실을 많이 맺나니 나를 떠나 너희가 아무것도 할 수 없음이라.

12. 마 28:18~20 하늘과 땅의 모든 권세를 내게 주셨으니 그러므로 너희는 가서 모든 족속으로 제자를 삼아 아버지와 아들과 성령의 이름으로 세례를 주고 내가 너희에게 분부한 모든 것을 가르쳐 지키게 하라 볼지어다 내가 세상 끝날까지 너희와 항상 함께 있으리라.

13. 고전 6:19~20 너희 몸을 너희가 하나님께로부터 받은바 너희 가운데 계신 성령의 전인 줄을 알지 못하느냐 너희는 너희 것이 아니라 값으로 산 것이 되었으니 그런즉 너희 몸으로 하나님께 영광을 돌리라.

14. 롬 8:26, 34 이와 같이 성령도 우리 연약함을 도우시나니 우리가 마땅히 빌 바를 알지 못하나 오직 성령이 말할 수 없는 탄식으로 우리를 위하여 친히 간구하시느니라 이는 그리스도 예수시니 그는 하나님 우편에 계신 자요 우리를 위하여 간구하시는 자시니라.

15. 요 10:27~28 내 양은 내 음성을 들으며 나는 저희를 알며 저희는 나를 따르느니라 내가 저희에게 영생을 주노니 영원히 멸망치 아니할 터이요 또 저희를 내 손에서 빼앗을 자가 없느니라.

16. 수 1:5~6 너의 평생에 너를 능히 당할 자 없으리니 내가 모세와 함께 있었던 것같이 너와 함께 있을 것임이라 내가 너를 떠나지 아니하며 버리지 아니하리니 마음을 강하게 하고 담대히 하라.

17. 사 41:10 두려워 말라 내가 너와 함께 함이니라 놀라지 말라 나는 네 하나님이 됨이니라

내가 너를 굳세게 하리라 참으로 너를 도와주리라 참으로 나의 의로운 손으로 너를 붙들리라.

18. 빌 4:13 내게 능력 주시는 자 안에서 내가 모든 것을 할 수 있느니라.

19. 히 1:14 모든 천사들은 섬기는 영으로서 구원받을 상속자들을 위하여 섬기라고 보내심이 아니냐.

20. 요일 2:27 너희는 주께 받은바 기름부음이 너희 안에 거하나니 아무도 너희를 가르칠 필요가 없고 오직 그의 기름부음이 모든 것을 너희에게 가르치며 또 참되고 거짓이 없나니 너희를 가르치신 그대로 주안에 거하라.

21. 출 33:11 사람이 자기의 친구와 이야기함 같이 여호와께서는 모세와 대면하여 말씀하시며 모세는 진으로 돌아오나 눈의 아들 젊은 수종자 눈의 아들 여호수아는 회막을 떠나지 아니하니라.

22. 엡 1:22~23 모든 정사와 권세와 능력과 주관하는 자와 이 세상뿐 아니라 오는 세상에 일컫는 모든 이름 위에 뛰어나게 하시고 또 만물을 그 발아래 복종하게 하시고 그를 만물 위에 교회의 머리로 주셨느니라.

23. 출 40:13 아론에게 거룩한 옷을 입히고 그에게 기름을 부어 거룩하게 하여 그로 내게 제사장의 직분을 행하게 하라.

24. 삼하 5:3 이에 이스라엘 모든 장로가 헤브론에 이르러 왕에게 나아오매 다윗 왕이 헤브론에서 여호와 앞에서 저희와 언약을 세우매 저희가 다윗에게 기름을 부어 이스라엘 왕을 삼으니라.

25. 삼상 10:1 이에 사무엘이 기름병을 취하여 사울의 머리에 붓고 입맞추어 가로되 여호와께서 네게 기름을 부으사 그 기업의 지도자를 삼지 아니하셨느냐.

26. 막 1:10 곧 물에서 올라 오실새 하늘이 갈라짐과 성령이 비둘기같이 자기에게 내려오심을 보시더니.

27. 요 14:13~14 너희가 내 이름으로 무엇을 구하든지 내가 시행하리니 이는 아버지로 하여금 아들을 인하여 영광을 얻으시게 하려 함이라 내 이름으로 무엇이든지 내게 구하면 내가 시행하리라.

28. 고전 3:21~23 그런즉 누구든지 사람을 자랑하지 말라 만물이 다 너희 것임이라 바울이나 아볼로나 게바나 세계나 생명이나 사망이나 지금 것이나 장래 것이나 다 너희의 것이요

너희는 그리스도의 것이요 그리스도는 하나님의 것이니라.

29. 시 73:25 하늘에서는 주 외에 누가 내게 있으리요 땅에서는 주밖에 나의 사모할 자 없나이다.

30. 출 4:22 너는 바로에게 이르기를 여호와의 말씀에 이스라엘은 내 아들 내 장자라.

31. 신 21:17 반드시 그 미움을 받는 자의 아들을 장자로 인정하여 자기의 소유에서 그에게는 두 몫을 줄 것이니 그는 자기의 기력의 시작이라 장자의 권리가 그에게 있음이니라.

32. 고후 6:9~10 무명한 자 같으나 유명한 자요 죽는 자 같으나 보라 우리가 살고 징계를 받는 자 같으나 죽임을 당하지 아니하고 근심하는 자 같으나 항상 기뻐하고 가난한 자 같으나 많은 사람을 부요하게 하고 아무것도 없는 자 같으나 모든 것을 가진 자로다.

33. 고후 4:7 우리가 이 보배를 질그릇에 가졌으니 이는 능력의 심히 큰 것이 하나님께 있고 우리에게 있지 아니함을 알게 하려 함이라.

34. 히 10:14 저가 한 제물로 거룩하게 된 자들을 영원히 온전케 하셨느니라.

35. 엡 3:6 이는 이방인들이 복음으로 말미암아 그리스도 예수 안에서 함께 후사가 되고 함께 지체가 되고 함께 약속에 참여하는 자가 됨이라.

36. 엡 2:4~6 긍휼에 풍성하신 하나님이 우리를 사랑하신 그 큰 사랑을 인하여 허물로 죽은 우리를 그리스도와 함께 살리셨고 (너희가 은혜로 구원을 얻은 것이라) 또 함께 일으키사 그리스도 예수 안에서 함께 하늘에 앉히시니.

17
예수 이름의 권세

문답

1) 기도할 때에 누구의 이름으로 기도합니까?

주 예수 그리스도의 이름으로 기도합니다.

2) 믿는 자들에게는 이런 표적이 따르리니 곧 저희가 귀신을 쫓아내며 새 방언을 말하며 뱀을 집으며 무슨 독을 마실지라도 해를 받지 아니하며 병든 사람에게 손을 얹은즉 나으리라고 말씀하셨는데 누구의 이름으로 이런 표적이 나타납니까?

주 예수 그리스도의 이름으로.

3) 베드로가 앉은뱅이를 일으켰는데 베드로에게 있는 능력은 무엇입니까?

주 예수 그리스도의 이름의 능력입니다.

4) 성도 2~3명이 모인 곳에는 누가 함께하십니까?

주 예수님.

5) 누구의 이름으로 죄사함 받습니까?

주 예수님.

6) 무엇을 하든지 말에나 일에나 누구의 이름으로 합니까?

주 예수님.

7) 귀신은 누구의 이름으로 나갑니까?

주 예수님.

말씀

1. 요 14:13 너희가 내 이름으로 무엇을 구하든지 내가 시행하리니 이는 아버지로 하여금 아들을 인하여 영광을 받으시게 하려 함이라.
2. 막 16:17~18 믿는 자들에게는 이런 표적이 따르리니 곧 저희가 내 이름으로 귀신을 쫓아내며 새 방언을 말하며 뱀을 집으며 무슨 독을 마실지라도 해를 받지 아니하며 병든 사람에게 손을 얹은즉 나으리라.
3. 행 3:5, 16 베드로가 가로되 은과 금은 내게 없거니와 내게 있는 것으로 네게 주노니 곧 나사렛 예수 그리스도의 이름으로 걸으라 하고 오른손을 잡아 일으키니 발과 발목이 힘을 얻고, 그 이름을 믿음으로 그 이름이 너를 보고 아는 이 사람을 성하게 하였나니.
4. 눅 10:17 칠십 인이 기뻐 돌아와 가로되 주여 주의 이름으로 귀신들도 우리에게 항복하더이다.
5. 마 18:20 두세 사람이 내 이름으로 모인 곳에는 나도 그들 중에 있느니라.
6. 빌 2:7~11 오히려 자기를 비워 종의 형체를 가지시고 사람들과 같이 되었고 사람의 모양으로 나타나사 자기를 낮추시고 죽기까지 복종하셨으니 곧 십자가에 죽으심이라 이러므로 하나님이 그를 지극히 높여 모든 이름 위에 뛰어난 이름을 주사 하늘에 있는 자들과 땅에 있는 자들과 땅 아래에 있는 자들로 모든 무릎을 예수의 이름에 꿇게 하시고.
7. 행 2:38 베드로가 이르되 너희가 회개하여 각각 예수 그리스도의 이름으로 세례를 받고 죄사함을 받으라 그리하면 성령의 선물을 받으리니.
8. 행 4:29~30 주여 이제도 그들의 위협함을 굽어 보시옵고 또 종들로 하여금 담대히 하나님의 말씀을 전하게 하여 주시오며 손을 내밀어 병을 낫게 하시옵고 표적과 기사가 거룩한 종 예수의 이름으로 이루어지게 하옵소서 하더라.
9. 골 3:17 또 무엇을 하든지 말에나 일에나 다 주 예수의 이름으로 하고 그를 힘입어 하나님 아버지께 감사하라.
10. 민 6:23~27 아론과 그 아들들에게 고하여 이르기를 너희는 이스라엘 자손을 위하여 이렇

게 축복하여 이르되 여호와는 네게 복을 주시고 너를 지키시기를 원하며 여호와는 그 얼굴로 네게 비취사 은혜 베푸시기를 원하며 여호와는 그 얼굴을 네게로 향하여 드사 평강 주시기를 원하노라 할지니라 하라 그들은 이같이 내 이름으로 이스라엘 자손에게 축복할지니 내가 그들에게 복을 주리라.

11. 행 16:18 이같이 여러 날을 하는지라 바울이 심히 괴로워하여 돌이켜 그 귀신에게 이르되 예수 그리스도의 이름으로 내가 네게 명하노니 그에게서 나오라 하니 귀신이 즉시 나오니라.

12. 삼상 17:45 다윗이 블레셋 사람에게 이르되 너는 칼과 창과 단창으로 내게 오거니와 나는 만군의 여호와의 이름 곧 네가 모욕하는 이스라엘 군대의 하나님의 이름으로 네게 가노라.

18

혀의 권세

문답

1) 죽고 사는 것이 어디에 달려 있습니까?

혀의 권세.

2) 사람은 어디에서 나오는 열매로 하여 배가 부르게 되나요?

입에서 나오는 열매로.

3) 악과 독이 가득한 것은 무엇입니까?

사람의 혀.

4) 하나님이 미워하시는 입술은 무엇입니까?

거짓 입술.

5) 하나님은 무엇이 들리는 대로 행하십니까?

입술의 말.

6) 의인의 입은 무엇입니까?

생명 샘.

7) 하나님은 무엇으로 만물을 붙드십니까?

능력의 말씀.

8) 하나님의 모든 말씀의 능력은 어느 정도입니까?

능치 못하심이 없습니다.

9) 사람이 마음으로 믿어 의에 이르고 입으로 시인하면 무엇을 얻습니까?

구원을 얻습니다.

10) 야살의 책에 기록되기를 태양이 중천에 머물러서 거의 종일토록 속히 내려가지 아니하였다는데 여호수아가 무엇이라 선포하였습니까?

태양아 너는 기브온 위에 머무르라!

말씀

1. 잠 18:21 죽고 사는 것이 혀의 권세(힘)에 달렸나니 혀를 쓰기 좋아하는 자는 혀의 열매를 먹으리라.
2. 잠 18:20 사람은 입에서 나오는 열매로 하여 배가 부르게 되나니 곧 그 입술에서 나는 것으로 하여 만족하게 되느니라.
3. 약 3:5, 6, 8 이와 같이 혀도 작은 지체로되 큰 것을 자랑하는도다 보라 얼마나 작은 불이 얼마나 많은 나무를 태우는가 혀는 곧 불이요 불의의 세계라 혀는 우리 지체 중에서 온몸을 더럽히고 생의 바퀴를 불사르나니 그 사르는 것이 지옥불에서 나느니라 혀는 능히 길들일 사람이 없나니 쉬지 아니하는 악이요 죽이는 독이 가득한 것이라.
4. 민 14:28 그들에게 이르기를 여호와의 말씀에 삶을 두고 맹세하노라 너의 말이 내 귀에 들린 대로 내가 너희에게 행하리니.
5. 행 16:18 그 귀신에게 이르되 예수 그리스도의 이름으로 내가 네게 명하노니 그에게서 나오라 하니 귀신이 즉시 나오니라.
6. 잠 6:2 네 입의 말로 네가 얽혔으며 네 입의 말로 인하여 잡히게 되었느니라.
7. 잠 12:13 악인의 입술은 허물로 인하여 그물에 걸려도 의인은 환난에서 벗어나느니라.

8. 잠 13:2~3 사람은 입의 열매로 인하여 복록을 누리거니와 마음이 괴사한 자는 강포를 당하느니라 입을 지키는 자는 그 생명을 보전 하나 입술을 크게 벌리는 자에게는 멸망이 오느니라.

9. 잠 12:22 거짓 입술은 여호와께 미움을 받아도 진실히 행하는 자는 그의 기뻐하심을 받느니라.

10. 잠 10:32 의인의 입술은 기쁘게 할 것을 알거늘 악인의 입은 패역을 말하느니라.

11. 잠 10:11 의인의 입은 생명 샘이라도 악인의 입은 독을 머금었느니라.

12. 행 14:8~10 루스드라에 발을 쓰지 못하는 한 사람이 있어 앉았는데 나면서 앉은뱅이 되어 걸어 본 적이 없는 자라 바울이 말하는 것을 듣거늘 바울이 주목하여 구원받을 만한 믿음이 그에게 있는 것을 보고 큰 소리로 가로되 네 발로 바로 일어서라 하니 그 사람이 뛰어 걷는지라.

13. 막 4:39~40 예수께서 깨어 바람을 꾸짖으시며 바다더러 이르시되 잠잠하라 고요하라 하시니 바람이 그치고 아주 잔잔하여지더라 이에 제자들이 이르시되 어찌하여 이렇게 무서워하느냐 너희가 어찌 믿음이 없느냐 하시니.

14. 히 1:3 그의 능력의 말씀으로 만물을 붙드시며 죄를 정결하게 하는 일을 하시고.

15. 히 11:3 믿음으로 모든 세계가 하나님의 말씀으로 지어진 줄을 우리가 아니 보이는 것은 나타난 것으로 말미암아 된 것이 아니니라.

16. 막 11:23~24 내가 진실로 너희에게 이르노니 누구든지 이 산더러 들리어 바다에 던져지라 하며 그 말하는 것이 이루어질 줄 믿고 마음에 의심하지 아니하면 그대로 되리라.

17. 눅 1:37 대저 하나님의 모든 말씀은 능하지 못하심이 없느니라.

18. 요 1:1 태초에 말씀이 계시니라 이 말씀이 하나님과 함께 계셨으니 이 말씀은 곧 하나님이시니니라.

19. 요 6:63 살리는 것은 영이니 육은 무익하니라 내가 너희에게 이른 말은 영이요 생명이니라.

20. 히 4:12 하나님의 말씀은 살아 있고 활력이 있어 좌우에 날 선 어떤 검보다도 예리하여 혼과 영과 및 관절과 골수를 찔러 쪼개기까지 하며.

21. 살전 2:13 이 말씀이 또한 너희 믿는 자 가운데에서 역사하느니라.

22. 롬 10:10 사람이 마음으로 믿어 의에 이르고 입으로 시인하여 구원에 이르느니라.

23. 고후 4:13 내가 믿었으므로 말하였다 한 것같이 우리가 같은 믿음의 마음을 가졌으니 우

리도 믿었으므로 또한 말하느니라.

24. 마 4:4 사람이 떡으로만 살 것이 아니요 하나님의 입으로부터 나오는 모든 말씀으로 살 것이라 하였느니라.

25. 막 9:23 예수께서 이르시되 할 수 있거든이 무슨 말이냐 믿는 자에게는 능치 못할 일이 없느니라 하시니 곧 그 아이의 아비가 소리를 질러 가로되 내가 믿나이다 나의 믿음 없는 것을 도와주소서 하더라.

26. 출 10:12~13 여호와께서 아모리 사람을 이스라엘 자손에게 붙이시던 날에 여호수아가 여호와께 고하되 이스라엘 목전에서 가로되 태양아 너는 기브온 위에 머무르라 달아 너도 아얄론 골짜기에 그리할지어다 하매 태양이 머물고 달이 그치기를 백성이 그 대적에게 원수를 갚도록 하였느니라 야살의 책에 기록되기를 태양이 중천에 머물러서 거의 종일토록 속히 내려가지 아니하였다 하지 아니하였느냐.

27. 창 1:3~4 하나님이 가라사대 빛이 있으라 하시매 빛이 있었고 그 빛이 하나님의 보시기에 좋았더라.

하나님 나라의 비밀

19
신유, 병 고침

1) 예수님께서 십자가에서 죽으실 때에 마지막으로 하신 말씀은 무엇입니까?

다 이루었다.

2) 우리의 연약한 것을 친히 담당하시고 병을 짊어지신 분이 누구입니까?

주 예수님이십니다.

3) 채찍에 맞으심으로 우리의 병이 나음을 입었는데 누가 채찍에 맞으셨습니까?

주 예수님이십니다.

4) 나 여호와의 말을 들어 순종하고 내가 보기에 의를 행하며 내 계명에 귀를 기울이며 내 모든 규례를 지키면 내가 애굽 사람에게 내린 모든 질병 중 하나도 너희에게 내리지 아니하시는 분은 누구입니까?

우리를 치료하는 여호와 하나님이십니다.

5) 병을 낫게 하는 기도는?

서로 죄를 자백하고 믿음으로 드리는 기도.

6) 성도 제자들에게 주신 권능은 무엇입니까?

너희에게 뱀과 전갈을 밟으며 원수의 모든 능력을 제어할 권능을 주었으니 너희를 해칠 자가 결코 없으리라. 원수의 모든 능력을 제어할 권능을 받았습니다.

7) 금식기도의 능력은?

흉악의 결박을 풀어 주며 멍에의 줄을 풀어 주며 압제당하는 자를 자유케 하며 모든 멍에를 꺾는 능력입니다.

말씀

1. 요 19:30 예수께서 신 포도주를 받으신 후에 이르시되 다 이루었다 하시고 머리를 숙이니 영혼이 떠나가시니라.
2. 마 8:17 이는 선지자 이사야를 통하여 하신 말씀에 우리의 연약한 것을 친히 담당하시고 병을 짊어지셨도다 함을 이루려 하심이더라.
3. 벧전 2:24 친히 나무에 달려 그 몸으로 우리 죄를 담당하셨으니 이는 우리로 죄에 대하여 죽고 의에 대하여 살게 하려 하심이라 그가 채찍에 맞음으로 너희는 나음을 얻었나니.
4. 약 5:14~16 너희 중에 병든 자가 있느냐 그는 교회의 장로들을 청할 것이요 그들은 주의 이름으로 기름을 바르며 그를 위하여 기도할지니라 믿음의 기도는 병든 자를 구원하리니 주께서 그를 일으키시리라 혹시 죄를 범하였을지라도 사하심을 받으리라 그러므로 너희 죄를 서로 고백하며 병이 낫기를 기도하라 의인의 간구는 역사하는 힘이 큼이니라.
5. 출 15:26 이르시되 너희가 너희 하나님 나 여호와의 말을 들어 순종하고 내가 보기에 의를 행하며 내 계명에 귀를 기울이며 내 모든 규례를 지키면 내가 애굽 사람에게 내린 모든 질병 중 하나도 너희에게 내리지 아니하리니 나는 너희를 치료하는 여호와임이라.
6. 출 23:25~26 네 하나님 여호와를 섬기라 그리하면 여호와가 너희의 양식과 물에 복을 내리고 너희 중에서 병을 제하리니 네 나라에 낙태하는 자가 없고 임신하지 못하는 자가 없을 것이라 내가 너희 날수를 채우리라.
7. 잠 18:14 사람의 심령은 그의 병을 능히 이기려니와 심령이 상하면 그것을 누가 일으키겠느냐.
8. 욥 2:7 사탄이 이에 여호와 앞에서 물러가서 욥을 쳐서 그의 발바닥에서 정수리까지 종기가 나게 한지라.

하나님 나라의 비밀

9. 막 16:17~18 믿는 자들에게는 이런 표적이 따르리니 곧 그들이 내 이름으로 귀신을 쫓아내 며 새 방언을 말하며 뱀을 집어 올리며 무슨 독을 마실지라도 해를 받지 아니하며 병든 사람에게 손을 얹은즉 나으리라 하시더라.

10. 행 19:11~12 하나님이 바울의 손으로 놀라운 능력을 행하게 하시니 심지어 사람들이 바울의 몸에서 손수건이나 앞치마를 가져다가 병든 사람에게 얹으면 그 병이 떠나고 악귀도 나가더라.

11. 눅 10:17~19 칠십 인이 기뻐하여 돌아와 이르되 주여 주의 이름이면 귀신들도 항복하더이다 예수께서 이르시되 이 하늘로부터 번개같이 떨어지는 것을 내가 보았노라 내가 너희에게 뱀과 전갈을 밟으며 원수의 모든 능력을 제어할 권능을 주었으니 너희를 해칠 자가 결코 없으리라.

12. 요 11:4 예수께서 들으시고 이르시되 이 병은 죽을병이 아니라 하나님의 영광을 위함이요 하나님의 아들이 이로 말미암아 영광을 받게 하려 함이라 하시더라.

13. 왕하 20:5~6 너는 돌아가서 내 백성의 주권자 히스기야에게 이르기를 왕의 조상 다윗의 하나님 여호와의 말씀이 내가 네 기도를 들었고 네 눈물을 보았노라 내가 너를 낫게 하리라 네가 삼일만에 여호와의 성전에 올라가겠고 내가 네 날에 십오 년을 더 할 것이며 내가 너와 이 성을 앗수르 왕의 손에서 구원하고.

14. 마 8:13 예수께서 백부장에게 이르시되 가라 네 믿은 대로 될지어다 하시니 그 즉시 하인이 나으니라.

15. 말 3:8~9 이는 곧 십일조와 봉헌물이라 너희 곧 온 나라가 나의 것을 도적질하였으므로 너희가 저주를 받았느니라.

16. 시 119:67 고난당하기 전에는 내가 그릇 행하였더니 이제는 주의 말씀을 지키나이다.

17. 행 4:30 손을 내밀어 병을 낫게 하옵시고 표적과 기사가 거룩한 종 예수의 이름으로 이루어지게 하옵소서 하더라.

18. 막 9:29 이르시되 기도 외에 다른 것으로는 이런 유가 나갈 수 없느니라 하시니라.

19. 사 58:6~8 나의 기뻐하는 금식은 흉악의 결박을 풀어 주며 멍에의 줄을 끌러 주며 압제당하는 자를 자유케 하며 모든 멍에를 꺾는 것이 아니겠느냐 또 주린 자에게 네 식물을 나눠 주며 유리하는 빈민을 네 집에 들이며 벗은 자를 보면 입히며 또 네 골육을 피하여 스스로 숨지 아니하는 것이 아니겠느냐 그리하면 네 빛이 아침같이 비췰 것이며 네 치료가

급속할 것이며 네 의가 네 앞에 행하고 여호와의 영광이 네 뒤에 호위하리니.

20. 막 2:10~11 그러나 인자가 땅에서 죄를 사하는 권세가 있는 줄을 너희로 알게 하려 하노라 하시고 중풍병자에게 말씀하시되 내가 네게 이르노니 일어나 네 상을 가지고 집으로 가라 하시니.

20
천사의 도우심

1) 모든 천사는 누구를 섬깁니까?

구원받을 상속자들.

2) 하나님은 그의 사역자들을 불꽃으로 삼으시고 천사들을 무엇으로 삼으십니까?

바람으로 삼으십니다.

3) 손님을 대접하다가 보면 누구를 대접하게 됩니까?

천사.

4) 범죄한 천사들은 어떻게 되었습니까?

지옥에 던져 심판 때까지 가두어 두셨다. 사탄 마귀.

5) 성도의 기도를 향로에 담아서 누가 가지고 하나님 앞에 가지고 갑니까?

천사.

6) 헤롯이 무엇을 하나님께 돌리지 아니하므로 주의 사자가 곧 치니 벌레에게 먹혀 죽었다고 하였는데 헤롯이 하나님께 무엇을 하지 아니하였습니까?

영광을 돌리지 아니하였습니다.

7) 다니엘이 사자굴에 들어갔는데 사자들의 입을 막아 죽지 아니하였는데 누가 와서 사자의 입을 봉하였습니까?
    천사.

8) 이 밤에 여호와의 누가 나와서 앗수르 진영에서 군사 십팔만 오천 명을 친지라 아침에 일찌기 일어나 보니 다 송장이 되었는데 누가 나와서 유다의 적군들을 죽였습니까?
    천사.

9) 삼가 이 소자 중에 하나도 업신여기지 말라 너희에게 말하노니 저희 천사들이 하늘에서 하늘에 계신 누구의 얼굴을 항상 뵈옵는데 천사들이 누구의 얼굴을 항상 봅니까?
    내 아버지 하나님.

10) 천군 천사가 하는 일은 무엇입니까?
    여호와를 봉사하여 그 뜻을 행하는 너희 모든 천군 천사.

말씀

1. 히 1:14 모든 천사들은 섬기는 영으로서 구원받을 상속자들을 위하여 섬기라고 보내심이 아니냐.
2. 마 4:11 이에 마귀는 예수를 떠나고 천사들이 나아와서 수종드니라.
3. 눅 1:19 천사가 대답하여 이르되 나는 하나님 앞에 서 있는 가브리엘이라 이 좋은 소식을 전하여 네게 말하라고 보내심을 받았느니라.
4. 눅 2:13 홀연히 수많은 천군이 그 천사와 함께 하나님을 찬송하여 이르되.
5. 행 10:4 고넬료가 주목하여 보고 두려워 이르되 주여 무슨 일이니이까 천사가 이르되 네 기도와 구제가 하나님 앞에 상달되어 기억하신 바가 되었으니.
6. 행 12:9~11 베드로가 나가서 따라갈새 천사가 하는 것이 생시인 줄 알지 못하고 환상을 보

는가 하니라 이에 첫째와 둘째 파수를 지나 시내로 통한 쇠문에 이르니 문이 저절로 열리는지라 나와서 한 거리를 지나매 천사가 곧 떠나니라 이에 베드로가 정신이 들어 이르되 내가 이제야 참으로 주께서 그의 천사를 보내어 나를 헤롯의 손과 유대 백성의 모든 기대에서 벗어나게 하신 줄 알겠노라 하여.

7. 히 1:7 또 천사들에 관하여는 그는 그의 천사들을 바람으로, 그의 사역자들을 불꽃으로 삼으시느니라 하셨으되.

8. 히 13:2 손님 대접하기를 잊지 말라 이로써 부지중에 천사들을 대접한 이들이 있느니라.

9. 벧후 2:4 하나님이 범죄한 천사들을 용서하지 아니하시고 지옥에 던져 어두운 구덩이에 두어 심판 때까지 지키게 하였으며(마귀 사탄).

10. 계 1:1 예수 그리스도의 계시라 이는 하나님이 그에게 주사 반드시 속히 일어날 일들을 그 종들에게 보이시려고 그의 천사를 그 종 요한에게 보내어 알게 하신 것이라.

11. 계 8:3~5 또 다른 천사가 와서 제단 곁에 서서 금향로를 가지고 많은 향을 받았으니 이는 모든 성도의 기도와 합하여 보좌 앞 금 제단에 드리고자 함이라. 향연이 성도의 기도와 함께 천사의 손으로부터 하나님 앞으로 올라가는지라.

12. 행 8:26 주의 사자가 빌립에게 말하여 이르되 일어나서 남쪽으로 향하여 예루살렘에서 가사로 내려가는 길까지 가라 하니 그 길은 광야라.

13. 행 12:23 헤롯이 영광을 하나님께 돌리지 아니하므로 주의 사자가 곧 치니 벌레에게 먹혀 죽으니라.

14. 행 27:23~24 내가 속한 바 곧 내가 섬기는 하나님의 사자가 어제 밤에 내 곁에 서서 말하되 바울아 두려워하지 말라 네가 가이사 앞에 서야 하겠고 또 하나님께서 너와 함께 항해하는 자를 다 내게 주셨다 하였으니.

15. 계 22:16 나 예수는 교회를 위하여 내 사자를 보내어 이것들을 너희에게 증언하게 하였노라 나는 다윗의 뿌리요 자손이니 곧 광명한 새벽별이라 하시더라.

16. 단 6:22 나의 하나님이 이미 그의 천사를 보내어 사자들의 입을 봉하셨으므로 사자들이 나를 상해하지 못하였사오니 이는 나의 무죄함이 그 앞에 명백함이오며 또 왕이여 나는 왕에게도 해를 끼치지 아니하였나이다 하니라.

17. 왕하 6:16~17 대답하되 두려워하지 말라 우리와 함께 한 자가 그들과 함께 한 자보다 많으니라 하고 기도하여 이르되 여호와여 원하건대 그의 눈을 열어서 보게 하옵소서 하니

여호와께서 그 청년의 눈을 여시매 그가 보니 불말과 불병거가 산에 가득하여 엘리사를 둘렀더라.

18. 왕하 19:35~36 이 밤에 여호와의 사자가 나와서 앗수르 진영에서 군사 십팔만 오천 명을 친지라 아침에 일찌기 일어나 보니 다 송장이 되었더라 앗수르왕 산헤립이 떠나 돌아가서 니느웨에 거주하더니.

19. 출 14:19~20 이스라엘 진 앞에 가던 하나님의 사자가 그들의 뒤로 옮겨 가매 구름 기둥도 앞에서 그 뒤로 옮겨 애굽 진과 이스라엘 진 사이에 이르러 서니 저쪽에는 구름과 흑암이 있고 이쪽에는 밤이 밝으므로 밤새도록 저쪽이 이쪽에 가까이 못하였더라.

20. 창 19:1~2 저녁 때에 그 두 천사가 소돔에 이르니 마침 롯이 소돔성 문에 앉아 있다가 그들을 보고 일어나 영접하고 땅에 엎드려 절하며 이르되 내주여 돌이켜 종의 집으로 들어와 발을 씻고 주무시고 일찍이 일어나 갈 길을 가소서 그들이 이르되 아니라 우리가 거리에서 밤을 새우리라 롯이 간청하매 그제서야 돌이켜 그 집으로 들어오는지라.

21. 마 18:10 삼가 이 소자 중에 하나도 업신여기지 말라 너희에게 말하노니 저희 천사들이 하늘에서 하늘에 계신 내 아버지의 얼굴을 항상 뵈옵느니라.

22. 행 12:14~15 베드로의 음성인 줄 알고 기뻐하여 문을 미처 열지 못하고 달려 들어가 말하되 베드로가 대문밖에 섰더라 하니 저희가 말하되 네가 미쳤다 하나 계집아이는 힘써 말하되 참말이라 하니 저희가 말하되 그러면 그의 천사라.

21
승리하는 믿음, 온전한 믿음

문답

1) 예수님은 십자가에서 죽으시고 부활하심으로 승리하셨는데 그 내용은 무엇입니까?

정사와 권세 잡은 자 마귀를 이기셨습니다.

2) 우리의 씨름(싸움)은 사람이 아니고 누구입니까?

통치자들과 권세들과 이 어둠의 세상 주관자들과 하늘에 있는 악의 영들입니다.

3) 첫째 부활에 참여하는 자는 복이 있고 거룩한데 이들은 누구입니까?

구원받은 성도들입니다.

4) 싸울 날을 위하여 마병을 예비하거니와 이김은 누구에게 있습니까?

여호와 하나님께 있습니다.

5) 하나님께로 난 자마다 세상을 이기는데 세상을 이긴 이김은 무엇입니까?

부활하신 예수님을 믿는 부활의 믿음입니다.

6) 우리가 마귀를 예수 이름으로 대적하면 마귀는 어떻게 합니까?

우리를 피하여 달아납니다.

7) 이방인의 제사는 누구에게 하는 것입니까?

귀신들에게 하는 것입니다.

8) 내게 능력 주시는 자 안에서 내가 무엇을 할 수 있습니까?

모든 것을 할 수 있습니다.

9) 모세가 손을 들면 이스라엘이 이기고 손을 내리면 아멜렉이 이겼는데 여기서 손을 든다는 것은 무슨 뜻입니까?

기도하는 것을 말합니다.

말씀

1. 골 2:15 정사와 권세를 벗어버려 밝히 드러내시고 십자가로 승리하셨느니라.

2. 요 11:25~26 예수께서 가라사대 나는 부활이요 생명이니 나를 믿는 자는 죽어도 살겠고 26 무릇 살아서 나를 믿는 자는 영원히 죽지 아니하리니 이것을 네가 믿느냐.

3. 롬 4:17~18 기록된바 내가 너를 많은 민족의 조상으로 세웠다 하심과 같으니 그의 믿은바 하나님은 죽은 자를 살리시며 없는 것을 있는 것같이 부르시는 이시니라 아브라함이 바랄 수 없는 중에 바라고 믿었으니 이는 네 후손이 이 같으리라 하신 말씀대로 많은 민족의 조상이 되게 하려 하심을 인함이라.

4. 계 12:11 또 우리 형제들이 어린 양의 피와 자기들이 증언하는 말씀으로써 그를(마귀) 이겼으니 그들은 죽기까지 자기들의 생명을 아끼지 아니하였도다.

5. 요 19:30 예수께서 신 포도주를 받으신 후에 이르시되 다 이루었다 하시고 머리를 숙이니 영혼이 떠나가시니라.

6. 엡 6:10~13 끝으로 너희가 주 안에서와 그 힘의 능력으로 강건하여지고 마귀의 간계를 능히 대적하기 위하여 하나님의 전신갑주를 입으라 우리의 씨름은 혈과 육을 상대하는 것이 아니요 통치자들과 권세들과 이 어둠의 세상 주관자들과 하늘에 있는 악의 영들을 상대함이라 그러므로 하나님의 전신갑주를 취하라 이는 악한 날에 너희가 능히 대적하고 모든 일을 행한 후에 서기 위함이라.

7. 고전 15:54 이 썩을 것이 썩지 아니함을 입고 이 죽을 것이 죽지 아니함을 입을 때에는 사망을 삼키고 이기리라고 기록된 말씀이 이루어지리라.

8. 계 20:6 이 첫째 부활에 참여하는 자는 복이 있고 거룩하도다 둘째 사망이 그들을 다스리는 권세가 없고 도리어 그들이 하나님과 그리스도의 제사장이 되어 천 년 동안 왕노릇하리라.

9. 잠 21:31 싸울 날을 위하여 마병을 예비하거니와 이김은 여호와께 있느니라.

10. 롬 12:21 악에게 지지 말고 선으로 악을 이기라.

11. 요일 5:4~5 대저 하나님께로서 난 자마다 세상을 이기느니라 세상을 이긴 이김은 이것이니 우리의 믿음이니라 예수께서 하나님의 아들이심을 믿는 자가 아니면 세상을 이기는 자가 누구뇨.

12. 약 4:7 그런즉 너희는 하나님께 순복할지어다 마귀를 대적하라 그리하면 너희를 피하리라.

13. 삼하 8:6 다메섹 아람에 수비대를 두매 아람 사람이 다윗의 종이 되어 조공을 바치니라 다윗이 어디를 가든지 여호와께서 이기게 하시니라.

14. 빌 4:13 내게 능력 주시는 자 안에서 내가 모든 것을 할 수 있느니라.

15. 히 11:13 저희가 믿음으로 나라들을 이기기도 하며 의를 행하기도 하며 약속을 받기도 하며 사자들의 입을 막기도 하며.

16. 고후 2:14 항상 우리를 그리스도 안에서 이기게 하시고 우리로 말미암아 각 처에서 그리스도를 아는 냄새를 나타내시는 하나님께 감사하노라.

17. 롬 8:1~2 그러므로 그리스도 예수 안에 있는 자에게는 결코 정죄함이 없나니 이는 그리스도 예수 안에 있는 생명의 성령의 법이 죄와 사망의 법에서 너를 해방하였음이라.

18. 계 2:26 이기는 자와 끝까지 내 일을 지키는 자는 그에게 만국을 다스리는 권세를 주리니.

19. 출 17:11 모세가 손을 들면 이스라엘이 이기고 손을 내리면 아멜렉이 이기더니.

20. 수 1:5 네 평생에 너를 능히 대적할 자가 없으리니 내가 모세와 함께 있었던 것같이 너와 함께 있을 것임이니라 내가 너를 떠나지 아니하며 버리지 아니하리니.

21. 롬 8:37~39 그러나 이 모든 일에 우리를 사랑하시는 이로 말미암아 우리가 넉넉히 이기느니라 내가 확신하노니 사망이나 생명이나 천사들이나 권세자들이나 현재 일이나 장래 일이나 능력이나 높음이나 깊음이나 다른 어떤 피조물이라도 우리를 우리 주 그리스도 예수 안에 있는 하나님의 사랑에서 끊을 수 없으리라.

22. 요 15:8 너희가 열매를 많이 맺으면 내 아버지께서 영광을 받으실 것이요 너희는 내 제자

가 되리라.

23. 고전 10:20 대저 이방인의 제사하는 것은 귀신에게 하는 것이요 하나님께 제사하는 것이 아니니 나는 너희가 귀신과 교제하는 자 되기를 원치 아니하노라.

24. 눅 10:17 칠십 인이 기뻐하며 돌아와 이르되 주여 주의 이름이면 귀신들도 우리에게 항복하더이다.

하나님 나라의 비밀

22

감사, 찬송, 예배

문답

1) 하나님의 뜻은 무엇입니까?

항상 기뻐하라 쉬지 말고 기도하라 범사에 감사하라 이것이 그리스도 예수 안에서 너희를 향하신 하나님의 뜻이니라.

2) 나의 몸으로 하나님께 왜 영광을 돌려야 합니까?

내 몸은 나 자신의 것이 아니라 주님의 핏값으로 산 것이 되었기 때문입니다.

3) 아무것도 염려하지 말고 다만 모든 일에 기도와 간구로 너희 구할 것을 무엇으로 하나님께 기도드려야 되겠습니까?

감사함으로 기도드려야 합니다.

4) 비록 무화과나무가 무성치 못하며 포도나무에 열매가 없으며 감람나무에 소출이 없으며 밭에 먹을 것이 없으며 우리에 양이 없으며 외양간에 소가 없을지라도 즐거워하며 기뻐하라고 하였는데 그 이유가 무엇입니까?

나의 구원의 하나님이시기 때문입니다.

5) 아버지께 참되게 예배하는 자들은 영과 진리로 예배할 때가 오나니 곧 이때라 아버지께서는 자기에게 이렇게 예배하는 자들을 찾으십니다. 여기서 신령과 진정은 무슨 뜻입니까?

성령과 말씀에 순종함으로 예배드리는 것입니다.

6) 하나님께 드리는 영적인 예배는 무엇입니까?

나의 몸을 하나님이 기뻐하시는 거룩한 산 제물로 드리는 예배입니다. 교회 밖의 생활이 곧 예배입니다.

7) 두세 사람이 주 예수님 이름으로 모인 곳에 누가 계십니까?

주 예수님이 계십니다.

8) 나의 양심을 죽은 행실에서 깨끗하게 하고 살아 계신 하나님을 섬기게 하시는 능력은 무엇입니까?

주 예수님의 피의 능력입니다.

9) 찬송 중에 거하시는 분은 누구입니까?

주 하나님.

10) 성찬예배는 어떠한 예배입니까?

예수님을 항상 기억하는 예배입니다. 주님이 직접 제정하신 예배입니다. 떡과 포도주(몸과 피) 몸은 예수님의 죽으심과 부활. 예수님이 성찬 때마다 나누어 주시는 영혼의 양식입니다.

피는 날마다 짓는 죄를 씻는 속죄의 피입니다. 예루살렘교회, 초대교회의 예배가 참 예배입니다.

말씀

1. 살전 5:18 범사에 감사하라 이것이 그리스도 예수 안에서 너희를 향하신 하나님의 뜻이니라.
2. 고전 6:19~20 너희 몸은 너희가 하나님께로부터 받은바 너희 가운데 계신 성령의 전인 줄을 알지 못하느냐 너희는 너희 자신의 것이 아니라 값으로 산 것이 되었으니 그런즉 너희 몸으로 하나님께 영광을 돌리라.

3. 계 11:17 감사하옵나니 옛적에도 계셨고 지금도 계신 주 하나님 곧 전능 하신이여 친히 큰 권능을 잡으시고 왕노릇하시도다.

4. 롬 6:17~18 하나님께 감사하리로다 너희가 본래 죄의 종이더니 너희에게 전하여 준바 교훈의 본을 마음으로 순종하여 죄로부터 해방되어 의에게 종이 되었느니라.

5. 롬 7:24~25 오호라 나는 곤고한 사람이로다 이 사망의 몸에서 누가 나를 건져 내랴 우리 주 예수 그리스도로 말미암아 하나님께 감사하리로다 그런즉 내 자신이 마음으로는 하나님의 법을 육신으로는 죄의 법을 섬기노라.

6. 시 136:25 모든 육체에게 먹을 것을 주신 이에게 감사하라 그 인자하심이 영원함이로다.

7. 고전 15:57 우리 주 예수 그리스도로 말미암아 우리에게 승리를 주시는 하나님께 감사하오니.

8. 골 1:12, 3:17 우리로 하여금 빛 가운데서 성도의 기업의 부분을 얻기에 합당하게 하신 아버지께 감사하게 하시기를 원하노라 또 무엇을 하든지 말에나 일에나 다 주 예수의 이름으로 하고 그를 힘입어 하나님 아버지께 감사하라.

9. 빌 4:6 아무것도 염려하지 말고 다만 모든 일에 기도와 간구로 너희 구할 것을 감사함으로 하나님께 아뢰라.

10. 시 9:1 내가 전심으로 여호와께 감사하오며 주의 모든 기이한 일들을 전하리이다.

11. 고후 9:10~12 심는 자에게 씨와 먹을 양식을 주시는 이가 너희 심을 것을 주사 풍성하게 하시고 너희 의의 열매를 더하게 하시리니 너희가 모든 일에 넉넉하여 너그럽게 연보를 함은 그 들이 우리로 말미암아 하나님께 감사하게 하는 것이라 이 봉사의 직무가 성도들의 부족한 것을 보충할 뿐만 아니라 사람들이 하나님께 드리는 많은 감사로 말미암아 넘쳤느니라.

12. 대상 29:13~14 우리 하나님이여 이제 우리가 주께 감사하오며 주의 영화로운 이름을 찬양하나이다 나와 내 백성이 이처럼 즐거운 마음으로 드릴 힘이 있었나이까 모든 것이 주께로 말미암았사오니 우리가 주의 손에서 받은 것으로 주께 드렸을 뿐이니이다.

13. 눅 17:12~19 나병 환자 열 명을 보시고 이르시되 가서 제사장들에게 너희 몸을 보이라 하셨더니 그들이 가다가 깨끗함을 받은지라 그중의 한 사람이 자기가 나은 것을 보고 큰소리로 하나님께 영광을 돌리며 돌아와 예수의 발아래에 엎드리어 감사하니 그는 사마리아 사람이라 예수께서 대답하여 이르시되 열 사람이 다 깨끗함을 받지 아니하였느냐 그 아홉은 어디에 있느냐 이 이방인 외에는 하나님께 영광을 돌리러 온 자가 없느냐 하시고 그에

게 이르시되 일어나 가라 네 믿음이 너를 구원하였느니라.

14. 합 3:17~18 비록 무화과나무가 무성치 못하며 포도나무에 열매가 없으며 감람나무에 소출이 없으며 밭에 먹을 것이 없으며 우리에 양이 없으며 외양간에 소가 없을지라도 나는 여호와로 말미암아 즐거워하며 나의 구원의 하나님으로 말미암아 기뻐하리로다.

15. 시 50:22~23 하나님을 잊어버린 너희여 이제 이를 생각하라 그렇지 아니하면 내가 너희를 찢으리니 건질 자가 없으리라 감사로 제사를 드리는 자가 나를 영화롭게 하나니 그의 행위를 옳게 하는 자에게 내가 하나님의 구원을 보이리라.

16. 요 4:23 아버지께 참되게 예배하는 자들은 영과 진리로 예배할 때가 오나니 곧 이때라 아버지께서는 자기에게 이렇게 예배하는 자들을 찾으시느니라.

17. 롬 12:1 너희를 권하노니 너희 몸을 하나님이 기뻐하시는 거룩한 산 제물로 드리라 이는 너희가 드릴 영적 예배니라.

18. 마 18:20 두세 사람이 내 이름으로 모인 곳에 나도 그들 중에 있느니라.

19. 히 9:14 하물며 영원하신 성령으로 말미암아 흠 없는 자기를 하나님께 드린 그리스도의 피가 어찌 너희 양심을 죽은 행실에서 깨끗하게 하고 살아 계신 하나님을 섬기게 하지 못하겠느냐.

20. 시 22:3 이스라엘의 찬송 중에 거하시는 주여 주는 거룩하시니이다.

21. 시 148:13~14 다 여호와의 이름을 찬양할지어다 그 이름이 홀로 높으시며 그 영광이 천지에 뛰어나심이로다 저가 그 백성의 뿔을 높이셨으니 저는 모든 성도 곧 저를 친근히 하는 이스라엘 자손의 찬양거리로다 할렐루야.

22. 시 150:5~6 큰 소리 나는 제금으로 찬양하며 높은 소리 나는 제금으로 찬양할지어다 호흡이 있는 자마다 여호와를 찬양할지어다 할렐루야.

23. 고전 11:23~27 내가 너희에게 전한 것이 주께 받은 것이니 곧 주 예수께서 잡히시던 밤에 떡을 가지사 축사하시고 떼어 가라사대 이것은 너희를 위하는 내 몸이니 이것을 행하여 나를 기념하라 하시고 식후에 또한 이와 같이 잔을 가지시고 가라사대 이 잔은 내 피로 세운 새 언약이니 이것을 행하여 마실 때마다 나를 기념하라 하셨으니 너희가 이 떡을 먹으며 이 잔을 마실 때마다 주의 죽으심을 오실 때까지 전하는 것이니라 그러므로 누구든지 주의 떡이나 잔을 합당치 않게 먹고 마시는 자는 주의 몸과 피를 범하는 죄가 있느니라.

하나님 나라의 비밀

24. 행 2:42~47 저희가 사도의 가르침을 받아 서로 교제하며 떡을 떼며 기도하기를 전혀 힘쓰니라 사람마다 두려워하는데 사도들로 인하여 기사와 표적이 많이 나타나니 믿는 사람이 다 함께 있어 모든 물건을 서로 통용하고 또 재산과 소유를 팔아 각 사람의 필요를 따라 나눠 주고 날마다 마음을 같이 하여 성전에 모이기를 힘쓰고 집에서 떡을 떼며 기쁨과 순전한 마음으로 음식을 먹고 하나님을 찬미하며 또 온 백성에게 칭송을 받으니 주께서 구원받는 사람을 날마다 더하게 하시니라.

23
하나님의 영광

1) 솔로몬이 기도를 마치매 불이 하늘에서부터 내려와서 그 번제물과 제물들을 사르고 여호와의 영광이 가득하였는데 어디에 가득하였습니까?

여호와의 성전.

2) 겸손과 여호와를 경외함의 보상은 무엇입니까?

재물과 영광과 생명입니다.

3) 내가 일어나 들로 나아가니 여호와의 영광이 거기에 머물렀는데 내가 전에 그발 강 가에서 보던 영광과 같은지라 내가 곧 엎드리니. 여기서 내가는 누구입니까?

에스겔 선지자.

4) 마태복음에서 말 못 하는 사람이 말하고 장애인이 온전하게 되고 다리 저는 사람이 걸으며 맹인이 보는 것을 무리가 보고 놀랍게 여겨 이스라엘의 하나님께 무엇을 돌렸습니까?

영광.

5) 말씀이 육신이 되어 우리 가운데 거하시매 우리가 그의 영광을 볼 때에 무엇으로 충만하였습니까?

아버지의 독생자의 영광이요 은혜와 진리가 충만하였습니다.

6) 예수께서 이 첫 표적을 갈릴리 가나에서 행하여 그의 영광을 나타내시매 제자들이 그를 보고 어떻게 하였습니까?

제자들이 예수님을 믿었습니다.

7) 예수께서 이르시되 내 말이 네가 믿으면 하나님의 그것을 보리라 하셨는데 그것이 무엇입니까?

하나님의 영광.

8) 제자가 열매를 많이 맺으면 내 아버지께서 무엇을 받으십니까?

영광을 받으십니다.

9) 모든 사람이 하나님의 영광에 이르지 못하는 이유가 무엇입니까?

죄를 범하였기 때문입니다.

10) 성도는 몸으로 하나님께 영광을 돌려야 하는데 그 이유가 무엇입니까?

주님이 우리를 핏값을 주시고 사셨기 때문입니다.

11) 정죄의 직분도 영광이 있는데 의의 직분은 영광이 더욱 어떻습니까?

넘쳐 납니다.

말씀

1. 출 29:43 내가 거기서 이스라엘 자손을 만나리니 내 영광을 인하여 회막이 거룩하게 될지라.
2. 레 9:23 모세와 아론이 회막에 들어갔다가 나와서 백성에게 축복하매 여호와의 영광이 온 백성에게 나타나며.
3. 민 20:6 모세와 아론이 총회 앞을 떠나 회막 문에 이르러 엎드리매 여호와의 영광이 그들에게 나타나며.
4. 신 5:24 말하되 우리 하나님 여호와께서 그 영광과 위엄을 우리에게 보이시매 불 가운데서

나오는 음성을 우리가 들었고 하나님이 사람과 말씀하시되 그 사람이 생존하는 것을 오늘 날 우리가 보았나이다.

5. 왕상 8:11 제사장이 그 구름으로 말미암아 능히 서서 섬기지 못하였으니 이는 여호와의 영 광이 여호와의 성전에 가득함이었더라.

6. 대하 7:1 솔로몬이 기도를 마치매 불이 하늘에서부터 내려와서 그 번제물과 제물들을 사르 고 여호와의 영광이 그 성전에 가득하니.

7. 시 63:2 내가 주의 권능과 영광을 보기 위하여 이와 같이 성소에서 주를 바라보았나이다.

8. 잠 22:4 겸손과 여호와를 경외함의 보상은 재물과 영광과 생명이니라.

9. 사 49:3 내게 이르시되 너는 나의 종이요 내 영광을 네 속에 나타낼 이스라엘이라 하셨느 니라.

10. 사 60:1~2 일어나라 빛을 발하라 이는 네 빛이 이르렀고 여호와의 영광이 네 위에 임하였 음이니라 보라 어둠이 땅을 덮을 것이며 캄캄함이 만민을 가리려니와 오직 여호와께서 네 위에 임하실 것이며 그의 영광이 네 위에 나타나리니.

11. 겔 3:23 내가 일어나 들로 나아가니 여호와의 영광이 거기에 머물렀는데 내가 전에 그발 강 가에서 보던 영광과 같은지라 내가 곧 엎드리니.

12. 겔 10:4 여호와의 영광이 그룹에서 올라와 성전 문지방에 이르니 구름이 성전에 가득하며 여호와의 영화로운 광채가 뜰에 가득하였고.

13. 겔 44:4 그가 또 나를 데리고 북문을 통하여 성전 앞에 이르시기로 내가 보니 여호와의 영 광이 여호와의 성전에 가득한지라 내가 얼굴을 땅에 대고 엎드리니.

14. 학 2:7, 9 또한 모든 나라를 진동시킬 것이며 모든 나라의 보배가 이르리니 내가 이 성전 에 영광이 충만하게 하리라 만군의 여호와의 말이니라 이 성전의 나중 영광이 이전 영광 보다 크리라 만군의 여호와의 말이니라 내가 이곳에 평강을 주리라 만군의 여호와의 말이 니라.

15. 마 15:31 말 못하는 사람이 말하고 장애인이 온전하게 되고 다리 저는 사람이 걸으며 맹인 이 보는 것을 무리가 보고 놀랍게 여겨 이스라엘의 하나님께 영광을 돌리니라.

16. 마 19:28 예수께서 이르시되 내가 진실로 너희에게 이르노니 세상이 새롭게 되어 인자가 자기 영광의 보좌에 앉을 때에 나를 따르는 너희도 열두 보좌에 앉아 이스라엘 열두 지파 를 심판하리라.

17. 눅 2:9 주의 사자가 곁에 서고 주의 영광이 그들을 두루 비추매 크게 무서워하는지라.

18. 요 1:14 말씀이 육신이 되어 우리 가운데 거하시매 우리가 그의 영광을 보니 아버지의 독생자의 영광이요 은혜와 진리가 충만하더라.

19. 요 2:11 예수께서 이 첫 표적을 갈릴리 가나에서 행하여 그의 영광을 나타내시매 제자들이 그를 믿으니라.

20. 요 11:40 예수께서 이르시되 내 말이 네가 믿으면 하나님의 영광을 보리라 하지 아니하였느냐 하시니.

21. 요 15:8 너희가 열매를 많이 맺으면 내 아버지께서 영광을 받으실 것이요 너희는 내 제자가 되리라.

22. 요 17:22 내게 주신 영광을 내가 그들에게 주었사오니 이는 우리가 하나가 된 것같이 그들도 하나가 되게 하려 함이니이다.

23. 롬 3:23 모든 사람이 죄를 범하였으매 하나님의 영광에 이르지 못하더니.

24. 롬 8:21 그 바라는 것은 피조물도 썩어짐의 종노릇 한 데서 해방되어 하나님의 자녀들의 영광의 자유에 이르는 것이니라.

25. 롬 11:13 내가 이방인인 너희에게 말하노라 내가 이방인의 사도인 만큼 내 직분을 영광스럽게 여기노니.

26. 고전 2:7 오직 은밀한 가운데 있는 하나님의 지혜를 말하는 것으로서 곧 감추어졌던 것인데 하나님이 우리의 영광을 위하여 만세 전에 미리 정하신 것이라.

27. 고전 6:20 값으로 산 것이 되었으니 그런즉 너희 몸으로 하나님께 영광을 돌리라.

28. 고후 3:9 정죄의 직분도 영광이 있은즉 의의 직분은 영광이 더욱 넘치리라.

29. 고후 3:18 우리가 다 수건을 벗은 얼굴로 거울을 보는 것같이 주의 영광을 보매 그와 같은 형상으로 변화하여 영광에서 영광에 이르니 곧 주의 영으로 말미암음이니라.

30. 고후 4:4 그중에 이 세상의 신이 믿지 아니하는 자들의 마음을 혼미하게 하여 그리스도의 영광의 복음의 광채가 비치지 못하게 함이니 그리스도는 하나님의 형상이니라.

24
승리의 헌금(예물), 헌신,
십자가 승리, 핏값이다

1) 하나님이 기뻐하시는 제사는 무엇입니까?

오직 선을 행함과 서로 나누어 주는 것입니다.

2) 능히 모든 은혜를 너희에게 넘치게 하시나니 이는 너희로 모든 일에 항상 모든 것이 넉넉하여 모든 착한 일을 넘치게 하시는 분은 누구입니까?

하나님.

3) 하나님은 심는 자에게 무엇을 주십니까?

씨와 먹을 양식을 주십니다.

4) 구제를 좋아하는 자는 풍족하여질 것이요 남을 윤택하게 하는 자는 어떻게 됩니까?

자기도 윤택하여집니다.

5) 근심하는 자 같으나 항상 기뻐하고 가난한 자 같으나 많은 사람을 부요하게 하고 아무것도 없는 자 같으나 모든 것을 가진 자가 누구입니까?

구원받은 성도입니다.

6) 하나님께서는 하늘 문을 열고 너희에게 복을 쌓을 곳이 없도록 붓지 아니하나 보

라고 하셨는데 누구에게 이러한 복을 주십니까?

온전한 십일조를 창고에 들여 하나님의 집에 양식이 있게 하는 믿음의 사람들. 성도.

7) 자기를 위하여 재물을 쌓아 두고 하나님께 대하여 부요하지 못한 자는 어떻게 됩니까?

오늘 밤에 그 영혼을 데려가십니다.

8) 연보. 헌금은 어떻게 준비하여야 합니까?

미리 준비하여야 합니다.

9) 부와 귀가 주께로 말미암고 또 주는 만유의 주재가 되사 손에 권세와 능력이 있사오니 모든 자를 크게 하심과 강하게 하심이 누구의 손에 있습니까?

주님의 손에 있습니다.

10) 주님께 예물을 드릴 때 어떠한 마음으로 드려야 합니까?

기쁘고 즐겁고 감사하는 마음으로 드려야 합니다.

11) 나의 몸으로 하나님께 무엇을 드려야 합니까? 영광. 그 이유가 무엇입니까?

주님이 핏값으로 나의 몸을 사셨기 때문입니다.

말씀

1. 고전 6:19~20 너희 몸은 너희가 하나님께로부터 받은바 너희 가운데 계신 성령의 전인 줄을 알지 못하느냐 너희는 너희 자신의 것이 아니라 값으로 산 것이 되었으니 그런즉 너희 몸으로 하나님께 영광을 돌리라.

2. 롬 6:19 너희 육신이 연약함으로 내가 사람의 예대로 말하노니 전에 너희가 너희 지체를 부정과 불법에 내주어 불법에 이른 것같이 이제는 너희 지체를 의에게 종으로 내주어 거룩함에 이르라.

3. 레 1:3 그 예물이 소의 번제이면 흠 없는 수컷으로 회막 문에서 여호와 앞에 기쁘게 받으시도록 드릴지니라.

4. 히 13:16 오직 선을 행함과 서로 나누어 주기를 잊지 말라 하나님은 이 같은 제사를 기뻐하시느니라.

5. 고후 9:5~8 그러므로 내가 이 형제들로 먼저 너희에게 가서 너희가 전에 약속한 연보를 미리 준비하게 하도록 권면하는 것이 필요한 줄 생각하였노니 이렇게 준비하여야 참 연보답고 억지가 아니니라.

6. 고후 9:8~12 하나님이 능히 모든 은혜를 너희에게 넘치게 하시나니 이는 너희로 모든 일에 항상 모든 것이 넉넉하여 모든 착한 일을 넘치게 하게 하려 하심이라 기록한바 저가 흩어 가난한 자들에게 주었으니 그의 의가 영원토록 있느니라 함과 같으니라 심는 자에게 씨와 먹을 양식을 주시는 이가 너희 심을 것을 주사 풍성하게 하시고 너희 의의 열매를 더하게 하시나니 너희가 모든 일에 넉넉하여 너그럽게 연보를 함은 그들이 우리로 말미암아 하나님께 감사하게 하는 것이라.

7. 눅 6:45 주라 그리하면 너희에게 줄 것이니 곧 후히 되어 누르고 흔들어 넘치도록 하여 너희에게 안겨 주리라 너희가 헤아리는 그 헤아림으로 너희도 헤아림을 도로 받을 것이니라.

8. 잠 3:9~10 네 재물과 소산물의 처음 익은 열매로 여호와를 공경하라 그리하면 네 창고가 가득히 차고 네 포도즙 틀에 새 포도즙이 넘치리라.

9. 잠 11:24~25 흩어 구제하여도 더욱 부하게 되는 일이 있나니 과도히 아껴도 가난하게 될 뿐이니라 구제를 좋아하는 자는 풍족하여질 것이요 남을 윤택하게 하는 자는 자기도 윤택하여지리다.

10. 창 14:18, 20 살렘왕 멜기세덱이 떡과 포도주를 가지고 나왔으니 그는 지극히 높으신 하나님의 제사장이었더라 너희 대적을 네 손에 붙이신 지극히 높으신 하나님을 찬송할찌로다 하매 아브람이 그 얻은 것에서 십분의 일을 멜기세덱에게 주었더라.

11. 말 3:9~10 너희 곧 온 나라가 나의 것을 도둑질하였으므로 너희가 저주를 받았느니라 만군의 여호와가 이르노라 너희의 온전한 십일조를 창고에 들여 나의 집에 양식이 있게 하고 그것으로 나를 시험하여 내가 하늘 문을 열고 너희에게 복을 쌓을 곳이 없도록 붓지 아니하나 보라.

12. 눅 21:3~4 또 어떤 가난한 과부가 두 렙돈 넣는 것을 보시고 이르시되 저들은 풍족한 중

하나님 나라의 비밀

에서 헌금을 넣었거니와 이 과부는 그 가난한 중에서 자기가 가지고 있는 생활비 전부를 넣었느니라 하시니라.

13. 약 5:1~3 들으라 부한 자들아 너희에게 임할 고생으로 말미암아 울고 통곡하라 너희 재물은 썩었고 너희 옷은 좀먹었으며 너희 금과 은은 녹이 슬었으니 이 녹이 너희에게 증거가 되며 불같이 너희 살을 먹으리라 너희가 말세에 재물을 쌓았도다.

14. 잠 23:4~5 부자 되기에 애쓰지 말고 네 사사로운 지혜를 버릴지어다 네가 어찌 허무한 것에 주목하겠느냐 정녕히 재물은 스스로 날개를 내어 하늘을 나는 독수리처럼 날아가리라.

15. 눅 12:19~21 또 내가 내 영혼에게 이르되 영혼아 여러 해 쓸 물건을 많이 쌓아 두었으니 평안히 쉬고 먹고 마시고 즐거워하자 하리라 하되 하나님은 이르시되 어리석은 자여 오늘 밤에 네 영혼을 도로 찾으리니 그러면 네 준비한 것이 누구의 것이 되겠느냐 하셨으니 자기를 위하여 재물을 쌓아 두고 하나님께 대하여 부요하지 못한 자가 이와 같으니라.

16. 히 11:6 믿음이 없이는 기쁘시게 못하나니 하나님께 나아가는 자는 반드시 그가 계신 것과 또한 그가 자기를 찾는 자들에게 상 주시는 이심을 믿어야 할지니라.

17. 신 26:12 제 삼 년 곧 십일조를 드리는 해에 네 모든 소산의 십일조 다 내기를 마친 후에 그것을 레위인과 객과 고아와 과부에게 주어서 네 성문 안에서 먹어 배부르게 하라.

18. 고후 6:10 근심하는 자 같으나 항상 기뻐하고 가난한 자 같으나 많은 사람을 부요하게 하고 아무것도 없는 자 같으나 모든 것을 가진 자로다.

19. 대상 29:12 부와 귀가 주께로 말미암고 또 주는 만유의 주재가 되사 손에 권세와 능력이 있사오니 모든 자를 크게 하심과 강하게 하심이 주의 손에 있나이다.

20. 대상 29:14 나와 나의 백성이 무엇이관대 이처럼 즐거운 마음으로 드릴 힘이 있었나이까 모든 것이 주께로 말미암았사오니 우리가 주의 손에서 받은 것으로 주께 드렸을 뿐이니이다.

21. 대상 29:9 백성이 자기의 즐거이 드림으로 기뻐하였으니 곧 저희가 성심으로 여호와께 즐거이 드림이며 다윗 왕도 기쁨을 이기지 못하여 하더라.

25
양심

1) 사도 바울은 범사에 무엇을 따라 하나님을 섬겼습니까?

양심.

2) 하나님은 잘못하는 사람들에게 무엇을 통하여 책망하십니까?

양심을 통하여.

3) 하나님과 사람을 대하여 항상 어디에 거리낌이 없어야 합니까?

내 양심에.

4) 하나님의 경계의 목적은 무엇입니까?

청결한 마음과 선한 양심과 거짓이 없는 믿음으로 사랑하는 것입니다.

5) 믿음과 착한 양심을 가지라 어떤 이들이 이 양심을 버렸고 그 믿음에 관하여는 어떻게 하였습니까?

파선하였습니다.

6) 성령이 밝히 말씀하시기를 후일에 어떤 사람들이 믿음에서 떠나 미혹케 하는 영과 귀신의 가르침을 좇으리라고 하셨는데 이들은 누구입니까?

자기 양심이 화인 맞아서 외식함으로 거짓말하는 자들입니다.

7) 영원하신 성령으로 말미암아 흠 없는 자기를 하나님께 드린 그리스도의 피가 너희 양심으로 죽은 행실에서 깨끗하게 하고 살아 계신 누구를 섬기게 합니까?

　하나님.

8) 우리가 마음에 뿌림을 받아 양심의 악을 깨닫고 몸을 맑은 물로 씻었으니 참 마음과 온전한 믿음으로 누구에게로 나아가야 합니까?

　하나님에게로 나아가야 합니다.

9) 그리스도 안에 있는 너희의 선행을 욕하는 자들로 그 비방하는 일에 부끄러움을 당하게 하려면 무엇을 가져야 합니까?

　선한 양심을 가져야 합니다.

10) 오직 선한 양심이 하나님을 향하여 찾아가는 것이 무엇입니까?

　물 세례, 즉 구원의 표입니다.

말씀

1. 요 8:9 저희가 이 말씀을 듣고 양심의 가책을 받아 어른으로 시작하여 젊은이까지 하나씩 하나씩 나가고 오직 예수와 그 가운데 섰는 여자만 남았더라.
2. 행 23:1 바울이 공회를 주목하여 가로되 여러분 형제들아 오늘날까지 내가 범사에 양심을 따라 하나님을 섬겼노라.
3. 행 24:16 이것을 인하여 나도 하나님과 사람을 대하여 항상 양심에 거리낌이 없기를 힘쓰노라.
4. 롬 2:15 이런 이들은 그 양심이 증거가 되어 그 생각들이 서로 혹은 송사하며 혹은 변명하여 그 마음에 새긴 율법의 행위를 나타내느니라.
5. 롬 9:1~2 내가 그리스도 안에서 참말을 하고 거짓말을 아니하노라 내게 큰 근심이 있는 것과 마음에 그치지 않는 고통이 있는 것을 내 양심이 성령 안에서 나로 더불어 증거하노니.
6. 롬 13:5 그러므로 굴복하지 아니할 수 없으니 노를 인하여만 할 것이 아니요 또한 양심을

인하여 할 것이라.

7. 고후 1:12 우리가 세상에서 특별히 너희에게 대하여 하나님의 거룩함과 진실함으로써 하되 육체의 지혜로 하지 아니하고 하나님의 은혜로 행함은 우리 양심의 증거하는 바니 이것이 우리의 자랑이라.

8. 고후 5:11 우리가 주의 두려우심을 알므로 사람을 권하노니 우리가 하나님 앞에 알리워졌고 또 너희의 양심에도 알리워졌기를 바라노라.

9. 딤전 1:5 경계의 목적은 청결한 마음과 선한 양심과 거짓이 없는 믿음으로 나는 사랑이거늘 경계의 목적은 청결한 마음과 선한 양심과 거짓이 없는 믿음으로 나는 사랑이거늘.

10. 딤전 1:19 믿음과 착한 양심을 가지라 어떤 이들이 이 양심을 버렸고 그 믿음에 관하여는 파선하였느니라.

11. 딤전 4:1~2 그러나 성령이 밝히 말씀하시기를 후일에 어떤 사람들이 믿음에서 떠나 미혹케 하는 영과 귀신의 가르침을 좇으리라 하셨으니 자기 양심이 화인 맞아서 외식함으로 거짓말하는 자들이라.

12. 딤후 1:3 나의 밤낮 간구하는 가운데 쉬지 않고 너를 생각하여 청결한 양심으로 조상 적부터 섬겨 오는 하나님께 감사하고.

13. 디도 1:15 깨끗한 자들에게는 모든 것이 깨끗하나 더럽고 믿지 아니하는 자들에게는 아무 것도 깨끗한 것이 없고 오직 저희 마음과 양심이 더러운지라.

14. 히 9:14 하물며 영원하신 성령으로 말미암아 흠 없는 자기를 하나님께 드린 그리스도의 피가 어찌 너희 양심으로 죽은 행실에서 깨끗하게 하고 살아 계신 하나님을 섬기게 못하겠느뇨.

15. 히 10:22 우리가 마음에 뿌림을 받아 양심의 악을 깨닫고 몸을 맑은 물로 씻었으니 참 마음과 온전한 믿음으로 하나님께 나아가자.

16. 히 13:18 우리를 위하여 기도하라 우리가 모든 일에 선하게 행하려 하므로 우리에게 선한 양심이 있는 줄을 확신하노니.

17. 벧전 3:6 선한 양심을 가지라 이는 그리스도 안에 있는 너희의 선행을 욕하는 자들로 그 비방하는 일에 부끄러움을 당하게 하려 함이라.

18. 벧전 3:21 물은 예수 그리스도의 부활하심으로 말미암아 이제 너희를 구원하는 표니 곧 세례라 육체의 더러운 것을 제하여 버림이 아니요 오직 선한 양심이 하나님을 향하여 찾아가는 것이라.

26

영혼

영: 속사람-새사람

혼: 겉사람-옛사람

문답

1) 사람은 어떻게 창조되었습니까?

하나님이 흙으로 사람을 지으시고 하나님의 생명을 코에 불어넣으시니 살아 있는 영혼이 되었습니다.

2) 모든 영혼은 누구에게 속하여 있습니까?

하나님.

3) 몸과 영혼을 능히 지옥에 멸하시는 자는 누구입니까?

주 하나님.

4) 온 천하보다도 귀한 것은 무엇입니까?

영혼.

5) 내 영혼을 지켜 주시는 분은 누구입니까?

주 하나님.

6) 나의 영혼을 깨끗하게 하려면 어떻게 하여야 합니까?

진리를 순종함으로.

제1부 하나님 나라의 비밀과 영적인 생활   **145**

7) 내 영혼이 낙망하며 불안할 때에 누구를 바라보아야 합니까?

나를 도우시는 능력의 하나님을 바라보아야 합니다.

8) 내 영혼이 피곤할 때에 만족하게 하시며 좋은 것으로 채워 주시는 분은 누구입니까?

하나님.

9) 내 영혼의 양식은 무엇입니까?

말씀.

10) 먼저 영혼이 잘되면 어떻게 잘됩니까?

범사에 잘되고 강건하게 됩니다.

11) 영혼을 거슬러 싸우는 것은 무엇입니까?

육체의 정욕.

12) 내 영혼을 파리하게 하는 것은 무엇입니까?

탐욕의 기도.

13) 부녀와 간음하는 무지한 자는 어떻게 됩니까?

자기의 영혼을 파멸시키며 상함과 능욕과 부끄러움을 당합니다.

14) 음심이 가득한 눈을 가지고 범죄 하기를 쉬지 아니하고 굳세지 못한 영혼들을 유혹하며 탐욕에 연단된 마음을 가진 자들은 누구입니까?

저주의 자식.

말씀	

1. 창 2:7 여호와 하나님이 흙으로 사람을 지으시고 생기를 그 코에 불어넣으시니 사람이 생

령이 된지라.

2. 겔 18:4 모든 영혼이 다 내게 속한지라 아비의 영혼이 내게 속함 같이 아들의 영혼도 내게 속하였나니 범죄 하는 그 영혼이 죽으리라.

3. 마 10:28 몸은 죽여도 영혼은 능히 죽이지 못하는 자들을 두려워하지 말고 오직 몸과 영혼을 능히 지옥에 멸하시는 자를 두려워하라.

4. 요 19:30 예수께서 신 포도주를 받으신 후 가라사대 다 이루었다 하시고 머리를 숙이시고 영혼이 돌아가시니라.

5. 약 2:26 영혼 없는 몸이 죽은 것같이 행함이 없는 믿음은 죽은 것이니라.

6. 마 16:25~26 누구든지 제 목숨을 구원코자 하면 잃을 것이요 누구든지 나를 위하여 제 목숨을 잃으면 찾으리라 사람이 만일 온 천하를 얻고도 제 목숨을 잃으면 무엇이 유익하리요 사람이 무엇을 주고 제 목숨을 바꾸겠느냐.

7. 시 86:4 주여 내 영혼이 주를 우러러보오니 주여 내 영혼을 기쁘게 하소서.

8. 시 121:7 여호와께서 너를 지켜 모든 환난을 면케 하시며 또 네 영혼을 지키시리로다.

9. 벧전 2:25 너희가 전에는 양과 같이 길을 잃었더니 이제는 너희 영혼의 목자와 감독 되신 이에게 돌아왔느니라.

10. 행 2:27 이는 내 영혼을 음부에 버리지 아니하시며 주의 거룩한 자로 썩음을 당치 않게 하실 것임이로다.

11. 벧전 1:22 너희가 진리를 순종함으로 너희 영혼을 깨끗하게 하여 거짓이 없이 형제를 사랑하기에 이르렀으니 마음으로 뜨겁게 피차 사랑하라.

12. 눅 23:46 예수께서 큰 소리로 불러 가라사대 아버지여 내 영혼을 아버지 손에 부탁하나이다 하고 이 말씀을 하신 후 운명하시다.

13. 시 42:5 내 영혼아 네가 어찌하여 낙망하며 어찌하여 내 속에서 불안하여 하는고 너는 하나님을 바라라 그 얼굴의 도우심을 인하여 내가 오히려 찬송하리로다.

14. 시 107:5, 9 주리고 목마름으로 그 영혼이 속에서 피곤하였도다 저가 사모하는 영혼을 만족케 하시며 주린 영혼에게 좋은 것으로 채워 주심이로다.

15. 잠 20:27 사람의 영혼은 여호와의 등불이라 사람의 깊은 속을 살피느니라.

16. 전 3:21 인생의 혼은 위로 올라가고 짐승의 혼은 아래 곧 땅으로 내려가는 줄을 누가 알랴.

17. 시 19:7 여호와의 율법은 완전하여 영혼을 소성케 하고 여호와의 증거는 확실하여 우둔한

자로 지혜롭게 하며.

18. 시 62:1 나의 영혼이 잠잠히 하나님만 바람이여 나의 구원이 그에게서 나는도다.

19. 히 10:39 우리는 뒤로 물러가 침륜에 빠질 자가 아니요 오직 영혼을 구원함에 이르는 믿음을 가진 자니라.

20. 요삼 1:2 사랑하는 자여 네 영혼이 잘 됨같이 네가 범사에 잘 되고 강건하기를 내가 간구하노라.

21. 벧전 2:11 사랑하는 자들아 나그네와 행인 같은 너희를 권하노니 영혼을 거스려 싸우는 육체의 정욕을 제어하라.

22. 롬 8:5~8 육신을 좇는 자는 육신의 일을, 영을 좇는 자는 영의 일을 생각하나니 육신의 생각은 사망이요 영의 생각은 생명과 평안이니라 육신의 생각은 하나님과 원수가 되나니 이는 하나님의 법에 굴복치 아니할 뿐 아니라 할 수도 없음이라 육신에 있는 자들은 하나님을 기쁘시게 할 수 없느니라.

23. 시 106:15 여호와께서 저희의 요구한 것을 주셨을지라도 그 영혼을 파리하게 하셨도다.

24. 잠 6:32~33 부녀와 간음하는 자는 무지한 자라 이것을 행하는 자는 자기의 영혼을 망하게 하며 상함과 능욕을 받고 부끄러움을 씻을 수 없게 되나니.

25. 잠 15:32 훈계받기를 싫어하는 자는 자기의 영혼을 경히 여김이라 견책을 달게 받는 자는 지식을 얻느니라.

26. 히 13:17 너희를 인도하는 자들에게 순종하고 복종하라 저희는 너희 영혼을 위하여 경성하기를 자기가 회계할 자인 것같이 하느니라 저희로 하여금 즐거움으로 이것을 하게 하고 근심으로 하게 말라 그렇지 않으면 너희에게 유익이 없느니라.

27. 계 6:9~10 다섯째 인을 떼실 때에 내가 보니 하나님의 말씀과 저희의 가진 증거를 인하여 죽임을 당한 영혼들이 제단 아래 있어 큰 소리로 불러 가로되 거룩하고 참되신 대주재여 땅에 거하는 자들을 심판하여 우리 피를 신원하여 주지 아니하시기를 어느 때까지 하시려나이까 하니.

28. 눅 12:19~20 또 내가 내 영혼에게 이르되 영혼아 여러 해 쓸 물건을 많이 쌓아 두었으니 평안히 쉬고 먹고 마시고 즐거워하자 하리라 하되 하나님은 이르시되 어리석은 자여 오늘 밤에 네 영혼을 도로 찾으리니 그러면 네 예비한 것이 뉘 것이 되겠느냐 하셨으니.

29. 행 7:59 저희가 돌로 스데반을 치니 스데반이 부르짖어 가로되 주 예수여 내 영혼을 받으

시옵소서 하고.

30. 약 5:20 너희가 알 것은 죄인을 미혹한 길에서 돌아서게 하는 자가 그 영혼을 사망에서 구원하며 허다한 죄를 덮을 것이니라.

31. 벧전 1:9 믿음의 결국 곧 영혼의 구원을 받음이라.

32. 벧전 2:25 너희가 전에는 양과 같이 길을 잃었더니 이제는 너희 영혼의 목자와 감독 되신 이에게 돌아왔느니라.

33. 벧후 2:14 음심이 가득한 눈을 가지고 범죄 하기를 쉬지 아니하고 굳세지 못한 영혼들을 유혹하며 탐욕에 연단된 마음을 가진 자들이니 저주의 자식이라.

34. 계 18:14 바벨론아 네 영혼의 탐하던 과실이 네게서 떠났으며 맛있는 것들과 빛난 것들이 다 없어졌으니 사람들이 결코 이것들을 다시 보지 못하리로다.

35. 계 20:4 또 내가 보좌들을 보니 거기 앉은 자들이 있어 심판하는 권세를 받았더라 또 내가 보니 예수의 증거와 하나님의 말씀을 인하여 목 베임을 받은 자의 영혼들과 또 짐승과 그의 우상에게 경배하지도 아니하고 이마와 손에 그의 표를 받지도 아니한 자들이 살아서 그리스도로 더불어 천 년 동안 왕노릇하니.

36. 고후 1:7~10 너희를 위한 우리의 소망이 견고함은 너희가 고난에 참여하는 자가 된 것같이 위로에도 그러할 줄을 앎이라 형제들아 우리가 아시아에서 당한 환난을 너희가 알지 못하기를 원치 아니하노니 힘에 지나도록 심한 고생을 받아 살 소망까지 끊어지고 우리 마음에 사형 선고를 받은 줄 알았으니 이는 우리로 자기를 의뢰하지 말고 오직 죽은 자를 다시 살리시는 하나님만 의뢰하게 하심이라 그가 이같이 큰 사망에서 우리를 건지셨고 또 건지시리라 또한 이후에라도 건지시기를 그를 의지하여 바라노라.

37. 롬 6:4 그러므로 우리가 그의 죽으심과 합하여 세례를 받음으로 그와 함께 장사되었나니 이는 아버지의 영광으로 말미암아 그리스도를 죽은 자 가운데서 살리심과 같이 우리로 또한 새 생명 가운데서 행하게 하려 함이니라.

38. 갈 5:24 그리스도 예수의 사람들은 육체와 함께 그 정과 욕심을 십자가에 못 박았느니라 만일 우리가 성령으로 살면 또한 성령으로 행할지니.

27

두려워 말라

1) 적들을 두려워하지 말아야 하는 이유는 무엇입니까?

하나님 여호와가 우리를 위하여 싸워 주십니다.

2) 우리가 나가 대적과 싸우려 할 때에 말과 병거와 민중이 우리보다 많음을 볼지라도 그들을 두려워 말아야 하는 이유는 무엇입니까?

애굽 땅에서 인도하여 내신 우리 하나님 여호와께서 우리와 함께하시기 때문입니다.

3) 너는 마음을 강하게 하고 담대히 하라 그들을 두려워 말라 그들 앞에서 떨지 말라고 하셨는데 그 이유가 무엇입니까?

하나님 여호와가 우리와 함께 행하실 것이며 반드시 우리를 떠나지 아니하시며 버리지 아니하시기 때문입니다.

4) 엘리사 선지자 시대에 아람군대가 쳐들어왔을 때에 하나님이 두려워하는 선지자의 종 게하시의 눈을 열어 보게 하셨는데 무엇을 보게 하였습니까?

적의 군대 앞에 수많은 불말과 불병거가 산에 가득한 것을 보여 주었습니다.

5) 모든 전쟁은 누구에게 속하여 있습니까?

여호와 하나님.

6) 다윗왕은 천만인이 나를 둘러 진을 칠지라도 두려워하지 않는다고 하였는데 그 이유가 무엇입니까?

여호와께서 나를 붙드심으로 두려워하지 않습니다.

7) 모든 천사들을 성도들에게 보내 주시는 이유가 무엇입니까?

성도들을 섬기기 위하여.

8) 새 사냥꾼의 올무에서와 극한 염병에서 우리를 건져 주시는 분은 누구입니까?

주 하나님.

9) 사망의 음침한 골짜기로 다닐지라도 해를 두려워하지 않을 것은 무엇 때문입니까?

주께서 나와 함께하시며 주의 지팡이와 막대기가 나를 안위하시기 때문입니다.

말씀

1. 창 15:1 이후에 여호와의 말씀이 이상 중에 아브람에게 임하여 가라사대 아브람아 두려워 말라 나는 너의 방패요 너의 지극히 큰 상급이니라.
2. 신 3:22 너희는 그들을 두려워하지 말라 너희 하나님 여호와 그가 너희를 위하여 싸우시리라 하였노라.
3. 신 20:1 네가 나가 대적과 싸우려 할 때에 말과 병거와 민중이 너보다 많음을 볼지라도 그들을 두려워 말라 애굽 땅에서 너를 인도하여 내신 네 하나님 여호와께서 너와 함께하시느니라.
4. 신 31:6 너는 마음을 강하게 하고 담대히 하라 그들을 두려워 말라 그들 앞에서 떨지 말라 이는 네 하나님 여호와 그가 너와 함께 행하실 것임이라 반드시 너를 떠나지 아니하시며 버리지 아니하시리라 하고.
5. 수 1:9 내가 네게 명한 것이 아니냐 마음을 강하게 하고 담대히 하라 두려워 말며 놀라지 말라 네가 어디로 가든지 네 하나님 여호와가 너와 함께하느니라 하시니라.
6. 수 11:6 여호와께서 여호수아에게 이르시되 그들을 인하여 두려워 말라 내일 이맘때에 내

가 그들을 이스라엘 앞에 붙여 몰살시키리니 너는 그들의 말 뒷발의 힘줄을 끊고 불로 그 병거를 사르라.

7. 왕하 6:16~17 대답하되 두려워하지 말라 우리와 함께한 자가 저와 함께한 자보다 많으니라 하고 기도하여 가로되 여호와여 원컨대 저의 눈을 열어서 보게 하옵소서 하니 여호와께서 그 사환의 눈을 여시매 저가 보니 불말과 불병거가 산에 가득하여 엘리사를 둘렀더라.

8. 대하 20:15 야하시엘이 가로되 온 유다와 예루살렘 거민과 여호사밧 왕이여 들을지어다 여호와께서 너희에게 말씀하시기를 이 큰 무리로 인하여 두려워하거나 놀라지 말라 이 전쟁이 너희에게 속한 것이 아니요 하나님께 속한 것이니라.

9. 대하 20:17 이 전쟁에는 너희가 싸울 것이 없나니 항오를 이루고 서서 너희와 함께한 여호와가 구원하는 것을 보라 유다와 예루살렘아 너희는 두려워하며 놀라지 말고 내일 저희를 마주 나가라 여호와가 너희와 함께하리라 하셨느니라.

10. 시 3:5~6 내가 누워 자고 깼었으니 여호와께서 나를 붙드심이로다 천만인이 나를 둘러치려 하여도 나는 두려워 아니하리이다.

11. 시 23:4 내가 사망의 음침한 골짜기로 다닐지라도 해를 두려워하지 않을 것은 주께서 나와 함께하심이라 주의 지팡이와 막대기가 나를 안위하시나이다.

12. 시 27:1~3 여호와는 나의 빛이요 나의 구원이시니 내가 누구를 두려워하리요 여호와는 내 생명의 능력이시니 내가 누구를 무서워하리요 나의 대적, 나의 원수 된 행악자가 내 살을 먹으려고 내게로 왔다가 실족하여 넘어졌도다 군대가 나를 대적하여 진 칠지라도 내 마음이 두렵지 아니하며 전쟁이 일어나 나를 치려 할지라도 내가 오히려 안연하리로다.

13. 시 56:3~4 내가 두려워하는 날에는 주를 의지하리이다 내가 하나님을 의지하고 그 말씀을 찬송하올지라 내가 하나님을 의지하였은즉 두려워 아니하리니 혈육 있는 사람이 내게 어찌하리이까.

14. 잠 29:25 사람을 두려워하면 올무에 걸리게 되거니와 여호와를 의지하는 자는 안전하리라.

15. 사 41:10 두려워 말라 내가 너와 함께함이니라 놀라지 말라 나는 네 하나님이 됨이니라 내가 너를 굳세게 하리라 참으로 너를 도와주리라 참으로 나의 의로운 오른손으로 너를 붙들리라.

16. 사 51:7 의를 아는 자들아, 마음에 내 율법이 있는 백성들아, 너희는 나를 듣고 사람의 훼방을 두려워 말라 사람의 비방에 놀라지 말라.

17. 겔 2:6 인자야 너는 비록 가시와 찔레와 함께 처하며 전갈 가운데 거할지라도 그들을 두려워 말고 그 말을 두려워 말지어다 그들은 패역한 족속이라도 그 말을 두려워 말며 그 얼굴을 무서워 말지어다.

18. 마 10:28 몸은 죽여도 영혼은 능히 죽이지 못하는 자들을 두려워하지 말고 오직 몸과 영혼을 능히 지옥에 멸하시는 자를 두려워하라.

19. 눅 12:7 너희에게는 오히려 머리털까지도 다 세신바 되었나니 두려워하지 말라 너희는 많은 참새보다 귀하니라.

20. 행 18:9 밤에 주께서 환상 가운데 바울에게 말씀하시되 두려워하지 말며 잠잠하지 말고 말하라.

21. 요일 4:18 사랑 안에 두려움이 없고 온전한 사랑이 두려움을 내어 쫓나니 두려움에는 형벌이 있음이라 두려워하는 자는 사랑 안에서 온전히 이루지 못하였느니라.

22. 계 2:10 네가 장차 받을 고난을 두려워 말라 볼지어다 마귀가 장차 너희 가운데서 몇 사람을 옥에 던져 시험을 받게 하리니 너희가 십 일 동안 환난을 받으리라 네가 죽도록 충성하라 그리하면 내가 생명의 면류관을 네게 주리라.

23. 시 91:2~3 내가 여호와를 가리켜 말하기를 저는 나의 피난처요 나의 요새요 나의 의뢰하는 하나님이라 하리니 이는 저가 너를 새 사냥꾼의 올무에서와 극한 염병에서 건지실 것임이로다 저가 너를 그 것으로 덮으시리니 네가 그 날개 아래 피하리로다 그의 진실함은 방패와 손 방패가 되나니.

24. 히 1:14 모든 천사들은 부리는 영으로서 구원 얻을 후사들을 위하여 섬기라고 보내심이 아니뇨.

28
교만과 겸손

문답

1) 아담과 하와가 선악과를 먹은 이유는 무엇입니까?

자신이 하나님이 되고 주인이 되려는 교만한 마음이 마귀를 통하여서 들어왔기 때문입니다.

2) 죽기까지 순종하신 분은 누구입니까?

주 예수님.

3) 사람은 큰 지혜와 장사함으로 재물을 더하고 그 재물로 인하여 마음이 어떻게 됩니까?

교만하여집니다.

4) 느브갓네살 왕이 말하여 가로되 이 큰 바벨론은 내가 능력과 권세로 건설하여 나의 도성을 삼고 이것으로 내 위엄의 영광을 나타낸 것이 아니냐 하였더니 이 말이 오히려 느브갓네살 왕의 입에 있을 때에 하늘에서 소리가 내려왔는데 무슨 소리가 들렸습니까?

가로되 느부갓네살 왕아 네게 말하노니 나라의 위가 네게서 떠났느니라.

5) 거만한 마음은 넘어짐의 앞잡이요 교만한 마음은 패망의 무엇입니까?

선봉.

6) 헤롯왕이 일찍 죽은 이유가 무엇입니까?

영광을 하나님께 돌리지 아니하여 천사가 치니 벌레 먹고 죽었습니다.

7) 하나님은 이스라엘 백성들에게 열조도 알지 못하던 만나를 광야에서 먹이시고 낮추시며 시험하셨는데 그 이유가 무엇입니까?

복을 주시기 위함이었습니다.

8) 여호와를 경외하는 것은 악을 미워하는 것인데 그 내용은 무엇입니까?

교만과 거만과 악한 행실과 패역한 입술입니다.

9) 하나님은 교만한 자는 물리치시나 겸손한 자에게는 무엇을 주십니까?

은혜를 주십니다.

10) 눈이 높은 것과 마음이 교만한 것과 악인의 형통한 것은 다 무엇입니까?

죄입니다.

말씀

1. 창 2:16~17 여호와 하나님이 그 사람에게 명하여 가라사대 동산 각종 나무의 실과는 네가 임의로 먹되 선악을 알게 하는 나무의 실과는 먹지 말라 네가 먹는 날에는 정녕 죽으리라 하시니라.

2. 빌 2:8 사람의 모양으로 나타나셨으매 자기를 낮추시고 죽기까지 복종하셨으니 곧 십자가에 죽으심이라.

3. 롬 5:18~19 그런즉 한 범죄로 많은 사람이 정죄에 이른 것같이 의의 한 행동으로 말미암아 많은 사람이 의롭다 하심을 받아 생명에 이르렀느니라 한 사람의 순종치 아니함으로 많은 사람이 죄인 된 것같이 한 사람의 순종하심으로 많은 사람이 의인이 되리라.

4. 창 6:5~8 여호와께서 사람의 죄악이 세상에 관영함과 그 마음의 생각의 모든 계획이 항상 악할 뿐임을 보시고 땅 위에 사람 지으셨음을 한탄하사 마음에 근심하시고 가라사대 나의

창조한 사람을 내가 지면에서 쓸어버리되 사람으로부터 육축과 기는 것과 공중의 새까지 그리하리니 이는 내가 그것을 지었음을 한탄함이니라 하시니라 그러나 노아는 여호와께 은혜를 입었더라.

5. 잠 13:10 교만에서는 다툼만 일어날 뿐이라 권면을 듣는 자는 지혜가 있느니라.

6. 겔 28:5~7 네 큰 지혜와 장사함으로 재물을 더하고 그 재물로 인하여 네 마음이 교만하였도다.

7. 단 4:30~31 나 왕이 말하여 가로되 이 큰 바벨론은 내가 능력과 권세로 건설하여 나의 도성을 삼고 이것으로 내 위엄의 영광을 나타낸 것이 아니냐 하였더니 이 말이 오히려 나 왕의 입에 있을 때에 하늘에서 소리가 내려 가로되 느부갓네살 왕아 네게 말하노니 나라의 위가 네게서 떠났느니라.

8. 잠 16:18~19 교만은 패망의 선봉이요 거만한 마음은 넘어짐의 앞잡이니라 겸손한 자와 함께하여 마음을 낮추는 것이 교만한 자와 함께하여 탈취물을 나누는 것보다 나으니라.

9. 고후 12:7 여러 계시를 받은 것이 지극히 크므로 너무 자고하지 않게 하시려고 내 육체에 가시, 곧 사단의 사자를 주셨으니 이는 나를 쳐서 너무 자고하지 않게 하려 하심이라.

10. 행 12:22~23 백성들이 크게 부르되 이것은 신의 소리요 사람의 소리는 아니라 하거늘 헤롯이 영광을 하나님께로 돌리지 아니하는 고로 주의 사자가 곧 치니 충이 먹어 죽으니라.

11. 막 7:21~23 속에서 곧 사람의 마음에서 나오는 것은 악한 생각 곧 음란과 도적질과 살인과 간음과 탐욕과 악독과 속임과 음탕과 흘기는 눈과 훼방과 교만과 광패니 이 모든 악한 것이 다 속에서 나와서 사람을 더럽게 하느니라.

12. 단 5:20 그가 마음이 높아지며 뜻이 강퍅하여 교만을 행하므로 그 왕위가 폐한바 되며 그 영광을 빼앗기고.

13. 잠 20:1 포도주는 거만케 하는 것이요 독주는 떠들게 하는 것이라 무릇 이에 미혹되는 자에게는 지혜가 없느니라.

14. 시 119:21 교만하여 저주를 받으며 주의 계명에서 떠나는 자를 주께서 꾸짖으셨나이다.

15. 합 2:4 보라 그의 마음은 교만하며 그의 속에서 정직하지 못하니라 그러나 의인은 믿음으로 말미암아 살리라.

16. 삼상 2:3 심히 교만한 말을 다시 하지 말 것이며 오만한 말을 너희 입에서 내지 말지어다 여호와는 지식의 하나님이시라 행동을 달아보시느니라.

17. 고전 4:6 형제들아 내가 너희를 위하여 이 일에 나와 아볼로를 가지고 본을 보였으니 이는 너희로 하여금 기록한 말씀 밖에 넘어가지 말라 한 것을 우리에게서 배워 서로 대적하여 교만한 마음을 먹지 말게 하려 함이라.

18. 고전 8:1 우상의 제물에 대하여는 우리가 다 지식이 있는 줄을 아나 지식은 교만하게 하며 사랑은 덕을 세우나니.

19. 신 8:17 네 열조도 알지 못하던 만나를 광야에서 네게 먹이셨나니 이는 다 너를 낮추시며 너를 시험하사 마침내 네게 복을 주려 하심이었느니라.

20. 잠 21:24 무례하고 교만한 자를 이름하여 망령된 자라 하나니 이는 넘치는 교만으로 행함이니라.

21. 욥 33:15~18 사람이 침상에서 졸며 깊이 잠들 때에나 꿈에나 밤의 이상 중에 사람의 귀를 여시고 인 치듯 교훈하시나니 이는 사람으로 그 꾀를 버리게 하려 하심이며 사람에게 교만을 막으려 하심이라 그는 사람의 혼으로 구덩이에 빠지지 않게 하시며 그 생명으로 칼에 멸망치 않게 하시느니라.

22. 시 12:3~4 여호와께서 모든 아첨하는 입술과 자랑하는 혀를 끊으시리니 저희가 말하기를 우리의 혀로 이길지라 우리 입술은 우리 것이니 우리를 주관할 자 누구리요 함이로다.

23. 잠 8:13 여호와를 경외하는 것은 악을 미워하는 것이라 나는 교만과 거만과 악한 행실과 패역한 입을 미워하느니라.

24. 약 4:6 그러나 더욱 큰 은혜를 주시나니 그러므로 일렀으되 하나님이 교만한 자를 물리치시고 겸손한 자에게 은혜를 주신다 하였느니라.

25. 벧전 5:5 젊은 자들아 이와 같이 장로들에게 순복하고 다 서로 겸손으로 허리를 동이라 하나님이 교만한 자를 대적하시되 겸손한 자들에게는 은혜를 주시느니라.

26. 딤전 3:6 새로 입교한 자도 말지니 교만하여져서 마귀를 정죄하는 그 정죄에 빠질까 함이요.

27. 잠 21:4 눈이 높은 것과 마음이 교만한 것과 악인의 형통한 것은 다 죄니라.

28. 대하 26:19 웃시야가 손으로 향로를 잡고 분향하려 하다가 노를 발하니 저가 제사장에게 노할 때에 여호와의 전 안 향단 곁 제사장 앞에서 그 이마에 문둥병이 발한지라.

29. 렘 9:23 여호와께서 이같이 말씀하시되 지혜로운 자는 그 지혜를 자랑치 말라 용사는 그 용맹을 자랑치 말라 부자는 그 부함을 자랑치 말라.

30. 고전 13:4 사랑은 오래참고 사랑은 온유하며 투기하는 자가 되지 아니하며 사랑은 자랑하

지 아니하며 교만하지 아니하며.

31. 딤전 2:9 또 이와 같이 여자들도 아담한 옷을 입으며 염치와 정절로 자기를 단장하고 땋은 머리와 금이나 진주나 값진 옷으로 하지 말고.

32. 계 3:17~18 네가 말하기를 나는 부자라 부요하여 부족한 것이 없다 하나 네 곤고한 것과 가련한 것과 가난한 것과 눈먼 것과 벌거벗은 것을 알지 못하도다 내가 너를 권하노니 내게서 불로 연단한 금을 사서 부요하게 하고 흰옷을 사서 입어 벌거벗은 수치를 보이지 않게 하고 안약을 사서 눈에 발라 보게 하라.

33. 잠 14:21 그 이웃을 업신여기는 자는 죄를 범하는 자요 빈곤한 자를 불쌍히 여기는 자는 복이 있는 자니라.

34. 잠 18:12 사람의 마음의 교만은 멸망의 선봉이요 겸손은 존귀의 앞잡이니라.

35. 겔 28:17 네가 아름다우므로 마음이 교만하였으며 네가 영화로우므로 네 지혜를 더럽혔음이여 내가 너를 땅에 던져 열왕 앞에 두어 그들의 구경거리가 되게 하였도다.

36. 마 23:11~12 너희 중에 큰 자는 너희를 섬기는 자가 되어야 하리라 누구든지 자기를 높이는 자는 낮아지고 누구든지 자기를 낮추는 자는 높아지리라.

37. 빌 2:8 사람의 모양으로 나타나셨으매 자기를 낮추시고 죽기까지 복종하셨으니 곧 십자가에 죽으심이라.

38. 마 11:29~30 나는 마음이 온유하고 겸손하니 나의 멍에를 메고 내게 배우라 그러면 너희 마음이 쉼을 얻으리니 이는 내 멍에는 쉽고 내 짐은 가벼움이라 하시니라.

39. 고전 9:19 내가 모든 사람에게 자유하였으나 스스로 모든 사람에게 종이 된 것은 더 많은 사람을 얻고자 함이라.

하나님 나라의 비밀

29
영적인 직분

1) 여호와의 일을 태만히 하는 자는 무엇을 받습니까?

저주받습니다.

2) 정죄의 직분도 영광이 있는데 영광이 넘치는 직분은 무엇입니까?

의의 직분입니다.

3) 집사의 직분은 누구에게 부여합니까?

집사들도 단정하고 일구이언을 하지 아니하고 술에 인박이지 아니하고 더러운 이를 탐하지 아니하고 깨끗한 양심에 믿음의 비밀을 가진 자라야 할지니. 이에 이 사람들을 먼저 시험하여 보고 그 후에 책망할 것이 없으면 집사의 직분을 하게 할 것이요. 여자들도 이와 같이 단정하고 참소하지 말며 절제하며 모든 일에 충성된 자라야 할지니라 집사들은 한 아내의 남편이 되어 자녀와 자기 집을 잘 다스리는 자이어야 합니다.

4) 집사의 직분을 잘한 자들에게는 무슨 상급이 있습니까?

아름다운 지위와 그리스도 예수 안에 있는 믿음에 큰 담력을 얻습니다.

5) 안수집사의 자격은 무엇입니까?

성령과 지혜가 충만하여 칭찬을 듣는 사람입니다.

6) 사도 바울은 나의 달려갈 길과 주 예수께 받은 사명 곧 하나님의 은혜의 복음 증거하는 일을 마치려 함에는 나의 그것을 조금도 귀한 것으로 여기지 아니한다고 하였는데 그것이 무엇입니까?

나의 생명, 목숨.

7) 작은 일에 충성하면 무엇을 주십니까?

하나님은 많은 것으로 네게 맡기시고 주인의 즐거움에 참여하게 하십니다.

8) 죽도록 충성하면 무엇을 주십니까?

생명의 면류관.

9) 의의 면류관은 누가 받습니까?

선한 싸움을 싸우고 나의 달려갈 길을 마치고 믿음을 지키는 자에게 주십니다.

말씀

1. 출 28:3 너는 무릇 마음에 지혜 있는 자, 곧 내가 지혜로운 영으로 채운 자들에게 말하여 아론의 옷을 지어 그를 거룩하게 하여 내게 제사장 직분을 행하게 하라.

2. 렘 48:10 여호와의 일을 태만히 하는 자는 저주를 받을 것이요 자기 칼을 금하여 피를 흘리지 아니하는 자도 저주를 당할 것이로다.

3. 마 25:22~23 두 달란트 받았던 자도 와서 가로되 주여 내게 두 달란트를 주셨는데 보소서 내가 또 두 달란트를 남겼나이다 그 주인이 이르되 잘 하였도다 착하고 충성된 종아 네가 작은 일에 충성하였으매 내가 많은 것으로 네게 맡기리니 네 주인의 즐거움에 참여할지어다 하고.

4. 롬 11:13 내가 이방인인 너희에게 말하노라 내가 이방인의 사도인 만큼 내 직분을 영광스럽게 여기노니.

5. 고후 3:7 정죄의 직분도 영광이 있은즉 의의 직분은 영광이 더욱 넘치리라.

6. 딤전 1:12 나를 능하게 하신 그리스도 예수 우리 주께 내가 감사함은 나를 충성되이 여겨

내게 직분을 맡기심이니.

7. 딤전 3:1 미쁘다 이 말이여, 사람이 감독의 직분을 얻으려 하면 선한 일을 사모한다 함이로다.

8. 딤전 3:2~4 그러므로 감독은 책망할 것이 없으며 한 아내의 남편이 되며 절제하며 근신하며 아담하며 나그네를 대접하며 가르치기를 잘하며 술을 즐기지 아니하며 구타하지 아니하며 오직 관용하며 다투지 아니하며 돈을 사랑치 아니하며 자기 집을 잘 다스려 자녀들로 모든 단정함으로 복종케 하는 자라야 할지며.

9. 딤전 3:10 이에 이 사람들을 먼저 시험하여 보고 그 후에 책망할 것이 없으면 집사의 직분을 하게 할 것이요.

10. 딤전 3:13 집사의 직분을 잘한 자들은 아름다운 지위와 그리스도 예수 안에 있는 믿음에 큰 담력을 얻느니라.

11. 딤전 3:8~12 이와 같이 집사들도 단정하고 일구이언을 하지 아니하고 술에 인박이지 아니하고 더러운 이를 탐하지 아니하고 깨끗한 양심에 믿음의 비밀을 가진 자라야 할지니 이에 이 사람들을 먼저 시험하여 보고 그 후에 책망할 것이 없으면 집사의 직분을 하게 할 것이요 여자들도 이와 같이 단정하고 참소하지 말며 절제하며 모든 일에 충성된 자라야 할지니라 집사들은 한 아내의 남편이 되어 자녀와 자기 집을 잘 다스리는 자일지니.

12. 히 8:6 그러나 이제 그가 더 아름다운 직분을 얻으셨으니 이는 더 좋은 약속으로 세우신 더 좋은 언약의 중보시라.

13. 행 6:3~4 형제들아 너희 가운데서 성령과 지혜가 충만하여 칭찬 듣는 사람 일곱을 택하라 우리가 이 일을 저희에게 맡기고 우리는 기도하는 것과 말씀 전하는 것을 전무하리라 하니.

14. 롬 15:16 이 은혜는 곧 나로 이방인을 위하여 그리스도 예수의 일꾼이 되어 하나님의 복음의 제사장 직무를 하게 하사 이방인을 제물로 드리는 그것이 성령 안에서 거룩하게 되어 받으심직하게 하려 하심이라.

15. 행 20:28 너희는 자기를 위하여 또는 온 양떼를 위하여 삼가라 성령이 저들 가운데 너희로 감독자를 삼고 하나님이 자기 피로 사신 교회를 치게 하셨느니라.

16. 행 20:23~24 오직 성령이 각 성에서 내게 증거하여 결박과 환난이 나를 기다린다 하시나 나의 달려갈 길과 주 예수께 받은 사명 곧 하나님의 은혜의 복음 증거하는 일을 마치려 함에는 나의 생명을 조금도 귀한 것으로 여기지 아니하노라.

17. 계 2:10 네가 죽도록 충성하라 그리하면 내가 생명의 면류관을 네게 주리라.

18. 딤후 4:7~8 내가 선한 싸움을 싸우고 나의 달려갈 길을 마치고 믿음을 지켰으니 이제 후로는 나를 위하여 의의 면류관이 예비되었으므로 주 곧 의로우신 재판장이 그날에 내게 주실 것이니 내게만 아니라 주의 나타나심을 사모하는 모든 자에게니라.

30

보좌, 천국, 낙원, 음부, 지옥

문답

1) 여호와의 보좌는 어디에 있습니까?

하늘보좌와 심령보좌.

2) 예수께서 가라사대 '내가 진실로 너희에게 이르노니 세상이 새롭게 되어 인자가 자기 영광의 보좌에 앉을 때에 나를 좇는 너희도 열두 보좌에 앉아 이스라엘 열두 지파를 심판하리라'라고 하셨는데 여기서 세상이 새롭게 될 때는 언제입니까?

성도가 거듭나서 하나님의 자녀가 될 때입니다.

3) '우리가 긍휼하심을 받고 때를 따라 돕는 은혜를 얻기 위하여 은혜의 보좌 앞에 담대히 나아갈 것이니라'라는 뜻은 무엇입니까?

아버지 하나님 앞에 나아가 기도하는 것입니다.

4) 사람이 죽은 다음에는 무엇이 있습니까?

심판.

5) 예수님 재림 전에 사람이 죽으면 그 영혼이 어디로 갑니까?

불신자는 음부로, 성도는 낙원으로 갑니다.

6) 사람이 죽은 다음에 천국과 지옥은 언제 갑니까?

주 예수님의 백보좌 심판 후에 갑니다.

7) 거짓 선지자, 적 그리스도, 우상숭배자는 언제 지옥 갑니까?

주 예수님 재림 후에 갑니다.

8) 주 예수님은 언제 공중에 재림하십니까?

온 세상에 복음전파가 다 이루어진 후에 오십니다.

9) 진리의 전쟁은 무엇입니까?

예수님 재림 전에 짐승이 잡히고 그 앞에서 이적을 행하던 거짓 선지자도 함께 잡히고 이 둘이 산 채로 유황불 붙는 못에 던져집니다. 말씀으로 주님을 따르던 성도와 함께 승리하십니다. 지금은 진리의 전쟁 시대입니다.

10) 거지 나사로는 죽어서 어디에 갔습니까?

낙원: 아브라함의 품.

11) 부자는 죽어서 어디에 갔습니까?

음부—뜨거운 불꽃. 유황불.

12) 구원받으려면?

주 예수님을 나의 주인으로 영접하면 됩니다.

말씀

1. 왕상 22:19 미가야가 가로되 그런즉 왕은 여호와의 말씀을 들으소서 내가 보니 여호와께서 그 보좌에 앉으셨고 하늘의 만군이 그 좌우편에 모시고 서 있는데.
2. 시 11:4 여호와께서 그 성전에 계시니 여호와의 보좌는 하늘에 있음이여 그 눈이 인생을 통촉하시고 그 안목이 저희를 감찰하시도다.

3. 단 7:9 내가 보았는데 왕좌가 놓이고 옛적부터 항상 계신 이가 좌정하셨는데 그 옷은 희기가 눈 같고 그 머리털은 깨끗한 양의 털 같고 그 보좌는 불꽃이요 그 바퀴는 붙는 불이며.

4. 마 19:28 예수께서 가라사대 내가 진실로 너희에게 이르노니 세상이 새롭게 되어 인자가 자기 영광의 보좌에 앉을 때에 나를 좇는 너희도 열두 보좌에 앉아 이스라엘 열두 지파를 심판하리라.

5. 히 4:16 그러므로 우리가 긍휼하심을 받고 때를 따라 돕는 은혜를 얻기 위하여 은혜의 보좌 앞에 담대히 나아갈 것이니라.

6. 계 20:12 또 내가 보니 죽은 자들이 무론 대소하고 그 보좌 앞에 섰는데 책들이 펴 있고 또 다른 책이 펴졌으니 곧 생명책이라 죽은 자들이 자기 행위를 따라 책들에 기록된 대로 심판을 받으니.

7. 눅 16:22~24 이에 그 거지가 죽어 천사들에게 받들려 아브라함의 품에 들어가고 부자도 죽어 장사되매 저가 음부에서 고통 중에 눈을 들어 멀리 아브라함과 그의 품에 있는 나사로를 보고 불러 가로되 아버지 아브라함이여 나를 긍휼히 여기사 나사로를 보내어 그 손가락 끝에 물을 찍어 내 혀를 서늘하게 하소서 내가 이 불꽃 가운데서 고민하나이다.

8. 눅 23:43 예수께서 이르시되 내가 진실로 네게 이르노니 오늘 네가 나와 함께 낙원에 있으리라 하시니라.

9. 마 10:28 몸은 죽여도 영혼은 능히 죽이지 못하는 자들을 두려워하지 말고 오직 몸과 영혼을 능히 지옥에 멸하시는 자를 두려워하라.

10. 계 1:18 곧 산 자라 내가 전에 죽었었노라 볼지어다 이제 세세토록 살아 있어 사망과 음부의 열쇠를 가졌노니.

11. 계 19:20 짐승이 잡히고 그 앞에서 이적을 행하던 거짓 선지자도 함께 잡혔으니 이는 짐승의 표를 받고 그의 우상에게 경배하던 자들을 이적으로 미혹하던 자라 이 둘이 산 채로 유황불 붙는 못에 던지우고.

12. 계 20:14~15 사망과 음부도 불못에 던지우니 이것은 둘째 사망 곧 불못이라 누구든지 생명책에 기록되지 못한 자는 불못에 던지우더라.

13. 마 24:14 이 천국 복음이 모든 민족에게 증거되기 위하여 온 세상에 전파되리니 그제야 끝이 오리라.

14. 계 19:19~21 또 내가 보매 그 짐승과 땅의 임금들과 그 군대들이 모여 그 말 탄 자와 그의

군대로 더불어 전쟁을 일으키다가 짐승이 잡히고 그 앞에서 이적을 행하던 거짓 선지자도 함께 잡혔으니 이는 짐승의 표를 받고 그의 우상에게 경배하던 자들을 이적으로 미혹하던 자라 이 둘이 산 채로 유황불 붙는 못에 던지우고 그 나머지는 말 탄 자의 입으로 나오는 검에 죽으매 모든 새가 그 고기로 배불리우더라.

15. 롬 10:9~10 네가 만일 네 입으로 예수를 주로 시인하며 또 하나님께서 그를 죽은 자 가운데서 살리신 것을 네 마음에 믿으면 구원을 얻으리니 사람이 마음으로 믿어 의에 이르고 입으로 시인하여 구원에 이르느니라.

16. 행 2:36~39 그런즉 이스라엘 온 집이 정녕 알지니 너희가 십자가에 못 박은 이 예수를 하나님이 주와 그리스도가 되게 하셨느니라 하니라 저희가 이 말을 듣고 마음에 찔려 베드로와 다른 사도들에게 물어 가로되 형제들아 우리가 어찌할꼬 하거늘 베드로가 가로되 너희가 회개하여 각각 예수그리스도의 이름으로 세례를 받고 죄사함을 얻으라 그리하면 성령을 선물로 받으리니 이 약속은 너희와 너희 자녀와 모든 먼 데 사람 곧 주 우리 하나님이 얼마든지 부르시는 자들에게 하신 것이라 하고.

하나님 나라의 비밀

31
간음하지 말라

문답

1) 부녀와 간음하는 자는 어떻게 됩니까?

자기의 영혼을 망하게 하며 상함과 능욕을 받고 부끄러움을 씻을 수 없게 됩니다.

2) 구약 시대에 남자가 유부녀와 통간함을 보게 되면 어떻게 합니까?

그 통간한 남자와 그 여자를 둘 다 죽여 이스라엘 중에 악을 제할지니라.

3) 예수님은 간음한 여인에 대하여 무엇이라고 말씀하셨습니까?

너희 중에 죄 없는 자가 돌로 치라. 나는 너를 정죄하지 않겠다.

4) 간음한 자에게 하나님의 무엇이 있습니까?

심판, 진노, 하나님과의 교제 단절.

5) 간음의 종류는 무엇입니까?

세상 사랑, 마음의 간음, 육체의 간음.

6) 간음한 자는 누구를 저버림입니까?

성령을 주신 하나님.

7) 음행하는 자는 누구에게 죄를 범하는 것입니까?

자기 몸.

8) 땅에 있는 지체를 죽이라 곧 음란과 부정과 사욕과 악한 정욕과 탐심이니 탐심은 우상숭배니라 이것들을 인하여 하나님의 무엇이 임합니까?

하나님의 진노.

9) 너희도 이것을 정녕히 알거니와 음행하는 자나 더러운 자나 탐하는 자 곧 우상숭배자는 다 그리스도와 하나님 나라에서 무엇을 얻지 못합니까?

기업.

10) 음심이 가득한 눈을 가지고 범죄하기를 쉬지 아니하고 굳세지 못한 영혼들을 유혹하며 탐욕에 연단된 마음을 가진 자들은 누구입니까?

저주의 자식입니다.

11) 요셉은 보디발의 아내가 유혹하였을 때에 어떻게 하였습니까?

뿌리치고 도망갔습니다.

12) 육신의 욕망을 이기는 비결은 무엇입니까?

성령충만입니다.

말씀

1. 잠 6:32~34 부녀와 간음하는 자는 무지한 자라 이것을 행하는 자는 자기의 영혼을 망하게 하며 상함과 능욕을 받고 부끄러움을 씻을 수 없게 되나니 남편이 투기로 분노하여 원수 갚는 날에 용서하지 아니하고 어떤 보상도 받지 아니하며 많은 선물을 줄지라도 듣지 아니하리라.
2. 잠 7:22, 27 젊은이가 곧 그를 따랐으니 소가 도수장으로 가는 것 같고 미련한 자가 벌을 받으려고 쇠사슬에 매이러 가는 것과 같도다 그의 집은 스올의 길이라 사망의 방으로 내려

가느니라.

3. 출 20:17 네 이웃의 집을 탐내지 말지니라 네 이웃의 아내나 그의 남종이나 그의 여종이나 그의 소나 그의 나귀나 무릇 네 이웃의 소유를 탐내지 말지니라.

4. 신 22:22 남자가 유부녀와 통간함을 보거든 그 통간한 남자와 그 여자를 둘 다 죽여 이스라엘 중에 악을 제할지니라.

5. 마 5:19 마음에서 나오는 것은 악한 생각과 살인과 간음과 음란과.

6. 잠 5:8~9 네 길을 그에게서 멀리하라 그 집 문에도 가까이 가지 말라 두렵건대 네 존영이 남에게 잃어버리게 되며 네 수한이 잔포자에게 빼앗기게 될까 하노라.

7. 마 19:9 누구든지 음행한 연고 외에 아내를 내버리고 다른 데 장가드는 자는 간음함이니라.

8. 고전 10:8 저희 중에 어떤 이들이 간음하다가 하루에 이만 삼천 명이 죽었나니 우리는 저희와 같이 간음하지 말자.

9. 고전 6:15~18 너희 몸이 그리스도의 지체인 줄을 알지 못하느냐 내가 그리스도의 지체를 가지고 창기의 지체를 만들겠느냐 결코 그럴 수 없느니라 창기와 합하는 자는 저와 한 몸인 줄을 알지 못하느냐 일렀으되 둘이 한 육체가 된다 하셨나니 주와 합하는 자는 한 영이니라 음행을 피하라 사람이 범하는 죄마다 몸 밖에 있거니와 음행하는 자는 자기 몸에게 죄를 범하느니라.

10. 살전 4:3~8 하나님의 뜻은 이것이니 너희의 거룩함이라 곧 음란을 버리고 각각 거룩함과 존귀함으로 자기의 아내 취할 줄을 알고 하나님을 모르는 이방인과 같이 색욕을 좇지 말고 이 일에 분수를 넘어서 형제를 해하지 말라 이는 우리가 너희에게 미리 말하고 증거한 것과 같이 이 모든 일에 주께서 신원하여 주심이니라 하나님이 우리를 부르심은 부정케 하심이 아니요 거룩케 하심이니 그러므로 저버리는 자는 사람을 저버림이 아니요 너희에게 그의 성령을 주신 하나님을 저버림이니라.

11. 요일 2:15~17 이 세상이나 세상에 있는 것들을 사랑치 말라 누구든지 세상을 사랑하면 아버지의 사랑이 그 속에 있지 아니하니 이는 세상에 있는 모든 것이 육신의 정욕과 안목의 정욕과 이생의 자랑이니 다 아버지께로 좇아 온 것이 아니요 세상으로 좇아 온 것이라 이 세상도, 그 정욕도 지나가되 오직 하나님의 뜻을 행하는 이는 영원히 거하느니라.

12. 골 3:5~6 그러므로 땅에 있는 지체를 죽이라 곧 음란과 부정과 사욕과 악한 정욕과 탐심이니 탐심은 우상숭배니라 이것들을 인하여 하나님의 진노가 임하느니라.

13. 엡 5:5~6 너희도 이것을 정녕히 알거니와 음행하는 자나 더러운 자나 탐하는 자 곧 우상 숭배자는 다 그리스도와 하나님 나라에서 기업을 얻지 못하리니 누구든지 헛된 말로 너희를 속이지 못하게 하라 이를 인하여 하나님의 진노가 불순종의 아들들에게 임하나니.

14. 창 20:3~4 그 밤에 하나님이 아비멜렉에게 현몽하시고 그에게 이르시되 네가 취한 이 여인을 인하여 네가 죽으리니 그가 남의 아내임이니라 아비멜렉이 그 여인을 가까이 아니한 고로 그가 대답하되 주여 주께서 의로운 백성도 멸하시나이까.

15. 삼하 12:8~10 네 주인의 집을 네게 주고 네 주인의 처들을 네 품에 두고 이스라엘과 유다 족속을 네게 맡겼느니라 만일 그것이 부족하였을 것 같으면 내가 네게 이것 저것을 더 주었으리라 그러한데 어찌하여 네가 여호와의 말씀을 업신여기고 나 보기에 악을 행하였느뇨 네가 칼로 헷 사람 우리아를 죽이되 암몬 자손의 칼로 죽이고 그 처를 빼앗아 네 처를 삼았도다 이제 네가 나를 업신여기고 헷 사람 우리아의 처를 빼앗아 네 처를 삼았은즉 칼이 네 집에 영영히 떠나지 아니하리라 하셨고.

16. 유 1:7 소돔과 고모라와 그 이웃 도시들도 저희와 같은 모양으로 간음을 행하며 다른 색을 따라가다가 영원한 불의 형벌을 받음으로 거울이 되었느니라.

17. 히 13:5 모든 사람은 혼인을 귀히 여기고 침소를 더럽히지 않게 하라 음행하는 자들과 간음하는 자들을 하나님이 심판하시리라 돈을 사랑치 말고 있는바를 족한 줄로 알라 그가 친히 말씀하시기를 내가 과연 너희를 버리지 아니하고 과연 너희를 떠나지 아니하리라 하셨느니라.

18. 벧후 2:14 음심이 가득한 눈을 가지고 범죄하기를 쉬지 아니하고 굳세지 못한 영혼들을 유혹하며 탐욕에 연단된 마음을 가진 자들이니 저주의 자식이라.

19. 욥 31:9~11 언제 내 마음이 여인에게 유혹되어 이웃의 문을 엿보아 기다렸던가 그리하였으면 내 처가 타인의 매를 돌리며 타인이 더불어 동침하는 것이 마땅하니라 이는 중죄라 재판장에게 벌받을 악이요.

20. 창 39:12~13 그 여인이 그 옷을 잡고 가로되 나와 동침하자 요셉이 자기 옷을 그 손에 버리고 도망하여 나가매 그가 요셉이 그 옷을 자기 손에 버려두고 도망하여 나감을 보고.

21. 마 5:27~28 또 간음치 말라 하였다는 것을 너희가 들었으나 나는 너희에게 이르노니 여자를 보고 음욕을 품는 자마다 마음에 이미 간음하였느니라.

22. 마 5:32 나는 너희에게 이르노니 누구든지 음행한 연고 없이 아내를 버리면 이는 저로 간

음하게 함이요 또 누구든지 버린 여자에게 장가드는 자도 간음함이니라.

23. 요 8:7, 10, 11 저희가 묻기를 마지 아니하는지라 이에 일어나 가라사대 너희 중에 죄 없는 자가 먼저 돌로 치라 하시고, 10 예수께서 일어나사 여자 외에 아무도 없는 것을 보시고 이르시되 여자여 너를 고소하던 그들이 어디 있느냐 너를 정죄한 자가 없느냐 11 대답하되 주여 없나이다 예수께서 가라사대 나도 너를 정죄하지 아니하노니 가서 다시는 죄를 범치 말라 하시니라.

32

금과 은, 돈, 재물

1) 이 세상에 있는 은과 금은 누구의 것입니까?

아버지 하나님.

2) 부와 귀와 크게 하심과 강하게 하심이 누구의 손에 있습니까?

주 예수님의 손에 있습니다.

3) 내가 반드시 너에게 복 주고 복 주며 너를 번성하게 하고 번성하게 하리라 하셨더니 그가 이같이 오래 참아 약속을 받았느니라. 여기서 그가 누구입니까?

아브라함과 성도.

4) 능히 모든 은혜를 너희에게 넘치게 하시나니 이는 너희로 모든 일에 모든 것이 넉넉하여 모든 착한 일을 넘치게 하여 주시는 분은 누구입니까?

주 예수님이십니다.

5) "나는 포도나무요 너희는 가지니 저가 내 안에 내가 저 안에 있으면 이 사람은 과실을 많이 맺나니 나를 떠나서는 너희가 아무것도 할 수 없음이라."에서 나는 누구입니까?

주 예수님입니다.

6) 이삭이 그 땅에서 농사하여 그 해에 백 배나 얻었고 복을 주심으로 그 사람이 창대하고 왕성하여 마침내 거부가 되었는데 누가 이삭에게 복을 주셨습니까?

여호와 하나님.

7) 내가 네 말대로 하여 네게 지혜롭고 총명한 마음을 주노니 네 앞에서도 네 뒤에서도 너와 같은 자가 일어남이 없으리라 내가 또 네가 구하지 아니한 부귀와 영광도 주노니 네 평생에 왕들 중에 너와 같은 자가 없을 것이라. 이와 같이 솔로몬은 복을 받았는데 누구에게서 받았습니까?

여호와 하나님.

8) 재물 얻을 능력을 누가 주십니까?

여호와 하나님.

9) 부귀는 누구의 것입니까?

부지런한 자입니다.

10) 겸손과 여호와를 경외함의 보응은 무엇입니까?

재물과 영광과 생명입니다.

11) 네 재물과 네 소산물의 처음 익은 열매로 여호와를 공경하면 어떻게 됩니까?

네 창고가 가득히 차고 네 포도즙 틀에 새 포도즙이 넘쳐 나게 됩니다.

12) '부자 되기에 애쓰지 말고 네 사사로운 지혜를 버릴지어다 네가 어찌 허무한 것에 주목하겠느냐'라고 하였는데 허무한 것에 주목하면 어떻게 됩니까?

정녕히 재물은 날개를 내어 하늘을 나는 독수리처럼 날아가 버립니다.

13) 하나님께서 심는 자에게 무엇을 주십니까?

먹을 것과 심을 것을 주시는 이가 너희 심을 것을 주사 풍성하게 하시고 너희 의의 열매를 더하게 하십니다.

14) 흩어 구제하여도 더욱 부하게 되나니 과도히 아껴도 가난하게 될 뿐이니라. 구제를 좋아하는 자는 풍족하여질 것이요, 남을 윤택하게 하는 자는 어떻게 됩니까?

　윤택하여집니다.

15) 하늘 문이 열리고 복을 쌓을 곳이 없도록 부어지려면 어떻게 하여야 합니까?

　온전한 십일조를 들여서 하나님의 집에 양식이 있게 하면 됩니다.

16) 일만 악의 뿌리는 무엇입니까?

　돈을 사랑하는 것입니다.

말씀

1. 학 2:8 은도 내 것이요 금도 내 것이니라 만군의 여호와의 말이니라.

2. 대상 29:12 부와 귀가 주께로 말미암고 또 주는 만유의 주재가 되사 손에 권세와 능력이 있사오니 모든 자를 크게 하심과 강하게 하심이 주의 손에 있나이다.

3. 삼상 2:6~7 여호와는 가난하게도 하시고 부하게도 하시며 낮추기도 하시고 높이기도 하시느니라.

4. 창 12:2 내가 너로 큰 민족을 이루고 네게 복을 주어 네 이름을 창대하게 하리니 너는 복이 (복의 근원) 될지라.

5. 히 6:14~15 이르시되 내가 반드시 너에게 복 주고 복 주며 너를 번성하게 하고 번성하게 하리라 하셨더니 그가 이같이 오래 참아 약속을 받았느니라.

6. 고후 9:8 하나님이 능히 모든 은혜를 너희에게 넘치게 하시나니 이는 너희로 모든 일에 모든 것이 넉넉하여 모든 착한 일을 넘치게 하려 하심이라.

7. 요 15:5 나는 포도나무요 너희는 가지니 저가 내 안에 내가 저 안에 있으면 이 사람은 과실을 많이 맺나니 나를 떠나서는 너희가 아무것도 할 수 없음이라.

8. 창 26:12~13 이삭이 그 땅에서 농사하여 그 해에 백 배나 얻었고 여호와께서 복을 주심으

로 그 사람이 창대하고 왕성하여 마침내 거부가 되었더라.

9. 왕상 3:12~13 내가 네 말대로 하여 네게 지혜롭고 총명한 마음을 주노니 네 앞에서도 네 뒤에서도 너와 같은 자가 일어남이 없으리라 내가 또 네가 구하지 아니한 부귀와 영광도 주노니 네 평생에 왕들 중에 너와 같은 자가 없을 것이라.

10. 대상 13:14 하나님의 궤가 오벧에돔의 집에서 그 권속과 함께 석 달을 있으니라 여호와께서 오벧에돔의 집과 그 모든 소유에 복을 내리셨더라.

11. 잠 13:22 선인은 그 재물을 자자 손손에게 끼쳐도 죄인의 재물은 의인을 위하여 쌓이느니라.

12. 전 5:19 어떤 사람에게든지 하나님이 재물과 부요를 주사 능히 누리게 하시며 분복을 받아 수고함으로 즐거워하게 하신 것은 하나님의 선물이라.

13. 잠 8:18~21 부귀가 내게 있고 장구한 재물과 의도 그러하니라 내 열매는 금이나 정금보다 나으며 내 소득은 천은보다 나으니라 나는 의로운 길로 행하며 공평한 길 가운데로 다니나니 이는 나를 사랑하는 자로 재물을 얻어서 그 곳간에 채우게 하려 함이니라.

14. 신 8:18 네 하나님 여호와를 기억하라 그가 네게 재물 얻을 능을 주셨음이라.

15. 잠 12:27 게으른 자는 그 잡은 것도 사냥하지 아니하나니 사람의 부귀는 부지런한 것이니라.

16. 시 112:1, 3 할렐루야 여호와를 경외하며 그 계명을 크게 즐거워하는 자는 복이 있도다 부요와 재물이 그 집에 있음이여 그 의가 영원히 있으리로다.

17. 잠 22:4 겸손과 여호와를 경외함의 보응은 재물과 영광과 생명이니라.

18. 딤전 6:17 네가 이 세대에 부한 자들을 명하여 마음을 높이지 말고 정함이 없는 재물에 소망을 두지 말고 오직 우리에게 모든 것을 후히 주사 누리게 하시는 하나님께 두며.

19. 잠 23:4~5 부자 되기에 애쓰지 말고 네 사사로운 지혜를 버릴지어다 네가 어찌 허무한 것에 주목하겠느냐 정녕히 재물은 날개를 내어 하늘을 나는 독수리처럼 날아가리라.

20. 잠 3:9~10 네 재물과 네 소산물의 처음 익은 열매로 여호와를 공경하라 그리하면 네 창고가 가득히 차고 네 포도즙 틀에 새 포도즙이 넘치리라.

21. 잠 22:1 많은 재물보다 명예를 택할 것이요 은이나 금보다 은총을 더욱 택할 것이니라.

22. 고후 9:10~12 심는 자에게 먹을 것과 심을 것을 주시는 이가 너희 심을 것을 주사 풍성하게 하시고 너희 의의 열매를 더하게 하시나니 너희가 모든 일에 넉넉하여 너그럽게 연보를 함은 그들이 우리로 말미암아 하나님께 감사하게 하는 것이라.

23. 눅 6:45 주라 그리하면 너희에게 줄 것이니 곧 후히 되어 누르고 흔들어 넘치도록 하여 너

희에게 안겨 주리라 너희가 헤아리는 그 헤아림으로 너희도 헤아림을 도로 받을 것이니라.

24. 잠 11:24~25 흩어 구제하여도 더욱 부하게 되나니 과도히 아껴도 가난하게 될 뿐이니라 구제를 좋아하는 자는 풍족하여질 것이요 남을 윤택하게 하는 자는 윤택하여지리라.

25. 말 3:9~10 너희 곧 온 나라가 나의 것을 도적질하였으므로 너희가 저주를 받았느니라 만군의 여호와가 이르노라 너희의 온전한 십일조를 창고에 들여 나의 집에 양식이 있게 하고 그것으로 나를 시험하여 내가 하늘문을 열고 너희에게 복을 쌓을 곳이 없도록 붓지 아니하나 보라.

26. 고전 6:19~20 너희 몸은 너희가 하나님께로부터 받은바 너희 가운데 계신 성령의 전인 줄을 알지 못하느냐 너희는 너희 자신의 것이 아니라 값으로 산 것이 되었으니 그런즉 너희 몸으로 하나님께 영광을 돌리라.

27. 약 5:1~3 들으라 부한 자들아 너희에게 임할 고생으로 말미암아 울고 통곡하라 너희 재물은 썩었고 너희 옷은 좀먹었으며 너희 금과 은은 녹이 슬었으니 이 녹이 너희에게 증거가 되며 불같이 너희 살을 먹으리라 너희가 말세에 재물을 쌓았도다.

28. 행 5:3~5 베드로가 이르되 아나니아야 어찌하여 사탄이 네 마음에 가득하여 네가 성령을 속이고 땅값 얼마를 감추었느냐 땅이 그대로 있을 때에는 네 땅이 아니며 판 후에도 네 마음대로 할 수가 없더냐 어찌하여 이 일을 네 마음에 두었느냐 사람에게 거짓말한 것이 아니요 하나님께로다 아나니아가 이 말을 듣고 엎드러져 혼이 떠나니 이 일을 듣는 사람이 다 크게 두려워하니라.

29. 마 6:33 너희는 먼저 그의 나라와 그의 의를 구하라 그리하면 이 모든 것을 더하여 주시리라.

30. 딤전 6:7~12 우리가 세상에 아무것도 가지고 온 것이 없으매 또한 아무것도 가지고 가지 못하리니 우리가 먹을 것과 입을 것이 있은즉 족한 줄로 알 것이니라 부하려 하는 자들은 시험과 올무와 여러 가지 어리석고 해로운 정욕에 떨어지나니 곧 사람으로 침륜과 멸망에 빠지게 하는 것이라 돈을 사랑함이 일만 악의 뿌리가 되나니 이것을 사모하는 자들이 미혹을 받아 믿음에서 떠나 많은 근심으로써 자기를 찔렀도다 오직 너 하나님의 사람아 이것들을 피하고 의와 경건과 믿음과 사랑과 인내와 온유를 좇으며 믿음의 선한 싸움을 싸우라 영생을 취하라 이를 위하여 네가 부르심을 입었고 많은 증인 앞에서 선한 증거를 증거하였도다.

33
지금 성령으로 충만한 생활

1) 성령으로 거듭나야 합니다: 구원

요 3:5 예수께서 대답하시되 진실로 진실로 네게 이르노니 사람이 물과 성령으로 나지 아니하면 하나님 나라에 들어갈 수 없느니라.

행 2:38 베드로가 가로되 너희가 회개하여 각각 예수 그리스도의 이름으로 세례를 받고 죄사함을 얻으라 그리하면 성령을 선물로 받으리니.

2) 지금 성령의 충만을 받으라(죄 자백, 찬송, 감사, 서로 복종)

엡 5:18~21 술 취하지 말라 이는 방탕한 것이니 오직 성령의 충만을 받으라 시와 찬미와 신령한 노래들로 서로 화답하며 너희의 마음으로 주께 노래하며 찬송하며 범사에 우리 주 예수 그리스도의 이름으로 항상 아버지 하나님께 감사하며 그리스도를 경외함으로 피차 복종하라.

요일 1:6 만일 우리가 하나님과 사귐이 있다 하고 어두운 가운데 행하면 거짓말을 하고 진리를 행치 아니함이거니와 저가 빛 가운데 계신 것같이 우리도 빛 가운데 행하면 우리가 서로 사귐이 있고 그 아들 예수의 피가 우리를 모든 죄에서 깨끗하게 하실 것이요 만일 우리가 죄 없다 하면 스스로 속이고 또 진리가 우리 속에 있지 아니할 것이요 만일 우리가 우리 죄를 자백하면 저는 미쁘시고 의로우사 우리 죄를 사하시며 모든 불의에서 우리를 깨끗케 하실 것이요.

벧전 1:22 너희가 진리를 순종함으로 너희 영혼을 깨끗하게 하여 거짓이 없이 형제를 사랑하기에 이르렀으니 마음으로 뜨겁게 피차 사랑하라.

3) 보혜사 성령님이 도와주십니다, 말씀으로 인도하십니다

요 14:26 보혜사 곧 아버지께서 내 이름으로 보내실 성령 그가 너희에게 모든 것을 가르치시고 내가 너희에게 말한 모든 것을 생각나게 하시리라.

롬 8:13~14 너희가 육신대로 살면 반드시 죽을 것이로되 영으로써 몸의 행실을 죽이면 살리니 무릇 하나님의 영으로 인도함을 받는 그들은 곧 하나님의 아들이라.

4) 성령님은 예수님의 십자가의 영광을 나타내십니다

요 16:13~15 그러하나 진리의 성령이 오시면 그가 너희를 모든 진리 가운데로 인도하시리니 그가 자의로 말하지 않고 오직 듣는 것을 말하시며 장래 일을 너희에게 알리시리라 그가 내 영광을 나타내리니 내 것을 가지고 너희에게 알리겠음이니라 무릇 아버지께 있는 것은 다 내 것이라 그러므로 내가 말하기를 그가 내 것을 가지고 너희에게 알리리라 하였노라.

5) 성령님은 나의 왕으로 오셨고(100% 순종하라) 다스리십니다

갈 2:20 내가 그리스도와 함께 십자가에 못 박혔나니 그런즉 이제는 내가 산 것이 아니요 오직 내 안에 그리스도께서 사신 것이라 이제 내가 육체 가운데 사는 것은 나를 사랑하사 나를 위하여 자기 몸을 버리신 하나님의 아들을 믿는 믿음 안에서 사는 것이라.

계 20:6 이 첫째 부활에 참여하는 자들은 복이 있고 거룩하도다 둘째 사망이 그들을 다스리는 권세가 없고 도리어 그들이 하나님과 그리스도의 제사장이 되어 천 년 동안 그리스도로 더불어 왕노릇하리라.

롬 6:16 너희 자신을 종으로 드려 누구에게 순종하든지 그 순종함을 받는 자의 종이 되는 줄을 너희가 알지 못하느냐 혹은 죄의 종으로 사망에 이르고 혹은 순종의 종으로 의에 이르느니라.

행 5:32 우리는 이 일에 증인이요 하나님이 자기를 순종하는 사람들에게 주신 성령도 그러하니라 하더라.

눅 19:27 그리고 나의 왕 됨을 원치 아니하던 저 원수들을 이리로 끌어다가 내 앞에서 죽이라 하였느니라.

6) 자기 자신을 부인하라(죄성, 연약함), 주님만 의지하라

마 16:24~25 이에 예수께서 제자들에게 이르시되 아무든지 나를 따라오려거든 자기를 부인하고 자기 십자가를 지고 나를 좇을 것이니라 누구든지 제 목숨을 구원코자 하면 잃을 것이요 누구든지 나를 위하여 제 목숨을 잃으면 찾으리라.

7) 위로하신다(다 이루었다, 죄 문제, 저주 문제), 다 해결되었다

요 19:30 예수께서 신 포도주를 받으신 후 가라사대 다 이루었다 하시고 머리를 숙이시고 영혼이 돌아가시니라.

8) 성령님에 대한 나의 자세 세 가지

(1) 성령을 근심케 하지 말라

엡 4:30 하나님의 성령을 근심하게 하지 말라 그 안에서 너희가 구속의 날까지 인 치심을 받았느니라.

(2) 성령을 거스리지 말라

행 7:51 목이 곧고 마음과 귀에 할례를 받지 못한 사람들아 너희가 항상 성령을 거스려 너희 조상과 같이 너희도 하는도다.

(3) 성령을 소멸하지 말라

살전 5:19 성령을 소멸치 말며.

9) 성전이다: 성령님 내주하심

고전 6:19 너희 몸은 너희가 하나님께로부터 받은바 너희 가운데 계신 성령의 전인 줄을 알지 못하느냐 너희는 너희의 것이 아니라 값으로 산 것이 되었으니 그런즉 너희 몸으로 하나님께 영광을 돌리라.

10) 성령의 감동된 사람: 요셉

창 41:38 바로가 그 신하들에게 이르되 이와 같이 하나님의 신에 감동한 사람을 우리가 어찌 얻을 수 있으리요 하고 요셉에게 이르되 하나님이 이 모든 것을 네게 보이셨으니 너와 같이 명철하고 지혜 있는 자가 없도다 너는 내 집을 치리하라 내 백성이 다 네 명을 복종하리니 나는 너보다 높음이 보좌뿐이니라.

11) 왕 같은 제사장, 성령의 기름부으심, 자녀의 권세

벧전 2:9 오직 너희는 택하신 족속이요 왕 같은 제사장들이요 거룩한 나라요 그의 소유된 백성이니 이는 너희를 어두운 데서 불러내어 그의 기이한 빛에 들어가게 하신 자의 아름다운 덕을 선전하게 하려 하심이라.

출 28:41 너는 그것들로 네 형 아론과 그와 함께한 그 아들들에게 입히고 그들에게 기름을 부어 위임하고 거룩하게 하여 그들로 제사장 직분을 내게 행하게 할지며.

삼상 16:13 사무엘이 기름 뿔을 취하여 그 형제 중에서 그에게 부었더니 이 날 이후로 다윗이 여호와의 신에게 크게 감동되니라 사무엘이 떠나서 라마로 가니라.

12) 간절히 구하라

눅 11:13 너희가 악할지라도 좋은 것을 자식에게 줄 줄 알거든 하물며 너희 천부께서 구하는 자에게 성령을 주시지 않겠느냐 하시니라.

하나님 나라의 비밀

잠 8:17 나를 사랑하는 자들이 나의 사랑을 입으며 나를 간절히 찾는 자가 나를 만날 것이니라.

렘 33:2~3 일을 행하는 여호와, 그것을 지어 성취하는 여호와, 그 이름을 여호와라 하는 자가 이같이 이르노라 너는 내게 부르짖으라 내가 네게 응답하겠고 네가 알지 못하는 크고 비밀한 일을 네게 보이리라.

13) 성령의 역사: 성령의 역사하심을 구하라, 믿음이 중요하다

성령의 외적인 역사: 외적인 은사들. 신유, 기적 등.

성령의 내적인 역사: 내주하심. 인격이시다.

성령의 9가지 열매: 육신의 죄성을 해결하여 주신다. 거룩함, 주와 동행,

동거: 친밀함. 서로 사랑한다.

34

포도나무 가지의 비밀

말씀: 요한복음 15:1~27

1. 내가 참 포도나무요 내 아버지는 그 농부라.

2. 무릇 내게 있어 과실을 맺지 아니하는 가지는 아버지께서 이를 제해 버리시고 무릇 과실을 맺는 가지는 더 과실을 맺게 하려 하여 이를 깨끗케 하시느니라.

3. 너희는 내가 일러 준 말로 이미 깨끗하였으니.

4. 내 안에 거하라 나도 너희 안에 거하리라 가지가 포도나무에 붙어 있지 아니하면 절로 과실을 맺을 수 없음같이 너희도 내 안에 있지 아니하면 그러하리라.

5. 나는 포도나무요 너희는 가지니 저가 내 안에, 내가 저 안에 있으면 이 사람은 과실을 많이 맺나니 나를 떠나서는 너희가 아무것도 할 수 없음이라.

6. 사람이 내 안에 거하지 아니하면 가지처럼 밖에 버리워 말라지나니 사람들이 이것을 모아다가 불에 던져 사르느니라.

7. 너희가 내 안에 거하고 내 말이 너희 안에 거하면 무엇이든지 원하는 대로 구하라 그리하면 이루리라.

8. 너희가 과실을 많이 맺으면 내 아버지께서 영광을 받으실 것이요 너희가 내 제자가 되리라.

9. 아버지께서 나를 사랑하신 것같이 나도 너희를 사랑하였으니 나의 사랑 안에 거하라.

10. 내가 아버지의 계명을 지켜 그의 사랑 안에 거하는 것같이 너희도 내 계명을 지키면 내 사랑 안에 거하리라.

11. 내가 이것을 너희에게 이름은 내 기쁨이 너희 안에 있어 너희 기쁨을 충만하게 하려 함이니라.

12. 내 계명은 곧 내가 너희를 사랑한 것같이 너희도 서로 사랑하라 하는 이것이니라.

하나님 나라의 비밀

13. 사람이 친구를 위하여 자기 목숨을 버리면 이에서 더 큰 사랑이 없나니.

14. 너희가 나의 명하는 대로 행하면 곧 나의 친구라.

15. 이제부터는 너희를 종이라 하지 아니하리니 종은 주인의 하는 것을 알지 못함이라 너희를 친구라 하였노니 내가 내 아버지께 들은 것을 다 너희에게 알게 하였음이라.

16. 너희가 나를 택한 것이 아니요 내가 너희를 택하여 세웠나니 이는 너희로 가서 과실을 맺게 하고 또 너희 과실이 항상 있게 하여 내 이름으로 아버지께 무엇을 구하든지 다 받게 하려 함이니라.

17. 내가 이것을 너희에게 명함은 너희로 서로 사랑하게 하려 함이로라.

18. 세상이 너희를 미워하면 너희보다 먼저 나를 미워한 줄을 알라.

19. 너희가 세상에 속하였으면 세상이 자기의 것을 사랑할 터이나 너희는 세상에 속한 자가 아니요 도리어 세상에서 나의 택함을 입은 자인 고로 세상이 너희를 미워하느니라.

20. 내가 너희더러 종이 주인보다 더 크지 못하다 한 말을 기억하라 사람들이 나를 핍박하였은즉 너희도 핍박할 터이요 내 말을 지켰은즉 너희 말도 지킬 터이라.

21. 그러나 사람들이 내 이름을 인하여 이 모든 일을 너희에게 하리니 이는 나 보내신 이를 알지 못함이니라.

22. 내가 와서 저희에게 말하지 아니하였더면 죄가 없었으려니와 지금은 그 죄를 핑계할 수 없느니라.

23. 나를 미워하는 자는 또 내 아버지를 미워하느니라.

24. 내가 아무도 못한 일을 저희 중에서 하지 아니하였더면 저희가 죄 없었으려니와 지금은 저희가 나와 및 내 아버지를 보았고 또 미워하였도다.

25. 그러나 이는 저희 율법에 기록된바 저희가 연고 없이 나를 미워하였다 한 말을 응하게 하려 함이니라.

26. 내가 아버지께로서 너희에게 보낼 보혜사 곧 아버지께로서 나오시는 진리의 성령이 오실 때에 그가 나를 증거하실 것이요.

27. 너희도 처음부터 나와 함께 있었으므로 증거하느니라.

1) 포도나무와 가지는 서로 하나입니다

예수님과 성도는 연합되었고 하나이고 일체가 되었다는 사실을 믿어야 합니다. 일체가 된 것을 믿지 않으면 열매를 맺을 수 없습니다. 포도나무 가지는 스스로 혼자서는 열매를 맺을 수 없습니다. 내가 주님 안에 거하고 주님이 내 안에 거하는 것을 믿어야 합니다. 나 자신을 포기하고 주님만 전적으로 의지하는 것이 연합의 비밀입니다.

영국의 선교사 허드슨 테일러는 '예수님의 살과 뼈는 내 살과 뼈이다'라고 믿음을 고백하였습니다.

> 요 15:5 나는 포도나무요 너희는 가지니 저가 내 안에, 내가 저 안에 있으면 이 사람은 과실을 많이 맺나니 나를 떠나서는 너희가 아무것도 할 수 없음이라.

고전 6:17 주와 합하는 자는 한 영이니라.

2) 가지의 열매는 포도나무로부터 나옵니다

성도의 모든 열매는 오직 예수님께로부터 나옵니다.

자아포기와 주님만 의지하라: 주와 친밀하며 주와 동행, 동거하는 은혜를 구하라.

3) 회개하라, 내 육신의 노력으로 영적인 열매를 맺으려고 하였던 죄를 자백하라

예수님의 피와 말씀으로 깨끗하게 하라 예수님의 말씀으로 내 생각을 고침받으라(육신의 생각은 사망이다). 말씀의 생각으로 내 육신의 생각을 고침받고 순종하는 것이 주안에 거하는 비결입니다.

내가 포도나무인 것처럼 행동한 죄를 회개하라.

> 요 15:2~4 무릇 내게 있어 과실을 맺지 아니하는 가지는 아버지께서 이를 제해 버리시고 무릇 과실을 맺는 가지는 더 과실을 맺게 하려 하여 이를 깨끗케 하시느니라 너희는 내가 일러 준 말로 이미 깨끗하였으니 내 안에 거하라 나도 너희 안에 거하리라

가지가 포도나무에 붙어 있지 아니하면 절로 과실을 맺을 수 없음같이 너희도 내 안에 있지 아니하면 그러하리라.

4) 포도나무 가지의 열매는 성령의 9가지 열매입니다. 즉 사랑입니다

갈 5:19~26 육체의 일은 현저하니 곧 음행과 더러운 것과 호색과 우상숭배와 술수와 원수를 맺는 것과 분쟁과 시기와 분 냄과 당 짓는 것과 분리함과 이단과 투기와 술 취함과 방탕함과 또 그와 같은 것들이라 전에 너희에게 경계한 것같이 경계하노니 이런 일을 하는 자들은 하나님의 나라를 유업으로 받지 못할 것이요 오직 성령의 열매는 사랑과 희락과 화평과 오래참음과 자비와 양선과 충성과 온유와 절제니 이 같은 것을 금지할 법이 없느니라 그리스도 예수의 사람들은 육체와 함께 그 정과 욕심을 십자가에 못 박았느니라 만일 우리가 성령으로 살면 또한 성령으로 행할지니 헛된 영광을 구하여 서로 격동하고 서로 투기하지 말지니라.

5) 포도나무와 가지는 타인을 위하여 존재합니다. 서로 사랑하라 영혼의 열매를 맺는 비결입니다. 영혼 사랑을 계속해서 실천할 때 주님이 역사하셔서 주님의 사랑을 계속 부어 주십니다. 수도꼭지의 물과 같다

예수님과 성도는 타인을 위하여 삽니다. 십자가의 보혈의 예수님을 바라보라.

요 15:11~16 내가 이것을 너희에게 이름은 내 기쁨이 너희 안에 있어 너희 기쁨을 충만하게 하려 함이니라 내 계명은 곧 내가 너희를 사랑한 것같이 서로 사랑하라 하는 이것이니라 사람이 친구를 위하여 자기 목숨을 버리면 이에서 더 큰 사랑이 없나니 너희가 나의 명하는 대로 행하면 곧 나의 친구라 이제부터는 너희를 종이라 하지 아니하리니 종은 주인의 하는 것을 알지 못함이라 너희를 친구라 하였노니 내가 내 아버지께 들은 것을 다 너희에게 알게 하였음이니라.

6) 최고의 복인 주님 안에 거하는 비결은 무엇입니까?(주와 동행, 성령충만)

말씀을 계속적으로 묵상하여 말씀으로 심령이 깨끗하여져야 합니다.

사랑 안에 거하여야 합니다. 서로 사랑하라.

7) 기도응답의 비결: 아버지의 영광, 서로 사랑하여 영혼의 열매를 많이 맺으라, 약속의 말씀으로 기도하라

요 15:7, 16 너희가 내 안에 거하고 내 말이 너희 안에 거하면 무엇이든지 원하는 대로 구하라 그리하면 이루리라 너희가 나를 택한 것이 아니요 내가 너희를 택하여 세웠나니 이는 너희로 가서 과실을 맺게 하고 또 너희 과실이 항상 있게 하여 내 이름으로 아버지께 무엇을 구하든지 다 받게 하려 함이니라.

8) 성령으로 충만하라(사랑으로 충만), 성령의 열매는 사랑! 가장 중요!

요 15:26~27 내가 아버지께로서 너희에게 보낼 보혜사 곧 아버지께로서 나오시는 진리의 성령이 오실 때에 그가 나를 증거하실 것이요 너희도 처음부터 나와 함께 있었으므로 증거하느니라.

엡 5:18 술 취하지 말라 이는 방탕한 것이니 오직 성령의 충만을 받으라.

9) 원수를 사랑하라, 핍박이 있다, 연고 없이 미워함, 모르고 미워한다

마 5:44 나는 너희에게 이르노니 너희 원수를 사랑하며 너희를 핍박하는 자를 위하여 기도하라.

10) 풍성한 열매를 맺는 비결

(1) 믿음: 포도나무와 가지는 하나이다. 예수님과 성도는 하나이다(동심일체. 한 영이다)
예수님이 주체이다. 주님이 하신다.

고전 6:17 주와 합하는 자는 한 영이니라.

(2) 생명의 말씀을 주님께로부터 받아라: 약속의 말씀
(3) 믿음으로 기도하라: 받은 말씀대로 기도하라
(4) 성령의 역사로 순종과 헌신과 사랑을 실천하라
(5) 인격의 고침과 거룩함을 회복하라

(6) 주님 안에 거하고 동행하는 은혜를 구하라

(7) 영혼의 열매

(8) 자녀, 예수 이름, 혀의 권세로 기도하고 선포하고 명령하라

(9) 주님만 의지하라, 자아를 부인하라.

고난의 유익함, 바울의 고난. 나의 옛사람은 100% 죽었다. 이제는 100% 주님만을 위하여 살아야 한다. 영혼을 위하여 살라.

(10) 성령충만 → 주님의 임재 → 주님이 하신다

(11) 세상 염려, 욕심 버리고 주님께 맡겨라

(12) 전심전력 집중력이 필요하다. 죽도록 충성하라

(13) 하나님의 영광은 영혼의 열매, 인격의 열매가 있어야 합니다

35

여호와 하나님의 얼굴 앞에서

문답	

1) 항상 구할 것은 무엇입니까?

여호와 하나님의 얼굴과 능력입니다.

2) 하나님의 얼굴을 뵈옵는 사람은 누구입니까?

정직한 사람입니다.

3) 누가 우리의 얼굴 보고 음성을 듣기를 원하십니까?

여호와 하나님.

4) 여호와의 전에 무엇으로 가득 차 있습니까?

여호와의 영광.

5) 예수 그리스도의 얼굴에서 무엇을 볼 수 있습니까?

하나님의 영광

6) 마음이 청결한 자는 복이 있나니 누구를 볼 수 있습니까?

하나님.

7) '너는 하나님 앞에서 엄히 명하라 이는 유익이 하나도 없고 도리어 듣는 자들을

망하게 함이니라'에서 망하게 하는 것이 무엇입니까?

서로 말다툼하는 것입니다.

8) 하나님 앞과 산 자와 죽은 자를 심판하실 그리스도 예수 앞에서 그의 나타나실 것과 그의 나라를 두고 엄히 명하는 것은 무엇입니까?

너는 말씀을 전파하라 때를 얻든지 못 얻든지 항상 힘쓰라 범사에 오래참음과 가르침으로 경책하며 경계하며 권하라.

9) 주 앞에서 낮추라 그리하면 어떻게 됩니까?

주께서 우리를 높여 주십니다.

말씀

1. 출 6:25 여호와는 그 얼굴로 네게 비취사 은혜 베푸시기를 원하며.
2. 대상 16:11 여호와와 그 능력을 구할지어다 그 얼굴을 항상 구할지어다.
3. 대하 7:14 내 이름으로 일컫는 내 백성이 그 악한 길에서 떠나 스스로 겸비하고 기도하여 내 얼굴을 구하면 내가 하늘에서 듣고 그 죄를 사하고 그 땅을 고칠지라.
4. 시 11:7 여호와는 의로우사 의로운 일을 좋아하시나니 정직한 자는 그 얼굴을 뵈오리로다.
5. 시 17:15 나는 의로운 중에 주의 얼굴을 보리니 깰 때에 주의 형상으로 만족하리이다.
6. 시 27:8 너희는 내 얼굴을 찾으라 하실 때에 내 마음이 주께 말하되 여호와여 내가 주의 얼굴을 찾으리이다 하였나이다.
7. 시 80:7 만군의 하나님이여 우리를 돌이키시고 주의 얼굴빛을 비취사 우리로 구원을 얻게 하소서.
8. 시 105:4 여호와와 그 능력을 구할지어다 그 얼굴을 항상 구할지어다.
9. 아 2:14 바위 틈 낭떠러지 은밀한 곳에 있는 나의 비둘기야 나로 네 얼굴을 보게 하라 네 소리를 듣게 하라 네 소리는 부드럽고 네 얼굴은 아름답구나.
10. 애 3:35~36 지극히 높으신 자의 얼굴 앞에서 사람의 재판을 굽게 하는 것과 사람의 송사를 억울케 하는 것은 다 주의 기쁘게 보시는 것이 아니로다.

11. 겔 44:4 그가 또 나를 데리고 북문을 통하여 전 앞에 이르시기로 내가 보니 여호와의 영광이 여호와의 전에 가득한지라 내가 얼굴을 땅에 대고 엎드린대.

12. 단 9:17 그러하온즉 우리 하나님이여 지금 주의 종의 기도와 간구를 들으시고 주를 위하여 주의 얼굴빛을 주의 황폐한 성소에 비춰시옵소서.

13. 마 17:2 저희 앞에서 변형되사 그 얼굴이 해같이 빛나며 옷이 빛과 같이 희어졌더라.

14. 막 14:65 혹은 그에게 침을 뱉으며 그의 얼굴을 가리우고 주먹으로 치며 가로되 선지자 노릇을 하라 하고 하속들은 손바닥으로 치더라.

15. 고후 4:6 어두운 데서 빛이 비취리라 하시던 그 하나님께서 예수 그리스도의 얼굴에 있는 하나님의 영광을 아는 빛을 우리 마음에 비춰셨느니라.

16. 계 1:16 그 오른손에 일곱 별이 있고 그 입에서 좌우에 날 선 검이 나오고 그 얼굴은 해가 힘 있게 비취는 것 같더라.

17. 마 5:8 마음이 청결한 자는 복이 있나니 저희가 하나님을 볼 것임이요.

18. 행 2:28 주께서 생명의 길로 내게 보이셨으니 주의 앞에서 나로 기쁨이 충만하게 하시리로다 하였으니.

19. 행 4:19 베드로와 요한이 대답하여 가로되 하나님 앞에서 너희 말 듣는 것이 하나님 말씀 듣는 것보다 옳은가 판단하라.

20. 행 7:46 다윗이 하나님 앞에서 은혜를 받아 야곱의 집을 위하여 하나님의 처소를 준비케 하여 달라 하더니.

21. 행 8:21 하나님 앞에서 네 마음이 바르지 못하니 이 도에는 네가 관계도 없고 분깃 될 것도 없느니라.

22. 고전 1:28~29 하나님께서 세상의 천한 것들과 멸시받는 것들과 없는 것들을 택하사 있는 것들을 폐하려 하시나니 이는 아무 육체라도 하나님 앞에서 자랑하지 못하게 하려 하심이라.

23. 고후 2:10 너희가 무슨 일이든지 뉘게 용서하면 나도 그리하고 내가 만일 용서한 일이 있으면 용서한 그것은 너희를 위하여 그리스도 앞에서 한 것이니.

24. 고후 2:17 우리는 수다한 사람과 같이 하나님의 말씀을 혼잡하게 하지 아니하고 곧 순전함으로 하나님께 받은 것같이 하나님 앞에서와 그리스도 안에서 말하노라.

25. 고후 10:4 우리의 싸우는 병기는 육체에 속한 것이 아니요 오직 하나님 앞에서 견고한 진을 파하는 강력이라.

26. 갈 1:20 보라 내가 너희에게 쓰는 것은 하나님 앞에서 거짓말이 아니로라.

27. 살전 3:9 우리가 우리 하나님 앞에서 너희를 인하여 모든 기쁨으로 기뻐하니 너희를 위하여 능히 어떠한 감사함으로 하나님께 보답할꼬.

28. 딤전 6:13 만물을 살게 하신 하나님 앞과 본디오 빌라도를 향하여 선한 증거로 증거하신 그리스도 예수 앞에서 내가 너를 명하노니.

29. 딤후 2:14 너는 저희로 이 일을 기억하게 하여 말다툼을 하지 말라고 하나님 앞에서 엄히 명하라 이는 유익이 하나도 없고 도리어 듣는 자들을 망하게 함이니라.

30. 딤후 4:1~2 하나님 앞과 산 자와 죽은 자를 심판하실 그리스도 예수 앞에서 그의 나타나실 것과 그의 나라를 두고 엄히 명하노니 너는 말씀을 전파하라 때를 얻든지 못 얻든지 항상 힘쓰라 범사에 오래참음과 가르침으로 경책하며 경계하며 권하라.

31. 약 1:27 하나님 아버지 앞에서 정결하고 더러움이 없는 경건은 곧 고아와 과부를 그 환난 중에 돌아보고 또 자기를 지켜 세속에 물들지 아니하는 이것이니.

32. 약 4:10 주 앞에서 낮추라 그리하면 주께서 너희를 높이시리라.

33. 벧후 3:14 그러므로 사랑하는 자들아 너희가 이것을 바라보나니 주 앞에서 점도 없고 흠도 없이 평강 가운데서 나타나기를 힘쓰라.

34. 요일 3:21 사랑하는 자들아 만일 우리 마음이 우리를 책망할 것이 없으면 하나님 앞에서 담대함을 얻고.

35. 계 5:10 저희로 우리 하나님 앞에서 나라와 제사장을 삼으셨으니 저희가 땅에서 왕노릇하리로다 하더라.

36. 행 23:11 그날 밤에 주께서 바울 곁에 서서 이르시되 담대하라 네가 예루살렘에서 나의 일을 증거한 것같이 로마에서도 증거하여야 하리라 하시니라.

37. 시 16:8 내가 여호와를 항상 내 앞에 모심이여 그가 내 우편에 계시므로 내가 요동치 아니하리로다.

38. 출 33:11 사람이 그 친구와 이야기함같이 여호와께서는 모세와 대면하여 말씀하시며 모세는 진으로 돌아오나 그 수종자 눈의 아들 청년 여호수아는 회막을 떠나지 아니하니라.

36

마음

1) 무릇 지킬 만한 것보다 더욱 내 마음을 지켜야 하는 이유는 무엇입니까?

생명의 근원이 이에서 나기 때문입니다.

2) 귀신은 어디서 살기를 원합니까?

사람의 마음.

3) 왜 마음이 둔하여집니까?

방탕함과 술 취함과 생활의 염려로.

4) 하나님의 나라는 어디에 있습니까?

심령. 마음 안에 있습니다.

5) 마음이 청결한 자의 복은 무엇입니까?

하나님을 보는 복입니다.

6) 입에서 나오는 것들은 마음에서 나오나니 이것이야말로 사람을 어떻게 합니까?

더럽게 합니다.

7) 누구든지 이 산더러 들리어 바다에 던져지라 하며 그 말하는 것이 이루어질 줄

믿고 마음에 의심하지 아니하면 어떻게 됩니까?

말하는 대로 됩니다.

8) 마귀가 나쁜 생각을 사람의 어디에 넣어 줍니까?

사람의 마음. 마귀가 예수를 팔려는 생각을 가룟유다의 마음에 넣어 주었다.

9) 이새의 아들 중에서 하나님의 마음에 맞는 사람은 누구입니까?

다윗.

10) 사람은 마음에 하나님 두기를 싫어하는 이유가 무엇입니까?

타락하고 교만한 죄인이기 때문입니다.

11) 믿지 아니하는 자들의 마음을 혼미케 하여 그리스도의 영광의 복음의 광채가 비춰지 못하게 하여 구원받지 못하도록 방해하는데 누가 그렇게 합니까?

이 세상 신. 사탄 마귀.

12) 자기의 마음을 믿는 자는 누구입니까?

미련한 자.

13) 자기의 마음을 제어하지 아니하는 자는 어떤 사람입니까?

성읍이 무너지고 성벽이 없는 것과 같은 사람입니다.

14) 주 예수님께 나의 무엇을 드립니까?

나의 마음입니다.

15) 네 양떼의 형편을 부지런히 살피며 네 소 떼에게 무엇을 둡니까?

마음을 둡니다.

1. 잠 4:23 무릇 지킬 만한 것보다 더욱 네 마음을 지키라 생명의 근원이 이에서 남이니라.

2. 마 12:44~45 이에 가로되 내가 나온 내 집으로 돌아가리라 하고 와 보니 그 집이 비고 소제되고 수리되었거늘 이에 가서 저보다 더 악한 귀신 일곱을 데리고 들어가서 거하니 그 사람의 나중 형편이 전보다 더욱 심하게 되느니라 이 악한 세대가 또한 이렇게 되리라.

3. 눅 8:12 길가에 있다는 것은 말씀을 들은 자니 이에 마귀가 와서 그들로 믿어 구원을 얻지 못하게 하려고 말씀을 그 마음에서 빼앗는 것이요.

4. 눅 21:34 너희는 스스로 조심하라 그렇지 않으면 방탕함과 술 취함과 생활의 염려로 마음이 둔하여지고 뜻밖에 그날이 덫과 같이 너희에게 임하리라.

5. 눅 17:21 또 여기 있다 저기 있다고도 못하리니 하나님의 나라는 너희 안에 있느니라.

6. 마 5:8 마음이 청결한 자는 복이 있나니 저희가 하나님을 볼 것임이요.

7. 마 9:4 예수께서 그 생각을 아시고 가라사대 너희가 어찌하여 마음에 악한 생각을 하느냐.

8. 마 15:18 입에서 나오는 것들은 마음에서 나오나니 이것이야말로 사람을 더럽게 하느니라.

9. 막 11:23 내가 진실로 너희에게 이르노니 누구든지 이 산더러 들리어 바다에 던져지라 하며 그 말하는 것이 이루어질 줄 믿고 마음에 의심하지 아니하면 그대로 되리라.

10. 눅 6:45 선한 사람은 마음에 쌓은 선에서 선을 내고 악한 자는 그 쌓은 악에서 악을 내나니 이는 마음에 가득한 것을 입으로 말함이니라.

11. 눅 12:34 너희 보물 있는 곳에는 너희 마음도 있으리라.

12. 눅 21:34 너희는 스스로 조심하라 그렇지 않으면 방탕함과 술 취함과 생활의 염려로 마음이 둔하여지고 뜻밖에 그날이 덫과 같이 너희에게 임하리라.

13. 눅 24:45 이에 그들의 마음을 열어 성경을 깨닫게 하시고.

14. 눅 24:32 그들이 서로 말하되 길에서 우리에게 말씀하시고 우리에게 성경을 풀어 주실 때에 우리 속에서 마음이 뜨겁지 아니하더냐 하고.

15. 요 13:2 마귀가 벌써 시몬의 아들 가룟 유다의 마음에 예수를 팔려는 생각을 넣었더라.

16. 행 2:37 그들이 이 말을 듣고 마음에 찔려 베드로와 다른 사도들에게 물어 이르되 형제들아 우리가 어찌할꼬 하거늘.

17. 행 2:46 날마다 마음을 같이하여 성전에 모이기를 힘쓰고 집에서 떡을 떼며 기쁨과 순전

한 마음으로 음식을 먹고.

18. 행 13:22 폐하시고 다윗을 왕으로 세우시고 증언하여 이르시되 내가 이새의 아들 다윗을 만나니 내 마음에 맞는 사람이라 내 뜻을 다 이루리라 하시더니.

19. 행 16:11 베뢰아에 있는 사람들은 데살로니가에 있는 사람들보다 더 너그러워서 간절한 마음으로 말씀을 받고 이것이 그러한가 하여 날마다 성경을 상고하므로.

20. 롬 1:24 그러므로 하나님께서 그들을 마음의 정욕대로 더러움에 내버려 두사 그들의 몸을 서로 욕되게 하게 하셨으니.

21. 롬 1:28 또한 그들이 마음에 하나님 두기를 싫어하매 하나님께서 그들을 그 상실한 마음대로 내버려 두사 합당하지 못한 일을 하게 하셨으니.

22. 롬 5:5 소망이 우리를 부끄럽게 하지 아니함은 우리에게 주신 성령으로 말미암아 하나님의 사랑이 우리 마음에 부은바 됨이니.

23. 롬 10:8 그러면 무엇을 말하느냐 말씀이 네게 가까워 네 입에 있으며 네 마음에 있다 하였으니 곧 우리가 전파하는 믿음의 말씀이라.

24. 롬 10:9 네가 만일 네 입으로 예수를 주로 시인하며 또 하나님께서 그를 죽은 자 가운데서 살리신 것을 네 마음에 믿으면 구원을 받으리라.

25. 롬 10:10 사람이 마음으로 믿어 의에 이르고 입으로 시인하여 구원에 이르느니라.

26. 히 10:22 우리가 마음에 뿌림을 받아 악한 양심으로부터 벗어나고 몸은 맑은 물로 씻음을 받았으니 참 마음과 온전한 믿음으로 하나님께 나아가자.

27. 약 4:8 하나님을 가까이하라 그리하면 너희를 가까이하시리라 죄인들아 손을 깨끗이 하라 두 마음을 품은 자들아 마음을 성결하게 하라.

28. 벧전 1:22 너희가 진리를 순종함으로 너희 영혼을 깨끗하게 하여 거짓이 없이 형제를 사랑하기에 이르렀으니 마음으로 뜨겁게 서로 사랑하라.

29. 잠 8:5 어리석은 자들아 너희는 명철할지니라 미련한 자들아 너희는 마음이 밝을지니라.

30. 잠 10:8 마음이 지혜로운 자는 계명을 받거니와 입이 미련한 자는 멸망하리라.

31. 잠 16:1 마음의 경영은 사람에게 있어도 말의 응답은 여호와께로부터 나오느니라.

32. 잠 16:32 노하기를 더디하는 자는 용사보다 낫고 자기의 마음을 다스리는 자는 성을 빼앗는 자보다 나으니라.

33. 잠 17:3 도가니는 은을, 풀무는 금을 연단하거니와 여호와는 마음을 연단하시느니라.

34. 잠 17:22 마음의 즐거움은 양약이라도 심령의 근심은 뼈를 마르게 하느니라.

35. 잠 19:21 사람의 마음에는 많은 계획이 있어도 오직 여호와의 뜻만이 완전히 서리라.

36. 잠 26:1 왕의 마음이 여호와의 손에 있음이 마치 봇물과 같아서 그가 임의로 인도하시느니라.

37. 잠 21:2 사람의 행위가 자기 보기에는 모두 정직하여도 여호와는 마음을 감찰하시느니라.

38. 고후 4:4 그중에 이 세상 신이 믿지 아니하는 자들의 마음을 혼미케 하여 그리스도의 영광의 복음의 광채가 비취지 못하게 함이니 그리스도는 하나님의 형상이니라.

39. 잠 23:17 네 마음으로 죄인의 형통을 부러워하지 말고 항상 여호와를 경외하라.

40. 잠 23:26 내 아들아 네 마음을 내게 주며 네 눈으로 내 길을 즐거워할지어다.

41. 잠 25:28 자기의 마음을 제어하지 아니하는 자는 성읍이 무너지고 성벽이 없는 것과 같으니라.

42. 잠 26:25 그 말이 좋을지라도 믿지 말 것은 그 마음에 일곱 가지 가증한 것이 있음이니라.

43. 잠 27:23 네 양떼의 형편을 부지런히 살피며 네 소 떼에게 마음을 두라.

44. 잠 28:26 자기의 마음을 믿는 자는 미련한 자요 지혜롭게 행하는 자는 구원을 얻을 자니라.

37
이 세상

1) 이 세상이나 세상에 있는 것들을 사랑치 말아야 하는 이유는 무엇입니까?

누구든지 세상을 사랑하면 아버지의 사랑이 그 속에 있지 아니하니 이는 세상에 있는 모든 것이 육신의 정욕과 안목의 정욕과 이생의 자랑이니 다 아버지께로 좇아 온 것이 아니요 세상으로 좇아 온 것이라 이 세상도, 그 정욕도 지나가되 오직 하나님의 뜻을 행하는 이는 영원히 거하기 때문입니다.

2) 세상을 이기는 것은 우리의 무엇입니까?

믿음입니다.

3) 악한 자가 성도를 만지지도 못하는 이유가 무엇입니까?

주 예수님이 지켜 주시기 때문입니다.

4) 온 세상은 누구 안에 처하여 있습니까?

악한 자. 마귀.

5) 사도 바울이 우리 주 예수 그리스도의 십자가 외에 결코 자랑할 것이 없다고 한 이유가 무엇입니까?

그리스도로 말미암아 세상이 나를 대하여 십자가에 못 박히고 내가 또한 세상을 대하여 못 박혀 죽었기 때문입니다. 즉 옛사람은 죽고 새사람이 되었기 때문입니다.

6) 위의 것을 생각하고 땅엣 것을 생각지 말아야 하는 이유가 무엇입니까?

이는 너희가 죽었고 너희 생명이 그리스도와 함께 하나님 안에 감취었기 때문입니다.

7) 믿지 아니하는 자들의 마음을 혼미케 하여 그리스도의 영광의 복음의 광채가 비취지 못하게 하는 자가 누구입니까?

이 세상 신. 마귀.

8) 그가 와서 죄에 대하여, 의에 대하여, 심판에 대하여 세상을 책망하시리라 죄에 대하여라 함은 저희가 나를 믿지 아니함이요 의에 대하여라 함은 내가 아버지께로 가니 너희가 다시 나를 보지 못함이요 심판에 대하여라 함은 무엇을 말합니까?

이 세상 임금이 심판을 받았습니다.

9) 세상의 염려와 재물의 유혹과 기타 욕심이 들어와 말씀을 막아 무엇을 못 하게 합니까?

결실하지 못하게 합니다.

10) 아버지께서 나를 세상에 보내신 것같이 나도 그들을 어디로 보내셨습니까?

세상으로 보내셨습니다. 복음전파자.

11) 세상에서는 너희가 환난을 당하나 담대하라 내가 세상을 이기었노라고 하셨는데 여기서 '내가'는 누구입니까?

주 예수님.

12) 세상의 학문은 무엇입니까?

초등학문.

13) '간음한 여인들아 세상과 벗된 것이 하나님과 원수 됨을 알지 못하느냐 그런즉 누구든지 세상과 벗이 되고자 하는 자는 스스로 누구와 원수 되는 것이니라' 여기서

누구는?

하나님.

14) '자녀들아 너희는 하나님께 속하였고 또 그들을 이기었나니 이는 너희 안에 계신 이가 세상에 있는 자보다 크심이라'에서 너희 안에 계신 이는 누구입니까?

주 예수님.

말씀

1. 요일 2:15~17 이 세상이나 세상에 있는 것들을 사랑치 말라 누구든지 세상을 사랑하면 아버지의 사랑이 그 속에 있지 아니하니 이는 세상에 있는 모든 것이 육신의 정욕과 안목의 정욕과 이생의 자랑이니 다 아버지께로 좇아 온 것이 아니요 세상으로 좇아 온 것이라 이 세상도, 그 정욕도 지나가되 오직 하나님의 뜻을 행하는 이는 영원히 거하느니라.

2. 요일 5:4~5 대저 하나님께로서 난 자마다 세상을 이기느니라 세상을 이긴 이김은 이것이니 우리의 믿음이니라 예수께서 하나님의 아들이심을 믿는 자가 아니면 세상을 이기는 자가 누구뇨.

3. 요일 5:18~19 하나님께로서 난 자마다 범죄치 아니하는 줄을 우리가 아노라 하나님께로서 나신 자가 저를 지키시매 악한 자가 저를 만지지도 못하느니라 또 아는 것은 우리는 하나님께 속하고 온 세상은 악한 자 안에 처한 것이며.

4. 요 3:16 하나님이 세상을 이처럼 사랑하사 독생자를 주셨으니 이는 저를 믿는 자마다 멸망치 않고 영생을 얻게 하려 하심이니라.

5. 갈 6:14 그러나 내게는 우리 주 예수 그리스도의 십자가 외에 결코 자랑할 것이 없으니 그리스도로 말미암아 세상이 나를 대하여 십자가에 못 박히고 내가 또한 세상을 대하여 그러하니라.

6. 골 3:1~3 그러므로 너희가 그리스도와 함께 다시 살리심을 받았으면 위엣 것을 찾으라 거기는 그리스도께서 하나님 우편에 앉아 계시느니라 위엣 것을 생각하고 땅엣 것을 생각지 말라 이는 너희가 죽었고 너희 생명이 그리스도와 함께 하나님 안에 감취었음이니라.

7. 고후 4:4 그중에 이 세상 신이 믿지 아니하는 자들의 마음을 혼미케 하여 그리스도의 영광

의 복음의 광채가 비취지 못하게 함이니 그리스도는 하나님의 형상이니라.

8. 요 16:8~11 그가 와서 죄에 대하여, 의에 대하여, 심판에 대하여 세상을 책망하시리라 죄에 대하여라 함은 저희가 나를 믿지 아니함이요 의에 대하여라 함은 내가 아버지께로 가니 너희가 다시 나를 보지 못함이요 심판에 대하여라 함은 이 세상 임금이 심판을 받았음이니라.

9. 요 1:9~12 참빛 곧 세상에 와서 각 사람에게 비취는 빛이 있었나니 그가 세상에 계셨으며 세상은 그로 말미암아 지은바 되었으되 세상이 그를 알지 못하였고 자기 땅에 오매 자기 백성이 영접하지 아니하였으나 영접하는 자 곧 그 이름을 믿는 자들에게는 하나님의 자녀가 되는 권세를 주셨으니.

10. 마 12:32 또 누구든지 말로 인자를 거역하면 사하심을 얻되 누구든지 말로 성령을 거역하면 이 세상과 오는 세상에서도 사하심을 얻지 못하리라.

11. 마 18:7 실족하게 하는 일들이 있음으로 말미암아 세상에 화가 있도다 실족하게 하는 일이 없을 수는 없으나 실족하게 하는 그 사람에게는 화가 있도다.

12. 마 19:28 예수께서 이르시되 내가 진실로 너희에게 이르노니 세상이 새롭게 되어 인자가 자기 영광의 보좌에 앉을 때에 나를 따르는 너희도 열두 보좌에 앉아 이스라엘 열두 지파를 심판하리라.

13. 막 4:19 세상의 염려와 재물의 유혹과 기타 욕심이 들어와 말씀을 막아 결실하지 못하게 되는 자요.

14. 눅 21:26 사람들이 세상에 임할 일을 생각하고 무서워하므로 기절하리니 이는 하늘의 권능들이 흔들리겠음이라.

15. 요 1:10 그가 세상에 계셨으며 세상은 그로 말미암아 지은바 되었으되 세상이 그를 알지 못하였고.

16. 요 3:19 그 정죄는 이것이니 곧 빛이 세상에 왔으되 사람들이 자기 행위가 악하므로 빛보다 어둠을 더 사랑한 것이니라.

17. 요 14:17 그는 진리의 영이라 세상은 능히 그를 받지 못하나니 이는 그를 보지도 못하고 알지도 못함이라 그러나 너희는 그를 아나니 그는 너희와 함께 거하심이요 또 너희 속에 계시겠음이라.

18. 요 15:19 너희가 세상에 속하였으면 세상이 자기의 것을 사랑할 것이나 너희는 세상에 속한 자가 아니요 도리어 내가 너희를 세상에서 택하였기 때문에 세상이 너희를 미워하느니라.

하나님 나라의 비밀

19. 요 16:20 내가 진실로 진실로 너희에게 이르노니 너희는 곡하고 애통하겠으나 세상은 기뻐하리라 너희는 근심하겠으나 너희 근심이 도리어 기쁨이 되리라.

20. 요 16:28 내가 아버지에게서 나와 세상에 왔고 다시 세상을 떠나 아버지께로 가노라 하시니.

21. 요 16:33 이것을 너희에게 이르는 것은 너희로 내 안에서 평안을 누리게 하려 함이라 세상에서는 너희가 환난을 당하나 담대하라 내가 세상을 이기었노라.

22. 요 17:18 아버지께서 나를 세상에 보내신 것같이 나도 그들을 세상에 보내었고.

23. 고전 1:21 하나님의 지혜에 있어서는 이 세상이 자기 지혜로 하나님을 알지 못하므로 하나님께서 전도의 미련한 것으로 믿는 자들을 구원하시기를 기뻐하셨도다.

24. 고전 2:12 우리가 세상의 영을 받지 아니하고 오직 하나님으로부터 온 영을 받았으니 이는 우리로 하여금 하나님께서 우리에게 은혜로 주신 것들을 알게 하려 하심이라.

25. 고전 3:19 이 세상 지혜는 하나님께 어리석은 것이니 기록된바 하나님은 지혜 있는 자들로 하여금 자기 꾀에 빠지게 하시는 이라 하였고.

26. 엡 6:12 우리의 씨름은 혈과 육을 상대하는 것이 아니요 통치자들과 권세들과 이 어둠의 세상 주관자들과 하늘에 있는 악의 영들을 상대함이라.

27. 골 2:8 누가 철학과 헛된 속임수로 너희를 사로잡을까 주의하라 이것은 사람의 전통과 세상의 초등학문을 따름이요 그리스도를 따름이 아니니라.

28. 딛 2:12 우리를 양육하시되 경건하지 않은 것과 이 세상 정욕을 다 버리고 신중함과 의로움과 경건함으로 이 세상에 살고.

29. 약 4:4 간음한 여인들아 세상과 벗된 것이 하나님과 원수 됨을 알지 못하느냐 그런즉 누구든지 세상과 벗이 되고자 하는 자는 스스로 하나님과 원수 되는 것이니라.

30. 벧후 1:4 이로써 그 보배롭고 지극히 큰 약속을 우리에게 주사 이 약속으로 말미암아 너희가 정욕 때문에 세상에서 썩어질 것을 피하여 신성한 성품에 참여하는 자가 되게 하려 하셨느니라.

31. 요일 3:13 형제들아 세상이 너희를 미워하여도 이상히 여기지 말라.

32. 요일 3:17 누가 이 세상의 재물을 가지고 형제의 궁핍함을 보고도 도와 줄 마음을 닫으면 하나님의 사랑이 어찌 그 속에 거하겠느냐.

33. 요일 4:1 사랑하는 자들아 영을 다 믿지 말고 오직 영들이 하나님께 속하였나 분별하라 많은 거짓 선지자가 세상에 나왔음이라.

34. 요일 4:4 자녀들아 너희는 하나님께 속하였고 또 그들을 이기었나니 이는 너희 안에 계신 이가 세상에 있는 자보다 크심이라.

35. 계 11:15 일곱째 천사가 나팔을 불매 하늘에 큰 음성들이 나서 이르되 세상 나라가 우리 주와 그의 그리스도의 나라가 되어 그가 세세토록 왕노릇하시리로다 하니.

36. 합 2:13 민족들이 불탈 것으로 수고하는 것과 열국이 헛된 일로 곤비하게 되는 것이 만군의 여호와께로서 말미암음이 아니냐.

37. 벧후 3:7 이제 하늘과 땅은 그 동일한 말씀으로 불사르기 위하여 간수하신바 되어 경건치 아니한 사람들의 심판과 멸망의 날까지 보존하여 두신 것이니라.

38
생명과 영생

문답

1) 생명나무는 어디에 있습니까?

에덴동산. 새 예루살렘성.

2) 지혜를 얻은 자를 무슨 나무라고 합니까?

생명나무.

3) 더욱 마음을 지켜야 하는 이유는 무엇입니까?

생명의 근원이 마음에서 나오기 때문입니다.

4) 의인의 열매는 생명나무라 지혜로운 자는 무엇을 얻습니까?

사람을 얻습니다.

5) 겸손과 여호와를 경외함의 보상은 무엇입니까?

재물과 영광과 생명입니다.

6) 문은 좁고 길이 협착하여 찾는 자가 적은 문을 무슨 문이라고 합니까?

생명으로 인도하는 문입니다.

7) 살리는 것은 영이니 육은 무익하니라 내가 너희에게 이른 말은 무엇입니까?

영이요 생명입니다.

8) '내가 곧 길이요 진리요 생명이니 나로 말미암지 않고는 아버지께로 올 자가 없느니라'라고 하였는데 여기서 '내가'는 누구입니까?

주 예수님.

9) 주 예수님을 믿는 자에게는 무엇이 있습니까?

영생이 있습니다.

10) 유일하신 참 하나님과 그가 보내신 자 예수 그리스도를 아는 것이 무엇입니까?

영생입니다.

11) 그 형제를 미워하는 자마다 살인하는 자니 살인하는 자마다 무엇이 없습니까?

영생이 없습니다.

말씀

1. 창 2:9 여호와 하나님이 그 땅에서 보기에 아름답고 먹기에 좋은 나무가 나게 하시니 동산 가운데에는 생명나무와 선악을 알게 하는 나무도 있더라.
2. 잠 3:18 지혜는 그 얻은 자에게 생명나무라 지혜를 가진 자는 복되도다.
3. 잠 4:23 모든 지킬 만한 것 중에 더욱 네 마음을 지키라 생명의 근원이 이에서 남이니라.
4. 잠 10:11 의인의 입은 생명의 샘이라도 악인의 입은 독을 머금었느니라.
5. 잠 11:30 의인의 열매는 생명나무라 지혜로운 자는 사람을 얻느니라.
6. 잠 14:27 여호와를 경외하는 것은 생명의 샘이니 사망의 그물에서 벗어나게 하느니라.
7. 잠 22:4 겸손과 여호와를 경외함의 보상은 재물과 영광과 생명이니라.
8. 마 7:14 생명으로 인도하는 문은 좁고 길이 협착하여 찾는 자가 적음이라.
9. 눅 12:15 그들에게 이르시되 삼가 모든 탐심을 물리치라 사람의 생명이 그 소유의 넉넉한 데 있지 아니하니라 하시고.

10. 요 5:24 내가 진실로 진실로 너희에게 이르노니 내 말을 듣고 또 나 보내신 이를 믿는 자는 영생을 얻었고 심판에 이르지 아니하나니 사망에서 생명으로 옮겼느니라.

11. 요 5:26 아버지께서 자기 속에 생명이 있음같이 아들에게도 생명을 주어 그 속에 있게 하셨고.

12. 요 6:35 예수께서 이르시되 나는 생명의 떡이니 내게 오는 자는 결코 주리지 아니할 터이요 나를 믿는 자는 영원히 목마르지 아니하리라.

13. 요 6:63 살리는 것은 영이니 육은 무익하니라 내가 너희에게 이른 말은 영이요 생명이라.

14. 요 10:10 도둑이 오는 것은 도둑질하고 죽이고 멸망시키려는 것뿐이요 내가 온 것은 양으로 생명을 얻게 하고 더 풍성히 얻게 하려는 것이라.

15. 요 11:25 예수께서 이르시되 나는 부활이요 생명이니 나를 믿는 자는 죽어도 살겠고.

16. 요 14:6 예수께서 이르시되 내가 곧 길이요 진리요 생명이니 나로 말미암지 않고는 아버지께로 올 자가 없느니라.

17. 요 20:28~31 도마가 대답하여 가로되 나의 주시며 나의 하나님이시니이다 예수께서 가라사대 너는 나를 본 고로 믿느냐 보지 못하고 믿는 자들은 복되도다 하시니라 예수께서 제자들 앞에서 이 책에 기록되지 아니한 다른 표적도 많이 행하셨으나 오직 이것을 기록함은 너희로 예수께서 하나님의 아들 그리스도이심을 믿게 하려 함이요 또 너희로 믿고 그 이름을 힘입어 생명을 얻게 하려 함이니라.

18. 행 3:15 생명의 주를 죽였도다 그러나 하나님이 죽은 자 가운데서 그를 살리셨으니 우리가 이 일에 증인이라.

19. 행 11:18 그들이 이 말을 듣고 잠잠하여 하나님께 영광을 돌려 이르되 그러면 하나님께서 이방인에게도 생명 얻는 회개를 주셨도다 하니라.

20. 행 20:24 내가 달려갈 길과 주 예수께 받은 사명 곧 하나님의 은혜의 복음을 증언하는 일을 마치려 함에는 나의 생명조차 조금도 귀한 것으로 여기지 아니하노라.

21. 마 16:25~26 누구든지 제 목숨을 구원코자 하면 잃을 것이요 누구든지 나를 위하여 제 목숨을 잃으면 찾으리라 사람이 만일 온 천하를 얻고도 제 목숨을 잃으면 무엇이 유익하리요 사람이 무엇을 주고 제 목숨을 바꾸겠느냐.

22. 롬 8:2 이는 그리스도 예수 안에 있는 생명의 성령의 법이 죄와 사망의 법에서 너를 해방하였음이라.

23. 계 20:15 누구든지 생명책에 기록되지 못한 자는 불못에 던져지더라.

24. 계 22:1 또 그가 수정같이 맑은 생명수의 강을 내게 보이니 하나님과 및 어린 양의 보좌로 부터 나와서.

25. 계 22:2 길 가운데로 흐르더라 강 좌우에 생명나무가 있어 열두 가지 열매를 맺되 달마다 그 열매를 맺고 그 나무 잎사귀들은 만국을 치료하기 위하여 있더라.

26. 창 3:22 여호와 하나님이 이르시되 보라 이 사람이 선악을 아는 일에 우리 중 하나같이 되었으니 그가 그의 손을 들어 생명나무 열매도 따 먹고 영생할까 하노라 하시고.

27. 마 18:9 만일 네 눈이 너를 범죄하게 하거든 빼어 내버리라 한 눈으로 영생에 들어가는 것이 두 눈을 가지고 지옥 불에 던져지는 것보다 나으니라.

28. 요 3:36 아들을 믿는 자에게는 영생이 있고 아들에게 순종하지 아니하는 자는 영생을 보지 못하고 도리어 하나님의 진노가 그 위에 머물러 있느니라.

29. 요 5:39 너희가 성경에서 영생을 얻는 줄로 생각하고 성경을 연구하거니와 이 성경이 곧 내게 대하여 증언하는 것이니라.

30. 요 6:68 시몬 베드로가 대답하되 주여 영생의 말씀이 주께 있사오니 우리가 누구에게로 가오리이까.

31. 요 12:50 나는 그의 명령이 영생인 줄 아노라 그러므로 내가 이르는 것은 내 아버지께서 내게 말씀하신 그대로니라 하시니라.

32. 요 17:3 영생은 곧 유일하신 참 하나님과 그가 보내신 자 예수 그리스도를 아는 것이니이다.

33. 행 13:48 이방인들이 듣고 기뻐하여 하나님의 말씀을 찬송하며 영생을 주시기로 작정된 자는 다 믿더라.

34. 요일 5:11~12 또 증거는 이것이니 하나님이 우리에게 영생을 주신 것과 이 생명이 그의 아들 안에 있는 그것이니라 아들이 있는 자에게는 생명이 있고 하나님의 아들이 없는 자에게는 생명이 없느니라.

35. 요일 3:15 그 형제를 미워하는 자마다 살인하는 자니 살인하는 자마다 영생이 그 속에 거하지 아니하는 것을 너희가 아는 바라.

39

복음

: 십자가의 도

문답

1) 복음은 무엇입니까?

복된 말씀. 구원의 말씀. 십자가의 도. 십자가의 구속의 말씀입니다.

2) 천국 복음은 무엇입니까?

주 예수 그리스도의 부활하심을 믿고 내가 주인 되어서 살아온 죄를 회개하고 주 예수님을 나의 주인으로 모시고 죄사함 받고 성령을 받아 마음속의 하나님 나라가 이루어져서 성령님과 말씀으로 다스림 받는 복된 기쁨의 생활입니다.

3) 사도, 제자들이 하는 사명은 무엇입니까?

생명을 바쳐서 부활의 주 예수님을 전파하는 일입니다. 부활의 증인들.

4) 성령이 임하시면 무엇이 됩니까?

땅끝까지 주 예수님의 부활의 증인이 됩니다.

5) 복음, 십자가의 도의 핵심은 무엇입니까?

예수님의 피 흘리심. 죽으심. 부활하심. 승천하셔서 보좌에서 다스리심. 성령을 보내 주심. 주님과 동행. 구원 사역 등입니다.

6) 사도 바울은 나의 달려갈 길과 주 예수께 받은 사명 곧 하나님의 은혜의 복음 중

거하는 일을 마치려 함에는 나의 그것을 조금도 귀한 것으로 여기지 아니한다고 하였는데 그것이 무엇입니까?

내 생명. 목숨입니다.

7) 믿지 아니하는 자들의 마음을 혼미케 하여 그리스도의 영광의 복음의 광채가 비취지 못하게 하는 악한 세력들은 누구입니까?

이 세상 신. 사탄. 마귀들.

8) 복음을 힘 있게 전파하려면 어떻게 하여야 되겠습니까?

기도하여 성령의 충만함을 받아야 합니다.

9) 십자가의 도가 멸망하는 자들에게는 미련한 것이요 구원을 얻는 우리에게는 하나님의 무엇이 됩니까?

능력이 됩니다.

10) 너희가 거듭난 것이 썩어질 씨로 된 것이 아니요 썩지 아니할 씨로 된 것인데 여기서 썩지 아니할 씨는 무엇입니까?

하나님의 살아 있고 항상 있는 말씀입니다.

말씀

1. 막 1:1 하나님의 아들 예수 그리스도 복음의 시작이라.
2. 마 4:23 예수께서 온 갈릴리에 두루 다니사 저희 회당에서 가르치시며 천국복음을 전파하시며 백성 중에 모든 병과 모든 약한 것을 고치시니.
3. 마 24:14 이 천국 복음이 모든 민족에게 증거되기 위하여 온 세상에 전파되리니 그제야 끝이 오리라.
4. 막 1:15 가라사대 때가 찼고 하나님 나라가 가까웠으니 회개하고 복음을 믿으라 하시더라.
5. 막 16:15 또 가라사대 너희는 온 천하에 다니며 만민에게 복음을 전파하라.

6. 눅 4:18 주의 성령이 내게 임하셨으니 이는 가난한 자에게 복음을 전하게 하시려고 내게 기름을 부으시고 나를 보내사 포로 된 자에게 자유를, 눈먼 자에게 다시 보게 함을 전파하며 눌린 자를 자유케 하고.

7. 눅 4:43 예수께서 이르시되 내가 다른 동네에서도 하나님의 나라 복음을 전하여야 하리니 나는 이 일로 보내심을 입었노라 하시고.

8. 행 20:24 나의 달려갈 길과 주 예수께 받은 사명 곧 하나님의 은혜의 복음 증거하는 일을 마치려 함에는 나의 생명을 조금도 귀한 것으로 여기지 아니하노라.

9. 롬 1:16 내가 복음을 부끄러워하지 아니하노니 이 복음은 모든 믿는 자에게 구원을 주시는 하나님의 능력이 됨이라 첫째는 유대인에게요 또한 헬라인에게로다.

10. 롬 2:16 곧 내 복음에 이른 바와 같이 하나님이 예수 그리스도로 말미암아 사람들의 은밀한 것을 심판하시는 그날이라.

11. 롬 15:16 이 은혜는 곧 나로 이방인을 위하여 그리스도 예수의 일꾼이 되어 하나님의 복음의 제사장 직무를 하게 하사 이방인을 제물로 드리는 그것이 성령 안에서 거룩하게 되어 받으심직하게 하려 하심이라.

12. 롬 16:25 나의 복음과 예수 그리스도를 전파함은 영세 전부터 감취었다가.

13. 고전 4:15 그리스도 안에서 일만 스승이 있으되 아비는 많지 아니하니 그리스도 예수 안에서 복음으로써 내가 너희를 낳았음이라.

14. 고전 9:14 이와 같이 주께서도 복음 전하는 자들이 복음으로 말미암아 살리라 명하셨느니라.

15. 고전 9:16 내가 복음을 전할지라도 자랑할 것이 없음은 내가 부득불 할 일임이라 만일 복음을 전하지 아니하면 내게 화가 있을 것임이로라.

16. 고전 9:23 내가 복음을 위하여 모든 것을 행함은 복음에 참예하고자 함이라.

17. 고후 4:3~7 만일 우리 복음이 가리웠으면 망하는 자들에게 가리운 것이라 그중에 이 세상 신이 믿지 아니하는 자들의 마음을 혼미케 하여 그리스도의 영광의 복음의 광채가 비취지 못하게 함이니 그리스도는 하나님의 형상이니라 우리가 우리를 전파하는 것이 아니라 오직 그리스도 예수의 주 되신 것과 또 예수를 위하여 우리가 너희의 종된 것을 전파함이라 어두운 데서 빛이 비취리라 하시던 그 하나님께서 예수 그리스도의 얼굴에 있는 하나님의 영광을 아는 빛을 우리 마음에 비취셨느니라 우리가 이 보배를 질그릇에 가졌으니 이는 능력의 심히 큰 것이 하나님께 있고 우리에게 있지 아니함을 알게 하려 함이라.

18. 갈 1:8 그러나 우리나 혹 하늘로부터 온 천사라도 우리가 너희에게 전한 복음 외에 다른 복음을 전하면 저주를 받을지어다.

19. 갈 3:8 또 하나님이 이방을 믿음으로 말미암아 의로 정하실 것을 성경이 미리 알고 먼저 아브라함에게 복음을 전하되 모든 이방이 너를 인하여 복을 받으리라 하였으니.

20. 엡 1:13 그 안에서 너희도 진리의 말씀 곧 너희의 구원의 복음을 듣고 그 안에서 또한 믿어 약속의 성령으로 인 치심을 받았으니.

21. 엡 4:11 그가 혹은 사도로, 혹은 선지자로, 혹은 복음 전하는 자로, 혹은 목사와 교사로 주셨으니.

22. 엡 6:19 또 나를 위하여 구할 것은 내게 말씀을 주사 나로 입을 벌려 복음의 비밀을 담대히 알리게 하옵소서 할 것이니.

23. 빌 1:5 첫날부터 이제까지 복음에서 너희가 교제함을 인함이라.

24. 빌 2:22 디모데의 연단을 너희가 아나니 자식이 아비에게 함같이 나와 함께 복음을 위하여 수고하였느니라.

25. 살전 1:5 이는 우리 복음이 말로만 너희에게 이른 것이 아니라 오직 능력과 성령과 큰 확신으로 된 것이니 우리가 너희 가운데서 너희를 위하여 어떠한 사람이 된 것은 너희 아는 바와 같으니라.

26. 살전 2:9 형제들아 우리의 수고와 애쓴 것을 너희가 기억하리니 너희 아무에게도 누를 끼치지 아니하려고 밤과 낮으로 일하면서 너희에게 하나님의 복음을 전파하였노라.

27. 딤후 1:8 그러므로 네가 우리 주의 증거와 또는 주를 위하여 갇힌 자 된 나를 부끄러워 말고 오직 하나님의 능력을 좇아 복음과 함께 고난을 받으라.

28. 딤후 1:10 이제는 우리 구주 그리스도 예수의 나타나심으로 말미암아 나타났으니 저는 사망을 폐하시고 복음으로써 생명과 썩지 아니할 것을 드러내신지라.

29. 딤후 1:11 내가 이 복음을 위하여 반포자와 사도와 교사로 세우심을 입었노라.

30. 벧후 1:12 이 섬긴 바가 자기를 위한 것이 아니요 너희를 위한 것임이 계시로 알게 되었으니 이것은 하늘로부터 보내신 성령을 힘입어 복음을 전하는 자들로 이제 너희에게 고한 것이요 천사들도 살펴보기를 원하는 것이니라.

31. 벧전 1:23~25 너희가 거듭난 것이 썩어질 씨로 된 것이 아니요 썩지 아니할 씨로 된 것이니 하나님의 살아 있고 항상 있는 말씀으로 되었느니라 그러므로 모든 육체는 풀과 같고

그 모든 영광이 풀의 꽃과 같으니 풀은 마르고 꽃은 떨어지되 오직 주의 말씀은 세세토록 있도다 하였으니 너희에게 전한 복음이 곧 이 말씀이니라.

32. 벧전 4:17~18 하나님 집에서 심판을 시작할 때가 되었나니 만일 우리에게 먼저 하면 하나님의 복음을 순종치 아니하는 자들의 그 마지막이 어떠하며 또 의인이 겨우 구원을 얻으면 경건치 아니한 자와 죄인이 어디 서리요.

33. 계 14:6 또 보니 다른 천사가 공중에 날아가는데 땅에 거하는 자들 곧 여러 나라와 족속과 방언과 백성에게 전할 영원한 복음을 가졌더라.

34. 엡 3:6 이는 이방인들이 복음으로 말미암아 그리스도 예수 안에서 함께 후사가 되고 함께 지체가 되고 함께 약속에 참여하는 자가 됨이라.

35. 고전 1:17~18 그리스도께서 나를 보내심은 세례를 주게 하려 하심이 아니요 오직 복음을 전케 하려 하심이니 말의 지혜로 하지 아니함은 그리스도의 십자가가 헛되지 않게 하려 함이라 십자가의 도가 멸망하는 자들에게는 미련한 것이요 구원을 얻는 우리에게는 하나님의 능력이라.

36. 행 1:21~22 이러하므로 요한의 세례로부터 우리 가운데서 올리워 가신 날까지 주 예수께서 우리 가운데 출입하실 때에 항상 우리와 함께 다니던 사람 중에 하나를 세워 우리로 더불어 예수의 부활하심을 증거할 사람이 되게 하여야 하리라 하거늘.

37. 행 1:8 오직 성령이 너희에게 임하시면 너희가 권능을 받고 예루살렘과 온 유대와 사마리아와 땅끝까지 이르러 내 증인이 되리라 하시니라.

40

주님의 임재와 능력

: 모든 문제 해결의 길

문답	

1) 성령님께서 내 몸 속, 내 영 속에 왕으로 오셔서 살아 계심을 믿어야 한다.

내 몸이 성전이다. 나와 하나가 되고 일체가 됨을 알아야 한다. 주님이 내 마음을 다스리십니다.

> 고전 6:19 너희 몸은 너희가 하나님께로부터 받은바 너희 가운데 계신 성령의 전인 줄을 알지 못하느냐 너희는 너희의 것이 아니라.

> 고전 6:17 주와 합하는 자는 한 영이니라.

> 요일 2:27 너희는 주께 받은바 기름부음이 너희 안에 거하나니 아무도 너희를 가르칠 필요가 없고 오직 그의 기름부음이 모든 것을 너희에게 가르치며 또 참되고 거짓이 없으니 너희를 가르치신 그대로 주 안에 거하라.

주 안에서 안식하라.

> 히 4:9~10 그런즉 안식할 때가 하나님의 백성에게 남아 있도다 이미 그의 안식에 들어간 자는 하나님이 자기 일을 쉬심과 같이 자기 일을 쉬느니라.

날마다 죄를 씻고 순종하여 거룩함을 지속하여야 한다.

요일 1:9 만일 우리가 우리 죄를 자백하면 저는 미쁘시고 의로우사 우리 죄를 사하시며 모든 불의에서 우리를 깨끗케 하실 것이요.

2) 성령과 말씀이 일하시도록 하라, 의지하고 맡겨라, 수고하고 무거운 짐은 주님께 맡겨라

능력은 성령님의 나타나심과 역사이다. 능력은 오직 성령님께 속한 것이다.

- 성령의 외적 능력: 각종 은사, 신유, 기적 등.
- 성령의 내적 능력: 내 주의 성령님. 인격이시다.
- 성령의 9가지 열매: 육신적인 문제 해결 → 죄성을 통제하심 → 인격의 변화 → 거룩함 → 주와 동행
- 동거: 세상의 빛으로 나타난다.

오직 성령의 임재하심과 역사하심과 충만하심을 구하라.

눅 11:13 너희가 악할지라도 좋은 것을 자식에게 줄 줄 알거든 하물며 너희 천부께서 구하는 자에게 성령을 주시지 않겠느냐 하시니라.

삼상 16:13 사무엘이 기름 뿔을 취하여 그 형제 중에서 그에게 부었더니 이 날 이후로 다윗이 여호와의 신에게 크게 감동되니라 사무엘이 떠나서 라마로 가니라.

- 포도나무와 가지

요 5:5 나는 포도나무요 너희는 가지니 저가 내 안에, 내가 저 안에 있으면 이 사람은 과실을 많이 맺나니 나를 떠나서는 너희가 아무것도 할 수 없음이라.

요 3:34 하나님의 보내신 이는 하나님의 말씀을 하나니 이는 하나님이 성령을 한량 없이 주심이니라.

3) '다 이루었다' → 예수님께서 죄, 저주, 구원, 모든 문제를 다 이루어 주셨음을 알

고 믿고 구해야 한다

요 19:30 예수께서 신 포도주를 받으신 후 가라사대 다 이루었다 하시고 머리를 숙이시고 영혼이 돌아가시니라.

보혈의 능력을 의지하라

계 12:11 또 여러 형제가 어린 양의 피와 자기의 증거하는 말을 인하여 저를 이기었으니 그들은 죽기까지 자기 생명을 아끼지 아니하였도다.

마 28:18 예수께서 나아와 일러 가라사대 하늘과 땅의 모든 권세를 내게 주셨으니.

눅 10:19 내가 너희에게 뱀과 전갈을 밟으며 원수의 모든 능력을 제어할 권세를 주었으니 너희를 해할 자가 결단코 없으리라.

행 1:8 오직 성령이 너희에게 임하시면 너희가 권능을 받고 예루살렘과 온 유대와 사마리아와 땅끝까지 이르러 내 증인이 되리라 하시니라.

4) 약속의 말씀을 받아라 → 말씀의 성취, 기도 → 모든 문제 해결

요 15:7 너희가 내 안에 거하고 내 말이 너희 안에 거하면 무엇이든지 원하는 대로 구하라 그리하면 이루리라.

눅 1:37 대저 하나님의 모든 말씀은 능치 못하심이 없느니라.

5) 간절한 기도 → 기도 응답 → 믿음이 올 때까지 기도하라

막 11:22~23 예수께서 대답하여 저희에게 이르시되 하나님을 믿으라 내가 진실로 너희에게 이르노니 누구든지 이 산더러 들리어 바다에 던지우라 하며 그 말하는 것이 이룰 줄 믿고 마음에 의심치 아니하면 그대로 되리라.

눅 18:7 하물며 하나님께서 그 밤낮 부르짖는 택하신 자들의 원한을 풀어 주지 아니 하시겠느냐 저희에게 오래참으시겠느냐.

6) 믿음으로 행하라: 순종과 헌신과 사랑의 실천

약 2:17 행함이 없는 믿음은 그 자체가 죽은 것이라.

사랑으로 행하라. 사랑 안에 하나님이 계신다.

요일 4:12~13 어느 때나 하나님을 본 사람이 없으되 만일 우리가 서로 사랑하면 하나님이 우리 안에 거하시고 그의 사랑이 우리 안에 온전히 이루느니라.

순종하면 능력이 나타난다.

- 복음전파의 능력

눅 10:19~20 내가 너희에게 뱀과 전갈을 밟으며 원수의 모든 능력을 제어할 권세를 주었으니 너희를 해할 자가 결단코 없으리라 그러나 귀신들이 너희에게 항복하는 것으로 기뻐하지 말고 너희 이름이 하늘에 기록된 것으로 기뻐하라 하시니라.

마 28:18~20 예수께서 나아와 일러 가라사대 하늘과 땅의 모든 권세를 내게 주셨으니. 그러므로 너희는 가서 모든 족속으로 제자를 삼아 아버지와 아들과 성령의 이름으로 세례를 주고

7) 기도하여 인격의 고침과 거룩함의 회복을 받으라

8) 주 안에 거하고 성령충만 받아 주와 동행하라

9) 자녀와 예수 이름과 혀의 권세: 믿음의 말씀으로 명령하고 감사하라

막 11:22~23 예수께서 대답하여 저희에게 이르시되 하나님을 믿으라 내가 진실로 너

희에게 이르노니 누구든지 이 산더러 들리어 바다에 던지우라 하며 그 말하는 것이 이룰 줄 믿고 마음에 의심치 아니하면 그대로 되리라.

10) 영혼의 열매: 하나님의 영광, 상급, 형통함

요 15:8 너희가 과실을 많이 맺으면 내 아버지께서 영광을 받으실 것이요 너희가 내 제자가 되리라.

11) 전심을 다하라

대하 16:9 여호와의 눈은 온 땅을 두루 감찰하사 전심으로 자기에게 향하는 자를 위하여 능력을 베푸시나니 이 일은 왕이 망령되이 행하였은즉 이 후부터는 왕에게 전쟁이 있으리이다.

잠 8:17~18 나를 사랑하는 자들이 나의 사랑을 입으며 나를 간절히 찾는 자가 나를 만날 것이니라 부귀가 내게 있고 장구한 재물과 의도 그러하니라.

12) 은혜로만 된다! 주님의 역사로만 된다! 성령과 말씀이 능력이다

히 4:16 그러므로 우리가 긍휼하심을 받고 때를 따라 돕는 은혜를 얻기 위하여 은혜의 보좌 앞에 담대히 나아갈 것이니라.

13) 나의 옛사람은 죽었다: 이제는 100% 주님과 영혼만을 위하여 살아야 한다

고후 5:15 저가 모든 사람을 대신하여 죽으심은 산 자들로 하여금 다시는 저희 자신을 위하여 살지 않고 오직 저희를 대신하여 죽었다가 다시 사신 자를 위하여 살게 하려 함이니라.

41
지혜

1) 지혜와 지식의 모든 보화가 감추어 있는데 누구 안에 감추어 있습니까?

주 예수님 안에 있습니다.

2) 오직 위로부터 난 지혜는 무엇입니까?

첫째, 성결하고 다음에 화평하고 관용하고 양순하며 긍휼과 선한 열매가 가득하고 편벽과 거짓이 없나니 화평케 하는 자들은 화평으로 심어 의의 열매를 거둡니다.

3) '지혜가 여기 있으니 총명 있는 자는 그 짐승의 수를 세어 보라 그 수는 사람의 수니 육백육십육이니라(계 13:18)' 여기서 육백육십육은 무엇입니까?

사람의 수입니다. 불신자들의 모임의 수. 다수결의 원칙.

4) 사람에게 지혜와 총명을 누가 주십니까?

주 예수님.

5) 지혜를 구한 왕은 누구입니까?

솔로몬 왕.

6) 사람에게 이르시기를 주를 경외함이 곧 지혜요, 악을 떠남은 곧 무엇입니까?

명철입니다.

7) 여호와의 신, 곧 지혜와 총명의 신이요 모략과 재능의 신이요 지식과 여호와를 경외하는 신이 그 위에 강림하신다고 하였는데 누구 위에 임하십니까?

주 예수님.

8) 진주보다 귀하니 너의 사모하는 모든 것으로 이에 비교할 수 없는 것이 있는데 무엇입니까?

지혜입니다.

9) 여호와를 경외하는 것이 지혜의 근본이요 거룩하신 자를 아는 것은 무엇입니까?

명철입니다.

10) 은을 얻는 것보다 낫고 그 이익이 정금보다 나으며 진주보다 귀하고 사람이 사모하는 모든 것보다 제일로 귀한 것은 무엇입니까?

지혜입니다.

11) 솔로몬의 잠언서에서 지혜의 말씀, 명철의 말씀은 무엇입니까?

하나님의 모든 말씀. 성경의 말씀입니다.

말씀

1. 눅 2:40 아기가 자라며 강하여지고 지혜가 충족하며 하나님의 은혜가 그 위에 있더라.
2. 골 2:2~3 이는 저희로 마음에 위안을 받고 사랑 안에서 연합하여 원만한 이해의 모든 부요에 이르러 하나님의 비밀인 그리스도를 깨닫게 하려 함이라 그 안에는 지혜와 지식의 모든 보화가 감추어 있느니라.
3. 약 1:5 너희 중에 누구든지 지혜가 부족하거든 모든 사람에게 후히 주시고 꾸짖지 아니하시는 하나님께 구하라 그리하면 주시리라.
4. 약 3:17 오직 위로부터 난 지혜는 첫째 성결하고 다음에 화평하고 관용하고 양순하며 긍휼과 선한 열매가 가득하고 편벽과 거짓이 없나니 화평케 하는 자들은 화평으로 심어 의의

열매를 거두느니라.

5. 계 13:18 지혜가 여기 있으니 총명 있는 자는 그 짐승의 수를 세어 보라 그 수는 사람의 수
니 육백육십육이니라.

6. 출 35:31 하나님의 신을 그에게 충만케 하여 지혜와 총명과 지식으로 여러 가지 일을 하게
하시되.

7. 신 34:9 모세가 눈의 아들 여호수아에게 안수하였으므로 그에게 지혜의 신이 충만하니 이
스라엘 자손이 여호와께서 모세에게 명하신 대로 여호수아의 말을 순종하였더라.

8. 왕상 3:11~13 이에 하나님이 저에게 이르시되 네가 이것을 구하도다 자기를 위하여 수도
구하지 아니하며 부도 구하지 아니하며 자기의 원수의 생명 멸하기도 구하지 아니하고 오
직 송사를 듣고 분별하는 지혜를 구하였은즉 내가 네 말대로 하여 네게 지혜롭고 총명한
마음을 주노니 너의 전에도 너와 같은 자가 없었거니와 너의 후에도 너와 같은 자가 일어
남이 없으리라 내가 또 너의 구하지 아니한 부와 영광도 네게 주노니 네 평생에 열왕 중에
너와 같은 자가 없을 것이라.

9. 욥 28:28 또 사람에게 이르시기를 주를 경외함이 곧 지혜요 악을 떠남이 명철이라 하셨느
니라.

10. 전 2:21 어떤 사람은 그 지혜와 지식과 재주를 써서 수고하였어도 그 얻은 것을 수고하지
아니한 자에게 업으로 끼치리니 이것도 헛된 것이라 큰 해로다.

11. 전 9:17~18 종용히 들리는 지혜자의 말이 우매자의 어른의 호령보다 나으니라 지혜가 병
기보다 나으니라 그러나 한 죄인이 많은 선을 패궤케 하느니라.

12. 전 10:10 무딘 철 연장 날을 갈지 아니하면 힘이 더 드느니라 오직 지혜는 성공하기에 유
익하니라.

13. 사 11:2 여호와의 신 곧 지혜와 총명의 신이요 모략과 재능의 신이요 지식과 여호와를 경
외하는 신이 그 위에 강림하시리니.

14. 단 9:22 내게 가르치며 내게 말하여 가로되 다니엘아 내가 이제 네게 지혜와 총명을 주려
고 나왔나니.

15. 잠 3:13~18 지혜를 얻은 자와 명철을 얻은 자는 복이 있나니 이는 지혜를 얻는 것이 은을
얻는 것보다 낫고 그 이익이 정금보다 나음이니라 지혜는 진주보다 귀하니 너의 사모하는
모든 것으로 이에 비교할 수 없도다 그 우편 손에는 장수가 있고 그 좌편 손에는 부귀가

있나니 그 길은 즐거운 길이요 그 첩경은 다 평강이니라 지혜는 그 얻은 자에게 생명나무라 지혜를 가진 자는 복되도다.

16. 잠 3:4~8 아버지가 내게 가르쳐 이르기를 내 말을 네 마음에 두라 내 명령을 지키라 그리하면 살리라 지혜를 얻으며 명철을 얻으라 내 입의 말을 잊지 말며 어기지 말라 지혜를 버리지 말라 그가 너를 보호하리라 그를 사랑하라 그가 너를 지키라 지혜가 제일이니 지혜를 얻으라 무릇 너의 얻은 것을 가져 명철을 얻을지니라 그를 높이라 그리하면 그가 너를 높이 들리라 만일 그를 품으면 그가 너를 영화롭게 하리라.

17. 잠 9:10 여호와를 경외하는 것이 지혜의 근본이요 거룩하신 자를 아는 것이 명철이니라.

18. 잠 11:30 의인의 열매는 생명나무라 지혜로운 자는 사람을 얻느니라.

19. 잠 12:15 미련한 자는 자기 행위를 바른 줄로 여기나 지혜로운 자는 권고를 듣느니라.

20. 잠 12:18 혹은 칼로 찌름같이 함부로 말하거니와 지혜로운 자의 혀는 양약 같으니라.

21. 잠 13:1 지혜로운 아들은 아비의 훈계를 들으나 거만한 자는 꾸지람을 즐겨 듣지 아니하느니라.

22. 잠 13:20 지혜로운 자와 동행하면 지혜를 얻고 미련한 자와 사귀면 해를 받느니라.

23. 잠 4:1 무릇 지혜로운 여인은 그 집을 세우되 미련한 여인은 자기 손으로 그것을 허느니라.

24. 잠 14:24 지혜로운 자의 재물은 그의 면류관이요 미련한 자의 소유는 다만 그 미련한 것이니라.

25. 잠 15:20~21 지혜로운 아들은 아비를 즐겁게 하여도 미련한 자는 어미를 업신여기느니라 무지한 자는 미련한 것을 즐겨 하여도 명철한 자는 그 길을 바르게 하느니라.

26. 잠 16:14 왕의 진노는 살륙의 사자와 같아도 지혜로운 사람은 그것을 쉬게 하리라.

27. 잠 17:18 지혜 없는 자는 남의 손을 잡고 그 이웃 앞에서 보증이 되느니라.

28. 잠 17:28 미련한 자라도 잠잠하면 지혜로운 자로 여기우고 그 입술을 닫히면 슬기로운 자로 여기우느니라.

29. 잠 19:8 지혜를 얻는 자는 자기 영혼을 사랑하고 명철을 지키는 자는 복을 얻느니라.

30. 잠 20:15 세상에 금도 있고 진주도 많거니와 지혜로운 입술이 더욱 귀한 보배니라.

31. 잠 20:26 지혜로운 왕은 악인을 키질하며 타작하는 바퀴로 그 위에 굴리느니라.

32. 잠 21:20 지혜 있는 자의 집에는 귀한 보배와 기름이 있으나 미련한 자는 이것을 다 삼켜 버리느니라.

하나님 나라의 비밀

33. 잠 21:22 지혜로운 자는 용사의 성에 올라가서 그 성의 견고히 의뢰하는 것을 파하느니라.

34. 잠 24:5~6 지혜 있는 자는 강하고 지식 있는 자는 힘을 더하나니 너는 모략으로 싸우라 승리는 모사가 많음에 있느니라.

35. 잠 24:14 지혜가 네 영혼에게 이와 같은 줄을 알라 이것을 얻으면 정녕히 네 장래가 있겠고 네 소망이 끊어지지 아니하리라.

36. 잠 29:11 어리석은 자는 그 노를 다 드러내어도 지혜로운 자는 그 노를 억제하느니라.

37. 잠 29:15 채찍과 꾸지람이 지혜를 주거늘 임의로 하게 버려두면 그 자식은 어미를 욕되게 하느니라.

38. 잠 1:1~6 다윗의 아들 이스라엘 왕 솔로몬의 잠언이라 이는 지혜와 훈계를 알게 하며 명철의 말씀을 깨닫게 하며 지혜롭게, 의롭게, 공평하게, 정직하게, 행할 일에 대하여 훈계를 받게 하며 어리석은 자로 슬기롭게 하며 젊은 자에게 지식과 근신함을 주기 위한 것이니 지혜 있는 자는 듣고 학식이 더할 것이요 명철한 자는 모략을 얻을 것이라 잠언과 비유와 지혜 있는 자의 말과 그 오묘한 말을 깨달으리라.

42

빛과 어두움

문답	

1) 빛은 누가 창조하였습니까?

여호와 하나님.

2) 사람은 늙어도 어떻게 됩니까?

결실하며 진액이 풍족하고 빛이 청청하게 됩니다.

3) 주의 말씀은 내 발에 등이요 내 길에 무엇입니까?

빛입니다.

4) 주의 말씀을 열므로 우둔한 자에게 비춰어 어떻게 합니까?

깨닫게 합니다.

5) 의인의 빛은 환하게 빛나고 악인의 등불은 어떻게 됩니까?

꺼지게 됩니다.

6) 아침 빛같이 뚜렷하고 달같이 아름답고 해같이 맑고 기치를 벌인 군대같이 엄위한 여자가 누구입니까?

성도인 나입니다.

7) 여호와께서 그 백성의 상처를 싸매시며 그들의 맞은 자리를 고치시는 날에는 달 빛은 햇빛 같겠고 햇빛은 칠 배가 되어 일곱 날의 무엇과 같습니까?

빛과 같습니다.

8) 일어나라 빛을 발하라 이는 네 빛이 이르렀고 여호와의 영광이 누구 위에 임하였 습니까?

네 위에, 나 위에 임하였습니다.

9) 지혜 있는 자는 궁창의 빛과 같이 빛날 것이요 많은 사람을 옳은 데로 돌아오게 한 자는 무엇과 같이 영원토록 비춰입니까?

별과 같이.

10) '흑암에 앉은 백성이 큰 빛을 보았고 사망의 땅과 그늘에 앉은 자들에게 빛이 비 추었도다 하였느니라(마 4:16)' 여기서 큰 빛은 누구입니까?

하나님의 아들 주 예수님.

11) '그때에 의인들은 자기 아버지 나라에서 해와 같이 빛나리라 귀 있는 자는 들으 라' 여기서 귀 있는 자는 누구입니까?

듣고 깨닫고 순종하는 자입니다.

12) '그 안에 생명이 있었으니 이 생명은 사람들의 빛이라 빛이 어두움에 비춰되 어 두움이 깨닫지 못하더라' 여기서 빛은 누구입니까?

주 예수님.

13) 너희가 전에는 어두움이더니 이제는 주 안에서 빛이라 빛의 자녀들처럼 행하라 빛의 열매는 무엇입니까?

모든 착함과 의로움과 진실함입니다.

14) '저가 빛 가운데 계신 것같이 우리도 빛 가운데 행하면 우리가 서로 사귐이 있고 그 아들 예수의 피가 우리를 모든 죄에서 깨끗하게 하실 것이요(요일 1:7)' 여기서 빛 가운데 행하는 것은 무엇입니까?

　　서로 사랑함으로 서로의 모든 죄를 다 자백하는 것입니다.

15) 그에게 허락하사 빛나고 깨끗한 세마포를 입게 하셨은즉 이 세마포는 성도들의 무엇입니까?

　　옳은 행실입니다.

16) '그중에 이 세상 신이 믿지 아니하는 자들의 마음을 혼미케 하여 그리스도의 영광의 복음의 광채가 비취지 못하게 함이니 그리스도는 하나님의 형상이니라(고후 4:4)' 여기서 믿지 아니하는 자들의 마음을 혼미케 하는 자가 누구입니까?

　　이 세상 신. 마귀입니다.

말씀

1. 창 1:3~4 하나님이 가라사대 빛이 있으라 하시매 빛이 있었고 그 빛이 하나님의 보시기에 좋았더라 하나님이 빛과 어두움을 나누사.
2. 시 27:1 여호와는 나의 빛이요 나의 구원이시니 내가 누구를 두려워하리요 여호와는 내 생명의 능력이시니 내가 누구를 무서워하리요.
3. 시 50:2 온전히 아름다운 시온에서 하나님이 빛을 발하셨도다.
4. 시 56:13 주께서 내 생명을 사망에서 건지셨음이라 주께서 나로 하나님 앞, 생명의 빛에 다니게 하시려고 실족지 않게 하지 아니하셨나이까.
5. 시 80:3 하나님이여 우리를 돌이키시고 주의 얼굴빛을 비취사 우리로 구원을 얻게 하소서.
6. 시 92:14 늙어도 결실하며 진액이 풍족하고 빛이 청청하여.
7. 시 119:105 주의 말씀은 내 발에 등이요 내 길에 빛이니이다.
8. 시 119:130 주의 말씀을 열므로 우둔한 자에게 비취어 깨닫게 하나이다.
9. 시 139:12 주에게서는 흑암이 숨기지 못하며 밤이 낮과 같이 비취나니 주에게는 흑암과 빛

이 일반이니이다.

10. 잠 6:23 대저 명령은 등불이요 법은 빛이요 훈계의 책망은 곧 생명의 길이라.

11. 잠 13:9 의인의 빛은 환하게 빛나고 악인의 등불은 꺼지느니라.

12. 잠 15:13 마음의 즐거움은 얼굴을 빛나게 하여도 마음의 근심은 심령을 상하게 하느니라.

13. 잠 27:17 철이 철을 날카롭게 하는 것같이 사람이 그 친구의 얼굴을 빛나게 하느니라.

14. 전 11:7 빛은 실로 아름다운 것이라 눈으로 해를 보는 것이 즐거운 일이로다.

15. 전 6:10 아침 빛같이 뚜렷하고 달같이 아름답고 해같이 맑고 기치를 벌인 군대같이 엄위한 여자가 누구인가.

16. 사 30:26 여호와께서 그 백성의 상처를 싸매시며 그들의 맞은 자리를 고치시는 날에는 달빛은 햇빛 같겠고 햇빛은 칠 배가 되어 일곱 날의 빛과 같으리라 여호와께서 그 백성의 상처를 싸매시며 그들의 맞은 자리를 고치시는 날에는 달빛은 햇빛 같겠고 햇빛은 칠 배가 되어 일곱 날의 빛과 같으리라.

17. 사 60:1 일어나라 빛을 발하라 이는 네 빛이 이르렀고 여호와의 영광이 네 위에 임하였음이니라.

18. 단 12:3 지혜 있는 자는 궁창의 빛과 같이 빛날 것이요 많은 사람을 옳은 데로 돌아오게 한 자는 별과 같이 영원토록 비취리라.

19. 마 4:16 흑암에 앉은 백성이 큰 빛을 보았고 사망의 땅과 그늘에 앉은 자들에게 빛이 비취었도다 하였느니라.

20. 마 6:23 눈이 나쁘면 온 몸이 어두울 것이니 그러므로 네게 있는 빛이 어두우면 그 어두움이 얼마나 하겠느뇨.

21. 마 13:43 그때에 의인들은 자기 아버지 나라에서 해와 같이 빛나리라 귀 있는 자는 들으라.

22. 요 1:4~5 그 안에 생명이 있었으니 이 생명은 사람들의 빛이라 빛이 어두움에 비취되 어두움이 깨닫지 못하더라.

23. 요 3:20~21 악을 행하는 자마다 빛을 미워하여 빛으로 오지 아니하나니 이는 그 행위가 드러날까 함이요 진리를 좇는 자는 빛으로 오나니 이는 그 행위가 하나님 안에서 행한 것임을 나타내려 함이라 하시니라.

24. 요 8:12 예수께서 또 일러 가라사대 나는 세상의 빛이니 나를 따르는 자는 어두움에 다니지 아니하고 생명의 빛을 얻으리라.

25. 행 13:47 주께서 이같이 우리를 명하시되 내가 너를 이방의 빛을 삼아 너로 땅끝까지 구원하게 하리라 하셨느니라 하니.

26. 행 26:18 그 눈을 뜨게 하여 어두움에서 빛으로, 사단의 권세에서 하나님께로 돌아가게 하고 죄사함과 나를 믿어 거룩케 된 무리 가운데서 기업을 얻게 하리라 하더이다.

27. 고후 4:6 어두운 데서 빛이 비취리라 하시던 그 하나님께서 예수 그리스도의 얼굴에 있는 하나님의 영광을 아는 빛을 우리 마음에 비취셨느니라.

28. 엡 5:8~9 너희가 전에는 어두움이더니 이제는 주 안에서 빛이라 빛의 자녀들처럼 행하라 빛의 열매는 모든 착함과 의로움과 진실함에 있느니라.

29. 엡 5:13 그러나 책망을 받는 모든 것이 빛으로 나타나나니 나타나지는 것마다 빛이니라.

30. 살전 5:5 너희는 다 빛의 아들이요 낮의 아들이라 우리가 밤이나 어두움에 속하지 아니하나니.

31. 요일 1:7 저가 빛 가운데 계신 것같이 우리도 빛 가운데 행하면 우리가 서로 사귐이 있고 그 아들 예수의 피가 우리를 모든 죄에서 깨끗하게 하실 것이요.

32. 요일 1:9 만일 우리가 우리 죄를 자백하면 저는 미쁘시고 의로우사 우리 죄를 사하시며 모든 불의에서 우리를 깨끗케 하실 것이요.

33. 계 19:8 그에게 허락하사 빛나고 깨끗한 세마포를 입게 하셨은즉 이 세마포는 성도들의 옳은 행실이로다 하더라.

34. 계 1:11 하나님의 영광이 있으매 그 성의 빛이 지극히 귀한 보석 같고 벽옥과 수정같이 맑더라.

35. 고후 4:4 그중에 이 세상 신이 믿지 아니하는 자들의 마음을 혼미케 하여 그리스도의 영광의 복음의 광채가 비취지 못하게 함이니 그리스도는 하나님의 형상이니라.

43

참복

: 마 8복, 계 7복

문답

1) 우리의 소망은 어디에 있습니까?

오직 우리에게 모든 것을 후히 주사 누리게 하시는 하나님께 있습니다.

2) 여호와께 복을 받는 자는 누구입니까?

이는 여호와를 찾는 족속이요 야곱의 하나님의 얼굴을 구하는 자로다.

3) 복이란 무엇입니까?

하나님께 가까이 함이 내게 복이라.

4) 하나님을 간절히 찾아야 하는 이유는 무엇입니까?

나를 만나 주십니다. 나를 사랑하는 자들이 나의 사랑을 입으며 나를 간절히 찾는 자가 나를 만날 것이니라 부귀가 내게 있고 장구한 재물과 의도 그러하니라 내 열매는 금이나 정금보다 나으며 내 소득은 천은보다 나으니라.

5) 하나님은 어디에 계십니까?

사랑 안에 계십니다. 어느 때나 하나님을 본 사람이 없으되 만일 우리가 서로 사랑하면 하나님이 우리 안에 거하시고 그의 사랑이 우리 안에 온전히 이루느니라.

6) 크고 첫째 되는 계명은 무엇입니까?

네 마음을 다하고 목숨을 다하고 뜻을 다하여 주 너의 하나님을 사랑하는 것입니다.

7) 복 있는 사람은 누구입니까?

복 있는 사람은 악인의 꾀를 좇지 아니하며 죄인의 길에 서지 아니하며 오만한 자의 자리에 앉지 아니하고 오직 여호와의 율법을 즐거워하여 그 율법을 주야로 묵상하는 자입니다.

8) 8복은 무엇입니까?

심령이 가난한 자는 복이 있나니 천국이 저희 것임이요.

애통하는 자는 복이 있나니 저희가 위로를 받을 것임이요.

온유한 자는 복이 있나니 저희가 땅을 기업으로 받을 것임이요.

의에 주리고 목마른 자는 복이 있나니 저희가 배부를 것임이요.

긍휼히 여기는 자는 복이 있나니 저희가 긍휼히 여김을 받을 것임이요.

마음이 청결한 자는 복이 있나니 저희가 하나님을 볼 것임이요.

화평케 하는 자는 복이 있나니 저희가 하나님의 아들이라 일컬음을 받을 것임이요.

의를 위하여 핍박을 받는 자는 복이 있나니 천국이 저희 것임이라.

9) 요한 계시록의 7복은 무엇입니까?

이 예언의 말씀을 읽는 자와 듣는 자들과 그 가운데 기록한 것을 지키는 자들이 복이 있나니 때가 가까움이라.

지금 이후로 주 안에서 죽은 자들이 복이 있도다 하시매 성령이 가라사대 그러하다 저희 수고를 그치고 쉬리니 이는 저희의 행한 일이 따름이라.

보라 내가 도적 같이 오리니 누구든지 깨어 자기 옷을 지켜 벌거벗고 다니지 아니하며 자기의 부끄러움을 보이지 아니하는 자가 복이 있도다.

천사가 내게 말하기를 기록하라 어린양의 혼인 잔치에 청함을 입은 자들이 복이 있도다.

이 첫째 부활에 참예하는 자들은 복이 있고 거룩하도다. 둘째 사망이 그들을 다스리는 권세가 없고 도리어 그들이 하나님과 그리스도의 제사장이 되어 천년 동안 그리스도로 더불어 왕노릇하리라.

보라 내가 속히 오리니 이 책의 예언의 말씀을 지키는 자가 복이 있으리라.

그 두루마기를 빠는 자들은 복이 있나니 이는 저희가 생명나무에 나아가며 문들을 통하여 성에 들어갈 권세를 얻으려 함이로다.

10) 시험을 참는 자에게 어떠한 복이 있습니까?

생명의 면류관.

시험을 참는 자는 복이 있도다. 이것에 옳다 인정하심을 받은 후에 주께서 자기를 사랑하는 자들에게 약속하신 생명의 면류관을 얻을 것임이니라.

말씀

1. 딤전 6:17 네가 이 세대에 부한 자들을 명하여 마음을 높이지 말고 정함이 없는 재물에 소 망을 두지 말고 오직 우리에게 모든 것을 후히 주사 누리게 하시는 하나님께 두며 선한 일 을 행하고 선한 사업에 부하고 나눠 주기를 좋아하며 동정하는 자가 되게 하라.

2. 시 23:5~6 저는 여호와께 복을 받고 구원의 하나님께 의를 얻으리니 이는 여호와를 찾는 족속이요 야곱의 하나님의 얼굴을 구하는 자로다.

3. 시 73:28 하나님께 가까이함이 내게 복이라 내가 주 여호와를 나의 피난처로 삼아 주의 모 든 행사를 전파하리이다.

4. 잠 8:14~19 내게는 모략과 참지식이 있으며 나는 명철이라 내게 능력이 있으므로 나로 말 미암아 왕들이 치리하며 방백들이 공의를 세우며 나로 말미암아 재상과 존귀한 자 곧 세상 의 모든 재판관들이 다스리느니라 나를 사랑하는 자들이 나의 사랑을 입으며 나를 간절히 찾는 자가 나를 만날 것이니라 부귀가 내게 있고 장구한 재물과 의도 그러하니라 내 열매 는 금이나 정금보다 나으며 내 소득은 천은보다 나으니라.

5. 민 12:6~8 이르시되 내 말을 들으라 너희 중에 선지자가 있으면 나 여호와가 이상으로 나 를 그에게 알리기도 하고 꿈으로 그와 말하기도 하거니와 내 종 모세와는 그렇지 아니하니 그는 나의 온 집에 충성됨이라 그와는 내가 대면하여 명백히 말하고 은밀한 말로 아니하며 그는 또 여호와의 형상을 보겠거늘 너희가 어찌하여 내 종 모세 비방하기를 두려워 아니하 느냐.

6. 요일 4:12 어느 때나 하나님을 본 사람이 없으되 만일 우리가 서로 사랑하면 하나님이 우

리 안에 거하시고 그의 사랑이 우리 안에 온전히 이루느니라.

7. 마 22:37 네 마음을 다하고 목숨을 다하고 뜻을 다하여 주 너의 하나님을 사랑하라 하셨으니 이것이 크고 첫째 되는 계명이요.

8. 시 1:1 복 있는 사람은 악인의 꾀를 좇지 아니하며 죄인의 길에 서지 아니하며 오만한 자의 자리에 앉지 아니하고 오직 여호와의 율법을 즐거워하여 그 율법을 주야로 묵상하는 자로다.

마태복음 5장의 8가지 복

1. 마 5:3 심령이 가난한 자는 복이 있나니 천국이 저희 것임이니라.
2. 마 5:4 애통하는 자는 복이 있나니 저희가 위로를 받을 것임이요.
3. 마 5:5 온유한 자는 복이 있나니 저희가 땅을 기업으로 받을 것임이요.
4. 마 5:6 의에 주리고 목마른 자는 복이 있나니 저희가 배부를 것임이요.
5. 마 5:7 긍휼히 여기는 자는 복이 있나니 저희가 긍휼히 여김을 받을 것임이요.
6. 마 5:8 마음이 청결한 자는 복이 있나니 저희가 하나님을 볼 것임이요.
7. 마 5:9 화평케 하는 자는 복이 있나니 저희가 하나님의 아들이라 일컬음을 받을 것임이요.
8. 마 5:10 의를 위하여 핍박을 받는 자는 복이 있나니 천국이 저희 것임이라.

요한 계시록의 7가지 복

1. 계 1:3 이 예언의 말씀을 읽는 자와 듣는 자들과 그 가운데 기록한 것을 지키는 자들이 복이 있나니 때가 가까움이라.
2. 계 14:13 지금 이후로 주 안에서 죽은 자들이 복이 있도다 하시매 성령이 가라사대 그러하다 저희 수고를 그치고 쉬리니 이는 저희의 행한 일이 따름이라.
3. 계 16:15 보라 내가 도적같이 오리니 누구든지 깨어 자기 옷을 지켜 벌거벗고 다니지 아니하며 자기의 부끄러움을 보이지 아니하는 자가 복이 있도다.
4. 계 19:9 천사가 내게 말하기를 기록하라 어린양의 혼인 잔치에 청함을 입은 자들이 복이 있도다.
5. 계 20:6 이 첫째 부활에 참예하는 자들은 복이 있고 거룩하도다 둘째 사망이 그들을 다스

하나님 나라의 비밀

리는 권세가 없고 도리어 그들이 하나님과 그리스도의 제사장이 되어 천 년 동안 그리스도로 더불어 왕노릇하리라.

6. 계 22:7 보라 내가 속히 오리니 이 책의 예언의 말씀을 지키는 자가 복이 있으리라.

7. 계 22:14 그 두루마기를 빠는 자들은 복이 있나니 이는 저희가 생명나무에 나아가며 문들을 통하여 성에 들어갈 권세를 얻으려 함이로다.

8. 롬 4:7 그 불법을 사하심을 받고 그 죄를 가리우심을 받는 자는 복이 있고.

9. 신 8:16 네 조상들도 알지 못하던 만나를 광야에서 네게 먹이셨나니 이는 다 너를 낮추시며 너를 시험하사 마침내 네게 복을 주려 하심이었느니라.

10. 약 1:12 시험을 참는 자는 복이 있도다 이것에 옳다 인정하심을 받은 후에 주께서 자기를 사랑하는 자들에게 약속하신 생명의 면류관을 얻을 것임이니라.

44

재림

: 다시 오심

문답	

1) 예수님 오시는 날을 알 수 있습니까?

아버지 하나님 외에는 아무도 모릅니다.

2) 주께서 호령과 천사장의 소리와 하나님의 나팔 소리로 친히 하늘로부터 강림하실 때에 어떻게 됩니까?

그리스도 안에서 죽은 자들이 먼저 일어나고 그 후에 우리 살아남아 있는 자들도 그들과 함께 구름 속으로 끌어올려 공중에서 주를 영접하게 하시리니 그리하여 우리가 항상 주와 함께 있게 됩니다.

3) 하나님 앞과 살아 있는 자와 죽은 자를 심판하실 그리스도 예수 앞에서 그가 나타나실 것과 그의 나라를 두고 엄히 명하는 일이 무엇입니까?

너는 말씀을 전파하라 때를 얻든지 못 얻든지 항상 힘쓰라 범사에 오래참음과 가르침과 경책하며 경계하며 권하는 일입니다.

4) 주님께서 '보라 내가 속히 오리니 내가 줄 상이 내게 있어 각 사람에게 갚아 주리라'라고 말씀하셨는데 어떻게 갚아 주십니까?

우리가 행한 대로 갚아 주십니다.

5) 온 영과 혼과 몸이 우리 주 예수 그리스도께서 강림하실 때에 성도가 보전되기를

하나님 나라의 비밀

원하시는데 어떻게 보전되기를 원하십니까?

성도의 온 영과 혼과 몸이 흠 없게 보전되기를 원하십니다.

6) 나는 선한 싸움을 싸우고 나의 달려갈 길을 마치고 믿음을 지켰으니 이제 후로는 나를 위하여 의의 면류관이 예비되었으므로 주 곧 의로우신 재판장이 그날에 내게 주실 것이며 내게만 아니라 어떻게 하는 모든 자에게도 주신다고 하셨는데 그것이 무엇입니까?

주의 나타나심을 사모하는 자입니다.

7) 모든 사람의 본분은 무엇입니까?

하나님을 경외하고 그의 명령들을 지키는 것입니다.

말씀

1. 행 1:11 이르되 갈릴리 사람들아 어찌하여 서로 하늘을 쳐다보느냐 너희 가운데서 하늘로 올려지신 이 예수는 하늘로 가심을 본 그대로 오시리라 하였느니라.
2. 마 24:14 이 천국 복음이 모든 민족에게 증언되기 위하여 온 세상에 전파 되리니 그제야 끝이 오리라.
3. 마 24:30, 36 그때에 인자의 징조가 하늘에서 보이겠고 그때에 땅의 모든 족속들이 통곡하며 그들이 인자가 구름을 타고 능력과 큰 영광으로 오는 것을 보리라 그러나 그날과 그때는 아무도 모르고 하늘의 천사들도, 아들도 모르고 오직 아버지만 아시느니라.
4. 살전 4:16~17 주께서 호령과 천사장의 소리와 하나님의 나팔 소리로 친히 하늘로부터 강림하시리니 그리스도 안에서 죽은 자들이 먼저 일어나고 그 후에 우리 살아남아 있는 자들도 그들과 함께 구름 속으로 끌어올려 공중에서 주를 영접하게 하시리니 그리하여 우리가 항상 주와 함께 있으리라.
5. 살전 5:4~6 형제들아 너희는 어둠에 있지 아니하매 그날이 도둑같이 너희에게 임하지 못하리니 너희는 다 빛의 아들이요 낮의 아들이라 우리가 밤이나 어둠에 속하지 아니하나니 그러므로 우리는 다른 이들과 같이 자지 말고 오직 깨어 정신을 차릴지라.

6. 딤후 4:1~2 하나님 앞과 살아 있는 자와 죽은 자를 심판하실 그리스도 예수 앞에서 그가 나타나실 것과 그의 나라를 두고 엄히 명하노니 너는 말씀을 전파하라 때를 얻든지 못 얻든지 항상 힘쓰라 범사에 오래참음과 가르침과 경책하며 경계하며 권하라.

7. 벧후 3:9~10 주의 약속은 어떤 이들이 더디다고 생각하는 것같이 더딘 것이 아니라 오직 주께서는 너희를 대하여 오래참으사 아무도 멸망하지 아니하고 다 회개하기에 이르기를 원하시느니라 그러나 주의 날이 도둑같이 오리니 그날에는 하늘이 큰 소리로 떠나가고 물질이 뜨거운 불에 풀어지고 땅과 그중에 있는 모든 일이 드러나리로다.

8. 계 22:12 보라 내가 속히 오리니 내가 줄 상이 내게 있어 각 사람에게 그가 행한 대로 갚아 주리라.

9. 살전 5:23 평강의 하나님이 친히 너희를 온전히 거룩하게 하시고 또 너희의 온 영과 혼과 몸이 우리 주 예수 그리스도께서 강림하실 때에 흠 없게 보전되기를 원하노라.

10. 고전 15:23~24 그러나 각각 자기 차례대로 되리니 먼저는 첫 열매인 그리스도요 다음에는 그가 강림하실 때에 그리스도에게 속한 자요 그 후에는 마지막이니 그가 모든 통치와 모든 권세와 능력을 멸하시고 나라를 아버지 하나님께 바칠 때라.

11. 벧전 1:13~14 그러므로 너희 마음의 허리를 동이고 근신하여 예수 그리스도께서 나타나실 때에 너희에게 가져다주실 은혜를 온전히 바랄지어다 너희가 순종하는 자식처럼 전에 알지 못할 때에 따르던 너희 사욕을 본받지 말고 오직 너희를 부르신 거룩한 이처럼 너희도 모든 행실에 거룩한 자가 되라.

12. 딛 2:12~13 우리를 양육하시되 경건하지 않은 것과 이 세상 정욕을 다 버리고 신중함과 의로움과 경건함으로 이 세상에 살고 복스러운 소망과 우리의 크신 하나님 구주 예수 그리스도의 영광이 나타나심을 기다리게 하셨으니.

13. 딤후 4:7~8 나는 선한 싸움을 싸우고 나의 달려갈 길을 마치고 믿음을 지켰으니 이제 후로는 나를 위하여 의의 면류관이 예비되었으므로 주 곧 의로우신 재판장이 그날에 내게 주실 것이며 내게만 아니라 주의 나타나심을 사모하는 모든 자에게도니라.

14. 마 24:44 이러므로 너희도 준비하고 있으라 생각하지 않은 때에 인자가 오리라.

15. 계 22:20~21 이것들을 증언하신 이가 이르시되 내가 진실로 속히 오리라 하시거늘 아멘 주 예수여 오시옵소서 주 예수의 은혜가 모든 자들에게 있을지어다 아멘.

16. 전 12:13~14 일의 결국을 다 들었으니 하나님을 경외하고 그의 명령들을 지킬지어다 이

하나님 나라의 비밀

것이 모든 사람의 본분이니라 하나님은 모든 행위와 모든 은밀한 일을 선악 간에 심판하
시리라.

17. 단 12:11~13 매일 드리는 제사를 폐하며 멸망하게 할 가증한 것을 세울 때부터 천이백구
십 일을 지낼 것이요 기다려서 천삼백삼십오 일까지 이르는 그 사람은 복이 있으리라 너
는 가서 마지막을 기다리라 이는 네가 평안히 쉬다가 끝 날에는 네 몫을 누릴 것임이라.

45

심판과 징계에 대하여

문답

1) 죽은 자들이 생명책에 기록된 대로 무엇을 받습니까?

행한 대로 심판을 받습니다.

2) 사람이 한 번 죽는 것은 정해진 것이요 그 후에는 무엇이 있습니까?

심판이 있습니다.

3) 징계의 유익은 무엇입니까?

오직 하나님은 우리의 유익을 위하여 그의 거룩하심에 참여하게 하십니다.

4) 사람이 무슨 무익한 말을 하든지 심판 날에 이에 대하여 무엇을 받습니까?

심문을 받습니다.

5) 우리의 죄를 위하여 심판(저주)을 받아 주셨습니까?

주 예수님.

6) 선한 일을 행한 자는 생명의 부활로 악한 일을 행한 자는 어떠한 부활로 나아옵니까?

심판의 부활.

7) '심판에 대하여라 함은 이 세상 임금이 심판을 받았음이니라(요 16:11)' 여기서 이 세상 임금은 누구입니까?

　　사탄, 마귀.

8) 형제들이 서로 원망, 판단, 업신여기면 무엇을 받습니까?

　　심판을 받습니다.

9) 모든 사람은 혼인을 귀히 여기고 침소를 더럽히지 않게 하라 음행하는 자들과 간음하는 자들을 하나님이 어떻게 하십니까?

　　심판하십니다.

10) 모든 권세를 거스르는 자는 하나님의 명을 거스름이니 거스르는 자들은 무엇을 자취합니까?

　　심판.

11) 예수께서 세상이 새롭게 되어 자기 영광의 보좌에 앉으실 때에 예수님을 좇는 성도는 열두 보좌에 앉아 무엇을 합니까?

　　이스라엘 열두 지파를 심판합니다.

말씀

1. 요 5:24 내가 진실로 진실로 너희에게 이르노니 내 말을 듣고 또 나를 보내신 이를 믿는 자는 영생을 얻었고 심판에 이르지 아니하나니 사망에서 생명으로 옮겼느니라.

2. 갈 3:13 그리스도께서 우리를 위하여 저주를 받은바 되사 율법의 저주에서 우리를 속량하셨으니 기록된바 나무에 달린 자마다 저주 아래에 있는 자라 하였음이라 이는 그리스도 예수 안에서 아브라함의 복이 이방인에게 미치게 하고 또 우리로 하여금 믿음으로 말미암아 성령의 약속을 받게 하려 함이라.

3. 롬 6:6~7 우리가 알거니와 우리의 옛사람이 예수와 함께 십자가에 못 박힌 것은 죄의 몸이

죽어 다시는 우리가 죄에게 종노릇 하지 아니하려 함이니 이는 죽은 자가 죄에서 벗어나 의롭다 하심을 얻었음이라.

4. 고후 5:10 이는 우리가 다 반드시 그리스도의 심판대 앞에 드러나 각각 선악 간에 그 몸으로 행한 것을 따라 받으려 함이라.

5. 계 22:12 보라 내가 속히 오리니 내가 줄 상이 내게 있어 각 사람에게 그가 행한 대로 갚아 주리라.

6. 딤후 4:7~8 나는 선한 싸움을 싸우고 나의 달려갈 길을 마치고 믿음을 지켰으니 이제 후로는 나를 위하여 의의 면류관이 예비되었으므로 주 곧 의로우신 재판장이 그날에 내게 주실 것이며 내게만 아니라 주의 나타나심을 사모하는 모든 자에게도니라.

7. 계 20:12 또 내가 보니 죽은 자들이 큰 자나 작은 자나 그 보좌 앞에서 있는데 책들이 펴 있고 또 다른 책이 펴졌으니 곧 생명책이라 죽은 자들이 자기 행위를 따라 책들에 기록된 대로 심판을 받으니.

8. 히 9:27 사람이 한 번 죽는 것은 정해진 것이요 그 후에는 심판이 있으리니.

9. 벧전 4:17 하나님의 집에서 심판을 시작할 때가 되었나니 만일 우리에게 먼저 하면 하나님의 복음을 순종치 아니하는 자들의 그 마지막이 어떠하며.

10. 살후 2:12 진리를 믿지 않고 불의를 좋아하는 모든 자로 심판을 받게 하려 하심이니라.

11. 히 13:4 모든 사람은 혼인을 귀히 여기고 침소를 더럽히지 않게 하라 음행하는 자들과 간음하는 자들을 하나님이 심판하시리라.

12. 고전 5:1~2, 5 너희 중에 심지어 음행이 있다 함을 들으니 이런 음행은 이방인 중에라도 없는 것이라 누가 그 아비의 아내를 취하였다 하는도다 그리하고도 너희가 오히려 교만하여져서 어찌하여 통한히 여기지 아니하고 그 일 행한 자를 너희 중에서 물리치지 아니하였느냐 이런 자를 사단에게 내주었으니 이는 육신은 멸하고 영은 주 예수의 날에 구원을 받게 하려 함이라.

13. 히 12:10~11 그들은 잠시 그들의 뜻대로 우리를 징계하였거니와 오직 하나님은 우리의 유익을 위하여 그의 거룩하심에 참여하게 하시느니라.

14. 잠 28:13 자기의 죄를 숨기는 자는 형통치 못하나 죄를 자복하고 버리는 자는 불쌍히 여김을 받으리라(형통함).

15. 고전 11:27~32 그러므로 누구든지 주의 떡이나 잔을 합당하지 않게 먹고 마시는 자는 주

하나님 나라의 비밀

의 몸과 피에 대하여 죄를 짓는 것이니라 사람이 자기를 살피고 그 후에야 이 떡을 먹고 이 잔을 마실지니 주의 몸을 분변하지 못하고 먹고 마시는 자는 자기의 죄를 먹고 마시는 것이라 그러므로 너희 중에 약한 자와 병든 자가 많고 잠자는 자도 적지 아니하니 우리가 우리를 살폈으면(죄 자백과 회개) 판단을 받지 아니하려니와 우리가 판단을 받는 것은 주께 징계를 받는 것이니 이는 우리로 세상과 함께 정죄함을 받지 않게 하려 하심이라.

16. 골 3:5~6 그러므로 땅에 있는 지체를 죽이라 곧 음란과 부정과 사욕과 악한 정욕과 탐심이니 탐심은 우상숭배니라 이것들로 말미암아 하나님의 진노가 임하느니라.

17. 말 3:8~9 이는 곧 십일조와 봉헌물이라 너희 곧 온 나라가 나의 것을 도둑질하였으므로 너희가 저주를 받았느니라.

18. 마 12:36 내가 너희에게 이르노니 사람이 무슨 무익한 말을 하든지 심판 날에 이에 대하여 심문을 받으리니.

19. 마 19:28 예수께서 가라사대 내가 진실로 너희에게 이르노니 세상이 새롭게 되어 인자가 자기 영광의 보좌에 앉을 때에 나를 좇는 너희도 열두 보좌에 앉아 이스라엘 열두 지파를 심판하리라.

20. 요 3:17 하나님이 그 아들을 세상에 보내신 것은 세상을 심판하려 하심이 아니요 저로 말미암아 세상이 구원을 받게 하려 하심이라.

21. 요 5:28~29 이를 기이히 여기지 말라 무덤 속에 있는 자가 다 그의 음성을 들을 때가 오나니 선한 일을 행한 자는 생명의 부활로 악한 일을 행한 자는 심판의 부활로 나오리라 선한 일을 행한 자는 생명의 부활로 악한 일을 행한 자는 심판의 부활로 나오리라.

22. 요 2:31 이제 이 세상의 심판이 이르렀으니 이 세상 임금이 쫓겨나리라.

23. 요 16:11 심판에 대하여라 함은 이 세상 임금이 심판을 받았음이니라.

24. 롬 13:1~2 각 사람은 위에 있는 권세들에게 굴복하라 권세는 하나님께로 나지 않음이 없나니 모든 권세는 다 하나님의 정하신 바라 그러므로 권세를 거스리는 자는 하나님의 명을 거스림이니 거스리는 자들은 심판을 자취하리라.

25. 롬 14:10 네가 어찌하여 네 형제를 판단하느뇨 어찌하여 네 형제를 업신여기느뇨 우리가 다 하나님의 심판대 앞에 서리라.

26. 약 5:9 형제들아 서로 원망하지 말라 그리하여야 심판을 면하리라 보라 심판자가 문밖에서 계시니라.

46

찾아오심과 가르치심

문답

1) 예수님은 이 땅에 누구를 찾아오셨습니까?

죄인을 불러 회개시키러 오셨습니다.

2) 하나님이 세상을 이처럼 사랑하사 독생자를 주신 이유가 무엇입니까?

예수님을 믿는 자마다 멸망치 않고 영생을 얻게 하려 하심입니다.

3) 보혜사 곧 아버지께서 내 이름으로 보내실 성령님이 하시는 일은 무엇입니까?

성령님이 우리에게 모든 것을 가르치시고 예수님이 우리에게 말한 모든 것을 생각나게 하십니다.

4) 영접하는 자 곧 그 이름을 믿는 자들에게는 무엇을 주십니까?

하나님의 자녀가 되는 권세를 주십니다.

5) '우리가 이것을 말하거니와 사람의 지혜의 가르친 말로 아니하고 오직 성령의 가르치신 것으로 하니 신령한 일은 신령한 것으로 분별하느니라(고전 2:13)' 여기서 성도는 누구의 가르침을 받습니까?

성령님.

6) '그러나 성령이 밝히 말씀하시기를 후일에 어떤 사람들이 믿음에서 떠나 미혹케

하는 영과 귀신의 가르침을 좇으리라(딤전 4:1~2)'고 하셨는데 이들은 누구입니까?

자기 양심이 화인 맞아서 외식함으로 거짓말하는 자들입니다.

7) 주님을 만나려면 어떻게 하여야 합니까?

주님을 간절히 찾아야 합니다.

말씀

1. 눅 5:32 내가 의인을 부르러 온 것이 아니요 죄인을 불러 회개시키러 왔노라.

2. 요일 4:10 사랑은 여기 있으니 우리가 하나님을 사랑한 것이 아니요 오직 하나님이 우리를 사랑하사 우리 죄를 위하여 화목제로 그 아들을 보내셨음이니라.

3. 요 3:16 하나님이 세상을 이처럼 사랑하사 독생자를 주셨으니 이는 저를 믿는 자마다 멸망치 않고 영생을 얻게 하려 하심이니라.

4. 창 3:15 내가 너로 여자와 원수가 되게 하고 너의 후손도 여자의 후손과 원수가 되게 하리니 여자의 후손은 네 머리를 상하게 할 것이요 너는 그의 발꿈치를 상하게 할 것이니라 하시고.

5. 창 6:8~9 그러나 노아는 여호와께 은혜를 입었더라 노아의 사적은 이러하니라 노아는 의인이요 당세에 완전한 자라 그가 하나님과 동행하였으며.

6. 창 12:1~2 여호와께서 아브람에게 이르시되 너는 너의 본토 친척 아비 집을 떠나 내가 네게 지시할 땅으로 가라 내가 너로 큰 민족을 이루고 네게 복을 주어 네 이름을 창대케 하리니 너는 복의 근원이 될지라.

7. 창 6:23~24 이삭이 거기서부터 브엘세바로 올라갔더니 그 밤에 여호와께서 그에게 나타나 가라사대 나는 네 아비 아브라함의 하나님이니 두려워 말라 내 종 아브라함을 위하여 내가 너와 함께 있어 네게 복을 주어 네 자손으로 번성케 하리라 하신지라.

8. 요 1:12~13 영접하는 자 곧 그 이름을 믿는 자들에게는 하나님의 자녀가 되는 권세를 주셨으니 이는 혈통으로나 육정으로나 사람의 뜻으로 나지 아니하고 오직 하나님께로서 난 자들이니라.

9. 요일 2:27 너희는 주께 받은바 기름부음이 너희 안에 거하나니 아무도 너희를 가르칠 필요

가 없고 오직 그의 기름부음이 모든 것을 너희에게 가르치며 또 참되고 거짓이 없으니 너희를 가르치신 그대로 주 안에 거하라.

10. 요 14:26 보혜사 곧 아버지께서 내 이름으로 보내실 성령 그가 너희에게 모든 것을 가르치시고 내가 너희에게 말한 모든 것을 생각나게 하시리라.

11. 시 25:12 여호와를 경외하는 자 누구뇨 그 택할 길을 저에게 가르치시리로다.

12. 렘 32:33 그들이 등을 내게로 향하고 얼굴을 내게로 향치 아니하며 내가 그들을 가르치되 부지런히 가르칠지라도 그들이 교훈을 듣지 아니하며 받지 아니하고.

13. 살전 4:9 형제 사랑에 관하여는 너희에게 쓸 것이 없음은 너희가 친히 하나님의 가르치심을 받아 서로 사랑함이라.

14. 눅 24:27 이에 모세와 및 모든 선지자의 글로 시작하여 모든 성경에 쓴바 자기에 관한 것을 자세히 설명하시니라.

15. 마 16:21 이때로부터 예수 그리스도께서 자기가 예루살렘에 올라가 장로들과 대제사장들과 서기관들에게 많은 고난을 받고 죽임을 당하고 제 삼 일에 살아나야 할 것을 제자들에게 비로소 가르치시니.

16. 시 119:33 여호와여 주의 율례의 도를 내게 가르치소서 내가 끝까지 지키리이다.

17. 시 119:71 고난당한 것이 내게 유익이라 이로 인하여 내가 주의 율례를 배우게 되었나이다.

18. 시 119:130 주의 말씀을 열므로 우둔한 자에게 비취어 깨닫게 하나이다.

19. 고전 2:13 우리가 이것을 말하거니와 사람의 지혜의 가르친 말로 아니하고 오직 성령의 가르치신 것으로 하니 신령한 일은 신령한 것으로 분별하느니라.

20. 딤전 4:1~2 그러나 성령이 밝히 말씀하시기를 후일에 어떤 사람들이 믿음에서 떠나 미혹케 하는 영과 귀신의 가르침을 좇으리라 하셨으니 자기 양심이 화인 맞아서 외식함으로 거짓말하는 자들이라.

21. 잠 8:17 나를 사랑하는 자들이 나의 사랑을 입으며 나를 간절히 찾는 자가 나를 만날 것이니라.

하나님 나라의 비밀

47

구원의 언약, 약속

: Covenant

문답

1) 선악을 알게 하는 나무의 열매는 먹지 말라 네가 먹는 날에는 반드시 어떻게 됩니까?

죽습니다. 생명이신 하나님이 떠나십니다.

2) 여자의 후손은 누구의 머리를 상하게 합니까?

원수 마귀.

3) 무지개 언약은 무엇입니까?

하나님께서 다시는 물이 모든 육체를 멸하는 홍수가 되지 않게 하십니다.

4) 방주의 언약은 무엇입니까?

방주에 들어가면 홍수 환난에서 건짐받습니다. 예수님 안에 있으면 구원받고 모든 환난에서 건짐받습니다.

5) 하나님과 아브라함의 언약은 무엇입니까?

아브라함의 후손을 통하여서 구원자 예수님이 오십니다.

6) 할례의 언약은 무엇입니까?

교회의 언약입니다. 구원받은 사람들의 공동체입니다.

7) 유월절의 의미는 무엇입니까?

출애굽 시에 양의 피로 구속함을 받은 것처럼 신구약 사람들은 예수님의 보혈로 구속함을 받습니다.

8) 내 재물과 소산물의 처음 익은 열매로 여호와를 공경하면 어떻게 됩니까?

내 창고가 가득히 차고 포도즙 틀에 새 포도즙이 넘쳐납니다.

9) 죄사함을 얻게 하려고 많은 사람을 위하여 흘리는 피는 어떠한 피입니까?

예수님(하나님)의 피, 곧 언약의 피입니다.

10) 예수님 부활 후에 제자들에게 예루살렘을 떠나지 말고 기다리라고 하신 약속의 말씀은 무엇입니까?

성령세례를 받으라.

말씀

1. 창 2:16~17 여호와 하나님이 그 사람에게 명하여 이르시되 동산 각종 나무의 열매는 네가 임의로 먹되 선악을 알게 하는 나무의 열매는 먹지 말라 네가 먹는 날에는 반드시 죽으리라 하시니라.
2. 창 3:15 내가 너로 여자와 원수가 되게 하고 네 후손도 여자의 후손과 원수가 되게 하리니 여자의 후손은 네 머리를 상하게 할 것이요 너는 그의 발꿈치를 상하게 할 것이니라.
3. 창 6:18 그러나 너와는 내가 언약을 세우리니 너는 네 아들들과 네 아내와 네 며느리들과 함께 그 방주로 들어가고.
4. 창 9:14~15 내가 구름으로 땅을 덮을 때에 무지개가 구름 속에 나타나면 내가 나와 너희와 및 육체를 가진 모든 생물 사이의 내 언약을 기억하리니 다시는 물이 모든 육체를 멸하는 홍수가 되지 아니할지라.
5. 창 15:4~5, 18 여호와의 말씀이 그에게 임하여 이르시되 그 사람이 네 상속자가 아니라 네 몸에서 날 자가 네 상속자가 되리라 하시고 그를 이끌고 밖으로 나가 이르시되 하늘을 우

러러 뭇 별을 셀 수 있나 보라 또 그에게 이르시되 네 자손이 이와 같으리라 그날에 여호와께서 아브라함과 더불어 언약을 세워 이르시되 내가 이 땅을 애굽 강에서부터 그 큰 강 유브라데까지 네 자손에게 주노니.

6. 창 17:13~14 너희 집에서 난 자든지 너희 돈으로 산 자든지 할례를 받아야 하리니 이에 내 언약이 너희 살에 있어 영원한 언약이 되려니와 할례를 받지 아니한 남자 곧 그 포피를 베지 아니한 자는 백성 중에서 끊어지리니 그가 내 언약을 배반하였음이니라.

7. 출 12:13~14 내가 애굽 땅을 칠 때에 그 피가 너희가 사는 집에 있어서 너희를 위하여 표적이 될지라 내가 피를 볼 때에 너희를 넘어 가리니 재앙이 너희에게 내려 멸하지 아니하리라 너희는 이날을 기념하여 영원한 규례로 대대로 지킬지니라.

8. 출 13:2 이스라엘 자손 중에서 사람이나 짐승을 막론하고 태에서 처음 난 모든 것은 다 거룩히 구별하여 내게 돌리라 이는 내 것이니라.

9. 잠 3:9~10 네 재물과 네 소산물의 처음 익은 열매로 여호와를 공경하라 그리하면 네 창고가 가득히 차고 네 포도즙 틀에 새 포도즙이 넘치리라.

10. 출 24:6~8 모세가 피를 가지고 반은 여러 양푼에 담고 반은 제단에 뿌리고 언약서를 가져다가 백성에게 낭독하여 듣게 하니 그들이 이르되 여호와의 모든 말씀을 우리가 준행하리이다 모세가 그 피를 가지고 백성에게 뿌리며 이르되 이는 여호와께서 이 모든 말씀에 대하여 너희와 세우신 언약의 피니라.

11. 롬 3:20~22 그러므로 율법의 행위로 그의 앞에 의롭다 하심을 얻을 육체가 없나니 율법으로는 죄를 깨달음이니라 이제는 율법 외에 하나님의 한 의가 나타났으니 율법과 선지자들에게 증거를 받은 것이라 곧 예수 그리스도를 믿음으로 말미암아 모든 믿는 자에게 미치는 하나님의 의니 차별이 없느니라.

12. 롬 10:4 그리스도는 모든 믿는 자에게 의를 이루기 위하여 율법의 마침이 되시느니라.

13. 마 26:28 이것은 죄사함을 얻게 하려고 많은 사람을 위하여 흘리는바 나의 피 곧 언약의 피니라.

14. 히 9:12, 15 염소와 송아지의 피로 아니하고 오직 자기 피로 영원한 속죄를 이루사 단번에 성소에 들어가셨느니라 이를 인하여 그는 새 언약의 중보니 첫 언약 때에 범한 죄를 속하려고 죽으사 부르심을 입은 자로 하여금 영원한 기업의 약속을 얻게 하려 하심이니라.

15. 겔 36:27 또 내 영을 너희 속에 두어 너희로 내 규례를 행하게 하리니 너희가 내 규례를

지켜 행할지라.

16. 행 1:4~5 사도와 함께 모이사 그들에게 분부하여 이르시되 예루살렘을 떠나지 말고 내게서 들은바 아버지께서 약속 하신 것을 기다리라 요한은 물로 세례를 베풀었으나 너희는 몇날이 못되어 성령으로 세례를 받으리라.

17. 요일 2:27 너희는 주께 받은바 기름부음이 너희 안에 거하나니 아무도 너희를 가르칠 필요가 없고 오직 그의 기름부음이 모든 것을 너희에게 가르치며 또 참되고 거짓이 없으니 너희를 가르치신 그대로 주안에 거하라.

18. 갈 2:20 내가 그리스도와 함께 십자가에 못 박혔나니 그런즉 이제는 내가 사는 것이 아니요 오직 내 안에 그리스도께서 사시는 것이라.

19. 행 16:31 주 예수를 믿으라 그리하면 너와 네 집이 구원을 받으리라 하고 주의 말씀을 그 사람과 그 집에 있는 모든 사람에게 전하더라.

20. 행 3:25 너희는 선지자들의 자손이요 또 하나님이 너희 조상으로 더불어 세우신 언약의 자손이라 아브라함에게 이르시기를 땅 위의 모든 족속이 너의 씨를 인하여 복을 받으리라 하셨으니.

48

초대교회의 신앙으로 돌아가자

말씀: 사도행전 2:36~47

36. 그런즉 이스라엘 온 집이 정녕 알지니 너희가 십자가에 못 박은 이 예수를 하나님이 주와 그리스도가 되게 하셨느니라 하니라.

37. 저희가 이 말을 듣고 마음에 찔려 베드로와 다른 사도들에게 물어 가로되 형제들아 우리가 어찌할꼬 하거늘.

38. 베드로가 가로되 너희가 회개하여 각각 예수 그리스도의 이름으로 세례를 받고 죄사함을 얻으라 그리하면 성령을 선물로 받으리니.

39. 이 약속은 너희와 너희 자녀와 모든 먼 데 사람 곧 주 우리 하나님이 얼마든지 부르시는 자들에게 하신 것이라 하고.

40. 또 여러 말로 확증하며 권하여 가로되 너희가 이 패역한 세대에서 구원을 받으라 하니.

41. 그 말을 받는 사람들은 세례를 받으매 이 날에 제자의 수가 삼천이나 더하더라.

42. 저희가 사도의 가르침을 받아 서로 교제하며 떡을 떼며 기도하기를 전혀 힘쓰니라.

43. 사람마다 두려워하는데 사도들로 인하여 기사와 표적이 많이 나타나니.

44. 믿는 사람이 다 함께 있어 모든 물건을 서로 통용하고.

45. 또 재산과 소유를 팔아 각 사람의 필요를 따라 나눠 주고.

46. 날마다 마음을 같이 하여 성전에 모이기를 힘쓰고 집에서 떡을 떼며 기쁨과 순전한 마음으로 음식을 먹고.

47. 하나님을 찬미하며 또 온 백성에게 칭송을 받으니 주께서 구원받는 사람을 날마다 더하게 하시니라.

1) 초대교회 성령충만은 어떻게 받았습니까?

간절히 기도함으로 받았습니다.

> 행 4:29~31 주여 이제도 저희의 위협함을 하감하옵시고 또 종들로 하여금 담대히 하나님의 말씀을 전하게 하여 주옵시며 손을 내밀어 병을 낫게 하옵시고 표적과 기사가 거룩한 종 예수의 이름으로 이루어지게 하옵소서 하더라 빌기를 다하매 모인 곳이 진동하더니 무리가 다 성령이 충만하여 담대히 하나님의 말씀을 전하니라.

2) 초대교회에 전한 복음은 무엇입니까?

십자가에 죽으시고 부활하신 예수님이 창조주 아들 하나님이심을 선포하였습니다.

> 행 2:32 이 예수를 하나님이 살리신지라 우리가 다 이 일에 증인이로다.

> 행 1:22 항상 우리와 함께 다니던 사람 중에 하나를 세워 우리로 더불어 예수의 부활하심을 증거할 사람이 되게 하여야 하리라 하거늘.

3) 복음을 들은 유대인들의 일부의 반응은 무엇입니까?

마음에 찔림을 받아 회개하고 부활하신 예수님을 주인으로 영접하고 세례 받고 죄사함 받고 성령을 받아 구원을 받았습니다.

4) 굴복할 정도로 강력한 복음과 회개의 내용은 무엇입니까?

십자가에 죽으시고 부활하신 예수가 아들 하나님이심을 깨닫고 내가 주인 되어서 살아온 근본적이고 존재적인 흉악한 죄인임을 회개하고 부활하신 주 예수님을 나의 주인으로 영접하고 구원을 받은 것입니다.

> 롬 10:9 네가 만일 네 입으로 예수를 주로 시인하며 또 하나님께서 그를 죽은 자 가운

데서 살리신 것을 네 마음에 믿으면 구원을 얻으리니.

5) 부활의 복음의 증거가 왜 중요합니까?

모든 사람이 믿을 만한 증거이며 제자들도 부활하신 후에야 믿었기 때문입니다. 또 부활이 없다면 믿음도 헛된 것이 되기 때문입니다.

> 행 17:31 이는 정하신 사람으로 하여금 천하를 공의로 심판할 날을 작정하시고 이에 저를 죽은 자 가운데서 다시 살리신 것으로 모든 사람에게 믿을 만한 증거를 주셨음 이니라 하니라.

> 요 2:22 죽은 자 가운데서 살아나신 후에야 제자들이 이 말씀하신 것을 기억하고 성 경과 및 예수의 하신 말씀을 믿었더라.

> 고전 15:17 그리스도께서 다시 사신 것이 없으면 너희의 믿음도 헛되고 너희가 여전 히 죄 가운데 있을 것이요.

6) 초대교회 사도들과 성도들은 언제 어디서 모여서 무엇을 하였습니까?

날마다 성전에 모이기를 힘쓰며 사도의 가르침을 받으며 집(가정교회)에서 날마다 떡을 떼 며(성찬을 하며) 기도하며 전도하기에 전심을 다하였습니다.

7) 사도의 가르침의 내용은 무엇입니까?

십자가의 도, 주 예수님의 피 흘리심과 죽으심과 부활하심과 4복음서에 나오는 주 예수님 의 말씀입니다.

8) 성찬의 참된 의미는 무엇입니까?

날마다 순간마다 주 예수님을 기억하는 것입니다. 주 예수님의 살과 피를 기억하는 것입 니다(요 6:51, 마 26:28, 막 22:19, 고전 11:24~25). 떡은 성찬 때마다 주님이 주시는 영혼 의 양식이며 포도주는 죄를 지을 때마다 속죄함을 얻게 하는 언약의 피임을 날마다 기억하는 것입니다. 이 피는 살아 계신 하나님의 살아 있는 피이며(행 20:28) 마귀를 이긴 피이며(계 12:11), 날마다 짓는 죄를 씻는 피이며(요일 1:9), 하나님께 담대하게 나아가는 피이며(히 10:19), 내 깨끗한 양심으로 하나님을 섬기는 피이다(히 9:14). 생명의 피이며 전능하신 피이다.

그리고 성찬 때마다 주의 죽으심을(십자가의 도, 죽으심과 부활을) 날마다 전하는 것입니다(고전 11:26).

9) 복음전파의 사명을 무엇보다 귀하게 여겼습니까?
나의 생명.

> 행 20:24 나의 달려갈 길과 주 예수께 받은 사명 곧 하나님의 은혜의 복음 증거하는 일을 마치려 함에는 나의 생명을 조금도 귀한 것으로 여기지 아니하노라.

10) 온 백성에게 칭송받은 결과로 어떻게 되었는가?
교회가 크게 부흥되었다.

49

성찬(주의 만찬)

말씀: 행 2:36~47, 고전 11:23~25, 롬 12:1~2, 고후 5:15, 고전 11:27~30, 요 4:23~24, 요 6:53~55, 마 26:28

사도행전 교회와 성찬 예배. 영적인 예배이다.

초대교회의 신앙으로 돌아가자!

1) 사도행전 2:36~47

36. 그런즉 이스라엘 온 집이 정녕 알지니 너희가 십자가에 못 박은 이 예수를 하나님이 주와 그리스도가 되게 하셨느니라 하니라.

37. 저희가 이 말을 듣고 마음에 찔려 베드로와 다른 사도들에게 물어 가로되 형제들아 우리가 어찌할꼬 하거늘.

38. 베드로가 가로되 너희가 회개하여 각각 예수 그리스도의 이름으로 세례를 받고 죄사함을 얻으라 그리하면 성령을 선물로 받으리니.

39. 이 약속은 너희와 너희 자녀와 모든 먼 데 사람 곧 주 우리 하나님이 얼마든지 부르시는 자들에게 하신 것이라 하고.

40. 또 여러 말로 확증하며 권하여 가로되 너희가 이 패역한 세대에서 구원을 받으라 하니.

41. 그 말을 받는 사람들은 세례를 받으매 이 날에 제자의 수가 삼천이나 더하더라.

42. 저희가 사도의 가르침을 받아 서로 교제하며 떡을 떼며 기도하기를 전혀 힘쓰니라.

43. 사람마다 두려워하는데 사도들로 인하여 기사와 표적이 많이 나타나니.

44. 믿는 사람이 다 함께 있어 모든 물건을 서로 통용하고.

45. 또 재산과 소유를 팔아 각 사람의 필요를 따라 나눠 주고.

46. 날마다 마음을 같이 하여 성전에 모이기를 힘쓰고 집에서 떡을 떼며 기쁨과 순전한 마음으로 음식을 먹고.

47. 하나님을 찬미하며 또 온 백성에게 칭송을 받으니 주께서 구원받는 사람을 날마다 더하게 하시니라.

2) 고린도전서 11:23~25

23. 내가 너희에게 전한 것은 주께 받은 것이니 곧 주 예수께서 잡히시던 밤에 떡을 가지사.

24. 축사하시고 떼어 가라사대 이것은 너희를 위하는 내 몸이니 이것을 행하여 나를 기념하라 하시고.

25. 식후에 또한 이와 같이 잔을 가지시고 가라사대 이 잔은 내 피로 세운 새 언약이니 이것을 행하여 마실 때마다 나를 기념하라 하셨으니.

3) 로마서 12:1~2

1. 그러므로 형제들아 내가 하나님의 모든 자비하심으로 너희를 권하노니 너희 몸을 하나님이 기뻐하시는 거룩한 산 제사로 드리라 이는 너희의 드릴 영적 예배니라.

2. 너희는 이 세대를 본받지 말고 오직 마음을 새롭게 함으로 변화를 받아 하나님의 선하시고 기뻐하시고 온전하신 뜻이 무엇인지 분별하도록 하라.

4) 고린도후서 5:15

15. 저가 모든 사람을 대신하여 죽으심은 산 자들로 하여금 다시는 저희 자신을 위하여 살지 않고 오직 저희를 대신하여 죽었다가 다시 사신 자를 위하여 살게 하려 함이니라.

5) 고린도전서 11:27~30

27. 그러므로 누구든지 주의 떡이나 잔을 합당치 않게 먹고 마시는 자는 주의 몸과 피를 범하는 죄가 있느니라.

28. 사람이 자기를 살피고 그 후에야 이 떡을 먹고 이 잔을 마실지니.

29. 주의 몸을 분변치 못하고 먹고 마시는 자는 자기의 죄를 먹고 마시는 것이니라.

30. 이러므로 너희 중에 약한 자와 병든 자가 많고 잠자는 자도 적지 아니하니.

하나님 나라의 비밀

6) 요한복음 4:23~24

23. 아버지께 참으로 예배하는 자들은 신령과 진정으로 예배할 때가 오나니 곧 이때라 아버지께서는 이렇게 자기에게 예배하는 자들을 찾으시느니라.

24. 하나님은 영이시니 예배하는 자가 신령과 진정으로 예배할지니라.

7) 요한복음 6:53~55

53. 예수께서 이르시되 내가 진실로 진실로 너희에게 이르노니 인자의 살을 먹지 아니하고 인자의 피를 마시지 아니하면 너희 속에 생명이 없느니라.

54. 내 살을 먹고 내 피를 마시는 자는 영생을 가졌고 마지막 날에 내가 그를 다시 살리리니.

55. 내 살은 참된 양식이요 내 피는 참된 음료로다.

8) 마태복음 26:28

28. 이것은 죄사함을 얻게 하려고 많은 사람을 위하여 흘리는바 나의 피 곧 언약의 피니라.

해설

1) 인생의 목표=목적? 영적인 사람 → 영적인 교회 → 세계 복음화 → 하나님의 계획이다

- 모델교회: 초대교회, 예루살렘 교회이다. 12제자 → 120명 → 마가의 다락방 → 성령세례 → 성령으로 하나가 된다.

2) 새 생명 교회와 모든 교회, 하나님의 뜻은 영적인 교회를 세우는 것이다

3) 영적인 교회는?

내 몸을 하나님께 산 제물로 드리는 교회. 번제단의 제물이다. 산 순교자이다.

오직 주인만을 위하여 사는 생활이다.

롬 12:1 그러므로 형제들아 내가 하나님의 모든 자비하심으로 너희를 권하노니 너희

몸을 하나님이 기뻐하시는 거룩한 산 제사(제물)로 드리라 이는 너희의 드릴 영적 예배니라.

고후 5:15 저가 모든 사람을 대신하여 죽으심은 산 자들로 하여금 다시는 저희 자신을 위하여 살지 않고 오직 저희를 대신하여 죽었다가 다시 사신 자를 위하여 살게 하려 함이니라.

요 4:24 하나님은 영이시니 예배하는 자가 신령과 진정으로 예배할지니라.

4) 예배의 목적: 주님을 기억하는 것, 경배하는 것, 주님과 교제하는 것 / 주님의 임재하심: 예배를 받으심, 영혼의 만족함, 기쁨, 감사, 찬송, 영광

5) 참예배: 성만찬 예배, 초대교회, 날마다 부흥하는 교회이다

6) 교회의 타락

예루살렘 교회 → 안디옥교회 → 계시록의 소아시아 7교회 → 타락 → 이단 → 교부 철학사상이 침투되었다.

영지주의 → 지식주의 → 영적인 실제가 없다 → 예수님이 책망하심

A.D 400년경 → (1,260년 동안 마귀가 지배 → 암흑기) → 1517년 종교개혁 → 1900년부터 급속한 교회의 타락 → 세속화 → 더러운 3영이 침투하였다.

계 16:13~14 또 내가 보매 개구리 같은 세 더러운 영이 용의 입과 짐승의 입과 거짓 선지자의 입에서 나오니 저희는 귀신의 영이라 이적을 행하여 온 천하 임금들에게 가서 하나님 곧 전능하신 이의 큰 날에 전쟁을 위하여 그들을 모으더라.

더러운 3영 → 물질주의, 자유주의, 인본주의 → (기타 공산주의 무신론, 영지주의, 기복 신앙, 율법주의, 은사주의 등) → 마귀 총동원 → 마지막 발악 → 지금은 암흑기 → 주의 재림 임박한다.

7) 영적인 교회의 모델: 초대교회의 신앙, 예루살렘 교회

8) 성찬: 몸과 피, 주님의 고난과 죽으심을 기억함, 구원의 은혜와 사랑, 부활, 감사, 찬송, 헌신, 전도

9) 회개하라: 주님을 날마다 기억하는 예배, 날마다 헌신: 주님이 제정하심, 순종

10) 준비 기도: 거룩함, 자기를 살피고 죄를 분별하라, 회개하라

11) 성찬, 주의 만찬에 대하여: 주님을 기억하라, 주님이 없으면 예배는 우상이 된다, 떡과 포도주

12) 몸(떡)
   (1) 주님을 기억하는 것: 주님의 고난과 죽으심을 기억.
   (2) 부활의 권능을 체험하라.
   (3) 주님이 성찬 때마다 나누어 주시는 영혼의 양식을 먹음으로 영혼이 힘을 얻는다.
   (4) 다 이루었다.
   (5) 주님의 사랑을 깨닫고 감사와 헌신을 하게 된다.
   (6) 성령으로 성도가 하나로 연합이 된다. 한마음 한뜻이 된다. 영적인 공동체가 된다.
   (7) 영혼의 목마름과 갈증이 해소된다.

13) 피(포도주)
   (1) 주님을 기억하는 것
   주님이 성찬 때마다 나누어 주시는 영혼의 양식, 음료.

   (2) 속죄의 피
   날마다 짓는 죄를 씻는 피

(3) 능력의 피

마귀를 이긴 피.

(4) 하나님의 피

살아 있는 피

(5) 시들은 영혼을 살리고 정결케 하신다

14) 성찬은 주님이 제정, 명령하셨다 → 순종 → 복이 된다

15) 부활의 권능

빌 3:10~11 내가 그리스도와 그 부활의 권능과 그 고난에 참여함을 알려 하여 그의 죽으심을 본받아 어찌하든지 죽은 자 가운데서 부활에 이르려 하노니.

바울: 나는 날마다 죽노라. 부활의 권능을 체험하기 위하여(고전 15:31).

16) 교제 → 코이노니아 → 주님과 성도간의 교제, 성도 간에 나누어 주는 것

사도행전 2:42~25

42. 저희가 사도의 가르침을 받아 서로 교제하며 떡을 떼며 기도하기를 전혀 힘쓰니라.

43. 사람마다 두려워하는데 사도들로 인하여 기사와 표적이 많이 나타나니.

44. 믿는 사람이 다 함께 있어 모든 물건을 서로 통용하고.

45. 또 재산과 소유를 팔아 각 사람의 필요를 따라 나눠 주고.

17) 주님과 동참: 성령으로 연합한다

마 26:29 그러나 너희에게 이르노니 내가 포도나무에서 난 것을 이제부터 내 아버지의 나라에서 새 것으로 너희와 함께 마시는 날까지 마시지 아니하리라 하시니라.

성찬에 마음속에서 참여하시는 주님이시다.

고전 10:16~17 우리가 축복하는바 축복의 잔은 그리스도의 피에 참여함이 아니며 우리가 떼는 떡은 그리스도의 몸에 참여함이 아니냐 떡이 하나요 많은 우리가 한 몸이니 이는 우리가 다 한 떡에 참여함이라.

18) 성찬, 예배

의식화 도구화: 주님을 기억함을 잃어버리게 할 수 있다. 자연스럽게 은혜롭게 드려야 한다. 가정에서 자녀가 부모를 만나는 것처럼 하라.

19) 주님의 피와 살이 없이는 주님의 고난과 죽으심을 잃어버리고 주님의 고난과 죽으심이 없이는 주님의 부활의 권능에 참여할 수 없다

부활의 주님을 만날 수 없다.

20) 영혼의 양식

요 6:55 내 살은 참된 양식이요 내 피는 참된 음료로다.

내 살은-sarx-flesh-사르크스-살, 육체, 육-생명. 피를 담는 육체-프뉴마의 상대적인 개념이다. 사람의 육체이다.

살아 있는 떡이다. 즉 주 예수를 믿을 때에 영생을 얻는 생명의 떡이다. 영생하는 양식이다. 내 피는 구속함의 피이다.

참고 : 성찬에서의 예수님의 몸은 죽으심을 기억할 때마다 받아먹는 양식이다. 성찬 때마다 주님이 주시는 영혼의 양식이다. 말씀에 순종하고 성찬에 믿음으로 참여할 때 영혼의 양식이 된다. 영혼의 목마름, 갈증이 해결된다.

21) 고린도전서 11:24~26

24. 축사하시고 떼어 가라사대 이것은 너희를 위하는 내 몸이니 이것을 행하여 나를 기념하라 하시고.

25. 식후에 또한 이와 같이 잔을 가지시고 가라사대 이 잔은 내 피로 세운 새 언약이니 이것을 행하여 마실 때마다 나를 기념하라 하셨으니.

26. 너희가 이 떡을 먹으며 이 잔을 마실 때마다 주의 죽으심을 오실 때까지 전하는 것이니라.

22) 마태복음 26:28
이것은 죄사함을 얻게 하려고 많은 사람을 위하여 흘리는바 나의 피 곧 언약의 피니라.

내 몸이니: 소마(soma, body). 여기서는 죽은 몸, 시체이다.

이 잔을: 주님의 피, 속죄함의 피. 날마다 짓는 죄를 씻는 피이다. 여기서 죄사함의 피는 속죄함의 피를 말한다(마 26:28). 권능의 피이다. 하나님의 피이다. 마귀를 이긴 피이다.

23) 성찬에 날마다 참여함
성령의 역사: 믿음으로 참여하라. 예수님의 죽으심을 기억하라. 부활의 권능을 체험하라.

승천 → 성령 강림 → 성령 받은 사람들 → 성도들이 참여함 → 죽으심과 부활을 전파함 → 사도행전교회

24) 사도행전, 초대교회의 예배가 참 예배입니다.

25) 초대교회는 성령충만 받아 부활복음을 전파하기 위하여 전심으로 기도하였습니다.

26) 이스라엘의 3대 절기: 유월절, 오순절, 장막절
1) 유월절, 부활절

유대력 1월 태양력 3, 4월. 니산월 14일 해질녘 21일까지 지키며 15일부터는 무교절로 지킴으로 출애굽의 하나님을 믿는 명절이다. 예수님은 유월절을 성취하심으로 이 세상 죄인들을 영원히 자유케 하시기 위해서 오신 하나님의 어린양 곧 유월절의 어린양이다. 우리는 부활절로 지킨다.

2) 오순절(칠칠절): 맥추감사절

유대력 3월 태양력 5, 6월인 유월절이 지난 다음날로부터 7주 후인 49일이 지난 시완월 6일에 지킴. 이날부터 보리 추수가 시작된다. 예수님에 의해 성취된 오순절은 그의 구속하심의 은혜를 믿는 자들에게 그날에 성령이 임함으로 성취되었으며 각 사람의 육체 안에 하나님의 신이 내주하시게 되고 성도는 주님이 거하시는 성전이 된 것이다. 성령이 임하심으로 영혼의 추수가 시작된 것이다. 맥추감사절: 첫 열매를 거둔다.

3) 초막절(장막절, 수장절): 추수 감사절

유대력 7월 태양력 9, 10월인 티쉬리월 15일~21일에 지키며 오순절의 시작일로부터 126일이 지나고 지키는 명절이다. 보리 추수가 끝난 것을 감사하는 명절이며 곡식과 먹을 것을 저장하는 의미에서 수장절이라고도 부른다. 그리고 초막절 또는 장막절이라고도 하는데 성막의 축제 또는 성전의 축제라고 한다.

예수를 믿고 성령을 받은 성도는 하나님의 성령이 거하시는 성전으로서 그의 성전 안에 거함으로 주님과 먹고 마시는 생활을 사는 것이 영적인 장막절을 사는 것이다. 추수 감사 절기이다. 성령으로 충만한 생활이다. 주님과 동행하는 생활이다. 주님께 온전히 헌신된 생활이다. 풍성한 영혼을 추수하는 생활이다.

> **요 7:37~39 명절 끝 날 곧 큰 날에 예수께서 서서 외쳐 가라사대 누구든지 목마르거든 내게로 와서 마시라 나를 믿는 자는 성경에 이름과 같이 그 배에서 생수의 강이 흘러나리라 하시니 이는 그를 믿는 자의 받을 성령을 가리켜 말씀하신 것이라(예수께서 아직 영광을 받지 못하신 고로 성령이 아직 저희에게 계시지 아니하시더라).**

오늘날 예수를 믿고 구속함을 받아서 성령을 받은 성도는 이 세 가지 명절이 영적으로 성취된 것이다. 유월절 어린양이 대속 제물로 자기를 드리심으로 우리를 죄에서 구속하시고 오순절에 성령이 임하심으로 구속함을 받은 각 사람의 육체 속에 내주하시고 날마다 초막에서 주와 함께 먹고 마시는 주안에 거하는 생활을 사는 것이 이미 성취된 것이다.

- 성찬에 참여함: 성전생활이다. 성령으로 충만한 생활이다.
- 성령님과 동거: 동행함으로 풍성한 삶을 누리는 것이다.

장막절을 지키는 것이 주와 함께 하나님의 나라에서 새것으로 먹는 것이다. 그것이 하나님의 나라가 임한 새 예루살렘의 교회 생활을 하는 것이며 주안에 거하는 성령충만한 생활을 사는 것이다. 주와 함께 먹지 않는 것은 성령을 받고도 주 안에 거하지 못함으로 성령충만의 복을 받지 못하고 육신적으로도 힘들고 빈곤한 삶을 사는 것이다.

스가랴는 예수님이 성취하신 초막절을 지키는 축복과 지키지 않는 저주를 예언했다. 장막절의 명절을 지키며 주님의 전에서 먹고 마시는 자들에게는 복이 임할 것이라고 했다.

슥 14:14 유다도 예루살렘에서 싸우리니 이때에 사면에 있는 열국의 보화 곧 금은과 의복이 심히 많이 모여질 것이요.

열국의 보화와 금과 은과 의복이 심히 많이 모여진다는 말은 세상을 이기고 정복하는 생활을 사는 것이다. 그러나 초막절을 지키지 않으면 집에서 기르는 육축에게도 재앙이 미칠 것이라고 했다.

슥 14:15 또 말과 노새와 약대와 나귀와 그 진에 있는 모든 육축에게 미칠 재앙도 그 재앙과 같으리라.

그러므로 스가랴는 초막절을 지키는 믿음으로 살 것을 명한다. 스가랴는 예루살렘을 치러 왔다가 남은 자가 되어 구원을 받은 성도들은 해마다 올라와서 그들의 왕이 되시는 만군의 여호와께 숭배하며 장막절을 지키라고 명령했다.

슥 14:16 예루살렘을 치러 왔던 열국 중에 남은 자가 해마다 올라와서 그 왕 만군의 여호와께 숭배하며 초막절(장막절)을 지킬 것이라.

그러나 초막절을 지키러 예루살렘에 올라오지 않고 주와 함께 먹고 마시는 성령으로 충만한 새 예루살렘 교회 생활을 살지 않는 사람들 곧 날마다 주와 함께 그의 살을 먹고 그의 피를 마시는 생활을 살지 않는 사람에게는 반드시 육신적인 곤란함이 있겠다고 예언했다.

슥 14:17~19 천하 만국 중에 그 왕 만군의 여호와께 숭배하러 예루살렘에 올라오지 아니하는 자에게는 비를 내리지 아니하실 것인즉 만일 애굽 족속이 올라오지 아니할 때에는 창일함이 있지 아니하리니 여호와께서 초막절을 지키러 올라오지 아니하는 열국 사람을 치시는 재앙을 그에게 내리실 것이라 애굽 사람이나 열국 사람이나 초막절을 지키러 올라오지 아니하는 자의 받을 벌이 이러하니라.

초막절을 지킴으로 날마다 주의 살과 피를 먹고 마심으로 거룩하여지면 말방울에게까지 "여호와께 거룩"이라고 쓰게 될 것이라고 예언했다.

슥 14:20~21 그날에는 말 방울에까지 여호와께 성결이라 기록될 것이라 여호와의 전에 모든 솥이 제단 앞 주발과 다름이 없을 것이니 예루살렘과 유다의 모든 솥이 만군의 여호와의 성물이 될 것인즉 제사드리는 자가 와서 이 솥을 취하여 그 가운데 고기를 삶으리라 그날에는 만군의 여호와의 전에 가나안 사람이 다시 있지 아니하리라.

그것은 말방울도 여호와의 전의 기명들과 같이 거룩하게 된다는 말씀이다. 초막절을 지키는 사람은 모든 것이 거룩해지는 생활을 사는 것이다. 그러므로 구원을 받지 못한 가나안 사람은 다시 있지 않는 거룩한 교회가 되리라고 했다. 그것이 사도행전 교회의 모습이요 오늘날 참된 거룩한 부흥이 교회에 오는 것이다.

그러므로 우리들은 주님이 거하시는 성전으로서 날마다 주와 함께 새것으로 먹고 마시는 믿음으로 살아서 유월절과 오순절과 초막절(장막절)이 다 성취된 하나님 나라의 생활을 살음으로 세상을 이기고 물질의 축복까지도 충만히 받는 은혜를 받아야 합니다.

50

전심전력의 은혜

1) 주 너의 하나님을 어떻게 사랑하라 하셨습니까?

네 마음을 다하고 목숨을 다하고 뜻을 다하여.

2) 예수님께서 모든 사람을 위하여 죽으신 이유는 무엇입니까?

살아 있는 자들로 하여금 다시는 자기 자신을 위하여 살지 않고 다시 살아나신 예수님만을 위하여 살게 하려 하심입니다.

3) 사도 바울은 내가 달려갈 길과 주 예수께 받은 사명 곧 하나님의 은혜의 복음을 증언하는 일을 마치려 함에는 무엇조차도 조금도 귀한 것으로 여기지 않는다고 하였습니까?

나의 생명조차도.

4) 주님을 만나는 비결은 무엇입니까?

나를 간절히 찾는 자. 전심으로 찾는 자를 만나 주십니다.

5) 생명의 면류관을 받으려면 어떻게 하여야 합니까?

죽도록 충성하는 은혜를 받아야 합니다.

6) 여호와 하나님은 누구에게 능력을 베풀어 주십니까?

여호와의 눈은 온 땅을 두루 감찰하사 전심으로 자기에게 향하는 자들에게 능력을 베풀어 주십니다.

7) 주님께 전심전력을 다하려면 어떻게 하여야 합니까?

전심전력을 다하는 은혜를 구하여 받아야 합니다.

8) 예수님은 겟세마네 동산에서 어떻게 기도하셨습니까?

힘쓰고 애써 더욱 간절히 기도하시어 땀방울이 피 방울이 되도록.

말씀

1. 마 22:37 예수께서 이르시되 네 마음을 다하고 목숨을 다하고 뜻을 다하여 주 너의 하나님을 사랑하라 하셨으니 이것이 크고 첫째 되는 계명이요.

2. 빌 2:5~8 너희 안에 이 마음을 품으라 곧 그리스도 예수의 마음이니 그는 근본 하나님의 본체시나 하나님과 동등됨을 취할 것으로 여기지 아니하시고 오히려 자기를 비워 종의 형체를 가지사 사람들과 같이 되셨고 사람의 모양으로 나타나사 자기를 낮추시고 죽기까지 복종하셨으니 곧 십자가에 죽으심이라.

3. 고전 6:19~20 너희 몸은 너희가 하나님께로부터 받은바 너희 가운데 계신 성령의 전인 줄을 알지 못하느냐 너희는 너희의 것이 아니라 값으로 산 것이 되었으니 그런즉 너희 몸으로 하나님께 영광을 돌리라.

4. 요일 4:10~11 사랑은 여기 있으니 우리가 하나님을 사랑한 것이 아니요 하나님이 우리를 사랑하사 우리 죄를 속하기 위하여 화목제물로 그 아들을 보내셨음이라 사랑하는 자들아 하나님이 이같이 우리를 사랑하셨은즉 우리도 서로 사랑하는 것이 마땅하도다.

5. 고후 5:13~15 우리가 만일 미쳤어도 하나님을 위한 것이요 정신이 온전하여도 너희를 위한 것이니 그리스도의 사랑이 우리를 강권하시는도다 우리가 생각하건대 한 사람이 모든 사람을 대신하여 죽었은즉 모든 사람이 죽은 것이라 그가 모든 사람을 대신하여 죽으심은 살아 있는 자들로 하여금 다시는 그들 자신을 위하여 살지 않고 오직 그들을 대신하여 죽었다가 다시 살아나신 이를 위하여 살게 하려 함이라.

6. 행 20:23~24 오직 성령이 각 성에서 내게 증언하여 결박과 환난이 나를 기다린다 하시나 내가 달려갈 길과 주 예수께 받은 사명 곧 하나님의 은혜의 복음을 증언하는 일을 마치려 함에는 나의 생명조차 조금도 귀한 것으로 여기지 아니하노라.

7. 잠 8:17 나를 사랑하는 자들이 나의 사랑을 입으며 나를 간절히(새벽에)찾는 자가 나를 만날 것이니라.

8. 렘 29:12~13 너희가 내게 부르짖으며 내게 와서 기도하면 내가 너희들의 기도를 들을 것이요 너희가 전심으로(온 마음) 나를 찾고 찾으면 만나리라.

9. 계 2:10 네가 죽도록 충성하라 그리하면 내가 생명의 면류관을 네게 주리라.

10. 대하 16:9 여호와의 눈은 온 땅을 두루 감찰하사 전심으로 자기에게 향하는 자들을 위하여 능력을 베푸시나니 이 일은 왕이 망령되이 행하였은즉 이후부터는 왕에게 전쟁이 있으리이다 하매.

11. 딤전 4:15 이 모든 일에 전심전력하여 너희 성숙함을 모든 사람에게 나타나게 하라.

12. 사 38:2~3 히스기야가 얼굴을 벽으로 향하고 여호와께 기도하여 이르되 여호와여 구하노니 내가 주 앞에서 진실과 전심으로 행하며 주의 전에서 선하게 행한 것을 기억하옵소서 하고 히스기야가 심히 통곡하니.

13. 습 3:14 시온의 딸아 노래할지어다 이스라엘아 기쁘게 부를지어다 예루살렘 딸아 전심으로 기뻐하며 즐거워할지어다.

14. 시 1:2 오직 여호와의 율법을 즐거워하여 그의 율법을 주야로 묵상하는도다.

15. 삼상 7:3 사무엘이 이스라엘 온 족속에게 말하여 이르되 만일 너희가 전심으로 여호와께 돌아오려거든 이방 신들과 아스다롯을 너희 중에서 제거하고 너희 마음을 여호와께로 향하여 그만을 섬기라 그리하면 너희를 블레셋 사람의 손에서 건져 내시리라.

16. 왕상 14:7~8 가서 여로보암에게 말하라 이스라엘의 하나님 여호와의 말씀이 내가 너를 백성 중에서 들어 내 백성 이스라엘의 주권자가 되게 하고 나라를 다윗의 집에서 찢어 내어 네게 주었거늘 너는 내 종 다윗이 내 명령을 지켜 전심으로 나를 따랐으며 나 보기에 정직한 일만 행하였음과 같지 아니하고.

17. 시 119:2 여호와의 증거를 지키고 전심으로 여호와를 구하는 자는 복이 있도다.

18. 렘 24:7 내가 여호와인 줄 아는 마음을 그들에게 주어서 그들이 전심으로 내게 돌아오게 하리니 그들은 내 백성이 되겠고 나는 그들의 하나님이 되리라.

하나님 나라의 비밀

19. 마 6:33 그런즉 너희는 먼저 그의 나라와 그의 의를 구하라 그리하면 이 모든 것을 너희에게 더하시리라.

20. 단 6:10 다니엘이 이 조서에 어인이 찍힌 것을 알고도 자기 집에 돌아가서는 그 방의 예루살렘으로 향하여 열린 창에서 전에 행하던 대로 하루 세 번씩 무릎을 꿇고 기도하며 그 하나님께 감사하였더라.

21. 창 32:26 그 사람이 가로되 날이 새려 하니 나로 가게 하라 야곱이 가로되 당신이 내게 축복하지 아니하면 가게 하지 아니하겠나이다.

22. 눅 22:44 예수께서 힘쓰고 애써 더욱 간절히 기도하시니 땀이 땅에 떨어지는 피 방울같이 되더라.

23. 고전 6:19~20 너희 몸은 너희가 하나님께로부터 받은바 너희 가운데 계신 성령의 전인 줄을 알지 못하느냐 너희는 너희의 것이 아니라 값으로 산 것이 되었으니 그런즉 너희 몸으로 하나님께 영광을 돌리라.

제2부

영혼구원과 영혼성장

말씀 훈련, 믿음 훈련, 영의 훈련:

입으로 100번 이상 소리 내어 읽고 묵상하세요

1

성령의 임재와 성령충만

문답

1) 항상 구할 것은 무엇입니까?

여호와 하나님의 얼굴과 그의 능력을 구함.

2) 왜 하나님의 얼굴을 항상 구하여야 합니까?

먼저 하나님이 오셔서 만나 주셔야만 모든 것이 이루어지기 때문입니다. 죄사함 받고 구원을 받습니다. 모든 사람의 구원을 위해서 성령님의 역사를 간절히 날마다 구하여야 합니다.

3) 성령을 받으려면 어떠한 은혜를 받아야 합니까?

회개하여 세례를 받고 죄사함을 받아야 합니다.

4) 회개하려면 어떻게 하여야 합니까?

간절히 기도하여 성령님이 임재하시면 예수님께서 십자가에서 나의 죄 때문에 피 흘려 죽으시고 부활하심을 믿어지게 하십니다. 먼저 십자가에서 피 흘리시고 고통당하시고 나 대신 죄에 대한 심판을 받으시는 사랑의 예수님을 만나 뵈어야 합니다. 예수님이 먼저 찾아오셔서 만나주시는 은혜를 입어야 합니다. 부활하신 예수님을 나의 주인으로 믿지 아니한 죄를 자백하고 겸손히 십자가 아래에서 예수님 앞에 무릎 꿇고 간절히 구원을 사모하며 기도해야 합니다. 예수님은 의인이 아니라 죄인을 찾아오십니다.

5) 성령이 임하면 권능을 받고 땅끝까지 무엇이 됩니까?

부활의 증인-예수님을 보여 주는 사람-복음전도자-참 제자.

6) 기름부음(성령 받음)을 받으면 무엇이 됩니까?

성도. 하나님의 자녀. 왕 같은 제사장. 선지자.

7) 성령님이 나의 마음속에 나의 주인 왕으로 오셔서 무엇을 하십니까?

예수님의 십자가 사건의 가치를 알려 주시고 누리게 하십니다. 말씀으로 내 마음을 다스려 주시고 지혜와 총명을 주십니다. 아버지 하나님과 함께 사는 복을 주시고 형통함의 복을 주시고 기쁨을 주시고 아버지 하나님의 영광을 나타내는 복을 주십니다. 부활의 예수님을 증거 하십니다.

8) 성령의 가장 큰 열매는 무엇입니까?

사랑의 열매. 영혼의 열매.

9) 사랑 안에 누가 계십니까?

사랑의 하나님.

10) 생명의 성령의 법의 능력이 무엇입니까?

죄와 사망의 법에서 너를(나를) 해방하였습니다.

말씀

1. 시 105:4 여호와와 그 능력을 구할지어다 그 얼굴을 항상 구할지어다.
2. 대하 7:14 내 이름으로 일컫는 내 백성이 그 악한 길에서 떠나 스스로 겸비하고 기도하여 내 얼굴을 구하면 내가 하늘에서 듣고 그 죄를 사하고 그 땅을 고칠지라.
3. 행 2:38 베드로가 이르되 너희가 회개하여 각각 예수그리스도의 이름으로 세례를 받고 죄 사함을 받으라 그리하면 성령의 선물을 받으리라.
4. 행 1:8 오직 성령이 너희에게 임하시면 너희가 권능을 받고.

5. 계 3:20 볼지어다 내가 문밖에 서서 두드리노니 누구든지 내 음성을 듣고 문을 열면 내가 그에게로 들어가 그와 더불어 먹고 그는 나와 더불어 먹으리라.

6. 행 5:32 우리는 이 일에 증인이요 하나님이 자기에게 순종하는 사람들에게 주신 성령도 그러하니라 하시니라.

7. 요 7:37~39 명절 끝날 곧 큰 날에 예수께서 서서 외쳐 이르시되 누구든지 목마르거든 내게로 와서 마시라 나를 믿는 자는 성경에 이름과 같이 그 배에서 생수의 강이 흘러나오리라 하시니 이는 그를 믿는 자들이 받을 성령을 가리켜 말씀하신 것이라.

8. 출 40:13 아론에게 거룩한 옷을 입히고 그에게 기름을 부어 거룩하게 하여 그로 내게 제사장의 직분을 행하게 하라.

9. 눅 11:13 너희가 악할지라도 좋은 것을 자식에게 줄 줄 알거든 하물며 너희 하늘 아버지께서 구하는 자에게 성령을 주시지 않겠느냐 하시니라.

10. 행 4:31 빌기를 다하매 모인 곳이 진동하더니 무리가 다 성령으로 충만하여 담대히 하나님의 말씀을 전하니라.

11. 겔 36:37 내 영을 너희 속에 두어 너희로 내 규례를 행하게 하리니 너희가 내 규례를 지켜 행할지라.

12. 롬 8:13~14 너희가 육신대로 살면 반드시 죽을 것이로되 영으로서 몸의 행실을 죽이면 살리니 무릇 하나님의 영으로 인도함을 받는 그들은 곧 하나님의 아들이라.

13. 요 14:26 보혜사 곧 아버지께서 보내실 성령 그가 너희에게 모든 것을 가르치고 내가 너희에게 말한 모든 것을 생각나게 하시리라.

14. 요 16:7~9 그러하나 내가 너희에게 실상을 말하노니 내가 떠나가는 것이 너희에게 유익이라 내가 떠나가지 아니하면 보혜사가 너희에게로 오시지 아니할 것이요 가면 내가 그를 너희에게로 보내리니 그가 와서 죄에 대하여, 의에 대하여, 심판에 대하여 세상을 책망하시리라 죄에 대하여라 함은 저희가 나를 믿지 아니함이요.

15. 요 16:13~14 그러하나 진리의 성령이 오시면 그가 너희를 모든 진리 가운데로 인도하시리니 그가 자의로 말하지 않고 오직 듣는 것을 말하시며 장래 일을 너희에게 알리시리라 그가 내 영광을 나타내리니 내 것을 가지고 너희에게 알리겠음이니라.

16. 마 10:20 말하는 이는 너희가 아니라 너희 속에서 말씀하시는 이 곧 너희 아버지의 성령이시니라.

17. 요일 2:27 너희는 주께 받은바 기름부음이 너희 안에 거하나니 아무도 너희를 가르칠 필요가 없고 오직 그의 기름부음이 모든 것을 너희에게 가르치며 또 참되고 거짓이 없으니 너희를 가르치신 그대로 주 안에 거하라.

18. 행 10:38 하나님이 나사렛 예수에게 성령과 능력을 기름 붓듯 하셨으매 그가 두루 다니시며 선한 일을 행하시고 마귀에게 눌린 모든 사람을 고치셨으니 이는 하나님이 함께하셨음이라.

19. 고전 6:19~20 너희 몸은 너희가 하나님께로부터 받은바 너희 가운데 계신 성령의 전인 줄을 알지 못하느냐 너희는 너희 자신의 것이 아니라 값으로 산 것이 되었으니 그런즉 너희 몸으로 하나님께 영광을 돌리라.

20. 갈 5:22 오직 성령의 열매는 사랑과 희락과 화평과 오래참음과 자비와 양선과 충성과 온유와 절제니 이 같은 것을 금지할 법이 없느니라.

21. 갈 5:16~17 내가 이르노니 너희는 성령을 따라 행하라 그리하면 육체의 욕심을 이루지 아니하리라 육체의 소욕은 성령을 거스리고 성령은 육체를 거스리나니 이 둘이 서로 대적함으로 너희가 원하는 것을 하지 못하게 하려 함이니라.

22. 왕상 19:16 너는 또 님시의 아들 예후에게 기름을 부어 이스라엘 왕이 되게 하고 또 아벨므홀라 사밧의 아들 엘리사에게 기름을 부어 너를 대신하여 선지자가 되게 하라.

23. 사 32:15 필경은 위에서부터 성신을 우리에게 부어 주시리니 광야가 아름다운 밭이 되며 아름다운 밭을 삼림으로 여기게 되리라.

24. 롬 8:1 그러므로 이제 그리스도 예수 안에 있는 자에게는 결코 정죄함이 없나니 이는 그리스도 예수 안에 있는 생명의 성령의 법이 죄와 사망의 법에서 너를 해방하였음이라.

25. 엡 4:30 하나님의 성령을 근심하게 하지 말라 그 안에서 너희가 구원의 날까지 인 치심을 받았느니라.

26. 창 26:28 그들이 이르되 여호와께서 너와 함께 계심을 우리가 분명히 보았으므로 우리의 사이 곧 우리와 너 사이에 맹세하여 너와 계약을 맺으리라 말하였노라(이삭).

27. 창 41:38~40 바로가 그의 신하들에게 이르되 이와 같이 하나님의 영에 감동된 사람을 우리가 어찌 찾으리요 하고, 너는 내 집을 다스리라 내 백성이 다 네 명령에 복종하리니 내가 너보다 높은 것은 내 왕좌뿐이니라(요셉).

28. 단 2:46~47 이에 느브가네살 왕이 엎드려 다니엘에게 절하고 명하여 예물과 향품을 그

에게 주게 하니라 왕이 대답하여 다니엘에게 이르시되 너희하나님은 참으로 모든 신들의 신이요 모든 왕의 주재시로다.

29. 약 4:4 간음하는 여자들이여 세상과 벗된 것이 하나님의 원수임을 알지 못 하느뇨 그런즉 누구든지 세상과 벗이 되고자 하는 자는 스스로 하나님과 원수 되게 하는 것이니라 너희가 하나님이 우리 속에 거하게 하신 성령이 시기하기까지 사모한다 하신 말씀을 헛된 줄로 생각하느뇨.

30. 대하 7:1~2 솔로몬이 기도를 마치매 불이 하늘에서부터 내려와서 그 번제물과 제물들을 사르고 여호와의 영광이 그 전에 가득하니 여호와의 영광이 여호와의 전에 가득하므로 제사장이 그 전에 능히 들어가지 못하였고.

31. 요엘 2:28 그 후에 내가 내 신을 만민에게 부어 주리니 너희 자녀들이 장래 일을 말할 것이며 너희 늙은이는 꿈을 꾸며 너희 젊은이는 이상을 볼 것이며.

32. 요 16:8~9, 14~15 그가 와서 죄에 대하여, 의에 대하여, 심판에 대하여 세상을 책망하시리라 죄에 대하여라 함은 저희가 나를 믿지 아니함이요 그가 내 영광을 나타내리니 내 것을 가지고 너희에게 알리겠음이니라 무릇 아버지께 있는 것은 다 내 것이라 그러므로 내가 말하기를 그가 내 것을 가지고 너희에게 알리리라 하였노라.

33. 요일 4:12~13 어느 때나 하나님을 본 사람이 없으되 만일 우리가 서로 사랑하면 하나님이 우리 안에 거하시고 그의 사랑이 우리 안에 온전히 이루느니라 그의 성령을 우리에게 주시므로 우리가 그 안에 거하고 그가 우리 안에 거하시는 줄을 아느니라.

34. 고전 12:3 그러므로 내가 너희에게 알게 하노니 하나님의 영으로 말하는 자는 누구든지 예수를 저주할 자라 하지 않고 또 성령으로 아니하고는 누구든지 예수를 주시라 할 수 없느니라.

35. 마 12:28 그러나 내가 하나님의 성령을 힘입어 귀신을 쫓아내는 것이면 하나님의 나라가 이미 너희에게 임하였느니라.

36. 롬 8:16 성령이 친히 우리 영으로 더불어 우리가 하나님의 자녀인 것을 증거하시나니.

37. 요 15:26 내가 아버지께로서 너희에게 보낼 보혜사 곧 아버지께로서 나오시는 진리의 성령이 오실 때에 그가 나를 증거하실 것이요.

38. 살전 1:5 이는 우리 복음이 말로만 너희에게 이른 것이 아니라 오직 능력과 성령과 큰 확신으로 된 것이니 우리가 너희 가운데서 너희를 위하여 어떠한 사람이 된 것은 너희 아는

바와 같으니라.

39. 롬 8:1~4 그러므로 이제 그리스도 예수 안에 있는 자에게는 결코 정죄함이 없나니 이는 그리스도 예수 안에 있는 생명의 성령의 법이 죄와 사망의 법에서 너를 해방하였음이라 율법이 육신으로 말미암아 연약하여 할 수 없는 그것을 하나님은 하시나니 곧 죄를 인하여 자기 아들을 죄 있는 육신의 모양으로 보내어 육신에 죄를 정하사 육신을 좇지 않고 그 영을 좇아 행하는 우리에게 율법의 요구를 이루어지게 하려 하심이니라.

40. 롬 8:9 만일 너희 속에 하나님의 영이 거하시면 너희가 육신에 있지 아니하고 영에 있나니 누구든지 그리스도의 영이 없으면 그리스도의 사람이 아니라.

41. 고전 12:3 그러므로 내가 너희에게 알게 하노니 하나님의 영으로 말하는 자는 누구든지 예수를 저주할 자라 하지 않고 또 성령으로 아니하고는 누구든지 예수를 주시라 할 수 없느니라.

42. 사 1:2 여호와의 신 곧 지혜와 총명의 신이요 모략과 재능의 신이요 지식과 여호와를 경외하는 신이 그 위에 강림하시리니.

43. 요 3:5 예수께서 대답하시되 진실로 진실로 네게 이르노니 사람이 물과 성령으로 나지 아니하면 하나님 나라에 들어갈 수 없느니라.

2

예수는 그리스도이시다

: 하나님의 아들, 왕, 기름부으심, 메시야

문답

1) 예수님은 누구십니까?

그리스도이십니다. 메시야, 하나님의 아들, 창조주 하나님, 나의 주인, 기름부음, 구원자이십니다.

2) 성경은 누구에 대하여 말씀하고 있습니까?

주 예수님. 예수 그리스도.

3) 이사야 선지자는 아기 예수를 어떻게 부르고 있습니까?

전능하신 하나님, 영존하시는 아버지, 평강의 왕.

4) '여자의 후손은 네 머리를 상하게 할 것이요 너는 그의 발꿈치를 상하게 할 것이니라' 여기서 여자의 후손은 누구입니까?

예수 그리스도.

5) 예수 이름의 뜻은?

자기 백성을 저희 죄에서 구원하실 자.

6) 요나의 표적은 무엇입니까?

요나가 밤낮 사흘을 큰 물고기 뱃속에 있었던 것같이 인자도 밤낮 사흘을 땅속에 있으리라.

7) 베드로는 예수님을 누구라고 대답하였습니까?

　주는 그리스도시요 하나님의 아들이십니다.

8) 예수님의 부활 후에도 의심한 사람들이 있었나요?

　예. 있었습니다.

9) 유대인들이 예수님을 돌로 치려고 한 이유가 무엇입니까?

　자칭 하나님이라고 하셨기 때문입니다.

10) 부활하신 예수님을 만난 도마는 예수님을 누구라고 고백하였습니까?

　나의 주 나의 하나님.

11) 빌립이 가로되 '주여 아버지를 우리에게 보여 주옵소서'라고 하였을 때에 예수님의 답변은 무엇입니까?

　나를 본 자는 아버지를 보았느니라.

12) '태초에 말씀이 계시니라 이 말씀이 하나님과 함께 계셨으니' 이 말씀은 곧 누구십니까?

　하나님이십니다.

13) 성결의 영으로는 죽은 가운데서 부활하여 능력으로 하나님의 아들로 인정되셨으니 곧 누구십니까?

　우리 주 예수 그리스도.

14) 그는 근본 하나님의 본체시나 하나님과 동등됨을 취할 것으로 여기지 아니하시고 오히려 자기를 비어 종의 형체를 가져 사람들과 같이 되신 분은 누구십니까?

　주 예수 그리스도.

15) '예수께서 가라사대 너는 나를 본 고로 믿느냐 보지 못하고 믿는 자들은 복되도다 하시니라 예수께서 제자들 앞에서 이 책에 기록되지 아니한 다른 표적도 많이 행하셨으나 오직 이것을 기록함은 예수께서 하나님의 아들 그리스도이심을 믿게 하려 함이요 또 너희로 믿고 그 이름을 힘입어 생명을 얻게 하려 함이니라 오직 이것을 기록함은(요 20:31)'에서 이것은 무엇입니까?

예수님의 부활입니다.

말씀

1. 행 5:42 저희가 날마다 성전에 있든지 집에 있든지 예수는 그리스도라 가르치기와 전도하기를 쉬지 아니하니라.

2. 요 5:39 너희가 성경에서 영생을 얻는 줄 생각하고 성경을 상고하거니와 이 성경이 곧 내게 대하여 증거하는 것이로다.

3. 사 9:6~7 이는 한 아기가 우리에게 났고 한 아들을 우리에게 주신 바 되었는데 그 어깨에는 정사를 메었고 그 이름은 기묘자라, 모사라, 전능하신 하나님이라, 영존하시는 아버지라, 평강의 왕이라 할 것임이라 그 정사와 평강의 더함이 무궁하며 또 다윗의 위에 앉아서 그 나라를 굳게 세우고 자금 이후 영원토록 공평과 정의로 그것을 보존하실 것이라 만군의 여호와의 열심이 이를 이루시리라.

4. 창 3:15 내가 너로 여자와 원수가 되게 하고 너의 후손도 여자의 후손과 원수가 되게 하리니 여자의 후손은 네 머리를 상하게 할 것이요 너는 그의 발꿈치를 상하게 할 것이니라 하시고.

5. 요 1:14 말씀이 육신이 되어 우리 가운데 거하시매 우리가 그 영광을 보니 아버지의 독생자의 영광이요 은혜와 진리가 충만하더라.

6. 요 1:29 이튿날 요한이 예수께서 자기에게 나아오심을 보고 가로되 보라 세상 죄를 지고 가는 하나님의 어린 양이로다.

7. 요 1:32~34 요한이 또 증거하여 가로되 내가 보매 성령이 비둘기같이 하늘로서 내려와서 그의 위에 머물렀더라 나도 그를 알지 못하였으나 나를 보내어 물로 세례를 주라 하신 그이가 나에게 말씀하시되 성령이 내려서 누구 위에든지 머무는 것을 보거든 그가 곧 성령으로 세례를 주는 이인 줄 알라 하셨기에 내가 보고 그가 하나님의 아들이심을 증거하였노라

하나님 나라의 비밀

하나라.

8. 마 1:21, 23 아들을 낳으리니 이름을 예수라 하라 이는 그가 자기 백성을 저희 죄에서 구원할 자이심이라 하니라 보라 처녀가 잉태하여 아들을 낳을 것이요 그 이름은 임마누엘이라 하리라 하셨으니 이를 번역한즉 하나님이 우리와 함께 계시다 함이라.

9. 마 3:16~17 예수께서 세례를 받으시고 곧 물에서 올라오실새 하늘이 열리고 하나님의 성령이 비둘기같이 내려 자기 위에 임하심을 보시더니 하늘로서 소리가 있어 말씀하시되 이는 내 사랑하는 아들이요 내 기뻐하는 자라 하시니라.

10. 마 12:39~40 예수께서 대답하여 가라사대 악하고 음란한 세대가 표적을 구하나 선지자 요나의 표적밖에는 보일 표적이 없느니라 요나가 밤낮 사흘을 큰 물고기 뱃속에 있었던 것같이 인자도 밤낮 사흘을 땅 속에 있으리라.

11. 마 13:14~16 이사야의 예언이 저희에게 이루었으니 일렀으되 너희가 듣기는 들어도 깨닫지 못할 것이요 보기는 보아도 알지 못하리라 이 백성들의 마음이 완악하여져서 그 귀는 듣기에 둔하고 눈은 감았으니 이는 눈으로 보고 귀로 듣고 마음으로 깨달아 돌이켜 내게 고침을 받을까 두려워함이라 하였느니라 그러나 너희 눈은 봄으로, 너희 귀는 들음으로 복이 있도다.

12. 마 14:32~33 배에 함께 오르매 바람이 그치는지라 배에 있는 사람들이 예수께 절하며 가로되 진실로 하나님의 아들이로소이다 하더라.

13. 마 16:15~18 가라사대 너희는 나를 누구라 하느냐 시몬 베드로가 대답하여 가로되 주는 그리스도시요 살아 계신 하나님의 아들이시니이다 예수께서 대답하여 가라사대 바요나 시몬아 네가 복이 있도다 이를 네게 알게 한 이는 혈육이 아니요 하늘에 계신 내 아버지시니라 또 내가 네게 이르노니 너는 베드로라 내가 이 반석 위에 내 교회를 세우리니 음부의 권세가 이기지 못하리라.

14. 마 17:4~5 베드로가 예수께 여짜와 가로되 주여 우리가 여기 있는 것이 좋사오니 주께서 만일 원하시면 내가 여기서 초막 셋을 짓되 하나는 주를 위하여, 하나는 모세를 위하여, 하나는 엘리야를 위하여 하리이다 말할 때에 홀연히 빛난 구름이 저희를 덮으며 구름 속에서 소리가 나서 가로되 이는 내 사랑하는 아들이요 내 기뻐하는 자니 너희는 저의 말을 들으라 하는지라.

15. 마 27:54 백부장과 및 함께 예수를 지키던 자들이 지진과 그 되는 일들을 보고 심히 두려워하여 가로되 이는 진실로 하나님의 아들이었도다 하더라.

16. 마 28:5~6 천사가 여자들에게 일러 가로되 너희는 무서워 말라 십자가에 못 박히신 예수를 너희가 찾는 줄을 내가 아노라 그가 여기 계시지 않고 그의 말씀하시던 대로 살아나셨느니라 와서 그의 누우셨던 곳을 보라.

17. 마 28:16~17 열한 제자가 갈릴리에 가서 예수의 명하시던 산에 이르러 예수를 뵈옵고 경배하나 오히려 의심하는 자도 있더라.

18. 고전 15:12 그리스도께서 죽은 자 가운데서 다시 살아나셨다 전파되었거늘 너희 중에서 어떤 이들은 어찌하여 죽은 자 가운데서 부활이 없다 하느냐.

19. 요 10:33 유대인들이 대답하되 선한 일을 인하여 우리가 너를 돌로 치려는 것이 아니라 참람함을 인함이니 네가 사람이 되어 자칭 하나님이라 함이로라.

20. 요 1:29 이튿날 요한이 예수께서 자기에게 나아오심을 보고 가로되 보라 세상 죄를 지고 가는 하나님의 어린 양이로다.

21. 요 14:8~9 빌립이 가로되 주여 아버지를 우리에게 보여 주옵소서 그리하면 족하겠나이다 예수께서 가라사대 빌립아 내가 이렇게 오래 너희와 함께 있으되 네가 나를 알지 못하느냐 나를 본 자는 아버지를 보았거늘 어찌하여 아버지를 보이라 하느냐.

22. 요일 3:8 죄를 짓는 자는 마귀에게 속하나니 마귀는 처음부터 범죄함이니라 하나님의 아들이 나타나신 것은 마귀의 일을 멸하려 하심이니라.

23. 행 10:38 하나님이 나사렛 예수에게 성령과 능력을 기름 붓듯 하셨으매 저가 두루 다니시며 착한 일을 행하시고 마귀에게 눌린 모든 자를 고치셨으니 이는 하나님이 함께하셨음이라.

24. 눅 23:46 예수께서 큰 소리로 불러 가라사대 아버지여 내 영혼을 아버지 손에 부탁하나이다 하고 이 말씀을 하신 후 운명하시다.

25. 요일 4:9 하나님의 사랑이 우리에게 이렇게 나타난바 되었으니 하나님이 자기의 독생자를 세상에 보내심은 저로 말미암아 우리를 살리려 하심이니라.

26. 요 1:1~3 태초에 말씀이 계시니라 이 말씀이 하나님과 함께 계셨으니 이 말씀은 곧 하나님이시니라 그가 태초에 하나님과 함께 계셨고 만물이 그로 말미암아 지은바 되었으니 지은 것이 하나도 그가 없이는 된 것이 없느니라.

27. 요 4:25~6 여자가 가로되 메시야 곧 그리스도라 하는 이가 오실 줄을 내가 아노니 그가 오시면 모든 것을 우리에게 고하시리이다 예수께서 이르시되 네게 말하는 내가 그로라 하시니라.

28. 마 16:21 이때로부터 예수 그리스도께서 자기가 예루살렘에 올라가 장로들과 대제사장들

하나님 나라의 비밀

과 서기관들에게 많은 고난을 받고 죽임을 당하고 제 삼 일에 살아나야 할 것을 제자들에게 비로소 가르치시니.

29. 요 20:19~20 이 날 곧 안식 후 첫날 저녁 때에 제자들이 유대인들을 두려워하여 모인 곳에 문들을 닫았더니 예수께서 오사 가운데 서서 가라사대 너희에게 평강이 있을지어다 이 말씀을 하시고 손과 옆구리를 보이시니 제자들이 주를 보고 기뻐하더라.

30. 롬 1:4 성결의 영으로는 죽은 가운데서 부활하여 능력으로 하나님의 아들로 인정되셨으니 곧 우리 주 예수 그리스도시니라.

31. 빌 2:6~7 그는 근본 하나님의 본체시나 하나님과 동등됨을 취할 것으로 여기지 아니하시고 오히려 자기를 비어 종의 형체를 가져 사람들과 같이 되었고.

32. 롬 10:9 네가 만일 네 입으로 예수를 주로 시인하며 또 하나님께서 그를 죽은 자 가운데서 살리신 것을 네 마음에 믿으면 구원을 얻으리니 사람이 마음으로 믿어 의에 이르고 입으로 시인하여 구원에 이르느니라.

33. 요 14:11 내가 아버지 안에 있고 아버지께서 내 안에 계심을 믿으라 그렇지 못하겠거든 행하는 그 일을 인하여 나를 믿으라.

34. 행 1:3~5 해 받으신 후에 또한 저희에게 확실한 많은 증거로 친히 사심을 나타내사 사십 일 동안 저희에게 보이시며 하나님 나라의 일을 말씀하시니라.

35. 계 3:20 볼지어다 내가 문밖에 서서 두드리노니 누구든지 내 음성을 듣고 문을 열면 내가 그에게로 들어가 그로 더불어 먹고 그는 나로 더불어 먹으리라.

36. 눅 24:46~48 또 이르시되 이같이 그리스도가 고난을 받고 제 삼 일에 죽은 자 가운데서 살아날 것과 또 그의 이름으로 죄사함을 얻게 하는 회개가 예루살렘으로부터 시작하여 모든 족속에게 전파될 것이 기록되었으니 너희는 이 모든 일의 증인이라.

37. 눅 24:51~53 축복하실 때에 저희를 떠나(하늘로 올리우)시니 저희가 (그에게 경배하고) 큰 기쁨으로 예루살렘에 돌아가 늘 성전에 있어 하나님을 찬송하니라.

38. 요 20:31 오직 이것을 기록함은 너희로 예수께서 하나님의 아들 그리스도이심을 믿게 하려 함이요 또 너희로 믿고 그 이름을 힘입어 생명을 얻게 하려 함이니라.

39. 고전 12:3 그러므로 내가 너희에게 알게 하노니 하나님의 영으로 말하는 자는 누구든지 예수를 저주할 자라 하지 않고 또 성령으로 아니하고는 누구든지 예수를 주시라 할 수 없느니라.

3

모든 사람은 죄인이다

: 모든 사람은 불쌍한 사람이다

문답

1) 모든 사람이 죄를 범한 결과는 무엇입니까?

하나님의 영광에 이르지 못함.

2) 선악과를 먹고 난 결과는 어떻게 되었습니까?

자기가 주인이 됨. 죽음. 하나님과 이별하고 에덴동산에서 쫓겨남. 마귀의 종. 죄의 종. 정욕의 종. 독사의 자식이 되었다. 하나님의 원수이다.

3) 마귀가 어떠한 말로 유혹하였습니까?

선악과를 먹게 되면 하나님처럼 된다.

4) 첫 번째 죄, 가장 큰 죄는 무엇입니까?

하나님처럼 되려고 한 죄. 불순종. 교만한 죄이다. 예수님을 주인으로 믿지 않는 죄가 가장 큰 죄이다(요 16:9).

5) 사람은 언제부터 죄인이 됩니까?

모태로부터 태어날 때부터 죄인이 됩니다.

6) 만물보다 심히 부패한 것은 무엇입니까?

사람의 마음.

하나님 나라의 비밀

7) 여호와께서 사람의 죄악이 이 세상에 관영함과 그 마음의 생각이 항상 악할 뿐임을 보시고 어떻게 하셨습니까?

땅 위의 사람 지으셨음을 보시고 한탄하사 마음에 근심하셨습니다.

8) 성령님이 책망하시는 가장 크고 무서운 죄는 무엇입니까?

예수님의 피 흘려 죽으심과 부활을 알고도 예수님을 나의 주인으로 믿지 않는 죄입니다.

9) 죄가 있는 모든 사람들은 무엇에 해당됩니까?

사형에 해당함.

10) 사람 속에는 선한 것이 있습니까?

없습니다.

11) 죄인이 구원을 받는 길은 무엇입니까?

내가 주인 된 죄를 회개하고 주 예수님을 나의 주인으로 영접하여야 합니다.

말씀

1. 롬 3:23~24 모든 사람이 죄를 범하였으매 하나님의 영광에 이르지 못하더니 그리스도 예수 안에 있는 구속으로 말미암아 하나님의 은혜로 값없이 의롭다 하심을 얻었느니라.
2. 창 2:17 선악을 알게 하는 나무의 실과를 먹지 말라 네가 먹는 날에는 정녕 죽으리라.
3. 창 3:5 너희가 그것을 먹는 날에는 너희 눈이 밝아 하나님과 같이 되어 선악을 알 줄을 하나님이 아심이니라.
4. 창 3:13 여호와 하나님이 여자에게 이르시되 네가 어찌하여 이렇게 하였느냐 여자가 가로되 뱀이 나를 꾀므로 내가 먹었나이다.
5. 창 6:5~6 여호와께서 사람의 죄악이 이 세상에 관영함과 그 마음의 생각이 항상 악할 뿐임을 보시고 땅 위의 사람 지으셨음을 한탄하사 마음에 근심하시고.
6. 시 14:2~3 여호와께서 하늘에서 인생을 굽어 살피사 지각이 있어 하나님을 찾는 자가 있

는가 보려 하신즉 다 치우쳤으며 함께 더러운 자가 되고 선을 행하는 자가 없나니 하나도 없도다.

7. 시 51:5 내가 죄악 중에 출생하였음이여 모친이 죄 중에 나를 잉태하셨나이다.

8. 렘 17:9 만물보다 심히 부패한 것은 마음이라 누가 능히 이를 알리요마는, 나 여호와는 심장을 살피며 폐부를 시험하고 각각 그의 행위와 그의 행실대로 보응하나니.

9. 막 7:21~23 속에서 곧 사람의 마음에서 나오는 것은 악한 생각, 곧 음란과 도적질과 살인과 간음과 탐욕과 악독과 속임과 음탕과 흘기는 눈과 훼방과 교만과 광패니 이모든 악한 것이 다 속에서 나와서 사람을 더럽게 하느니라.

10. 롬 1:28 또한 저희가 마음에 하나님 두기를 싫어하매 하나님께서 저희를 그 상실한 마음대로 내어 버려두사 합당치 못한 일을 하게 하셨으니.

11. 롬 1:32 저희가 이 같은 일을 행하는 자는 사형에 해당하다고 하나님의 정하심을 알고도 자기들만 행할 뿐 아니라 또한 그 일을 행하는 자를 옳다 하느니라.

12. 롬 5:12 이러므로 한 사람으로 말미암아 죄가 세상에 들어오고 죄로 말미암아 사망이 왔나니 이와 같이 모든 사람이 죄를 지었으므로 사망이 모든 사람에게 이르렀느니라.

13. 약 3:8 혀는 능히 길들일 사람이 없나니 쉬지 아니하는 악이요 죽이는 독이 가득한 것이라.

14. 롬 7:17~18 이제는 이것을 행하는 자가 내가 아니요 내 속에 거하는 죄니라 내 속 곧 내 육신에 선한 것이 거하지 아니하는 줄을 아노니 원함은 내게 있으나 선을 행하는 것은 없노라.

15. 갈 5:17 육체의 소욕은 성령을 거스르고 성령은 육체를 거스르나니 이 둘이 서로 대적하므로 너희가 원하는 것을 하지 못하게 하려 함이니라.

16. 잠 3:5 너는 마음을 다하여 여호와를 신뢰하고 네 명철을 의지하지 말라.

17. 골 3:5~6 그러므로 땅에 있는 지체를 죽이라 곧 음란과 부정과 사욕과 악한 정욕과 탐심이니 탐심은 우상숭배니라 이것들로 말미암아 하나님의 진노가 임하느니라.

18. 롬 7:24~25 오호라 나는 곤고한 사람이로다 이 사망의 몸에서 누가 나를 건져 내랴 우리 주 예수 그리스도로 말미암아 하나님께 감사하리로다.

19. 롬 6:6~7 우리가 알거니와 우리 옛사람이 십자가에 못 박힌 것은 죄의 몸이 죽어 다시는 우리가 죄에게 종노릇 하지 아니하려 함이니, 이는 죽은 자가 죄에서 벗어나 의롭다 하심을 얻었음이라.

20. 갈 5:24~25 그리스도 예수의 사람들은 육체와 함께 그 정욕과 욕심을 십자가에 못 박았느니라 만일 우리가 성령으로 살면 성령으로 행할지니.

21. 갈 2:20 내가 그리스도와 함께 십자가에 못 박혔나니 그런즉 이는 내가 산 것이 아니요 오직 내 안에 그리스도께서 사신 것이라 이제 내가 육체 가운데서 사는 것은 나를 사랑하사 나를 위하여 자기 자신을 버리신 하나님의 아들을 믿는 믿음 안에서 사는 것이라.

22. 행 2:23~36 그가 하나님의 정하신 뜻과 미리 아신 대로 내어 준 바 되었거늘 너희가 법 없는 자들의 손을 빌어 못 박아 죽였으나 하나님께서 사망의 고통을 풀어 살리셨으니 이는 그가 사망에게 매여 있을 수 없었음이라 그런즉 이스라엘 온 집이 정녕 알지니 너희가 십자가에 못 박은 이 예수를 하나님이 주와 그리스도가 되게 하셨느니라 하니라.

23. 요 16:9 죄에 대하여라 함은 저희가 나를 믿지 아니함이요.

24. 막 2:10~11 그러나 인자가 땅에서 죄를 사하는 권세가 있는 줄을 너희로 알게 하려 하노라 하시고 중풍병자에게 말씀하시되 내가 네게 이르노니 일어나 네 상을 가지고 집으로 가라 하시니.

25. 요일 2:27 너희는 주께 받은바 기름부음이 너희 안에 거하나니 아무도 너희를 가르칠 필요가 없고 오직 그의 기름부음이 모든 것을 너희에게 가르치며 또 참되고 거짓이 없으니 너희를 가르치신 그대로 주 안에 거하라.

26. 요 8:44 너희는 너희 아비 마귀에게서 났으니 너희 아비의 욕심을 너희도 행하고자 하느니라 저는 처음부터 살인한 자요 진리가 그 속에 없으므로 진리에 서지 못하고 거짓을 말할 때마다 제 것으로 말하나니 이는 저가 거짓말쟁이요 거짓의 아비가 되었음이니라.

27. 마 23:33 뱀들아 독사의 새끼들아 너희가 어떻게 지옥의 판결을 피하겠느냐.

4

십자가 보혈의 은혜와 능력

문답

1) 예수님의 옆구리에서 무엇이 나왔습니까?

물과 피.

2) 예수님은 십자가에서 영원한 속죄를 이루사 단번에 성소에 들어가셨는데 무엇으로 속죄를 이루셨습니까?

예수님의 흘리신 피로.

3) 믿음의 주요 온전케 하시는 이를 바라보라는데 이는 누구입니까?

주 예수님.

4) 나의 양심을 죽은 행실에서 깨끗하게 하고 하나님을 섬기는 데 중요한 것은 무엇입니까?

그리스도의 피.

5) 성소에 들어갈 담력을 얻으려면 무엇을 의지하여야 합니까?

예수님의 피.

6) 휘장 가운데 열어 놓으신 새로운 살길은 무엇입니까?

십자가의 길. 예수님을 믿는 길입니다.

7) 성소의 휘장은 무엇을 상징합니까?

예수님의 육체.

8) 통치자들과 권세자들을 무력화시키고 승리하신 분은 누구입니까?

십자가에서 죽으시고 부활하신 주 예수님.

9) 사도 바울은 주 예수 그리스도의 십자가 외에는 자랑하지 않는다고 하였는데 그 이유는 무엇입니까?

세상을 사랑하는 나의 옛사람은 십자가 예수님 안에서 죽어 없어졌고 새사람이 되었기 때문입니다.

10) 예수님의 마음은 무엇입니까?

아버지의 말씀에 죽기까지 순종하는 마음입니다.

11) 보혈은 누구를 증거합니까?

부활하신 예수님.

12) 예수님의 피는 누구의 피입니까?

하나님의 피입니다.

13) 교회는 누구의 피로 사셨습니까?

하나님의 피.

14) 부활로 확증된 것은 무엇입니까?

보혈의 능력. 하나님의 피이기 때문이다.

1. 요 19:30, 34 예수께서 신 포도주를 받으신 후에 이르시되 다 이루었다 하시고 머리를 숙이니 영혼이 떠나가시니라 그중 한 군인이 창으로 옆구리를 찌르니 곧 피와 물이 나오더라.

2. 엡 1:7 우리가 그리스도 안에서 그의 은혜의 풍성함을 따라 그의 피로 말미암아 구속 곧 죄 사함을 받았으니.

3. 레 17:11 육체의 생명은 피에 있음이라 내가 이 피를 너희에게 주어 제단에 뿌려 너희의 생명을 위하여 속죄하게 하였나니 생명이 피에 있음으로 피가 죄를 속하느니라.

4. 출 12:23 여호와께서 애굽 사람들에게 재앙을 내리시려고 지나가실 때에 문 인방과 좌우 문설주의 피를 보시면 여호와께서 그 문을 넘으시고 멸하는 자에게 너희 집에 들어가서 너희를 치지 못하게 하실 것임이니라.

5. 히 9:7, 22 오직 둘째 장막은 대제사장이 홀로 일 년에 한 번 들어가되 자기와 백성의 허물을 위하여 드리는 피 없이는 아니하나니 율법을 따라 거의 모든 물건이 피로써 정결케 되나니 피 흘림이 없은즉 사함이 없느니라.

6. 히 9:12 염소와 송아지의 피로 아니하고 오직 자기 피로 영원한 속죄를 이루사 단번에 성소에 들어가셨느니라.

7. 히 9:13 염소와 황소의 피와 및 암송아지의 재로 부정한 자에게 뿌려 그 육체를 정결케 하여 거룩케 하거든.

8. 히 10:14 저가 한 제물로 거룩하게 된 자들을 영원히 온전케 하셨느니라.

9. 히 12:2 믿음의 주요 또 온전케 하시는 이인 예수를 바라보자 저는 그 앞에 있는 즐거움을 위하여 십자가를 참으사 부끄러움을 개의치 아니하시더니 하나님 보좌 우편에 앉으셨느니라.

10. 히 9:14 하물며 영원하신 성령으로 말미암아 흠 없는 자기를 하나님께 드린 그리스도의 피가 어찌 너희 양심을 죽은 행실에서 깨끗하게 하고 살아 계신 하나님을 섬기게 하지 못하겠느냐.

11. 히 10:19~20 그러므로 형제들아 우리가 예수의 피를 힘입어 성소에 들어갈 담력을 얻었나니 그 길은 우리를 위하여 휘장 가운데로 열어 놓으신 새로운 살 길이요 휘장은 곧 그의 육체니라.

12. 계 12:11 또 우리 형제들이 어린 양의 피와 자기들이 증언하는 말씀으로써 그를 이겼으니

그들은 죽기까지 자기들의 생명을 아끼지 아니하였도다.

13. 요일 1:7, 9 그가 빛 가운데 계신 것같이 우리도 빛 가운데 행하면 우리가 서로 사귐이 있고 그 아들 예수의 피가 우리를 모든 죄에서 깨끗하게 하실 것이요 만일 우리가 우리 죄를 자백하면 그는 미쁘시고 의로우사 우리 죄를 사하시며 우리를 모든 불의에서 깨끗하게 하실 것이요.

14. 벧전 2:24~25 친히 나무에 달려 그 몸으로 우리 죄를 담당하셨으니 이는 우리로 죄에 대하여 죽고 의에 대하여 살게 하심이라 그가 채찍에 맞음으로 너희는 나음을 얻었나니 너희가 전에는 양과 같이 길을 잃었더니 이제는 너희 영혼의 목자와 감독되신 이에게 돌아왔느니라.

15. 고전 6:19~20 너희 몸은 너희가 하나님께로 받은바 너희 가운데 계신 성령의 전인 줄을 알지 못하느냐 너희는 너희 자신의 것이 아니라 값으로 산 것이 되었으니 그런즉 너희 몸으로 하나님께 영광을 돌리라.

16. 행 20:28 여러분은 자기를 위하여 또는 온 양떼를 위하여 삼가라 성령이 그들 가운데 여러분을 감독자로 삼고 하나님이 자기 피로 사신 교회를 보살피게 하셨느니라.

17. 계 5:9~10 그들이 새 노래를 불러 이르되 두루마리를 가지시고 그 인봉을 떼기에 합당하시도다 일찍이 죽임을 당하사 각 족속과 방언과 백성과 나라 가운데에서 사람들을 피로 사서 하나님께 드리시고 그들을 우리 하나님 앞에서 나라와 제사장들을 삼으셨으니 그들이 땅에서 왕노릇하리로다 하더라.

18. 골 2:15 통치자들과 권세들을 무력화하여 드러내어 구경거리로 삼으시고 십자가로 그들을 이기셨느니라.

19. 갈 6:14 그러나 내게는 우리 주 예수 그리스도의 십자가 외에 결코 자랑할 것이 없으니 그리스도로 말미암아 세상이 나를 대하여 십자가에 못 박히고 내가 또한 세상을 대하여 그러하니라.

20. 롬 6:4 그러므로 우리가 그의 죽으심과 합하여 세례를 받음으로 그와 함께 장사되었나니 이는 아버지의 영광으로 말미암아 그리스도를 죽은 자 가운데서 살리심과 같이 우리도 또한 새 생명 가운데서 행하게 하려 함이라.

21. 행 2:23~38 그가 하나님의 정하신 뜻과 미리 아신 대로 내어 준 바 되었거늘 너희가 법 없는 자들의 손을 빌어 못 박아 죽였으나 하나님께서 사망의 고통을 풀어 살리셨으니 이

는 그가 사망에게 매여 있을 수 없었음이라 그런즉 이스라엘 온 집이 정녕 알지니 너희가 십자가에 못 박은 이 예수를 하나님이 주와 그리스도가 되게 하셨느니라 하니라 저희가 이 말을 듣고 마음에 찔려 베드로와 다른 사도들에게 물어 가로되 형제들아 우리가 어찌 할꼬 하거늘 베드로가 가로되 너희가 회개하여 각각 예수 그리스도의 이름으로 세례를 받고 죄사함을 얻으라 그리하면 성령을 선물로 받으리니.

22. 빌 2:5~9 너희 안에 이 마음을 품으라 곧 그리스도 예수의 마음이니 그는 근본 하나님의 본체시나 하나님과 동등됨을 취할 것으로 여기지 아니하시고 오히려 자기를 비어 종의 형체를 가져 사람들과 같이 되었고 사람의 모양으로 나타나셨으매 자기를 낮추시고 죽기까지 복종하셨으니 곧 십자가에 죽으심이라.

23. 요일 5:8~9 증거하는 이가 셋이니 성령과 물과 피라 또한 이 셋이 합하여 하나이니라 만일 우리가 사람들의 증거를 받을진대 하나님의 증거는 더욱 크도다 하나님의 증거는 이것이니 그 아들에 관하여 증거하신 것이니라.

24. 고전 1:17~18 그리스도께서 나를 보내심은 세례를 주게 하려 하심이 아니요 오직 복음을 전케 하려 하심이니 말의 지혜로 하지 아니함은 그리스도의 십자가가 헛되지 않게 하려 함이라 십자가의 도가 멸망하는 자들에게는 미련한 것이요 구원을 얻는 우리에게는 하나님의 능력이라.

25. 고전 1:23 우리는 십자가에 못 박힌 그리스도를 전하니 유대인에게는 거리끼는 것이요 이방인에게는 미련한 것으로되.

5

부활과 거듭남, 구원(새사람)

문답

1) 예수님께서 십자가 위에서 돌아가시기 전에 하신 말씀은 무엇입니까?

다 이루었다.

2) 구원을 얻으려면 어떻게 하여야 합니까?

내가 주인으로 살아온 죄를 회개하고 하나님의 아들 구세주 예수님을 나의 주님 나의 하나님으로 영접하여야 합니다. 세례 받고 죄사함 받고 성령을 받아야 합니다. 예수님 안에 영생, 생명이 있습니다.

3) 구원받으면 어느 책에 기록이 됩니까?

생명책.

4) 부활하신 예수님을 하나님께서 무엇이 되게 하셨습니까?

주와 그리스도. 구주와 임금. 하나님의 아들로 인정되셨습니다.

5) 의심 많은 제자 도마는 부활하신 예수님을 만난 후에 무엇이라고 고백하였습니까?

나의 주(주인) 나의 하나님.

6) 구원받은 증거는 무엇입니까?

성령님의 내주하심.

7) 밀알신앙은 무엇입니까?

부활신앙. 육신의 생명을 부인하고 영의 생명으로 사는 것. 새 생명으로 사는 것입니다. 사도 바울은 날마다 죽노라. 옛사람의 죽음과 새사람으로 사는 것입니다.

8) 증거하는 이 셋은 누구입니까?

성령, 물, 피.

9) 예수님 안에는 무엇이 있습니까?

생명. 영생.

10) 아담의 가장 큰 죄는 무엇입니까?

자기가 하나님 되려고 한 죄.

말씀

1. 요 19:30 예수께서 신 포도주를 받으신 후 가라사대 다 이루었다 하시고 머리를 숙이시고 영혼이 돌아가시니라.
2. 롬 10:9~10 네가 만일 네 입으로 예수를 주로 시인하며 또 하나님께서 그를 죽은 자 가운데서 살리신 것을 네 마음에 믿으면 구원을 얻으리니 사람이 마음으로 믿어 의에 이르고 입으로 시인하여 구원에 이르느니라.
3. 계 20:15 누구든지 생명책에 기록되지 못한 자는 불못에 던지우더라.
4. 행 2:23~24, 36~38 그가 하나님의 정하신 뜻과 미리 아신 대로 내어 준바 되었거늘 너희가 법 없는 자들의 손을 빌어 못 박아 죽였으나 하나님께서 사망의 고통을 풀어 살리셨으니 이는 그가 사망에게 매여 있을 수 없었음이라 2:36 그런즉 이스라엘 온 집이 정녕 알지니 너희가 십자가에 못 박은 이 예수를 하나님이 주와 그리스도가 되게 하셨느니라 하니라 저희가 이 말을 듣고 마음에 찔려 베드로와 다른 사도들에게 가로되 형제들아 우리가 어찌 할꼬 하거늘 베드로가 가로되 너희가 회개하여 각각 예수 그리스도의 이름으로 세례를 받고 죄사함을 얻으라 그리하면 성령을 선물로 받으리니.

5. 행 5:30~33 너희가 나무에 달아 죽인 예수를 우리 조상의 하나님이 살리시고 이스라엘로 회개케 하사 죄사함을 얻게 하시려고 그를 오른손으로 높이사 임금과 구주를 삼으셨느니라 우리는 이 일에 증인이요 하나님이 자기를 순종하는 사람들에게 주신 성령도 그러하니라 하더라.

6. 요 20:27~28 도마에게 이르시되 네 손가락을 이리 내밀어 내 손을 보고 네 손을 내밀어 내 옆구리에 넣어 보라 그리하고 믿음 없는 자가 되지 말고 믿는 자가 되라 도마가 대답하여 가로되 나의 주시며 나의 하나님이시니이다 예수께서 가라사대 너는 나를 본 고로 믿느냐 보지 못하고 믿는 자들은 복되도다 하시니라.

7. 롬 6:4 그러므로 우리가 그의 죽으심과 합하여 세례를 받음으로 그와 함께 장사되었나니 이는 아버지의 영광으로 말미암아 그리스도를 죽은 자 가운데서 살리심과 같이 우리로 또한 새 생명 가운데서 행하게 하려 함이니라.

8. 롬 6:12~14 그러므로 너희는 죄로 너희 죽을 몸에 왕노릇하지 못하게 하여 몸의 사욕을 순종치 말고 또한 너희 지체를 불의의 병기로 죄에게 드리지 말고 오직 너희 자신을 죽은 자 가운데서 다시 산 자같이 하나님께 드리며 너희 지체를 의의 병기로 하나님께 드리라 죄가 너희를 주관치 못하리니 이는 너희가 법 아래 있지 아니하고 은혜 아래 있음이니라.

9. 요 12:24 내가 진실로 진실로 너희에게 이르노니 한 알의 밀이 땅에 떨어져 죽지 아니하면 한 알 그대로 있고 죽으면 많은 열매를 맺느니라.

10. 마 16:24~25 이에 예수께서 제자들에게 이르시되 아무든지 나를 따라오려거든 자기를 부인하고 자기 십자가를 지고 나를 좇을 것이니라 누구든지 제 목숨을 구원코자 하면 잃을 것이요 누구든지 나를 위하여 제 목숨을 잃으면 찾으리라.

11. 엡 1:7 우리가 그리스도 안에서 그의 은혜의 풍성함을 따라 그의 피로 말미암아 구속 곧 죄사함을 받았으니.

12. 롬 3:23 모든 사람이 죄를 범하였으매 하나님의 영광에 이르지 못하더니.

13. 시 51:5 내가 죄악 중에 출생하였음이여 모친이 죄 중에 나를 잉태하였나이다.

14. 레 17:11 육체의 생명은 피에 있음이라 내가 이 피를 너희에게 주어 단에 뿌려 너희의 생명을 위하여 속하게 하였나니 생명이 피에 있으므로 피가 죄를 속하느니라.

15. 히 9:12 염소와 송아지의 피로 아니하고 오직 자기 피로 영원한 속죄를 이루사 단번에 성소에 들어가셨느니라.

16. 히 10:14 저가 한 제물로 거룩하게 된 자들을 영원히 온전케 하셨느니라.

17. 요 3:5 사람이 물과 성령으로 나지 아니하면 하나님 나라에 들어갈 수 없느니라 육으로 난 것은 육이요 성령으로 난 것은 영이니.

18. 요 1:12 영접하는 자 곧 그 이름을 믿는 자들에게는 하나님의 자녀가 되는 권세를 주셨으니.

19. 계 3:20 볼지어다 내가 문밖에 서서 두드리노니 누구든지 내 음성을 듣고 문을 열면 내가 그에게로 들어가 그로 더불어 먹고 그는 나로 더불어 먹으리라.

20. 롬 8:9, 15~16 만일 너희 속에 하나님의 영이 거하시면 너희가 육신에 있지 아니하고 영에 있나니 누구든지 그리스도의 영이 없으면 그리스도의 사람이 아니라.

21. 롬 8:15~16 너희는 다시 무서워하는 종의 영을 받지 아니하였고 양자의 영을 받았으므로 아바 아버지라 부르짖느니라 성령이 친히 우리 영으로 더불어 우리가 하나님의 자녀인 것을 증거하시나니.

22. 고전 6:19~20 너희 몸은 너희가 하나님께로부터 받은바 너희 가운데 계신 성령의 전인 줄을 알지 못하느냐 너희는 너희 것이 아니라 값으로 산 것이 되었으니 그런즉 너희 몸으로 하나님께 영광을 돌리라.

23. 고후 13:5 너희가 믿음에 있는가 너희 자신을 시험하고 너희 자신을 확증하라 예수 그리스도께서 너희 안에 계신 줄을 너희가 스스로 알지 못하느냐 그렇지 않으면 너희가 버리운 자니라.

24. 요일 2:17 너희는 주께 받은바 기름부음이 너희 안에 거하나니 아무도 너희를 가르칠 필요가 없고 오직 그의 기름부음이 모든 것을 너희에게 가르치며 또 참되고 거짓이 없으니 너희를 가르치신 그대로 주안에 거하라

25. 요일 5:8 증거하는 이가 셋이니 성령과 물과 피라 또한 이 셋이 합하여 하나이니라.

26. 롬 7:23~24 내 지체 속에서 한 다른 법이 내 마음의 법과 싸워 내 지체 속에 있는 죄의 법 아래로 나를 사로잡아 오는 것을 보는도다 오호라 나는 곤고한 사람이로다 이 사망의 몸에서 누가 나를 건져 내랴.

27. 히 10:19~20 그러므로 형제들아 우리가 예수의 피를 힘입어 성소에 들어갈 담력을 얻었나니 그 길은 우리를 위하여 휘장 가운데로 열어 놓으신 새롭고 산 길이요 휘장은 곧 저희 육체니라.

28. 엡 2:5~6 허물로 죽은 우리를 그리스도와 함께 살리셨고 (너희가 은혜로 구원을 얻은 것

하나님 나라의 비밀

이라)또 함께 일으키사 그리스도 예수 안에서 함께 하늘에 앉히시니.

29. 엡 2:8~9 너희가 그 은혜를 인하여 믿음으로 말미암아 구원을 얻었나니 이것이 너희에게서 난 것이 아니요 하나님의 선물이라. 행위에서 난 것이 아니니 이는 누구든지 자랑치 못하게 함이니라.

30. 갈 2:16 사람이 의롭게 되는 것은 율법의 행위에서 난 것이 아니요 오직 예수 그리스도를 믿음으로 말미암는 줄 아는 고로 우리도 그리스도 예수를 믿나니 이는 우리가 율법의 행위에서 아니고 그리스도를 믿음으로써 의롭다 함을 얻으려 함이라 율법의 행위로서는 의롭다 함을 얻을 육체가 없느니라.

31. 요일 5:11~12 또 증거는 이것이니 하나님이 우리에게 영생을 주신 것과 이 생명이 그의 아들 안에 있는 이것이니라 아들이 있는 자에게는 생명이 있고 하나님의 아들이 없는 자에게는 생명이 없느니라.

32. 행 4:12 다른 이로서는 구원을 얻을 수 없나니 천하 인간에 구원을 얻을 만한 다른 이름을 우리에게 주신 일이 없음이니라 하였더라.

33. 마 22:14 청함을 받은 자는 많되 택함을 입은 자는 적으니라.

34. 마 7:21~23 나더러 주여 주여 하는 자마다 천국에 다 들어갈 것이 아니요 다만 하늘에 계신 내 아버지의 뜻대로 행하는 자라야 들어가리라 그날에 많은 사람이 나더러 이르되 주여 주여 우리가 주의이름으로 선지자 노릇 하며 주의 이름으로 귀신을 쫓아내며 주의 이름으로 많은 권능을 행치 아니하였나이까 하리니 그때에 내가 저희에게 밝히 말하되 내가 너희를 도무지 알지 못하니 불법을 행하는 자들아 내게서 떠나가라 하리라.

35. 고후 5:17 그런즉 누구든지 그리스도 안에 있으면 새로운 피조물이라 이전 것은 지나갔으니 보라 새것이 되었도다.

36. 눅 16:22~24 이에 그 거지가 죽어 천사들에게 받들려 아브라함의 품에 들어가고 부자도 죽어 장사되매 저가 음부에서 고통 중에 눈을 들어 멀리 아브라함과 그의 품에 있는 나사로를 보고 불러 이르되 아버지 아브라함이여 나를 긍휼히 여기사 나사로를 보내어 그 손가락 끝에 물을 찍어 내 혀를 서늘하게 하소서 내가 이 불꽃 가운데서 고민하나이다.

37. 눅 24:47~48 또 그의 이름으로 죄사함을 얻게 하는 회개가 예루살렘으로부터 시작하여 모든 족속에게 전파될 것이 기록되었으니 너희는 이 모든 일의 증인이라.

38. 창 3:5 너희가 그것을 먹는 날에는 너희 눈이 밝아 하나님과 같이 되어 선악을 알 줄을 하

나님이 아심이니라.

39. 사 14:12~15 너 아침의 아들 계명성이여 어찌 그리 하늘에서 떨어졌으며 너 열국을 엎은 자여 어찌 그리 땅에 찍혔는고 네가 네 마음에 이르기를 내가 하늘에 올라 하나님의 뭇 별 위에 나의 보좌를 높이리라 내가 북극 집회의 산 위에 좌정하리라 가장 높은 구름에 올라 지극히 높은 자와 비기리라 하도다 그러나 이제 네가 음부 곧 구덩이의 맨 밑에 빠치우리로다.

40. 영접기도

하나님! 주 예수님을 나의 주인으로 모시지 못하고 내가 주인 노릇 하고 살아온 죄를 회개합니다. 이제 주 예수님을 나의 주인으로 나의 하나님으로 모셔드립니다. 지금 들어와 주세요. 주 예수님의 이름으로 기도드립니다. 아멘.

6

죄 자백과 회개와 성령충만

문답

1) 나의 죄를 사하시며 모든 불의에서 깨끗함을 받는 길은 무엇입니까?

나의 모든 죄를 자백하여야 합니다.

2) 회개의 내용은 무엇입니까?

내가 죄인임을 고백하고 부활하신 하나님의 아들 주 예수님을 나의 주인으로 인정하지 않은 가장 무서운 죄를 자백하고 주 예수님을 나의 주인으로 마음속에 모셔 들여야 합니다. 자기가 주인이 되려고 하였던 아주 악한 큰 죄를 회개하여야 합니다. 이로 인한 모든 죄를 자백하여야 합니다.

3) 회개하고 세례 받고 죄사함 받으면 무엇을 받습니까?

성령 하나님.

4) 주님께로부터 불쌍히 여김을 받고 은혜 받는 사람은 누구입니까?

자기의 죄를 숨김없이 자복하고 버리는 은혜를 받은 사람입니다.

5) 예수님은 누구를 찾아오십니까?

죄인들.

6) 예수님이 촛대를 옮기시는 대상은 누구입니까?

처음 행위를 잃어버린 자들.

7) 처음 행위를 잃어버린 자는 누구입니까?

지은 죄를 자백하지 못하여 거룩함을 회복하지 못하고 주님과의 교제가 단절된 자들.

8) 회개의 비결은 무엇입니까?

성령님의 임재를 구하며 내 지은 죄를 보여 달라고 기도하고 회개할 수 있도록 은혜를 구하면 됩니다.

9) 십자가의 사랑을 체험하려면 어떻게 하여야 합니까?

십자가에서 피 흘리시는 예수님을 보여 달라고 기도하고 십자가를 바라보면 나를 사랑하신 주님을 체험하게 됩니다.

10) 성령충만 받으려면 어떻게 하여야 합니까?

성령님의 임재를 먼저 구하고 나의 허물과 죄를 보여 달라고 간절하게 기도하고 보여 주시는 대로 죄를 시인하고 자백하고 고침받고 버리면 성령의 충만함을 받습니다.

11) 우리의 죄는 누가 씻어 주십니까?

예수님의 피로 예수님이 씻어 주십니다.

12) 성도를 판단하지 말아야 하는 이유?

성도의 몸이 성전. 주님이 내주하십니다. 성도의 모든 것은 주님이 책임지십니다.

13) 성령의 능력의 법이 무엇입니까?

죄와 사망의 법에서 너를(나를) 해방하였습니다(롬 8:2).

1. 요일 1:6~7, 9 만일 우리가 하나님과 사귐이 있다 하고 어둠에 행하면 거짓말을 하고 진리를 행하지 아니함이거니와 그가 빛 가운데 계신 것같이 우리도 빛 가운데 행하면 우리가 서로 사귐이 있고 그 아들 예수의 피가 우리를 모든 죄에서 깨끗하게 하실 것이요 만일 우리가 우리 죄를 자백하면 그는 미쁘시고 의로우사 우리 죄를 사하시며 우리를 모든 불의에서 깨끗하게 하실 것이요.

2. 요일 2:10~11 그의 형제를 사랑하는 자는 빛 가운데 거하여 자기 속에 거리낌이 없으나 그의 형제를 미워하는 자는 어둠에 있고 또 어둠에 행하며 갈 곳을 알지 못하나니 이는 그 어둠이 그의 눈을 멀게 하였음이라.

3. 막 1:4~5 세례요한이 광야에 이르러 죄사함을 받게 하는 회개의 세례를 받게 하니 온 유대 지방과 예루살렘 사람이 다 나아가 자기 죄를 자복하고 요단강에서 그에게 세례를 받더라.

4. 행 2:36~38 그런즉 이스라엘 온 집이 정녕 알지니 너희가 십자가에 못 박은 이 예수를 하나님이 주와 그리스도가 되게 하셨느니라 하니라 저희가 이 말을 듣고 마음에 찔려 베드로와 다른 사도들에게 물어 가로되 형제들아 우리가 어찌할꼬 하거늘 베드로가 이르되 너희가 회개하여 각각 예수 그리스도의 이름으로 세례를 받고 죄사함을 받으라 그리하면 성령의 선물을 받으리니.

5. 약 5:16 그러므로 너희 죄를 서로 고백하며 병이 낫기를 위하여 서로 기도하라 의인의 간구는 역사하는 힘이 큼이니라.

6. 잠 28:13 자기의 죄를 숨기는 자는 형통하지 못하나 죄를 자복하고 버리는 자는 불쌍히 여김을 받으리라.

7. 마 3:2 회개하라 천국이 가까이 왔느니라.

8. 눅 5:32 내가 의인을 부르러 온 것이 아니요 죄인을 불러 회개시키러 왔노라.

9. 눅 13:4~5 또 실로암에서 망대가 무너져 치어 죽은 열여덟 사람이 예루살렘에 거한 다른 모든 사람 보다 죄가 더 있는 줄 아느냐 너희에게 이르노니 아니라 너희도 만일 회개하지 아니하면 다 이와 같이 망하리라.

10. 계 2:5 그러므로 어디서 떨어졌는지를 생각하고 회개하여 처음 행위를 가지라 만일 그리하지 아니하고 회개하지 아니하면 내가 네게 가서 네 촛대를 그 자리에서 옮기리라.

11. 시 32:5 내가 이르기를 내 허물을 여호와께 자복하리라 하고 주께 내 죄를 아뢰고 내 죄악을 숨기지 아니하였더니 곧 주께서 내 죄악을 사하셨나이다.

12. 욥 42:5~6 내가 주께 대하여 듣기만 하였사오나 이제는 눈으로 주를 뵈옵나이다 그러므로 내가 스스로 거두어들이고 티끌과 재 가운데 회개하나이다.

13. 슥 12:10 내가 다윗의 집과 예루살렘 주민에게 은총과 간구하는 심령을 부어 주리니 그들이 그 찌른바 그를 바라보고 그를 위하여 애통하기를 독자를 위하여 애통하듯 하며 그를 위하여 통곡하기를 장자를 위하여 통곡하듯 하리로다(회개의 영).

14. 행 11:18 그들이 이 말을 듣고 잠잠하여 하나님께 영광을 돌려 이르되 그러면 하나님께서 이방인에게도 생명 얻는 회개를 주셨도다.

15. 마 5:23~24 그러므로 예물을 제단에 드리려다가 거기서 네 형제에게 원망들을 만한 일이 있는 것이 생각나거든 예물을 제단 앞에 두고 먼저 가서 형제와 화목하고 그 후에 와서 예물을 드리라.

16. 고후 7:10 하나님의 뜻대로 하는 근심은 후회할 것이 없는 구원에 이르게 하는 회개를 이루게 하는 것이요 세상 근심은 사망을 이루는 것이니라.

17. 행 19:17~18 에베소에 사는 유대인과 헬라인들이 다 이 일을 알고 두려워하며 주 예수의 이름을 높이고 믿은 사람들이 많이 와서 자복하여 행한 일을 알리며.

18. 스 10:1 에스라가 성전 앞에 엎드려 울며 기도하여 죄를 자복할 때에 많은 백성이 크게 통곡하매 이스라엘 중에서 백성의 남녀와 어린아이의 큰 무리가 그 앞에 모인지라.

19. 느 9:1~3 모든 이방 사람들과 절교하고 서서 자기의 죄와 조상들의 허물을 자복하고.

20. 레 5:5~6 이 중 하나에 허물이 있을 때에는 아무 일에 잘못하였노라 자복하고.

21. 행 3:19 그러므로 너희가 회개하고 돌이켜 너희 죄 없이 함을 받으라 이같이 하면 새롭게 되는 날이 주 앞으로부터 이를 것이요.

22. 사 1:18 여호와께서 말씀하시되 오라 우리가 서로 변론하자 너희 죄가 주홍 같을지라도 눈과 같이 희어질 것이요 진홍같이 붉을지라도 양털같이 되리라.

23. 눅 3:21~22 백성이 다 세례를 받을새 예수도 세례를 받으시고 기도하실 때에 하늘이 열리며 성령이 형체로 비둘기같이 그의 위에 강림하시더니 하늘로서 소리가 나기를 너는 내 사랑하는 아들이라 내가 너를 기뻐하노라 하시니라.

24. 고전 11:28~32 사람이 자기를 살피고 그 후에야 이 떡을 먹고 이 잔을 마실지니 주의 몸

을 분변치 못하고 먹고 마시는 자는 자기의 죄를 먹고 마시는 것이니라 이러므로 너희 중에 약한 자와 병든 자가 많고 잠자는 자도 적지 아니하니 우리가 우리를 살폈으면 판단을 받지 아니하려니와 우리가 판단을 받는 것은 주께 징계를 받는 것이니 이는 우리로 세상과 함께 죄 정함을 받지 않게 하려 하심이라.

25. 요 7:37~39 명절 끝날 곧 큰 날에 예수께서 서서 외쳐 이르시되 누구든지 목마르거든 내게로 와서 마시라 나를 믿는 자는 성경에 이름과 같이 그 배에서 생수의 강이 흘러나오리라 하시니 이는 그를 믿는 자들이 받을 성령을 가리켜 말씀하신 것이라.

26. 요 16:13~14 그러하나 진리의 성령이 오시면 그가 너희를 모든 진리가운데로 인도하시리니 그가 자의로 말하지 않고 오직 듣는 것을 말하시며 장래 일을 너희에게 알리시리라 그가 내 영광을 나타내리니 내 것을 가지고 너희에게 알리겠음이니라.

27. 마 10:20 말하는 이는 너희가 아니라 너희 속에서 말씀하시는 이 곧 너희 아버지의 성령이시니라.

28. 요일 2:27 너희는 주께 받은바 기름부음이 너희 안에 거하나니 아무도 너희를 가르칠 필요가 없고 오직 그의 기름부음이 모든 것을 너희에게 가르치며 또 참되고 거짓이 없으니 너희를 가르치신 그대로 주 안에 거하라.

29. 행 10:38 하나님이 나사렛 예수에게 성령과 능력을 기름붓듯 하셨으매 그가 두루 다니시며 선한 일을 행하시고 마귀에게 눌린 모든 사람을 고치셨으니 이는 하나님이 함께하셨음이라.

30. 눅 24:46~48 또 이르시되 이같이 그리스도가 고난을 받고 제 삼 일에 죽은 자 가운데서 살아날 것과 또 그의 이름으로 죄사함을 얻게 하는 회개가 예루살렘으로부터 시작하여 모든 족속에게 전파될 것이 기록되었으니 너희는 이 모든 일의 증인이라.

31. 롬 14:4 먹는 자는 먹지 않는 자를 업신여기지 말고 먹지 못하는 자는 먹는 자를 판단하지 말라 이는 하나님이 저를 받으셨음이니라 남의 하인을 판단하는 너는 누구뇨 그 섰는 것이나 넘어지는 것이 제 주인에게 있으매 저가 세움을 받으리니 이는 저를 세우시는 권능이 주께 있음이니라.

32. 요 16:9 죄에 대하여라 함은 저희가 나를 믿지 아니함이요.

33. 창 3:5 너희가 그것을 먹는 날에는 너희 눈이 밝아 하나님과 같이 되어 선악을 알 줄을 하나님이 아심이니라.

34. 고전 6:19~20 너희 몸은 너희가 하나님께로부터 받은바 너희 가운데 계신 성령의 전인 줄을 알지 못하느냐 너희는 너희의 것이 아니라 값으로 산 것이 되었으니 그런즉 너희 몸으로 하나님께 영광을 돌리라.

35. 롬 8:1~4 그러므로 이제 그리스도 예수 안에 있는 자에게는 결코 정죄함이 없나니 이는 그리스도 예수 안에 있는 생명의 성령의 법이 죄와 사망의 법에서 너를 해방하였음이라 율법이 육신으로 말미암아 연약하여 할 수 없는 그것을 하나님은 하시나니 곧 죄를 인하여 자기 아들을 죄 있는 육신의 모양으로 보내어 육신에 죄를 정하사 육신을 좇지 않고 그 영을 좇아 행하는 우리에게 율법의 요구를 이루어지게 하려 하심이니라.

36. 영접기도

하나님! 저는 죄인입니다. 주 예수님을 나의 주인으로 모시지 못하고 내가 주인 노릇 하고 살아온 죄를 회개합니다. 이제 주 예수님을 나의 주인으로 나의 하나님으로 모셔드립니다. 지금 들어와 주세요. 주 예수님의 이름으로 기도드립니다. 아멘.

하나님 나라의 비밀

7

부활의 주님과 주인 바꾸기

: 새사람-예수님이 나의 주인

문답

1) 모든 사람에게 믿을 만한 증거는 무엇입니까?

예수님의 부활.

2) 예수님의 부활은 어떻게 이루어 졌습니까?

성경대로 죽으시고 성경대로 3일 만에 부활하셨습니다.

3) 제자들이 언제부터 확실하게 나의 주인으로 나의 하나님으로 믿기 시작하였습니까?

예수님이 부활하신 후에.

4) 예수님은 부활하심으로 어떻게 확증되셨습니까?

모든 사람들의 주인과 하나님으로 확증되셨습니다.

5) 제자들이 증거한 것은 무엇입니까?

예수님의 부활.

6) 성령님이 오셔서 책망하시는 죄는 무엇입니까?

예수님을 주인으로 나의 하나님으로 믿지 않는 죄입니다. 가장 크고 무서운 죄.

7) 사람들은 무슨 죄를 회개하는 은혜를 받아야 합니까?

내가 나의 주인으로 살아온 죄를 회개하고 나의 주님 나의 하나님으로 마음에 모셔 들이고 말씀으로 다스림 받아야 합니다.

8) 회개하고 세례 받고 죄사함 받으면 무엇을 받습니까?

성령을 받고 구원받고 하나님의 자녀가 됨. 나의 주인이 예수님으로 바뀜.

9) 십자가의 보혈은 누구의 피입니까?

하나님의 피.

10) 죽은 자가 살아나는 것을 믿는 신앙을 무슨 신앙이라고 합니까?

부활신앙: 불가능이 없는 신앙.

더 좋은 부활의 소망: 순교자들.

11) 성도는 무엇을 가진 자입니까?

모든 것을 가진 자입니다.

12) 구원은?

내가 주인 되어서 살아온 죄를 회개하고 주 예수님을 나의 주인으로 시인하고 영접할 때 성령 받고 거듭나서 구원받습니다.

말씀

1. 요 11:25~26 예수께서 가라사대 나는 부활이요 생명이니 나를 믿는 자는 죽어도 살겠고 무릇 살아서 나를 믿는 자는 영원히 죽지 아니하리니 이것을 네가 믿느냐.
2. 행 17:31 이는 정하신 사람으로 하여금 천하를 공의로 심판할 날을 작정하시고 이에 저를 죽은 자 가운데서 다시 살리신 것으로 모든 사람에게 믿을 만한 증거를 주셨음이니라 하니라.
3. 고전 15:3~5 내가 받은 것을 먼저 너희에게 전하였노니 이는 성경대로 그리스도께서 우리

죄를 위하여 죽으시고 장사 지낸바 되었다가 성경대로 사흘 만에 다시 살아나사 게바에게 보이시고 후에 열두 제자에게와.

4. 요 2:22 죽은 자 가운데서 살아나신 후에야 제자들이 이 말씀하신 것을 기억하고 성경과 및 예수의 하신 말씀을 믿었더라.

5. 롬 1:4 성결의 영으로는 죽은 가운데서 부활하여 능력으로 하나님의 아들로 인정되셨으니 곧 우리 주 예수 그리스도시니라.

6. 롬 14:8~9 우리가 살아도 주를 위하여 살고 죽어도 주를 위하여 죽나니 그러므로 사나 죽으나 우리가 주의 것이로라 이를 위하여 그리스도께서 죽었다가 다시 살으셨으니 곧 죽은 자와 산 자의 주가 되려 하심이니라.

7. 사 9:6 이는 한 아기가 우리에게 났고 한 아들을 우리에게 주신 바 되었는데 그 어깨에는 정사를 메었고 그 이름은 기묘자라, 모사라, 전능하신 하나님이라, 영존하시는 아버지라, 평강의 왕이라 할 것임이라.

8. 사 14:13~14 네가 네 마음에 이르기를 내가 하늘에 올라 하나님의 뭇 별 위에 나의 보좌를 높이리라 내가 북극 집회의 산 위에 좌정하리라 가장 높은 구름에 올라 지극히 높은 자와 비기리라 하도다.

9. 요 16:7~9 그러나 내가 너희에게 실상을 말하노니 내가 떠나가는 것이 너희에게 유익이라 내가 떠나가지 아니하면 보혜사가 너희에게로 오시지 아니할 것이요 가면 내가 그를 너희에게로 보내리니 그가 와서 죄에 대하여, 의에 대하여, 심판에 대하여 세상을 책망하시리라 죄에 대하여라 함은 저희가 나를 믿지 아니함이요.

10. 롬 10:9~10 네가 만일 네 입으로 예수를 주로 시인하며 또 하나님께서 그를 죽은 자 가운데서 살리신 것을 네 마음에 믿으면 구원을 얻으리니 사람이 마음으로 믿어 의에 이르고 입으로 시인하여 구원에 이르느니라.

11. 행 2:31~32 미리 보는 고로 그리스도의 부활하심을 말하되 저가 음부에 버림이 되지 않고 육신이 썩음을 당하지 아니하시리라 하더니 이 예수를 하나님이 살리신지라 우리가 다 이 일에 증인이로다.

12. 행 2:36~38 그런즉 이스라엘 온 집이 정녕 알지니 너희가 십자가에 못 박은 이 예수를 하나님이 주와 그리스도가 되게 하셨느니라 하니라 저희가 이 말을 듣고 마음에 찔려 베드로와 다른 사도들에게 물어 가로되 형제들아 우리가 어찌할꼬 하거늘 베드로가 가로되 너

희가 회개하여 각각 예수 그리스도의 이름으로 세례를 받고 죄사함을 얻으라 그리하면 성령을 선물로 받으리니.

13. 눅 18:13 세리는 멀리 서서 감히 눈을 들어 하늘을 우러러 보지도 못하고 다만 가슴을 치며 가로되 하나님이여 불쌍히 여기옵소서 나는 죄인이로소이다 하였느니라.

14. 시 105:4 여호와와 그 능력을 구할지어다 그 얼굴을 항상 구할지어다.

15. 히 4:16 그러므로 우리가 긍휼하심을 받고 때를 따라 돕는 은혜를 얻기 위하여 은혜의 보좌 앞에 담대히 나아갈 것이니라.

16. 요 20:27~28 도마에게 이르시되 네 손가락을 이리 내밀어 내 손을 보고 네 손을 내밀어 내 옆구리에 넣어 보라 그리고 믿음 없는 자가 되지 말고 믿는 자가 되라 도마가 대답하여 가로되 나의 주시며 나의 하나님이시니이다.

17. 고후 6:10 근심하는 자 같으나 항상 기뻐하고 가난한 자 같으나 많은 사람을 부요하게 하고 아무것도 없는 자 같으나 모든 것을 가진 자로다.

18. 골 2:3 그 안에는 지혜와 지식의 모든 보화가 감취어 있느니라.

19. 고후 5:17 그런즉 누구든지 그리스도 안에 있으면 새로운 피조물이라 이전 것은 지나갔으니 보라 새것이 되었도다.

20. 고전 6:19~20 너희 몸은 너희가 하나님께로부터 받은바 너희 가운데 계신 성령의 전인 줄을 알지 못하느냐 너희는 너희의 것이 아니라 값으로 산 것이 되었으니 그런즉 너희 몸으로 하나님께 영광을 돌리라.

21. 요일 2:27 너희는 주께 받은바 기름부음이 너희 안에 거하나니 아무도 너희를 가르칠 필요가 없고 오직 그의 기름부음이 모든 것을 너희에게 가르치며 또 참되고 거짓이 없으니 너희를 가르치신 그대로 주 안에 거하라.

22. 고후 5:15 저가 모든 사람을 대신하여 죽으심은 산 자들로 하여금 다시는 저희 자신을 위하여 살지 않고 오직 저희를 대신하여 죽었다가 다시 사신 자를 위하여 살게 하려 함이니라.

23. 눅 24:46~48 또 이르시되 이같이 그리스도가 고난을 받고 제삼 일에 죽은 자 가운데서 살아날 것과 또 그의 이름으로 죄사함을 얻게 하는 회개가 예루살렘으로부터 시작하여 모든 족속에게 전파될 것이 기록되었으니 너희는 이 모든 일에 증인이라.

24. 행 4:31 빌기를 다하매 모인 곳이 진동하더니 무리가 다 성령이충만하여 담대히 하나님의 말씀을 전하니라.

하나님 나라의 비밀

25. 계 22:12 보라 내가 속히 오리니 내가 줄 상이 내게 있어 각 사람에게 그의 일한 대로 갚아 주리라.

26. 롬 4:17 기록된바 내가 너를 많은 민족의 조상으로 세웠다 하심과 같으니 그의 믿은바 하나님은 죽은 자를 살리시며 없는 것을 있는 것같이 부르시는 이시니라.

27. 약 5:1~3 들으라 부한 자들아 너희에게 임할 고생을 인하여 울고 통곡하라 너희 재물은 썩었고 너희 옷은 좀먹었으며 너희 금과 은은 녹이 슬었으니 이 녹이 너희에게 증거가 되며 불같이 너희 살을 먹으리라 너희가 말세에 재물을 쌓았도다.

28. 히 11:24~26 믿음으로 모세는 장성하여 바로의 공주의 아들이라 칭함을 거절하고 도리어 하나님의 백성과 함께 고난받기를 잠시 죄악의 낙을 누리는 것보다 더 좋아하고 그리스도를 위하여 받는 능욕을 애굽의 모든 보화보다 더 큰 재물로 여겼으니 이는 상 주심을 바라봄이라.

29. 영접기도

하나님! 주 예수님을 나의 주인으로 모시지 못하고 내가 주인 노릇 하고 살아온 죄를 회개합니다. 이제 주 예수님을 나의 주인으로 나의 하나님으로 모셔드립니다. 지금 들어와 주세요. 주 예수님의 이름으로 기도드립니다. 아멘.

참고. 부활에 대한 나의 문제점

1) 나와 12사도들, 스데반 집사, 빌립 집사, 사도 바울 등과의 차이점?

그들은 순교적 신앙을 가졌다. 더 좋은 부활을 사모하였다. 영원 세계에 대하여 눈이 열려 있었다. 주 예수님을 주인으로 모시고 살고 있었다. 죽어도 주님 앞이다. 죽어도 보좌 앞이다. 죽음으로써 예수님의 부활을 증거하였다. 부활신앙, 부활의 증인들이다. 주님 앞에 가는 것을 더 기뻐하였다. 주님을 기쁘시게 하는 믿음의 사람들이다. 주님의 상급을 바라보았다. 모세는 그리스도를 위하여 받는 능욕을 애굽의 모든 보화보다 더 큰 재물로 여겼으니 이는 상을 주시는 주님을 바라보았기 때문이었습니다.

2) 예수님의 부활로 살아 계신 하나님이심이 입증되었다

3) 믿음의 기도로 부활하신 예수님을 만나 보라, 말씀 등으로 만나 주신다

성령의 역사이다. 구원받으라

4) 창조주 하나님이 죽으시고 부활하신 것이다

만민이 믿을 만한 증거이다. 역사적이고 확실한 것이다. 나의 주인으로 믿어라. 구원.

5) 창조주로 믿지 않는 것이 죄이다

나의 주인 나의 하나님으로 영접하여 죄사함 받고 성령 받으라. 구원받으라. 이것이 정통신앙이다. 사도들의 가르침이다. 사도행전의 원형의 복음이다.

6) 나의 문제점은 무엇인가?

예수님을 나의 구세주로 믿어 영접하여서 구원은 받았으나 나의 주인으로는 온전히 믿지 아니하였다. 믿음의 부족이다. 주인 바꾸기가 일어나야 한다. 최고의 축복이다. 내가 주인이 되어서 살아온 죄를 회개하라. 나의 주인으로 인정하라. 굴복하라. 성경을 잘 몰라서 그런 것이다. 고침받으라. 영적인 사람이 되어라. 육신적인 사람은 고난이 온다. 거룩하게 되어라. 100% 헌신과 순종이다. 나에게는 이것이 가장 큰 문제점이다. 기복 신앙이었다. 어린아이의 신앙이었다. 회개의 영을 구하여 내가 주인으로 살아온 죄를 회개하라.

8
마음속의 하나님 나라와 성전

문답

1) 지금 하나님의 나라는 어디에 있습니까?

나의 마음속에 있습니다.

2) 지금 성전은 어디에 있습니까?

내 몸이 성전입니다.

3) 내 마음속에 누가 사십니까?

성령 하나님.

4) 내 마음을 누가 다스립니까?

성령님이 말씀으로 다스리십니다.

5) 내 욕심대로 살지 않는 비결은 무엇입니까?

성령을 따라 행하라.

6) 만물보다 거짓되고 심히 부패한 곳은 어디입니까?

사람의 마음.

7) 예수님께서 성전을 3일 만에 일으키시겠다고 말씀하셨는데 어느 성전을 말씀하

고 계십니까?

성전된 예수님의 육체. 예수님의 부활.

8) 예수님은 예수님의 몸 안에 누가 계시다고 말씀하셨습니까?

아버지 하나님.

9) 예수님은 누구의 일을 하고 계십니까?

아버지 하나님.

10) 내 마음을 왜 지켜야 합니까?

생명의 근원이기 때문입니다.

11) 하나님 나라의 핵심은 무엇입니까?

하나님 나라는 먹고 마시는 것이 아니요 오직 성령 안에서 의와 평강과 희락입니다.

12) 세례요한이 회개하라 천국이 가까이 왔다고 하였는데 어느 천국입니까?

마음속에 예수님을 모시고 사는 천국입니다.

말씀

1. 눅 17:20~21 하나님의 나라는 볼 수 있게 임하는 것이 아니요 또 여기 있다 저기 있다고도 못하리니 하나님의 나라는 너희 안에 있느니라.
2. 계 3:20 볼지어다 내가 문밖에 서서 두드리노니 누구든지 내 음성을 듣고 문을 열면 내가 그에게로 들어가 그와 더불어 먹고 그는 나와 더불어 먹으리라.
3. 요일 2:27 너희는 주께 받은바 기름부음이 너희 안에 거하나니 아무도 너희를 가르칠 필요가 없고 오직 그의 기름부음이 모든 것을 너희에게 가르치며 또 참되고 거짓이 없으니 너희를 가르치신 그대로 주안에 거하라.
4. 겔 36:26~27 또 새 영을 너희 속에 두고 새 마음을 너희에게 두되 너희 육신에서 굳은 마

음을 제하고 부드러운 마음을 줄 것이며 또 내 영을 너희 속에 두어 너희로 내 율례를 행하게 하리니 너희가 내 규례를 지켜 행할지라.

5. 잠 4:23 모든 지킬 만한 것 중에서 더욱 네 마음을 지키라 생명의 근원이 이에서 남이니라.

6. 빌 2:5~8 너희 안에 이 마음을 품으라 곧 그리스도 예수의 마음이니 그는 근본 하나님의 본체시나 하나님과 동등됨을 취할 것으로 여기지 아니하시고 오히려 자기를 비워 종의 형체를 가지사 사람들과 같이 되셨고 사람의 모양으로 나타나사 자기를 낮추시고 죽기까지 복종하셨으니 곧 십자가에 죽으심이라.

7. 고후 13:5 너희가 믿음에 있는가 너희 자신을 시험하고 너희 자신을 확증하라 예수 그리스도께서 너희 안에 계신 줄을 너희가 스스로 알지 못하느냐 그렇지 않으면 너희가 버리운 자니라.

8. 롬 14:17 하나님의 나라는 먹는 것과 마시는 것이 아니요 오직 성령 안에서 의와 평강과 희락이라.

9. 마 5:8 마음이 청결한 자는 복이 있나니 그들이 하나님을 볼 것이요.

10. 렘 17:9 만물보다 거짓되고 심히 부패한 것은 마음이라 누가 능히 이를 알리요마는.

11. 고후 4:4 그중에 이 세상 신이 믿지 아니하는 자들의 마음을 혼미하게 하여 그리스도의 영광의 복음의 광채가 비취지 못하게 함이니 그리스도는 하나님의 형상이니라.

12. 창 6:5~6 여호와께서 사람의 죄악이 세상에 가득함과 그의 마음으로 생각하는 모든 계획이 항상 악할 뿐임을 보시고 땅 위에 사람 지으셨음을 마음에 한탄하시고.

13. 롬 1:28 또한 그들이 마음에 하나님 두기를 싫어하매 하나님께서 그들을 그 상실한 마음대로 내버려 두사 합당하지 못한 일을 하게 하셨으니.

14. 갈 5:16 내가 이르노니 너희는 성령을 따라 행하라 그리하면 육체의 욕심을 이루지 아니하리라.

15. 시 51:10 하나님이여 내 속에 정한 마음을 창조하시고 내 안에 정직한 영을 새롭게 하소서.

16. 왕상 3:12~13 내가 네 말대로 하여 네게 지혜롭고 총명한 마음을 주노니 네 앞에도 네 뒤에도 너와 같은 자가 일어남이 없으리라 내가 또 네가 구하지 아니한 부귀와 영광도 주노니 네 평생에 왕들 중에 너와 같은 자가 없을 것이라.

17. 시 33:15 저는 일반의 마음을 지으시며 저희 모든 행사를 감찰하시는 자로다.

18. 스 1:1 바사왕 고레스 원년에 여호와께서 예레미야의 입을 통하여 하신 말씀을 이루게 하

시려고 바사왕 고레스의 마음을 감동시키시매.

19. 잠 16:9 사람이 마음으로 자기의 길을 계획할지라도 그 걸음을 인도하시는 이는 여호와시니라.

20. 고전 6:19~20 너희 몸은 너희가 하나님께로부터 받은바 너희 가운데 계신 성령의 전인 줄을 알지 못하느냐 너희는 너희 자신의 것이 아니라 값으로 산 것이 되었으니 그런즉 너희 몸으로 하나님께 영광을 돌리라.

21. 요 14:16~17 내가 아버지께 구하겠으니 그가 또 다른 보혜사를 너희에게 주사 영원토록 너희와 함께 있게 하시리니 저는 진리의 영이라 세상은 능히 저를 받지 못하나니 이는 저를 보지도 못하고 알지도 못함이라 그러나 너희는 저를 아나니 저는 너희와 함께 거하심이요 또 너희 속에 계시겠음이라.

22. 엡 2:21~22 그의 안에서 건물마다 서로 연결하여 주 안에서 성전이 되어 가고 너희도 성령 안에서 하나님의 거하실 처소가 되기 위하여 예수 안에서 함께 지어져 가느니라.

23. 대하 7:1~2 솔로몬이 기도를 마치매 불이 하늘에서부터 내려와서 그 번제물과 제물들을 사르고 여호와의 영광이 그 전에 가득하니 여호와의 영광이 여호와의 전에 가득하므로 제사장이 그 전에 능히 들어가지 못하였고.

24. 학 1:14 여호와께서 스알디엘의 아들 유다 총독 스룹바벨의 마음과 여호사닥의 아들 대제사장 여호수아의 마음과 남은바 모든 백성의 마음을 흥분시키시매 그들이 와서 만군의 여호와 그들의 하나님의 전 역사를 하였으니.

25. 학 2:18~19 너희는 오늘부터 이전을 추억하여 보라 구월 이십사일 곧 여호와의 전 지대를 쌓던 날부터 추억하여 보라 곡식 종자가 오히려 창고에 있느냐 포도나무, 무화과나무, 석류나무, 감람나무에 열매가 맺지 못하였었느니라 그러나 오늘부터는 내가 너희에게 복을 주리라.

26. 출 25:22 거기서 내가 너와 만나고 속죄소 위 곧 증거궤 위에 있는 두 그룹 사이에서 내가 이스라엘 자손을 위하여 네게 명할 모든 일을 네게 이르리라.

27. 요 2:19~21 예수께서 대답하여 가라사대 너희가 이 성전을 헐라 내가 사흘 동안에 일으키리라 유대인들이 가로되 이 성전은 사십육 년 동안에 지었거늘 네가 삼 일 동안에 일으키겠느뇨 하더라 그러나 예수는 성전된 자기 육체를 가리켜 말씀하신 것이라.

28. 요 14:10 나는 아버지 안에 있고 아버지는 내 안에 계신 것을 네가 믿지 아니하느냐 내가

너희에게 이르는 말이 스스로 하는 것이 아니라 아버지께서 내 안에 계셔 그의 일을 하시는 것이라.

29. 마 3:1~2 그때에 세례 요한이 이르러 유대 광야에서 전파하여 가로되 회개하라 천국이 가까이 왔느니라 하였으니.

9

말씀의 능력

: 말씀이 믿음이다. 말씀이 하나님이시다

문답

1) 사람은 무엇으로 살아갑니까?

하나님의 모든 말씀.

2) 말씀은 누구입니까?

하나님.

3) 태초에 누가 계셨습니까?

말씀.

4) 사람의 생각과 뜻을 판단하시는 분은 누구입니까?

말씀.

5) 죄를 깨닫게 하는 것은 무엇입니까?

율법.

6) 하나님의 말씀의 능력은 어느 정도입니까?

능치 못하심이 없습니다. 불가능이 없습니다.

7) 기도하는 대로 응답받는 비결은 무엇입니까?

말씀 안에서 약속의 말씀을 믿고 기도하는 것입니다.

8) 예수님은 마귀를 무엇으로 물리치셨습니까?

성경에 기록된 말씀으로 물리치셨습니다.

9) 영혼이 사는 길은 무엇입니까?

영혼이 살아날 때까지 계속해서 말씀을 들어야 합니다.

10) 금 곧 정금보다 더 사모할 것은 무엇입니까?

하나님의 말씀.

11) 성경 말씀은 누구에 대한 증언입니까?

예수 그리스도.

12) 말씀에 순종하여 복을 받는 길은 무엇입니까?

기도하여 성령충만 받아야 합니다.

13) 무엇으로 거듭납니까?

성령과 말씀. 물과 성령.

14) 지혜로운 사람은 누구입니까?

말씀을 듣고 행하는 자. 순종자입니다.

15) 누가 100배의 결실을 합니까?

말씀을 듣고 받아 순종하는 사람입니다.

1. 신 8:3 너를 낮추시며 너로 주리게 하시며 또 너도 알지 못하며 네 열조도 알지 못하던 만나를 네게 먹이신 것은 사람이 떡으로만 사는 것이 아니요 여호와의 입에서 나오는 모든 말씀으로 사는 줄을 너로 알게 하려 하심이니라.

2. 요 1:1 태초에 말씀이 계시니라 이 말씀이 하나님과 함께 계셨으니 이 말씀은 곧 하나님이시니라.

3. 히 4:12 하나님의 말씀은 살아 있고 활력이(운동력이) 있어 좌우에 날 선 어떤 검보다도 예리하여 혼과 영과 및 관절과 골수를 찔러 쪼개기까지 하며 또 마음의 생각과 뜻을 판단하나니.

4. 롬 3:20 그러므로 율법의 행위로 그의 앞에 의롭다 하심을 얻을 육체가 없나니 율법으로는 죄를 깨달음이니라.

5. 눅 1:37 대저 하나님의 모든 말씀은 능치 못하심이 없느니라.

6. 요 15:7 너희가 내 안에 거하고 내 말이 너희 안에 거하면 무엇이든지 원하는 대로 구하라 그리하면 이루리라.

7. 요 6:63 살리는 것은 영이니 육은 무익하니라 내가 너희에게 이르는 말이 영이요 생명이니라.

8. 벧전 2:2 갓난아기들같이 순전하고 신령한 젖을 사모하라 이는 그로 말미암아 너희로 구원에 이르도록 자라게 하려 함이라.

9. 마 4:10~11 이에 예수께서 말씀하시되 사탄아 물러가라 기록되었으되 주 너의 하나님께 경배하고 다만 그를 섬기라 하였느니라 이에 마귀는 예수를 떠나고 천사들이 나아와서 수종드니라.

10. 계 12:11 또 우리 형제들이 어린 양의 피와 자기들이 증언하는 말씀으로써 그를 이겼으니 그들은 죽기까지 자기들의 생명을 아끼지 아니하였도다.

11. 렘 5:14 내가 네 입에 있는 나의 말로 불이 되게 하고 이 백성으로 나무가 되게 하리니 그 불이 그들을 사르리라.

12. 시 19:7 여호와의 율법은 완전하여 영혼을 소성케 하고 여호와의 증거는 확실하여 우둔자로 지혜롭게 하며.

13. 딤전 4:5 하나님의 말씀과 기도로 거룩하여짐이니라.

14. 사 55:3 너희는 귀를 기울이고 내게로 나아와 들으라 그리하면 너희의 영혼이 살리라.

15. 시 1:1~2 복 있는 사람은 악인의 꾀를 좇지 아니하며 죄인의 길에 서지 아니하며 오만한 자의 자리에 앉지 아니하고 오직 여호와의 율법을 주야로 묵상하는 자로다.

16. 살전 2:13 이러므로 우리가 하나님께 끊임없이 감사함은 너희가 우리에게 들은바 하나님의 말씀을 받을 때에 사람의 말로 받지 아니하고 하나님의 말씀으로 받음이니 진실로 그러하도다 이 말씀이 또한 너희 믿는 자 가운데에서 역사하느니라.

17. 시 119:67, 105, 130 고난당하기 전에는 내가 그릇 행하였더니 이제는 주의 말씀을 지키나이다 주의 말씀은 내 발에 등이요 내 길에 빛이니이다 주의 말씀을 열면 빛이 비취어 우둔한 사람들을 깨닫게 하나이다.

18. 시 19:10 금 곧 많은 정금보다 더 사모할 것이며 꿀과 송이꿀보다 더 달도다.

19. 신 28:1 네가 네 하나님의 말씀을 삼가 듣고 내가 오늘날 네게 명하는 그 모든 명령을 지켜 행하면 네 하나님 여호와께서 너를 세계 모든 민족 위에 뛰어나게 하실 것이라.

20. 요일 3:23 그의 계명은 이것이니 곧 그 아들 예수 그리스도의 이름을 믿고 그가 우리에게 주신 계명대로 서로 사랑할 이것이니라.

21. 시 119:72 주의 입의 법이 내게는 천천 금은보다 승하니이다.

22. 시 119:97~99 내가 주의 법을 어찌 그리 사랑하는지요 내가 그것을 종일 묵상하나이다 주의 계명이 항상 나와 함께하므로 그것이 나로 원수보다 지혜롭게 하나이다 내가 주의 증거를 묵상하므로 나의 명철함이 나의 모든 스승보다 승하며 주의 법도를 지키므로 나의 명철함이 노인보다 승하니이다.

23. 시 119:105, 116 주의 말씀은 내 발에 등이요 빛이니이다 주의 말씀대로 나를 붙들어 살게 하시고.

24. 요 5:39 너희가 성경에서 영생을 얻는 줄 생각하고 성경을 연구하거니와 이 성경이 곧 내게 대하여 증언하는 것이라.

25. 행 14:8~10 루스드라에 발을 쓰지 못하는 한 사람이 있어 앉았는데 나면서 앉은뱅이가 되어 걸어 본 적이 없는지라 바울이 말하는 것을 듣거늘 바울이 주목하여 구원을 받을 만한 믿음이 그에게 있는 것을 보고 큰 소리로 가로되 네발로 바로 일어서라 하니 그 사람이 뛰어 걷는지라.

26. 막 14:72 닭이 곧 두 번째 울더라 이에 베드로가 예수께서 자기에게 하신 말씀 곧 닭이 두

번 울기 전에 네가 세 번 나를 부인하리라 하심이 기억되어 생각하고 울었더라.

27. 잠 13:13~14, 18 말씀을 멸시하는 자는 패망을 이루고 계명을 두려워하는 자는 상을 얻느니라 지혜 있는 자의 교훈은 생명의 샘이라 사람으로 사망의 그물을 벗어나게 하느니라 훈계를 저버리는 자에게는 궁핍과 수욕이 이르거니와 경계를 지키는 자는 존영을 얻느니라.

28. 창 19:14 롯이 나가서 그 딸들과 정혼한 사위들에게 고하여 이르되 여호와께서 이 성을 멸하실 터이니 너희는 일어나 이곳에서 떠나라 하되 그 사위들이 농담으로 여겼더라.

29. 요 20:31 오직 이것을 기록함은 너희로 예수께서 하나님의 아들 그리스도이심을 믿게 하려 함이요 또 너희로 믿고 그 이름을 힘입어 생명을 얻게 하려 함이니라.

30. 시 119:18 내 눈을 열어서 주의 법의 기이한 것을 보게 하소서.

31. 시 119:36 내 마음을 주의 증거로 향하게 하시고 탐욕으로 향치 말게 하소서.

32. 시 119:50 이 말씀은 나의 곤란 중에 위로라 주의 말씀이 나를 살리셨음이니이다.

33. 시 119:56 내 소유는 이것이니 곧 주의 법도를 지킨 것이니이다.

34. 시 119:80 내 마음으로 주의 율례에 완전케 하사 나로 수치를 당치 않게 하소서.

35. 눅 5:5~6 시몬이 대답하여 가로되 선생이여 우리들이 밤이 맞도록 수고를 하였으되 얻은 것이 없지마는 말씀에 의지하여 내가 그물을 내리리이다 하고 그리한즉 고기를 에운 것이 심히 많아 그물이 찢어지는지라.

36. 렘 23:9 선지자들에 대한 말씀이라 내 중심이 상하며 내 모든 뼈가 떨리며 내가 취한 사람 같으며 포도주에 잡힌 사람 같으니 이는 여호와와 그 거룩한 말씀을 인함이라.

37. 시 119:11 내가 주께 범죄치 아니하려 하여 주의 말씀을 내 마음에 두었나이다(죄를 이기는 능력).

38. 벧전 1:23 너희가 거듭난 것이 썩어질 씨로 된 것이 아니요 썩지 아니할 씨로 된 것이니 하나님의 살아 있고 항상 있는 말씀으로 되었느니라.

39. 요 2:22 죽은 자 가운데서 살아나신 후에야 제자들이 이 말씀하신 것을 기억하고 성경과 및 예수의 하신 말씀을 믿었더라.

40. 마 7:24 그러므로 누구든지 나의 이 말을 듣고 행하는 자는 그 집을 반석 위에 지은 지혜로운 사람 같으리니.

41. 막 4:20 좋은 땅에 뿌리웠다는 것은 곧 말씀을 듣고 받아 삼십 배와 육십 배와 백 배의 결실을 하는 자니라.

10

기도의 능력

: 하나님의 뜻을 구함

문답

1) 항상 구할 것은 무엇입니까?

하나님의 임재와 얼굴과 능력과 성령충만과 성령의 능력의 역사하심.
믿음충만. 사랑의 충만함. 신의 성품. 주와 동행.

2) 먼저 구할 것은 무엇입니까?

하나님의 나라와 의.

3) 기도할 내용은 무엇입니까?

주기도문의 내용. 가장 중요함.

4) 하나님의 뜻은 무엇입니까?

거룩함.

5) 기도 응답의 비결은 무엇입니까?

하나님의 뜻을 구하고 낙심하지 말아야 합니다.

6) 바울이 성도들에게 기도 부탁한 내용은 무엇입니까?

하나님이 전도할 문을 열어 주사 담대히 그리스도의 비밀을 전하는 것입니다.

7) 기도의 자세는 무엇입니까?

아무것도 염려하지 말고 오직 모든 일에 기도와 간구로 너희 구할 것을 감사함으로 하나님께 아뢰라.

8) 마음에 무엇을 품으면 기도응답이 없습니까?

의심, 죄악, 미워함, 용서하지 못함.

9) 무엇을 의지하고 하나님 앞에 담대하게 나아갑니까?

예수님의 피. 보혈.

10) 가증한 기도는 무엇입니까?

율법을 듣지 않고 하는 기도입니다. 정욕으로 드리는 기도.

11) 응답받는 기도의 비결은 무엇입니까?

약속의 말씀 안에서 믿음으로 드리는 기도입니다.

12) 기도를 방해하는 세력은 누구입니까?

원수마귀.

13) 응답받지 못하는 기도는 무엇입니까?

정욕으로 구하는 기도, 육신을 위한 기도, 육신의 정욕과 안목의 정욕과 이생의 자랑을 위하여 구하는 기도입니다.

14) 응답받는 기도는 무엇입니까?

원수의 원한을 가지고 분통한 마음으로 주야로 간절히 부르짖어 기도드려야 합니다.

15) 기도할 때에 가장 중요한 것은 무엇입니까?

아버지의 마음을 가지고 기도드려야 합니다.

16) 지금도 나를 위하여 누가 기도드리고 있습니까?

예수님. 성령님.

17) 예수님께서 운명하실 때 하신 말씀은 무엇입니까?

다 이루었다.

18) 예수님이 제자들을 위하여 하신 기도는 무엇입니까?

하나님의 사랑을 잃어버리지 않도록 믿음이 떨어지지 않도록 기도하심. 제자들이 하나가 되도록 기도하셨습니다.

말씀

1. 마 6:33 그런즉 너희는 먼저 그의 나라와 그의 의를 구하라 그리하면 이 모든 것을 더하여 주시리라.

2. 마 6:9~13 그러므로 너희는 이렇게 기도하라 하늘에 계신 우리 아버지여 이름이 거룩히 여김을 받으시오며 나라이 임하옵시며 뜻이 하늘에서 이룬 것같이 땅에서도 이루어지이다 오늘날 우리에게 일용할 양식을 주옵시고 우리가 우리에게 죄 지은 자를 사하여 준 것같이 우리 죄를 사하여 주옵시고 우리를 시험에 들게 하지 마옵시고 다만 악에서 구하옵소서(나라와 권세와 영광이 아버지께 영원히 있사옵나이다 아멘)

3. 성령의 임재와 역사와 충만을 구하라!

대상 16:11 여호와와 그 능력을 구할지어다 그 얼굴을 항상 구할지어다.

시편 24:6 이는 여호와를 찾는 족속이요 야곱의 하나님의 얼굴을 구하는 자로다.

시 105:4 여호와와 그 능력을 구할지어다 그 얼굴을 항상 구할지어다.

눅 11:13 너희가 악할지라도 좋은 것을 자식에게 줄 줄 알거든 하물며 너희 천부께서 구하는 자에게 성령을 주시지 않겠느냐 하시니라.

4. 잠 23:26 내 아들아 네 마음을 내게 주며 네 눈으로 내 길을 즐거워할지어다.

5. 엡 6:11~13 마귀의 궤계를 능히 대적하기 위하여 하나님의 전신갑주를 입으라 우리의 씨름은 혈과 육에 대한 것이 아니요 정사와 권세와 이 어두움의 세상 주관자들과 하늘에 있는 악의 영들에게 대함이라 그러므로 하나님의 전신갑주를 취하라 이는 악한 날에 너희가 능히 대적하고 모든 일을 행한 후에 서기 위함이라.

6. 하나님의 형상 회복. 예수님 닮기.

　갈 4:19 나의 자녀들아 너희 속에 그리스도의 형상이 이루기까지 다시 너희를 위하여 해산하는 수고를 하노니.

7. 살전 4:3 하나님의 뜻은 이것이니 너희의 거룩함이라 곧 음란을 버리고.

8. 히 12:14 모든 사람으로 더불어 화평함과 거룩함을 좇으라 이것이 없이는 아무도 주를 보지 못하리라.

9. 빌 2:5~9 너희 안에 이 마음을 품으라 곧 그리스도 예수의 마음이니 그는 근본 하나님의 본체시나 하나님과 동등됨을 취할 것으로 여기지 아니하시고 오히려 자기를 비어 종의 형체를 가져 사람들과 같이 되었고 사람의 모양으로 나타나셨으매 자기를 낮추시고 죽기까지 복종하셨으니 곧 십자가에 죽으심이라 이러므로 하나님이 그를 지극히 높여 모든 이름 위에 뛰어난 이름을 주사.

10. 영적인 교회 세우기

　엡 1:22~23 또 만물을 그 발아래 복종하게 하시고 그를 만물 위에 교회의 머리로 주셨느니라 교회는 그의 몸이니 만물 안에서 만물을 충만케 하시는 자의 충만이니라.
　엡 2:20~22 너희는 사도들과 선지자들의 터 위에 세우심을 입은 자라 그리스도 예수께서 친히 모퉁이 돌이 되셨느니라 그의 안에서 건물마다 서로 연결하여 주 안에서 성전이 되어가고 너희도 성령 안에서 하나님의 거하실 처소가 되기 위하여 예수 안에서 함께 지어져 가느니라.

11. 복음전파

　빌 4:3 또한 우리를 위하여 기도하되 하나님이 전도할 문을 우리에게 열어 주사 그리스도의 비밀을 말하게 하시기를 구하라 내가 이것을 인하여 매임을 당하였노라 그리하면 내가 마땅히 할 말로써 이 비밀을 나타내리라.

12. 막 4:20 좋은 땅에 뿌리웠다는 것은 곧 말씀을 듣고 받아 삼십 배와 육십 배와 백 배의 결실을 하는 자니라.

13. 요일 5:14 그를 향하여 우리의 가진 바 담대한 것이 이것이니 그의 뜻대로 무엇을 구하면 들으심이라.

14. 빌 4:6~7 아무것도 염려하지 말고 오직 모든 일에 기도와 간구로 너희 구할 것을 감사함으로 하나님께 아뢰라 그리하면 모든 지각에 뛰어난 하나님의 평강이 그리스도 예수 안에서 너희 마음과 생각을 지키시리라.

15. 막 11:22~23 내가 진실로 너희에게 이르노니 누구든지 이 산더러 들리어 바다에 던져지라 하며 그 말하는 것이 이루어질 줄 믿고 마음에 의심하지 아니하면 그대로 되리라 그러므로 내가 너희에게 말하노니 무엇이든지 기도하고 구하는 것은 받은 줄로 믿으라 그리하면 너희에게 그대로 되리라.

16. 히 10:19 그러므로 형제들아 우리가 예수의 피를 힘입어 성소에 들어갈 담력을 얻었나니 (십자가, 다 이루었다).

17. 엡 6:18~19 모든 기도와 간구로 하되 무시로 성령 안에서 기도하고 이를 위하여 깨어 구하기를 항상 힘쓰며 여러 성도를 위하여 구하고 또 나를 위하여 구할 것은 내게 말씀을 주사 나로 입을 벌려 복음의 비밀을 담대히 알리게 하옵소서 할 것이니.

18. 요 15:7 너희가 내 안에 거하고 내 말이 너희 안에 거하면 무엇이든지 원하는 대로 구하라 그리하면 이루리라.

19. 시 66:18 내가 내 마음에 죄악을 품으면 주께서 듣지 아니하시리라.

20. 롬 8:26 이와 같이 성령도 우리 연약함을 도우시나니 우리가 마땅히 빌 바를 알지 못하나 오직 성령이 말할 수 없는 탄식으로 우리를 위하여 친히 간구하시느니라.

21. 롬 8:34 누가 정죄하리요 죽으실 뿐 아니라 다시 살아나신 이는 그리스도 예수시니 그는 하나님 우편에 계신 자요 우리를 위하여 간구하시는 자시니라.

22. 히 7:25 그러므로 자기를 힘입어 하나님께 나아가는 자들을 온전히 구원하실 수 있으니 이는 그가 항상 살아서 저희를 위하여 간구하심이니라.

23. 눅 22:32 그러나 내가 너를 위하여 네 믿음이 떨어지지 않기를 기도하였노니 너는 돌이킨

후에 네 형제를 굳게 하라.

24. 요 3:16 하나님이 세상을 이처럼 사랑하사 독생자를 주셨으니 이는 저를 믿는 자마다 멸 망치 않고 영생을 얻게 하려 하심이니라.

25. 마 28:20 볼지어다 내가 세상 끝날까지 너희와 항상 함께 있으리라.

26. 요 14:13 너희가 내 이름으로 무엇을 구하던지 내가 행하리니 이는 아버지로 하여금 아들 로 말미암아 영광을 얻으시게 하려 함이라.

27. 눅 22:43~44 천사가 하늘로 부터 예수께 나타나 힘을 더하더라 예수께서 힘쓰고 애써 더 욱 간절히 기도하시니 땀이 땅에 떨어지는 피방울 같이 되더라.

28. 막 9:23~24, 28~29 예수께서 이르시되 할 수 있거든이 무슨 말이냐 믿는 자에게는 능치 못할 일이 없느니라 하시니 곧 그 아이의 아비가 소리를 질러 가로되 내가 믿나이다 나의 믿음 없는 것을 도와주소서 하더라 집에 들어가시매 제자들이 조용히 묻자오되 우리는 어 찌하여 능히 그 귀신을 쫓아내지 못하였나이까 이르시되 금식과기도 외에 다른 것으로는 이런 종류가 나갈 수 없느니라.

29. 슥 12:10 내가 다윗의 집과 예루살렘 주민에게 은총과 간구하는 심령을 부어 주리니 그들 이 찌른바 그를 바라보고 그를 위하여 애통하기를 독자를 위하여 애통하듯 하며 그를 위 하여 통곡하기를 장자를 위하여 통곡하듯 하리로다.

30. 약 1:6 오직 믿음으로 구하고 조금도 의심하지 말라 의심하는 자는 마치 바람에 밀려 요 동하는 물결 같으니 이런 사람은 무엇이든지 주께 얻기를 생각하지 말라.

31. 약 5:15 믿음의 기도는 병든 자를 구원하리니 주께서 그를 일으키시리라.

32. 마 18:19 너희 중의 두 사람이 땅에서 합심하여 무엇이든지 구하면 하늘에 계신 내 아버지 께서 그들을 위하여 이루게 하시리라.

33. 고후 9:8 하나님이 능히 모든 은혜를 너희에게 넘치게 하시나니 이는 너희로 모든 것이 넉넉하여 모든 착한 일을 넘치게 하게 하려 하심이라.

34. 요일 3:21~23 사랑하는 자들아 만일 우리 마음이 우리를 책망할 것이 없으면 하나님 앞 에서 담대함을 얻고 무엇이든지 구하는 바를 그에게서 받나니 이는 우리가 그의 계명(성 령으로 서로 사랑)을 지키고 그 앞에서 기뻐하시는 것을 행함이라.

35. 약 4:3 너희가 얻지 못함은 구하지 아니하기 때문이요 구하여도 받지 못함은 정욕으로 쓰 려고 잘못 구하기 때문이라.

하나님 나라의 비밀

36. 단 6:10 다니엘이 이 조서에 왕의 도장이 찍힌 것을 알고도 자기 집에 돌아가서는 윗방에 올라가 예루살렘으로 향한 창문을 열고 전에 하던 대로 하루 세 번씩 무릎을 꿇고 기도하며 그의 하나님께 감사하였더라.

37. 창 32:24~26 야곱이 홀로 남았더니 어떤 사람이 날이 새도록 야곱과 씨름하다가 자기가 야곱을 이기지 못함을 보고 그가 야곱의 허벅지 관절을 치매 야곱의 허벅지 관절이 그 사람과 씨름할 때에 어긋났더라 그가 이르되 날이 새려 하니 나로 가게 하라 야곱이 이르되 당신이 내게 축복하지 아니하면 가게 하지 아니하겠나이다.

38. 눅 18:7 하물며 하나님께서 그 밤낮 부르짖는 택하신 자들의 원한을 풀어 주지 아니하시겠느냐 저희에게 오래참으시겠느냐.

39. 계 8:5:3~4 또 다른 천사가 와서 제단 곁에 서서 금향로를 가지고 많은 향을 받았으니 이는 모든 성도의 기도들과 합하여 보좌 앞 금단에 드리고자 함이라 향연이 성도의 기도와 함께 천사의 손으로부터 하나님 앞으로 올라가는지라.

40. 삼상 12:23 나는 너희를 위하여 기도하기를 쉬는 죄를 여호와 앞에 결단코 범치 아니하고 선하고 의로운 도로 너희를 가르칠 것인즉.

41. 약 5:16 이러므로 너희 죄를 서로 고하며 병 낫기를 위하여 서로 기도하라 의인의 간구는 역사하는 힘이 많으니라.

42. 잠 15:8 악인의 제사는 여호와께서 미워하셔도 정직한 자의 기도는 그가 기뻐하시느니라.

43. 잠 28:9 사람이 귀를 돌이키고 율법을 듣지 아니하면 그의 기도도 가증하니라.

44. 사 1:15, 18 너희가 손을 펼 때에 내가 눈을 가리우고 너희가 많이 기도할지라도 내가 듣지 아니하리니 이는 너희의 손에 피가 가득함이니라.

45. 요 19:30 예수께서 신 포도주를 받으신 후 가라사대 다 이루었다 하시고 머리를 숙이시고 영혼이 돌아가시니라.

46. 삼하 7:27 만군의 여호와 이스라엘의 하나님이여 주의 종에게 알게 하여 이르시기를 내가 너를 위하여 집을 세우리라 하신 고로 주의 종이 이 기도로 구할 마음이 생겼나이다.

47. 시 107:17~20 미련한 자는 저희 범과와 죄악의 연고로 곤난을 당하매 저희 혼이 각종 식물을 싫어하여 사망의 문에 가깝도다 이에 저희가 그 근심 중에서 여호와께 부르짖으매 그 고통에서 구원하시되 저가 그 말씀을 보내어 저희를 고치사 위경에서 건지시는도다.

48. 시 2:8 내게 구하라 내가 열방을 유업으로 주리니 네 소유가 땅끝까지 이르리로다.

49. 수 17:11~12 모세가 손을 들면 이스라엘이 이기고 손을 내리면 아말렉이 이기더니 모세의 팔이 피곤하매 그들이 돌을 가져다가 모세의 아래에 놓아 그로 그 위에 앉게 하고 아론과 훌이 하나는 이편에서, 하나는 저편에서 모세의 손을 붙들어 올렸더니 그 손이 해가 지도록 내려오지 아니한지라.

50. 살전 5:18 범사에 감사하라 이는 그리스도 예수 안에서 너희를 향하신 하나님의 뜻이니라.

51. 골 4:2 기도를 항상 힘쓰고 기도에 감사함으로 깨어 있으라.

52. 요일 2:15~17 이 세상이나 세상에 있는 것들을 사랑치 말라 누구든지 세상을 사랑하면 아버지의 사랑이 그 속에 있지 아니하니 이는 세상에 있는 모든 것이 육신의 정욕과 안목의 정욕과 이생의 자랑이니 다 아버지께로 좇아 온 것이 아니요 세상으로 좇아 온 것이라 이 세상도, 그 정욕도 지나가되 오직 하나님의 뜻을 행하는 이는 영원히 거하느니라.

53. 요 17:22 내게 주신 영광을 내가 저희에게 주었사오니 이는 우리가 하나가 된 것같이 저희도 하나가 되게 하려 함이니이다.

54. 벧후 1:4~11 이로써 그 보배롭고 지극히 큰 약속을 우리에게 주사 이 약속으로 말미암아 너희로 정욕을 인하여 세상에서 썩어질 것을 피하여 신의 성품에 참여하는 자가 되게 하려 하셨으니 이러므로 너희가 더욱 힘써 너희 믿음에 덕을, 덕에 지식을 지식에 절제를, 절제에 인내를, 인내에 경건을 경건에 형제 우애를, 형제 우애에 사랑을 공급하라 이런 것이 너희에게 있어 흡족한즉 너희로 우리 주 예수 그리스도를 알기에 게으르지 않고 열매 없는 자가 되지 않게 하려니와 이런 것이 없는 자는 소경이라 원시치 못하고 그의 옛 죄를 깨끗케 하심을 잊었느니라 그러므로 형제들아 더욱 힘써 너희 부르심과 택하심을 굳게 하라 너희가 이것을 행한즉 언제든지 실족지 아니하리라 이같이 하면 우리 주 곧 구주 예수 그리스도의 영원한 나라에 들어감을 넉넉히 너희에게 주시리라.

참고. 안수 기도

1. 신 34:9 모세가 눈의 아들 여호수아에게 안수하였으므로 그에게 지혜의 신이 충만하니 이스라엘 자손이 여호와께서 모세에게 명하신 대로 여호수아의 말을 순종하였더라.

2. 막 10:16 그 어린아이들을 안고 저희 위에 안수하시고 축복하시니라.

3. 행 8:16~17 이는 아직 한 사람에게도 성령 내리신 일이 없고 오직 주 예수의 이름으로 세

례만 받을 뿐이러라 이에 두 사도가 저희에게 안수하매 성령을 받는지라.

4. 행 19:5~7 저희가 듣고 주 예수의 이름으로 세례를 받으니 바울이 그들에게 안수하매 성령이 그들에게 임하시므로 방언도 하고 예언도 하니 모두 열두 사람쯤 되니라.

5. 행 28:8 보블리오의 부친이 열병과 이질에 걸려 누웠거늘 바울이 들어가서 기도하고 그에게 안수하여 낫게 하매.

6. 딤후 1:6 그러므로 내가 나의 안수함으로 네 속에 있는 하나님의 은사를 다시 붙일 듯하게 하기 위하여 너로 생각하게 하노니.

참고. 응답받는 기도

1. 요일 5:14 그를 향하여 우리의 가진 바 담대한 것이 이것이니 그의 뜻대로 무엇을 구하면 들으심이라.

2. 요 15:7 너희가 내 안에 거하고 내 말이 너희 안에 거하면 무엇이든지 원하는 대로 구하라 그리하면 이루리라.

3. 시 66:18 내가 내 마음에 죄악을 품으면 주께서 듣지 아니하시리라.

4. 약 1:6 오직 믿음으로 구하고 조금도 의심하지 말라 의심하는 자는 마치 바람에 밀려 요동하는 물결 같으니 이런 사람은 무엇이든지 주께 얻기를 생각하지 말라.

5. 막 11:22~23 내가 진실로 너희에게 이르노니 누구든지 이 산더러 들리어 바다에 던져지라 하며 그 말하는 것이 이루어질 줄 믿고 마음에 의심하지 아니하면 그대로 되리라 그러므로 내가 너희에게 말하노니 무엇이든지 기도하고 구하는 것은 받은 줄로 믿으라 그리하면 너희에게 그대로 되리라.

6. 살전 5:18 범사에 감사하라 이는 그리스도 예수 안에서 너희를 향하신 하나님의 뜻이니라.

7. 눅 18:5 이 과부가 나를 번거롭게 하니 내가 그 원한을 풀어 주리라 그렇지 않으면 늘 와서 나를 괴롭게 하리라 하였느니라(과부의 믿음-응답받은 것으로 믿었다).

11

믿음의 능력과 소망

: 말씀이 믿음이다, 믿음이 말씀에서 나온다

문답

1) 믿음은 어디에서 나옵니까?

그리스도의 말씀을 들음으로 나옵니다.

2) 믿음의 대상은 누구입니까?

하나님과 하나님의 말씀을 믿는 것입니다.

3) 믿음의 근거는 무엇입니까?

예수님께서 십자가에서 피 흘려 죽으시고 부활하심으로 모든 것을 다 이루어 놓으셨습니다. 다 이루었다.

4) 제자 도마는 예수님을 누구라고 믿었습니까?

나의 주시며 나의 하나님.

5) 예수님은 부활하신 직후에 제자들을 찾아가서서 만나 주신 이유가 무엇입니까?

부활하심으로 하나님의 아들이심을 믿어 영생을 얻게 하기 위함.

6) 모든 세계가 하나님의 말씀으로 지어진 줄을 무엇으로 알 수 있습니까?

믿음으로 알 수 있습니다.

7) 믿음은 무엇입니까?

믿음은 바라는 것들의 실상이요 보지 못하는 것들의 증거입니다. 믿음은 바라는 대로 되는 것이며 볼 수 없는 것을 보며 할 수 없는 것을 하는 것입니다. 믿으면 하나님의 영광을 보게 되며 불가능한 일이 없게 됩니다.

8) 믿음의 능력은 무엇입니까?

세상을 이기는 것입니다.

9) 부활의 능력은 무엇입니까?

죽은 영과 육체가 다시 살아나는 것입니다.

10) 사망 권세를 누가 이기셨습니까?

예수님께서 부활하심으로 사망 권세를 깨뜨리시고 원수마귀를 이기시었습니다.

11) 죽어 잠자는 성도의 소망은 무엇입니까?

부활의 소망입니다.

12) 사도 바울이 복음전파의 사명을 죽음을 각오하고 감당한 이유가 무엇입니까?

부활의 소망이 있기 때문입니다.

13) 믿는 자들이 할 수 있는 것은 무엇입니까?

예수님께서 하시는 일과 이보다 더 큰 일도 할 수 있습니다.

14) 예수님과 말씀을 믿지 못하여 의심하면 안 되는 이유는 무엇입니까?

마치 바람에 밀려 요동하는 바다 물결 같아서 응답받지 못합니다.

15) 마귀를 물리치는 비결은 무엇입니까?

마음을 굳게 하여 대적하여야 합니다. 예수님 이름으로 십자가의 승리하심을 믿고 선포해야 합니다.

16) 아브라함의 믿음은 무엇입니까?
하나님은 죽은 자를 살리시며 없는 것을 있는 것으로 부르시는 이심을 믿었습니다.

17) 참믿음은 무엇입니까?
예수님이 부활하신 하나님의 아들이심을 믿고 주님이 주신 말씀을 믿고 입으로 선포하고 행동으로 옮기는 것입니다. 예수님이 지금 부활이요, 지금 생명인 것을 믿는 것입니다. 내 몸 안에 성령님께서 사시는 것을 믿는 것입니다. 내 몸이 성전입니다.

18) 불로 연단받는 믿음의 시련의 유익은 무엇입니까?
없어질 금보다 더 귀하여 예수 그리스도의 나타나실 때에 칭찬과 영광과 존귀를 얻게 됩니다.

19) 성령님이 책망하시는 죄는 무엇입니까?
예수님을 나의 주님, 나의 하나님으로 믿지 않는 것입니다.

20) 믿음이 없으면 하나님을 기쁘시게 할 수 없는데 그 내용이 무엇입니까?
하나님께 나아가는 자는 반드시 그가 계신 것과 또한 그가 자기를 찾는 자들에게 상 주시는 이심을 믿어야 합니다.

21) 먼저 하나님 나라와 그의 의를 구하면 하나님은 우리에게 무엇을 더하여 주십니까?
의식주를 포함한 모든 것을 주십니다.

22) 죽은 자의 소망은 무엇입니까?
더 좋은 부활체로 부활하여 주님과 함께 영원토록 함께 사는 것입니다.

23) 우리의 참소망은 누구에게 있습니까?

정함이 없는 재물에 소망을 두지 말고 오직 우리에게 모든 것을 후히 주사 누리게 하시는 하나님께 있습니다.

24) 아브라함의 믿음은 무엇입니까?

하나님은 죽은 자를 살리시며 없는 것을 있는 것같이 부르시는 하나님이심을 믿었습니다.

말씀

1. 롬 10:8~10, 17 그러면 무엇을 말하느뇨 말씀이 네게 가까와 네 입에 있으며 네 마음에 있다 하였으니 곧 우리가 전파하는 믿음의 말씀이라 네가 만일 네 입으로 예수를 주로 시인하며 또 하나님께서 그를 죽은 자 가운데서 살리신 것을 네 마음에 믿으면 구원을 얻으리니 사람이 마음으로 믿어 의에 이르고 입으로 시인하여 구원에 이르느니라. 사람이 마음으로 믿어 의에 이르고 입으로 시인하여 구원에 이르느니라 그러므로 믿음은 들음에서 나며 들음은 그리스도의 말씀으로 말미암았느니라.

2. 히 11:1~3 믿음은 바라는 것들의 실상이요 보지 못하는 것들의 증거니 선진들이 이로써 증거를 얻었느니라 믿음으로 모든 세계가 하나님의 말씀으로 지어진 줄을 우리가 아나니 보이는 것은 나타난 것으로 말미암아 된 것이 아니니라.

3. 요 11:25~26 예수께서 가라사대 나는 부활이요 생명이니 나를 믿는 자는 죽어도 살겠고 무릇 살아서 나를 믿는 자는 영원히 죽지 아니하리니 이것을 네가 믿느냐.

4. 롬 4:17~18 기록된바 내가 너를 많은 민족의 조상으로 세웠다 하심과 같으니 그의 믿은바 하나님은 죽은 자를 살리시며 없는 것을 있는 것같이 부르시는 이시니라 아브라함이 바랄 수 없는 중에 바라고 믿었으니 이는 네 후손이 이 같으리라 하신 말씀대로 많은 민족의 조상이 되게 하려 하심을 인함이라.

5. 요일 5:4~5 대저 하나님께로서 난 자마다 세상을 이기느니라 세상을 이긴 이김은 이것이니 우리의 믿음이니라 예수께서 하나님의 아들이심을 믿는 자가 아니면 세상을 이기는 자가 누구뇨.

6. 요일 4:4 자녀들아 너희는 하나님께 속하였고 또 저희를 이기었나니 이는 너희 안에 계신

이가 세상에 있는 이보다 크심이라.

7. 고전 15:19~22 만일 그리스도 안에서 우리의 바라는 것이 다만 이생뿐이면 모든 사람 가운데 우리가 더욱 불쌍한 자라 그러나 이제 그리스도께서 죽은 자 가운데서 다시 살아 잠자는 자들의 첫 열매가 되셨도다 사망이 사람으로 말미암았으니 죽은 자의 부활도 사람으로 말미암는도다 아담 안에서 모든 사람이 죽은 것같이 그리스도 안에서 모든 사람이 삶을 얻으리라.

8. 고전 15:30~32 또 어찌하여 우리가 때마다 위험을 무릅쓰리요 형제들아 내가 그리스도 예수 우리 주 안에서 가진 바 너희에게 대한 나의 자랑을 두고 단언하노니 나는 날마다 죽노라 내가 범인처럼 에베소에서 맹수로 더불어 싸웠으면 내게 무슨 유익이 있느뇨 죽은 자가 다시 살지 못할 것이면 내일 죽을 터이니 먹고 마시자 하리라.

9. 롬 8:11~14 예수를 죽은 자 가운데서 살리신 이의 영이 너희 안에 거하시면 그리스도 예수를 죽은 자 가운데서 살리신 이가 너희 안에 거하시는 그의 영으로 말미암아 너희 죽을 몸도 살리시리라 그러므로 형제들아 우리가 빚진 자로되 육신에게 져서 육신대로 살 것이 아니니라 너희가 육신대로 살면 반드시 죽을 것이로되 영으로써 몸의 행실을 죽이면 살리니 무릇 하나님의 영으로 인도함을 받는 그들은 곧 하나님의 아들이라.

10. 살전 4:13~14 형제들아 자는 자들에 관하여는 너희가 알지 못함을 우리가 원치 아니하노니 이는 소망 없는 다른 이와 같이 슬퍼하지 않게 하려 함이라 우리가 예수의 죽었다가 다시 사심을 믿을진대 이와 같이 예수 안에서 자는 자들도 하나님이 저와 함께 데리고 오시리라.

11. 요 14:11 내가 아버지 안에 있고 아버지께서 내 안에 계심을 믿으라 그렇지 못하겠거든 행하는 그 일을 인하여 나를 믿으라.

12. 요 20:27~31 도마에게 이르시되 네 손가락을 이리 내밀어 내 손을 보고 네 손을 내밀어 내 옆구리에 넣어 보라 그리하고 믿음 없는 자가 되지 말고 믿는 자가 되라 도마가 대답하여 가로되 나의 주시며 나의 하나님이시니 이다 예수께서 가라사대 너는 나를 본 고로 믿느냐 보지 못하고 믿는 자들은 복되도다 하시니라 예수께서 제자들 앞에서 이 책에 기록되지 아니한 다른 표적도 많이 행하셨으나 오직 이것을 기록함은 너희로 예수께서 하나님의 아들 그리스도이심을 믿게 하려 함이요 또 너희로 믿고 그 이름을 힘입어 생명을 얻게 하려 함이니라.

하나님 나라의 비밀

13. 히 11:6 믿음이 없이는 하나님을 기쁘시게 하지 못하나니 하나님께 나아가는 자는 반드시 그가 계신 것과 또한 그가 자기를 찾는 자들에게 상 주시는 이심을 믿어야 할지니라.

14. 요 19:30 예수께서 신 포도주를 받으신 후 가라사대 다 이루었다 하시고 머리를 숙이시고 영혼이 돌아가시니라.

15. 요 14:12 나를 믿는 자는 내가 하는 일을 그도 할 것이요 또한 그보다 큰일도 하리니 이는 내가 아버지께로 감이니라.

16. 갈 2:20 내가 그리스도와 함께 십자가에 못 박혔나니 그런즉 이제는 내가 사는 것이 아니요 오직 내 안에 그리스도께서 사시는 것이라 이제 내가 육체 가운데 사는 것은 나를 사랑하사 나를 위하여 자기 자신을 버리신 하나님의 아들을 믿는 믿음 안에서 사는 것이라.

17. 고전 6:19 주와 합하는 자는 한 영이니라.

18. 히 12:2 믿음의 주요 또 온전하게 하시는 이인 예수를 바라보자 그는 그 앞에 있는 기쁨을 위하여 십자가를 참으사 부끄러움을 개의치 아니하시더니 하나님의 보좌 우편에 앉으셨느니라.

19. 약 1:6 오직 믿음으로 구하고 조금도 의심하지 말라 의심하는 자는 마치 바람에 밀려 요동하는 바다 물결 같으니, 이런 사람은 무엇이든지 주께 얻기를 생각하지 말라.

20. 약 2:14 내 형제들아 만일 사람이 믿음이 있노라 하고 행함이 없으면 무슨 이익이 있으리요 그 믿음이 능히 자기를 구원하겠느냐.

21. 벧전 5:8~9 근신하라 깨어라 너희 대적 마귀가 우는 사자같이 두루 다니며 삼킬 자를 찾나니 너희는 믿음을 굳게 하여 그를 대적하라 이는 세상에 있는 너희 형제들도 동일한 고난을 당하는 줄을 앎이라.

22. 롬 12:3 마땅히 생각할 그 이상의 생각을 품지 말고 오직 하나님께서 각 사람에게 나누어 주신 믿음의 분량대로 지혜롭게 생각하라.

23. 행 3:16 그 이름을 믿음으로 그 이름이 너희가 보고 아는 이 사람을 성하게 하였나니 예수로 말미암아 난 믿음이 너희 모든 사람 앞에서 이같이 완전히 낫게 하였느니라.

24. 막 9:23~24 예수께서 이르시되 할 수 있거든이 무슨 말이냐 믿는 자에게는 능히 하지 못할 일이 없느니라 하시니, 곧 그 아이의 아버지가 소리를 질러 이르되 내가 믿나이다 나의 믿음 없는 것을 도와주소서 하더라.

25. 눅 17:5~6 사도들이 주께 여짜오되 우리에게 믿음을 더하소서 하니 주께서 이르시되 너

희에게 겨자씨 한 알 만한 믿음이 있었더라면 이 뽕나무 더러 뿌리가 뽑혀 바다에 심기어라 하였을 것이요 그것이 너희에게 순종하였으리라.

26. 롬 4:17 기록된바 내가 너를 많은 민족의 조상으로 세웠다 하심과 같으니 그가 믿은바 하나님은 죽은 자를 살리시며 없는 것을 있는 것으로 부르시는 이시니라.

27. 막 11:22~23 내가 진실로 너희에게 이르노니 누구든지 이 산더러 들리어 바다에 던져지라 하며 그 말하는 것이 이루어질 줄 믿고 마음에 의심하지 아니하면 그대로 되리라 그러므로 내가 너희에게 말하노니 무엇이든지 기도하고 구하는 것은 받은 줄로 믿으라 그리하면 너희에게 그대로 되리라. 받은 줄로 믿는 것이 믿음이다!

28. 마 23:23 화 있을진저 바리새인들이여 너희가 박하와 회향과 근채의 십일조는 드리되 율법의 더 중한바 정의와 긍휼과 믿음은 버렸도다 그러나 이것도 행하고 저것도 버리지 말아야 할지니라.

29. 막 16:15~16 또 이르시되 너희는 온 천하에 다니며 만민에게 복음을 전파하라 믿고 세례를 받은 사람은 구원을 얻을 것이요 믿지 않는 사람은 정죄를 받으리라.

30. 막 16:17~8 믿는 자들에게는 이런 표적이 따르리니 곧 저희가 내 이름으로 귀신을 쫓아내며 새 방언을 말하며 뱀을 집으며 무슨 독을 마실지라도 해를 받지 아니하며 병든 사람에게 손을 얹은즉 나으리라 하시더라.

31. 마 6:31~33 그러므로 염려하여 이르기를 무엇을 먹을까 무엇을 마실까 무엇을 입을까 하지 말라 이는 다 이방인들이 구하는 것이라 너희 천부께서 이 모든 것이 너희에게 있어야 할 줄을 아시느니라 너희는 먼저 그의 나라와 그의 의를 구하라 그리하면 이 모든 것을 너희에게 더하시리라.

32. 고후 1:8~9 형제들아 우리가 아시아에서 당한 환난을 너희가 알지 못하기를 원치 아니하노니 힘에 지나도록 심한 고생을 받아 살 소망까지 끊어지고 우리 마음에 사형 선고를 받은 줄 알았으니 이는 우리로 자기를 의뢰하지 말고 오직 죽은 자를 다시 살리시는 하나님만 의뢰하게 하심이라.

33. 히 4:2~3 저희와 같이 우리도 복음 전함을 받은 자이나 그러나 그 들은바 말씀이 저희에게 유익되지 못한 것은 듣는 자가 믿음을 화합치 아니함이라 이미 믿는 우리들은 저 안식에 들어가는 도다 그 말씀하신 바와 같으니 내가 노하여 맹세한 바와 같이 저희가 내 안식에 들어오지 못하리라 하셨다 하였으나 세상을 창조할 때부터 그 일이 이루었느니라.

34. 히 11:8, 31 믿음으로 아브라함은 부르심을 받았을 때에 순종하여 장래 기업으로 받을 땅에 나갈새 갈 바를 알지 못하고 나갔으며 믿음으로 기생 라합은 정탐꾼을 평안히 영접하였으므로 순종치 아니한 자와 함께 멸망치 아니하였도다.

35. 고후 4:18 우리의 돌아보는 것은 보이는 것이 아니요 보이지 않는 것이니 보이는 것은 잠깐이요 보이지 않는 것은 영원함이니라. 안 보이는 것을 보는 것이 믿음이다!

36. 고후 5:7 이는 우리가 믿음으로 행하고 보는 것으로 하지 아니함이로라.

37. 딤전 6:12 믿음의 선한 싸움을 싸우라 영생을 취하라 이를 위하여 네가 부르심을 입었고 많은 증인 앞에서 선한 증거를 증거하였도다.

38. 요일 5:14~15 그를 향하여 우리의 가진 바 담대한 것이 이것이니 그의 뜻대로 무엇을 구하면 들으심이라 우리가 무엇이든지 구하는 바를 들으시는 줄을 안즉 우리가 그에게 구한 그것을 얻은 줄을 또한 아느니라.

39. 벧전 2:24 친히 나무에 달려 그 몸으로 우리 죄를 담당하셨으니 이는 우리로 죄에 대하여 죽고 의에 대하여 살게 하심이라 저가 채찍에 맞음으로 너희는 나음을 얻었나니.

40. 벧전 1:7 너희 믿음의 시련이 불로 연단하여도 없어질 금보다 더 귀하여 예수 그리스도의 나타나실 때에 칭찬과 영광과 존귀를 얻게 하려 함이라.

41. 요 16:9 죄에 대하여라 함은 저희가 나를 믿지 아니함이요.

42. 고전 12:9 다른 이에게는 같은 성령으로 믿음을, 어떤 이에게는 한 성령으로 병 고치는 은사를.

43. 고후 4:7~8 우리가 이 보배를 질그릇에 가졌으니 이는 능력의 심히 큰 것이 하나님께 있고 우리에게 있지 아니함을 알게 하려 함이라 우리가 사방으로 우겨쌈을 당하여도 싸이지 아니하며 답답한 일을 당하여도 낙심하지 아니하며.

44. 요 2:22 죽은 자 가운데서 살아나신 후에야 제자들이 이 말씀하신 것을 기억하고 성경과 및 예수의 하신 말씀을 믿었더라.

45. 행 17:31 이는 정하신 사람으로 하여금 천하를 공의로 심판할 날을 작정하시고 이에 저를 죽은 자 가운데서 다시 살리신 것으로 모든 사람에게 믿을 만한 증거를 주셨음이니라 하니라.

46. 행 23:6 바울이 그 한 부분은 사두개인이요 한 부분은 바리새인인 줄 알고 공회에서 외쳐 가로되 여러분 형제들아 나는 바리새인이요 또 바리새인의 아들이라 죽은 자의 소망 곧

부활을 인하여 내가 심문을 받노라.

47. 롬 5:5 소망이 부끄럽게 아니함은 우리에게 주신 성령으로 말미암아 하나님의 사랑이 우리 마음에 부은바 됨이니.

48. 롬 12:12 소망 중에 즐거워하며 환난 중에 참으며 기도에 항상 힘쓰며.

49. 고전 13:13 그런즉 믿음, 소망, 사랑 이 세 가지는 항상 있을 것인데 그중에 제일은 사랑이라.

50. 골 1:5 너희를 위하여 하늘에 쌓아 둔 소망을 인함이니 곧 너희가 전에 복음 진리의 말씀을 들은 것이라.

51. 살전 4:13 형제들아 자는 자들에 관하여는 너희가 알지 못함을 우리가 원치 아니하노니 이는 소망 없는 다른 이와 같이 슬퍼하지 않게 하려 함이라4:14 우리가 예수의 죽었다가 다시 사심을 믿을진대 이와 같이 예수 안에서 자는 자들도 하나님이 저와 함께 데리고 오시리라.

52. 딤전 6:17~18 네가 이 세대에 부한 자들을 명하여 마음을 높이지 말고 정함이 없는 재물에 소망을 두지 말고 오직 우리에게 모든 것을 후히 주사 누리게 하시는 하나님께 두며 선한 일을 행하고 선한 사업에 부하고 나눠 주기를 좋아하며 동정하는 자가 되게 하라.

53. 히 11:35 여자들은 자기의 죽은 자를 부활로 받기도 하며 또 어떤 이들은 더 좋은 부활을 얻고자 하여 악형을 받되 구차히 면하지 아니하였으며.

54. 요 3:16 하나님이 세상을 이처럼 사랑하사 독생자를 주셨으니 이는 저를 믿는 자마다 멸망치 않고 영생을 얻게 하려 하심이니라.

55. 요 15:9 아버지께서 나를 사랑하신 것같이 나도 너희를 사랑하였으니 나의 사랑 안에 거하라.

56. 요일 4:16 하나님이 우리를 사랑하시는 사랑을 우리가 알고 믿었노니 하나님은 사랑이시라 사랑 안에 거하는 자는 하나님 안에 거하고 하나님도 그 안에 거하시느니라.

57. 요 14:21 나의 계명을 가지고 지키는 자라야 나를 사랑하는 자니 나를 사랑하는 자는 내 아버지께 사랑을 받을 것이요 나도 그를 사랑하여 그에게 나를 나타내리라.

하나님 나라의 비밀

12
순종과 사랑과 섬김

문답

1) 한 사람이 순종하심으로 많은 사람이 의인이 되리라고 하였는데 이 한 사람은 누구입니까?

　주 예수님.

2) 예수님은 어디까지 순종하셨습니까?

　죽기까지 순종하셨습니다.

3) 고난당하는 것이 왜 유익입니까?

　말씀 순종을 배우기 때문입니다.

4) 사람은 왜 징계를 당합니까?

　불순종하기 때문이다.

5) 이스라엘 백성들이 광야에서 40년 동안 고난을 당한 이유는 무엇입니까?

　말씀에 순종하여 주와 동행함으로 복을 받기 위함이다.

6) 어느 정도 순종하고 헌신해야 합니까?

　죽기까지.

7) 왜 순종하여야 합니까?

주 예수님이 나를 위하여 피 흘려 죽으시고 죄에 대한 심판을 받아 주시고 지옥 불에서 나를 건져주셨습니다. 핏값으로 나를 사셨습니다.

8) 우리가 하나님 안에 거하고 하나님이 우리 안에 거하시는 줄을 어떻게 알 수 있습니까?

성령 하나님이 내주하심으로 알 수 있습니다.

9) 우리에게 주신 성령으로 말미암아 하나님의 사랑이 우리의 어디에 부어 주십니까?

우리의 마음속에 부어 주십니다.

10) 사랑은 율법의 무엇입니까?

완성입니다.

11) 하나님은 누구십니까?

사랑이십니다.

12) 우리는 정함이 없는 재물에 소망을 두지 말고 오직 우리에게 모든 것을 후히 주사 누리게 하시는 분에게 소망을 두어야 하는데 이분이 누구이십니까?

아버지 하나님.

13) 사도 바울이 스스로 모든 사람의 종이 된 이유는 무엇입니까?

더 많은 사람을 얻고자 함이라.

14) 첫째 계명과 둘째 계명은 무엇입니까?

목숨을 다하여 주 너의 하나님을 사랑하고 네 이웃을 네 자신같이 사랑하라.

하나님 나라의 비밀

15) 항상 있는 세 가지는 무엇입니까?

믿음, 소망, 사랑, 그중의 제일은 사랑이라.

16) 이 세상이나 세상에 있는 것들을 사랑하지 말아야 하는 이유는 무엇입니까?

누구든지 세상을 사랑하면 아버지의 사랑이 그 안에 없기 때문이다.

17) 하나님 나라에서 높은 사람은 누구입니까?

종이 되어서 섬기는 사람입니다.

18) 우리도 형제들을 위하여 목숨을 버려야 하는 이유가 무엇입니까?

예수님께서 우리를 위하여 목숨을 버리셨기 때문. 성도는 예수님의 몸. 지체. 성도 안에 예수님이 계십니다. 성도 사랑은 예수님 사랑이기 때문.

19) 기도 응답을 받는 비결은 무엇입니까?

주님의 계명대로 서로 사랑할 때입니다. 성도 사랑은 예수님 사랑임.

말씀

1. 롬 5:19 한 사람이 순종하지 아니함으로 많은 사람이 죄인 된 것같이 한 사람이 순종하심으로 많은 사람이 의인이 되리라.
2. 빌 2:5, 8~9 너희 안에 이 마음을 품으라 곧 그리스도 예수의 마음이니 사람의 모양으로 나타나사 자기를 낮추시고 죽기까지 복종하셨으니 곧 십자가에 죽으심이라 이러므로 하나님이 그를 지극히 높여 모든 이름 위에 뛰어난 이름을 주사.
3. 히 5:8~9 그가 아들이면서도 받으신 고난으로 순종함을 배워서 온전하게 되셨은즉 자기에게 순종하는 모든 자에게 영원한 구원의 근원이 되시고.
4. 시 119:67, 71~72 고난당하기 전에는 내가 그릇 행하였더니 이제는 주의 말씀을 지키나이다 고난당한 것이 내게 유익이라 이로 말미암아 내가 주의 율례들을 배우게 되었나이다 주의 입의 법이 내게는 천천 금은보다 좋으니이다.

5. 신 8:1~3, 16 네 하나님 여호와께서 이 사십 년 동안에 네게 광야 길을 걷게 하신 것을 기억하라 이는 너를 낮추시며 너를 시험하사 네 마음이 어떠한지 그 명령을 지키는지 지키지 않는지 알려 하심이라 너를 낮추시며 너를 주리게 하시며 또 너도 알지 못하며 네 조상들도 알지 못하던 만나를 네게 먹이신 것은 사람이 떡으로만 사는 것이 아니요 여호와의 입에서 나오는 모든 말씀으로 사는 줄을 네가 알게 하려 하심이라 네 조상들도 알지 못하던 만나를 광야에서 네게 먹이셨나니 이는 다 너를 낮추시며 너를 시험하사 마침내 네게 복을 주려 하심이었느니라.

6. 히 4:11 그러므로 우리가 저 안식에 들어가기를 힘쓸지니 이는 누구든지 저 순종하지 아니하는 본에 빠지지 않게 하려 함이라.

7. 창 22:12 사자가 이르시되 그 아이에게 네 손을 대지 말라 그에게 아무 일도 하지 말라 네가 네 아들 네 독자까지도 내게 아끼지 아니하였으니 내가 이제야 네가 하나님을 경외하는 줄을 아노라.

8. 삼상 15:22~23 순종이 제사보다 낫고 듣는 것이 숫양의 기름보다 나으니 이는 거역하는 것은 점치는 죄와 같고 완고한 것은 사신우상에게 절하는 죄와 같음이라 왕이 여호와의 말씀을 버렸으므로 여호와께서도 왕을 버려 왕이 되지 못하게 하셨나이다.

9. 요일 4:12~13 어느 때나 하나님을 본 사람이 없으되 만일 우리가 서로 사랑하면 하나님이 우리 안에 거하시고 그의 사랑이 우리 안에 온전히 이루느니라 그의 성령을 우리에게 주시므로 우리가 그 안에 거하고 그가 우리 안에 거하시는 줄을 아느니라.

10. 롬 5:5 소망이 우리를 부끄럽게 하지 아니함은 우리에게 주신 성령으로 말미암아 하나님의 사랑이 우리 마음에 부은바 됨이니.

11. 롬 13:10 사랑은 이웃에게 악을 행하지 아니하나니 그러므로 사랑은 율법의 완성이니라.

12. 마 22:37~40 예수께서 이르시되 네 마음을 다하고 목숨을 다하고 뜻을 다하여 주 너의 하나님을 사랑하라 하셨으니 이것이 크고 첫째 되는 계명이요 둘째도 그와 같으니 네 이웃을 네 자신같이 사랑하라 하셨으니 이 두 계명이 온 율법과 선지자의 강령이니라.

13. 고전 13:3~5, 13 내가 내게 있는 모든 것으로 구제하고 또 내 몸을 불사르게 내줄지라도 사랑이 없으면 내게 아무 유익이 없느니라 사랑은 오래참고 사랑은 온유하며 시기하지 아니하며 그런즉 믿음, 소망, 사랑 이 세 가지는 항상 있을 것인데 그중의 제일은 사랑이라.

14. 요일 3:16 그가 우리를 위하여 목숨을 버리셨으니 우리가 이로써 사랑을 알고 우리도 형

제들을 위하여 목숨을 버리는 것이 마땅하니라.

15. 요일 3:22~23 무엇이든지 구하는 바를 그에게서 받나니 이는 우리가 그의 계명을 지키고 그 앞에서 기뻐하시는 것을 행함이라 그의 계명은 이것이니 곧 그 아들 예수 그리스도의 이름을 믿고 그가 우리에게 주신 계명대로 서로 사랑할 것이니라.

16. 요일 4:18 사랑 안에 두려움이 없고 온전한 사랑이 두려움을 내쫓나니 두려움에는 형벌이 있음이라 두려워하는 자는 사랑 안에서 온전히 이루지 못하였느니라.

17. 요일 4:19 우리가 사랑함은 그가 먼저 우리를 사랑하셨음이라.

18. 요일 2:15 이 세상이나 세상에 있는 것들을 사랑하지 말라 누구든지 세상을 사랑하면 아버지의 사랑이 그 안에 있지 아니하니.

19. 딤전 6:7~12 우리가 먹을 것과 입을 것이 있은즉 족한 줄로 알 것이니라 부하려 하는 자들은 시험과 올무와 여러 가지 어리석고 해로운 욕심에 떨어지나니 곧 사람으로 파멸과 멸망에 빠지게 하는 것이라 돈을 사랑함이 일만 악의 뿌리가 되나니 이것을 탐내는 자들은 미혹을 받아 믿음에서 떠나 많은 근심으로써 자기를 찔렀도다 오직 너 하나님의 사람아 이것들을 피하고 의와 경건과 믿음과 사랑과 인내와 온유를 따르며 믿음의 선한 싸움을 싸우라.

20. 마 5:44, 46 나는 너희에게 이르노니 너희 원수를 사랑하며 너희를 박해하는 자를 위하여 기도하라 너희가 너희를 사랑하는 자를 사랑하면 무슨 상이 있으리요 세리도 이같이 아니하느냐.

21. 요 15:13~14 사람이 친구를 위하여 자기 목숨을 버리면 이보다 더 큰 사랑이 없나니 너희는 내가 명하는 대로 행하면 곧 나의 친구라.

22. 마 20:26~28 너희 중에는 그렇지 않아야 하리니 너희 중에 누구든지 크고자 하는 자는 너희를 섬기는 자가 되고 너희 중에 누구든지 으뜸이 되고자 하는 자는 너희의 종이 되어야 하리라 인자가 온 것은 섬김을 받으려 함이 아니라 도리어 섬기려 하고 자기 목숨을 많은 사람의 대속물로 주려 함이니라.

23. 요 21:17 세 번째 이르시되 요한의 아들 시몬아 네가 나를 사랑하느냐 하시니 주께서 세 번째 네가 나를 사랑하느냐 하시니 베드로가 근심하여 이르되 주님 모든 것을 아시오매 내가 주님을 사랑하시는 줄을 주님께서 아시나이다 예수께서 이르시되 내 양을 먹이라.

24. 행 20:24 내가 달려갈 길과 주 예수께 받은 사명 곧 하나님의 은혜의 복음을 증언하는 일

을 마치려 함에는 나의 생명조차 조금도 귀한 것으로 여기지 아니하노라.

25. 계 2:4~5 그러나 너를 책망할 것이 있나니 너의 처음 사랑을 버렸느니라 그러므로 어디서 떨어진 것을 생각하고 회개하여 처음 행위를 가지라 만일 그리하지 아니하고 회개치 아니하면 내가 네게 임하여 네 촛대(교회)를 그 자리에서 옮기리라.

26. 빌 2:7~8 오히려 자기를 비어 종의 형체를 가져 사람들과 같이 되었고 사람의 모양으로 나타나셨으매 자기를 낮추시고 죽기까지 복종하셨으니 곧 십자가에 죽으심이라.

27. 딤전 6:17 네가 이 세대에 부한 자들을 명하여 마음을 높이지 말고 정함이 없는 재물에 소망을 두지 말고 오직 우리에게 모든 것을 후히 주사 누리게 하시는 하나님께 두며.

28. 고전 9:19 내가 모든 사람에게 자유하였으나 스스로 모든 사람에게 종이 된 것은 더 많은 사람을 얻고자 함이라.

13

주님 안에 거하는 비결

: 주와 동행함

열매 맺음과 기도 응답과 문제 해결의 비결이다!

말씀: 요한복음 15:1~27

1. 내가 참 포도나무요 내 아버지는 그 농부라.
2. 무릇 내게 있어 과실을 맺지 아니하는 가지는 아버지께서 이를 제해 버리시고 무릇 과실을 맺는 가지는 더 과실을 맺게 하려 하여 이를 깨끗케 하시느니라.
3. 너희는 내가 일러 준 말로 이미 깨끗하였으니.
4. 내 안에 거하라 나도 너희 안에 거하리라 가지가 포도나무에 붙어 있지 아니하면 절로 과실을 맺을 수 없음같이 너희도 내 안에 있지 아니하면 그러하리라.
5. 나는 포도나무요 너희는 가지니 저가 내 안에, 내가 저 안에 있으면 이 사람은 과실을 많이 맺나니 나를 떠나서는 너희가 아무것도 할 수 없음이라.
6. 사람이 내 안에 거하지 아니하면 가지처럼 밖에 버리워 말라지나니 사람들이 이것을 모아다가 불에 던져 사르느니라.
7. 너희가 내 안에 거하고 내 말이 너희 안에 거하면 무엇이든지 원하는 대로 구하라 그리하면 이루리라.
8. 너희가 과실을 많이 맺으면 내 아버지께서 영광을 받으실 것이요 너희가 내 제자가 되리라.
9. 아버지께서 나를 사랑하신 것같이 나도 너희를 사랑하였으니 나의 사랑 안에 거하라.
10. 내가 아버지의 계명을 지켜 그의 사랑 안에 거하는 것같이 너희도 내 계명을 지키면 내 사랑 안에 거하리라.
11. 내가 이것을 너희에게 이름은 내 기쁨이 너희 안에 있어 너희 기쁨을 충만하게 하려 함이

니라.

12. 내 계명은 곧 내가 너희를 사랑한 것같이 너희도 서로 사랑하라 하는 이것이니라.

13. 사람이 친구를 위하여 자기 목숨을 버리면 이에서 더 큰 사랑이 없나니.

14. 너희가 나의 명하는 대로 행하면 곧 나의 친구라.

15. 이제부터는 너희를 종이라 하지 아니하리니 종은 주인의 하는 것을 알지 못함이라 너희를 친구라 하였노니 내가 내 아버지께 들은 것을 다 너희에게 알게 하였음이니라.

16. 너희가 나를 택한 것이 아니요 내가 너희를 택하여 세웠나니 이는 너희로 가서 과실을 맺게 하고 또 너희 과실이 항상 있게 하여 내 이름으로 아버지께 무엇을 구하든지 다 받게 하려 함이니라.

17. 내가 이것을 너희에게 명함은 너희로 서로 사랑하게 하려 함이로라.

18. 세상이 너희를 미워하면 너희보다 먼저 나를 미워한 줄을 알라.

19. 너희가 세상에 속하였으면 세상이 자기의 것을 사랑할 터이나 너희는 세상에 속한 자가 아니요 도리어 세상에서 나의 택함을 입은 자인 고로 세상이 너희를 미워하느니라.

20. 내가 너희더러 종이 주인보다 더 크지 못하다 한 말을 기억하라 사람들이 나를 핍박하였은즉 너희도 핍박할 터이요 내 말을 지켰은즉 너희 말도 지킬 터이라.

21. 그러나 사람들이 내 이름을 인하여 이 모든 일을 너희에게 하리니 이는 나 보내신 이를 알지 못함이니라.

22. 내가 와서 저희에게 말하지 아니하였더면 죄가 없었으려니와 지금은 그 죄를 핑계할 수 없느니라.

23. 나를 미워하는 자는 또 내 아버지를 미워하느니라.

24. 내가 아무도 못한 일을 저희 중에서 하지 아니하였더면 저희가 죄 없었으려니와 지금은 저희가 나와 및 내 아버지를 보았고 또 미워하였도다.

25. 그러나 이는 저희 율법에 기록된바 저희가 연고 없이 나를 미워하였다 한 말을 응하게 하려 함이니라.

26. 내가 아버지께로서 너희에게 보낼 보혜사 곧 아버지께로서 나오시는 진리의 성령이 오실 때에 그가 나를 증거하실 것이요.

27. 너희도 처음부터 나와 함께 있었으므로 증거하느니라.

1) 말씀으로 심령이 깨끗하여진다, 중요하다!

말씀을 주야로 계속하여 묵상하면 심령이 깨끗하여집니다. 말씀에 순종하게 되며 잘못된 것을 고침받게 됩니다.

> 시 1:2~3 오직 여호와의 율법을 즐거워하여 그 율법을 주야로 묵상하는 자로다 저는 시냇가에 심은 나무가 시절을 좇아 과실을 맺으며 그 잎사귀가 마르지 아니함 같으니 그 행사가 다 형통하리로다.

> 요 15:3~4 너희는 내가 일러 준 말로 이미 깨끗하였으니 내 안에 거하라 나도 너희 안에 거하리라 가지가 포도나무에 붙어 있지 아니하면 절로 과실을 맺을 수 없음같이 너희도 내 안에 있지 아니하면 그러하리라.

2) 주님의 사랑 안에 거하라(요 15:9~15, 요일 3:23~24, 요일 4:12~13)

주님을 사랑하고 서로 사랑하면 주님이 함께하십니다. 형제 사랑.

> 요일 3:23~24 그의 계명은 이것이니 곧 그 아들 예수 그리스도의 이름을 믿고 그가 우리에게 주신 계명대로 서로 사랑할 것이니라 그의 계명들을 지키는 자는 주 안에 거하고 주는 저 안에 거하시나니 우리에게 주신 성령으로 말미암아 그가 우리 안에 거하시는 줄을 우리가 아느니라.

> 요일 4:12~13 어느 때나 하나님을 본 사람이 없으되 만일 우리가 서로 사랑하면 하나님이 우리 안에 거하시고 그의 사랑이 우리 안에 온전히 이루느니라 그의 성령을 우리에게 주시므로 우리가 그 안에 거하고 그가 우리 안에 거하시는 줄을 아느니라.

3) 성령을 받음: 성령충만

> 요일 4:13 그의 성령을 우리에게 주시므로 우리가 그 안에 거하고 그가 우리 안에 거하시는 줄을 아느니라.

4) 주님의 살과 피를 먹고 마셔야 한다

주님 안에 거하며 항상 주님과 함께 산다. 계속하여서 자주 성만찬에 참여하라.

요 6:55~57 내 살은 참된 양식이요 내 피는 참된 음료로다 내 살을 먹고 내 피를 마시는 자는 내 안에 거하고 나도 그 안에 거하나니 살아 계신 아버지께서 나를 보내시매 내가 아버지로 인하여 사는 것같이 나를 먹는 그 사람도 나를 인하여 살리라.

고전 11:23~26 내가 너희에게 전한 것은 주께 받은 것이니 곧 주 예수께서 잡히시던 밤에 떡을 가지사 축사하시고 떼어 가라사대 이것은 너희를 위하는 내 몸이니 이것을 행하여 나를 기념하라 하시고 식후에 또한 이와 같이 잔을 가지시고 가라사대 이 잔은 내 피로 세운 새 언약이니 이것을 행하여 마실 때마다 나를 기념하라 하셨으니 너희가 이 떡을 먹으며 이 잔을 마실 때마다 주의 죽으심을 오실 때까지 전하는 것이니라.

참고. 요한복음 15장. 제자의 신분이다.

1) 성도는 포도나무의 가지로 예수님께 항상 붙어 있다
2) 성도가 말씀으로 깨끗함을 받는다
3) 주님 안에 거하게 된다
4) 사랑 안에 거하게 된다
5) 과실을 맺는다
6) 기도응답을 받는다 → 모든 문제를 해결받는다
7) 아버지께서 영광을 받으신다
8) 형제를 사랑하게 된다
9) 핍박을 받게 된다
10) 예수님을 증거하게 된다

하나님 나라의 비밀

제3부

복음전도와 실제

❧

말씀 훈련, 믿음 훈련, 영의 훈련:

100번 이상 입으로 말하고 묵상하세요

1

복음전파

: 사명, 복음전도자, 전도는 쉽다, 준비된 영혼이 있다(복음전파, 복음전도자)

문답	

1) 예수님은 제자들에게 나를 따라오라고 하셨는데 예수님을 따라가면 무엇이 됩니까?

사람을 낚는 어부.

2) 예수님을 따라가려면 조건이 무엇입니까?

자기를 부인하고 자기 십자가를 지고 따라가야 합니다.

3) 오직 성령이 너희에게 임하시면 너희가 권능을 받고 예루살렘과 온 유대와 사마리아와 땅끝까지 이르러 내 무엇이 됩니까?

증인.

4) 예수님은 제자(성도)들에게 무슨 권능을 주었습니까?

뱀과 전갈을 밟으며 원수의 모든 능력을 제어할 권능을 주었습니다.

5) 우리는 십자가에 못 박힌 그리스도를 전하니 유대인에게는 거리끼는 것이요 이방인에게는 미련한 것이로되 오직 부르심을 받은 자들에게는 유대인이나 헬라인이나 그리스도는 하나님의 능력이요 하나님의 무엇입니까?

지혜.

6) 믿지 아니하는 자들의 마음을 혼미하게 하여 그리스도의 영광의 복음의 광채가 비치지 못하게 하는 신이 있는데 누구입니까?

이 세상 신. 귀신. 사탄.

7) 복음을 전하는 자들이 복음으로 말미암아 어떻게 됩니까?

살게 됩니다.

8) 복음을 전하지 아니하면 내게 무엇이 있습니까?

화가 있습니다.

9) 오직 성령이 각성에서 내게 증언하여 결박과 환난이 나를 기다린다 하시나 내가 달려갈 길과 주 예수께 받은 사명 곧 하나님의 은혜의 복음을 증언하는 일을 마치려 함에는 나의 무엇조차 조금도 귀한 것으로 여기지 아니한다고 사도 바울은 말하였는데 조금도 귀한 것으로 여기지 아니한 것이 무엇입니까?

바울의 생명. 목숨.

10) 복음을 전파하는 자가 없으면 어떻게 됩니까?

믿지 못하여 구원을 받을 수 없습니다.

11) 저희가 날마다 성전에 있든지 집에 있든지 예수는 그리스도라 가르치기와 전도하기를 쉬지 아니하였는데 여기서 저희는 누구를 말합니까?

예수님의 제자들. 복음전도자.

12) '그런즉 이스라엘 온 집이 정녕 알지니 너희가 십자가에 못 박은 이 예수를 하나님이 주와 그리스도가 되게 하셨느니라 하니라 저희가 이 말을 듣고 마음에 찔려 베드로와 다른 사도들에게 물어 가로되 형제들아 우리가 어찌할꼬 하거늘 베드로가 가로되 너희가 회개하여 각각 예수 그리스도의 이름으로 세례를 받고 죄사함을 얻으라 그리하면 성령을 선물로 받는다(행 2:36~38)'고 하였는데 여기서 베드로가 전

도한 복음의 핵심은 무엇입니까?

너희가 십자가에 못 박아 죽인 예수가 다시 부활하셨는데 그가 바로 너희의 주인이시고 창조주 하나님이시다.

13) '예수께서 나아와 일러 가라사대 하늘과 땅의 모든 권세를 내게 주셨으니 그러므로 너희는 가서 모든 족속으로 제자를 삼아 아버지와 아들과 성령의 이름으로 세례를 주고 내가 너희에게 분부한 모든 것을 가르쳐 지키게 하라 볼지어다 내가 세상 끝날까지 너희와 항상 함께 있으리라 하시니라(마 28:18~20)'라고 하셨는데 이 명령을 무슨 명령이라고 합니까?

지상명령. 하늘 아래 최고의 명령입니다.

14) 내가 목숨 바쳐 행할 사명은 무엇입니까?

복음전파.

15) 전도는 어떻게 합니까?

성령의 나타남과 성령의 능력으로 합니다.

말씀

1. 마 4:19~20 말씀하시되 나를 따라오너라 내가 너희를 사람을 낚는 어부가 되게 하리라 그들이 곧 그물을 버려두고 예수를 따르니라.
2. 마 16:24 누구든지 나를 따라오려거든 자기를 부인하고 자기 십자가를 지고 나를 따를 것이니라.
3. 행 1:8 오직 성령이 너희에게 임하시면 너희가 권능을 받고 예루살렘과 온 유대와 사마리아와 땅끝까지 이르러 내 증인이 되리라.
4. 요 15:5 나는 포도나무요 너희는 가지라 그가 내 안에 내가 그 안에 거하면 사람이 많은 열매를 맺나니 나를 떠나서는 너희가 아무것도 할 수 없음이라.
5. 눅 10:17~19 칠십 인이 기뻐하며 돌아와 이르되 주의 이름이면 귀신들도 우리에게 항복하

더이다 예수께서 이르시되 사탄이 하늘로부터 번개같이 떨어지는 것을 내가 보았노라 내가 너희에게 뱀과 전갈을 밟으며 원수의 모든 능력을 제어할 권능을 주었으니 너희를 해칠 자가 없느니라.

6. 요일 4:4 자녀들아 너희는 하나님께 속하였고 또 그들을 이기었으니 이는 너희 안에 계신 이가 세상에 있는 자보다 크심이라.

7. 마 10:19~20 너희를 넘겨 줄 때에 어떻게 또는 무엇을 말할까 염려하지 말라 그때에 너희에게 할 말을 주시리니 말하는 이는 너희가 아니라 너희 속에서 말씀하시는 이 곧 너희 아버지의 성령이시니라.

8. 마 10:34~36 내가 세상에 화평을 주러 온 줄로 생각하지 말라 화평이 아니요 검을 주러 왔노라 내가 온 것은 사람이 그 아버지와 딸이 어머니와 며느리가 시어머니와 불화하게 하려 함이니 사람의 원수가 자기 집안 식구니라.

9. 마 5:9~10 화평하게 하는 자는 복이 있나니 그들이 하나님의 아들이라 일컬음을 받을 것임이요 의를 위하여 박해를(핍박) 받는 자는 복이 있나니 천국이 그들의 것임이요.

10. 마 10:11 어떤 성이나 마을에 들어가든지 그중에 합당한 자를 찾아내어 너희가 떠나기까지 거기서 머물라(준비된 영혼).

11. 고전 1:23~24 우리는 십자가에 못 박힌 그리스도를 전하니 유대인에게는 거리끼는 것이요 이방인에게는 미련한 것이로되 오직 부르심을 받은 자들에게는 유대인이나 헬라인이나 그리스도는 하나님의 능력이요 하나님의 지혜니라.

12. 고후 4:3~7 만일 우리 복음이 가리웠으면 망하는 자들에게 가리운 것이라 그중에 이 세상 신이 믿지 아니하는 자들의 마음을 혼미케 하여 그리스도의 영광의 복음의 광채가 비취지 못하게 함이니 그리스도는 하나님의 형상이니라 우리가 우리를 전파하는 것이 아니라 오직 그리스도 예수의 주 되신 것과 또 예수를 위하여 우리가 너희의 종된 것을 전파함이라 어두운 데서 빛이 비취리라 하시던 그 하나님께서 예수 그리스도의 얼굴에 있는 하나님의 영광을 아는 빛을 우리 마음에 비취셨느니라 우리가 이 보배를 질그릇에 가졌으니 이는 능력의 심히 큰 것이 하나님께 있고 우리에게 있지 아니함을 알게 하려 함이라.

13. 고전 9:14, 16~17, 19, 23 이와 같이 주께서도 복음 전하는 자들이 복음으로 말미암아 살리라 명하셨느니라 내가 복음을 전할지라도 자랑할 것이 없음은 내가 부득불 할 일임이니라 만일 복음을 전하지 아니하면 내게 화가 있을 것이로다 내가 모든 사람에게 자유로우

나 모든 사람에게 종이 된 것은 더 많은 사람을 얻고자 함이라 내가 복음을 위하여 모든 것을 행함은 복음에 참여하고자 함이라.

14. 눅 14:21, 23 그 종에게 이르되 빨리 시내의 거리와 골목으로 나가서 가난한 자들과 병신들과 저는 자들을 데려오라 하니라 주인이 종에게 이르되 길과 산울 가로 나가서 사람을 강권하여 데려다가 내 집을 채우라.

15. 행 20:23~24 오직 성령이 각성에서 내게 증언하여 결박과 환난이 나를 기다린다 하시나 내가 달려갈 길과 주 예수께 받은 사명 곧 하나님의 은혜의 복음을 증언하는 일을 마치려 함에는 나의 생명조차 조금도 귀한 것으로 여기지 아니하노라.

16. 엡 6:19 또 나를 위하여 구할 것은 내게 말씀을 주사 나로 입을 열어 복음의 비밀을 담대히 알리게 하옵소서 할 것이니.

17. 롬 15:17 이 은혜는 곧 나로 이방인을 위하여 그리스도 예수의 일꾼이 되어 하나님의 복음의 제사장 직분을 하게 하사 이방인을 제물로 드리는 것이 성령 안에서 거룩하게 되어 받으실 만하게 하려 하심이라.

18. 롬 10:13~15 누구든지 주의 이름을 부르는 자는 구원을 받으리라 그런즉 그들이 믿지 아니하는 이를 어찌 부르리요 듣지도 못한 이를 어찌 믿으리요 전파하는 자가 없이 어찌 들으리요 보내심을 받지 아니하였으면 어찌 전파하리요 아름답도다 좋은 소식을 전하는 자들의 발이여 함과 같으니라.

19. 막 16:15 너희는 온 천하에 다니며 만민에게 복음을 전파하라.

20. 골 1:23~24 만일 너희가 믿음에 거하고 터 위에 굳게 서서 너희 들은바 복음의 소망에서 흔들리지 아니하면 그리하리라 이 복음은 천하 만민에게 전파된 바요 나 바울은 이 복음의 일꾼이 되었노라 내가 이제 너희를 위하여 받는 괴로움을 기뻐하고 그리스도의 남은 고난을 그의 몸된 교회를 위하여 내 육체에 채우노라.

21. 행 5:42 저희가 날마다 성전에 있든지 집에 있든지 예수는 그리스도라 가르치기와 전도하기를 쉬지 아니하니라.

22. 마 28:18~20 예수께서 나아와 일러 가라사대 하늘과 땅의 모든 권세를 내게 주셨으니 그러므로 너희는 가서 모든 족속으로 제자를 삼아 아버지와 아들과 성령의 이름으로 세례를 주고 내가 너희에게 분부한 모든 것을 가르쳐 지키게 하라 볼지어다 내가 세상 끝날까지 너희와 항상 함께 있으리라 하시니라.

23. 행 2:23~24 그가 하나님의 정하신 뜻과 미리 아신 대로 내어 준바 되었거늘 너희가 법

하나님 나라의 비밀

없는 자들의 손을 빌어 못 박아 죽였으나 하나님께서 사망의 고통을 풀어 살리셨으니 이는 그가 사망에게 매여 있을 수 없었음이라.

24. 행 2:36~38 그런즉 이스라엘 온 집이 정녕 알지니 너희가 십자가에 못 박은 이 예수를 하나님이 주와 그리스도가 되게 하셨느니라 하니라 저희가 이 말을 듣고 마음에 찔려 베드로와 다른 사도들에게 물어 가로되 형제들아 우리가 어찌할꼬 하거늘 베드로가 가로되 너희가 회개하여 각각 예수 그리스도의 이름으로 세례를 받고 죄사함을 얻으라 그리하면 성령을 선물로 받으리니.

25. 딤후 4:1~2 하나님 앞과 산 자와 죽은 자를 심판하실 그리스도 예수 앞에서 그의 나타나실 것과 그의 나라를 두고 엄히 명하노니 너는 말씀을 전파하라 때를 얻든지 못 얻든지 항상 힘쓰라 범사에 오래참음과 가르침으로 경책하며 경계하며 권하라.

26. 고전 10:33 나와 같이 모든 일에 모든 사람을 기쁘게 하여 나의 유익을 구치 아니하고 많은 사람의 유익을 구하여 저희로 구원을 얻게 하라.

27. 마 11:29~30 나는 마음이 온유하고 겸손하니 나의 멍에를 메고 내게 배우라 그러면 너희 마음이 쉼을 얻으리니 이는 내 멍에는 쉽고 내 짐은 가벼움이라 하시니라.

28. 고후 5:19~20 이는 하나님께서 그리스도 안에 계시사 세상을 자기와 화목하게 하시며 저희의 죄를 저희에게 돌리지 아니하시고 화목하게 하는 말씀을 우리에게 부탁하셨느니라 이러므로 우리가 그리스도를 대신하여 사신이 되어 하나님이 우리로 너희를 권면하시는 것같이 그리스도를 대신하여 간구하노니 너희는 하나님과 화목하라.

29. 눅 24:45~53 이에 저희 마음을 열어 성경을 깨닫게 하시고 또 이르시되 이같이 그리스도가 고난을 받고 제 삼 일에 죽은 자 가운데서 살아날 것과 또 그의 이름으로 죄사함을 얻게 하는 회개가 예루살렘으로부터 시작하여 모든 족속에게 전파될 것이 기록되었으니 너희는 이 모든 일의 증인이라 볼지어다 내가 내 아버지의 약속하신 것을 너희에게 보내리니 너희는 위로부터 능력을 입히울 때까지 이 성에 유하라 하시니라 예수께서 저희를 데리고 베다니 앞까지 나가사 손을 들어 저희에게 축복하시더니 축복하실 때에 저희를 떠나 (하늘로 올리우)시니 저희가 (그에게 경배하고) 큰 기쁨으로 예루살렘에 돌아가 늘 성전에 있어 하나님을 찬송하니라.

30. 고전 2:4~5 내 말과 내 전도함이 지혜의 권하는 말로 하지 아니하고 다만 성령의 나타남과 능력으로 하여 너희 믿음이 사람의 지혜에 있지 아니하고 다만 하나님의 능력에 있게 하려 하였노라.

2
복음전파(전도)의 내용

문답

1) 누구의 이름을 부르면 구원을 얻습니까?

　주 예수 그리스도.

2) 주 예수를 믿으면 누가 구원을 얻습니까?

　너와 네 집 가족.

3) 복음을 전파하는 자가 없으면 어떻게 됩니까?

　듣지 못하면 구원받을 수 없습니다.

4) 예수님을 나의 주인으로 영접하면 어떻게 됩니까?

　하나님의 자녀가 되는 권세를 얻습니다.

5) 누가 들어오시려고 내 마음 문을 두드리십니까?

　주 예수님.

6) 예수님 안에는 무엇이 있습니까?

　하나님의 생명. 영생.

7) 우리는 무엇을 의지하여 성소에 담대하게 나아갑니까?

예수님의 피. 보혈.

8) 죄를 대속하고 깨끗하게 씻는 능력은 어디에 있습니까?

예수님의 피. 하나님의 피.

9) 사람이 하나님의 영광에 이르지 못하는 이유는 무엇입니까?

사람이 범죄하므로.

10) 구원받았어도 사람의 육체 속에는 무엇이 남아 있습니까?

죄성. 죄의 법.

11) 죄를 자복하고 회개하여야 하는데 이 죄는 무엇입니까?

하나님을 떠난 근원적인 죄. 예수님을 나의 주인. 나의 하나님으로 영접하지 않은 죄입니다.

12) 구원받은 증거가 무엇입니까?

죄를 회개하고 세례 받고 죄사함 받고 성령을 받아야 합니다.

13) 사도 바울과 제자들이 전파한 내용은 무엇입니까?

예수님의 부활과 예수님이 나의 주인, 나의 하나님이 되심과 성도의 종이 된 것을 전파하였습니다.

14) 성령님이 책망하시는 가장 큰 죄는 무엇입니까?

부활하신 예수님을 나의 주인으로 믿지 않는 죄입니다.

15) 성령이 임하시면 무엇이 됩니까?

땅끝까지 증인이 됩니다.

1. 마 4:19~20 나를 따라오너라 내가 너희를 사람을 낚는 어부가 되게 하리라 그들이 곧 그물을 버려두고 예수를 따르니라.

2. 마 16:24 누구든지 나를 따라 오려거든 자기를 부인하고 자기 십자가를 지고 나를 따를 것이니라.

3. 막 16:15 너희는 온 천하에 다니며 만민에게 복음을 전파하라.

4. 행 16:31 주 예수를 믿으라 그리하면 너와 네 집이 구원을 얻으리라.

5. 롬 10:13~14 누구든지 주의 이름을 부르는 자는 구원을 받으리라 그런즉 그들이 믿지 아니하는 이를 어찌 부르리요 듣지도 못한 이를 어찌 믿으리요 전파하는 자가 없이 어찌 들으리요.

6. 요 1:12 영접하는 자 곧 그 이름을 믿는 자들에게는 하나님의 자녀가 되는 권세를 주셨으니.

7. 계 3:20 볼지어다 내가 문밖에서 서서 두드리노니 누구든지 내 음성을 듣고 문을 열면 내가 그에게로 들어가 그와 더불어 먹고 그는 나와 더불어 먹으리라.

8. 요일 5:11~12 또 증거는 이것이니 하나님이 우리에게 영생을 주신 것과 이 생명이 그의 아들 안에 있는 그것이니라 아들이 있는 자에게는 생명이 있고 하나님의 아들이 없는 자에게는 생명이 없느니라.

9. 히 10:19~20 그러므로 형제들아 우리가 예수의 피를 힘입어 성소에 들어갈 담력을 얻었나니 그 길은 우리를 위하여 휘장 가운데로 열어 놓으신 새로운 살 길이요 휘장은 곧 그의 육체니라.

10. 히 9:12 염소와 송아지의 피로 하지 아니하고 오직 자기의 피로 영원한 속죄를 이루사 단번에 성소에 들어가셨느니라.

11. 레 17:11 육체의 생명은 피에 있음이라 내가 이 피를 너희에게 주어 제단에 뿌려 너희의 생명을 위하여 속죄하게 하였나니 생명이 피에 있으므로 피가 죄를 속하느니라.

12. 롬 3:23~24 모든 사람이 죄를 범하였으매 하나님의 영광에 이르지 못하더니 그리스도 예수 안에 있는 속량으로 말미암아 하나님의 은혜로 값없이 의롭다 하심을 얻은 자 되었느니라.

13. 롬 7:23~24 내 지체 속에서 한 다른 법이 내 마음의 법과 싸워 내 지체 속에 있는 죄의 법

으로 나를 사로잡는 것을 보는도다 오호라 나는 곤고한 사람이로다 이 사망의 몸에서 누가 나를 건져 내랴.

14. 행 2:36, 38 그런즉 이스라엘 온 집은 확실히 알지니 너희가 십자가에 못 박은 이 예수를 하나님이 주와 그리스도가 되게 하셨느니라 하니라 베드로가 이르되 너희가 회개하여 각각 예수그리스도의 이름으로 세례를 받고 죄사함을 받으라 그리하면 성령의 선물을 받으리니.

15. 요일 1:7~9 만일 우리가 우리 죄를 자백하면 그는 미쁘시고 의로우사 우리 죄를 사하시며 우리를 모든 불의에서 깨끗하게 하실 것이요.

16. 마 3:5~6 이때에 예루살렘과 온 유대와 요단강 사방에서 다 그에게 나 아와 자기들의 죄를 자복하고 요단강에서 그에게 세례를 받더니.

17. 고전 1:18, 23~24 십자가의 도가 멸망하는 자들에게는 미련한 것이요 구원을 받는 우리에게는 하나님의 능력이라 우리는 십자가에 못 박힌 그리스도를 전하니.

18. 롬 8:16 성령이 친히 우리의 영과 더불어 우리가 하나님의 자녀인 것을 증언하시나니.

19. 행 4:33 사도들이 큰 권능으로 주 예수의 부활을 증언하니 무리가 큰 은혜를 받아 그중에 가난한 사람이 없으니.

20. 계 13:8 죽임을 당한 어린양의 생명책에 창세 이후로 이름이 기록되지 못하고 이 땅에 사는 자들은 다 그 짐승에게 경배하리라.

21. 갈 2:20 내가 그리스도와 함께 십자가에 못 박혔나니 그런즉 이제는 내가 사는 것이 아니요 오직 내 안에 그리스도께서 사시는 것이라 이제 내가 육체 가운데 사는 것은 나를 사랑하사 나를 위하여 자기 자신을 버리신 하나님의 아들을 믿는 믿음 안에서 사는 것이라.

22. 고후 13:5 너희는 믿음 안에 있는가 너희 자신을 시험하고 너희 자신을 확증하라 예수 그리스도께서 너희 안에 계신 줄을 너희가 스스로 알지 못하느냐 그렇지 않으면 너희는 버림받은 자니라.

23. 고후 4:5 우리가 우리를 전파하는 것이 아니라 오직 그리스도 예수의 주 되신 것과 또 예수를 위하여 우리가 너희의 종된 것을 전파함이라.

24. 행 17:30~34 알지 못하던 시대에는 하나님이 허물치 아니하셨거니와 이제는 어디든지 사람을 다 명하사 회개하라 하셨으니 이는 정하신 사람으로 하여금 천하를 공의로 심판할 날을 작정하시고 이에 저를 죽은 자 가운데서 다시 살리신 것으로 모든 사람에게 믿을

만한 증거를 주셨음이니라 하니라 저희가 죽은 자의 부활을 듣고 혹은 기롱도 하고 혹은 이 일에 대하여 네 말을 다시 듣겠다 하니 이에 바울이 저희 가운데서 떠나매 몇 사람이 그를 친하여 믿으니 그중 아레오바고 관원 디오누시오와 다마리라 하는 여자와 또 다른 사람들도 있었더라.

25. 고전 15:3~5 내가 받은 것을 먼저 너희에게 전하였노니 이는 성경대로 그리스도께서 우리 죄를 위하여 죽으시고 장사지낸바 되었다가 성경대로 사흘 만에 다시 살아나사 게바에게 보이시고 후에 열두 제자에게와.

26. 요 20:28 도마가 대답하여 가로되 나의 주시며 나의 하나님이시니이다.

27. 롬 14:9 이를 위하여 그리스도께서 죽었다가 다시 살으셨으니 곧 죽은 자와 산 자의 주가 되려 하심이니라.

28. 요 16:9 죄에 대하여라 함은 저희가 나를 믿지 아니함이요.

29. 막 1:15 가라사대 때가 찼고 하나님 나라가 가까왔으니 회개하고 복음을 믿으라 하시더라.

30. 롬 10:9 네가 만일 네 입으로 예수를 주로 시인하며 또 하나님께서 그를 죽은 자 가운데서 살리신 것을 네 마음에 믿으면 구원을 얻으리니.

31. 행 1:22~23 항상 우리와 함께 다니던 사람 중에 하나를 세워 우리로더불어 예수의 부활하심을 증거할 사람이 되게 하여야 하리라 하거늘 저희가 두 사람을 천하니 하나는 바사바라고도하고 별명은 유스도라고 하는 요셉이요 하나는 맛디아라.

32. 행 4:1~5 사도들이 백성에게 말할 때에 제사장들과 성전 맡은 자와 사두개인들이 이르러 백성을 가르침과 예수를 들어 죽은 자 가운데서 부활하는 도 전함을 싫어하여 저희를 잡으매 날이 이미 저문 고로 이튿날까지 가두었으나 말씀을 들은 사람 중에 믿는 자가 많으니 남자의 수가 약 오천이나 되었더라.

33. 고전 6:19~20 너희 몸은 너희가 하나님께로부터 받은바 너희 가운데 계신 성령의 전인 줄을 알지 못하느냐 너희는 너희의 것이 아니라 값으로 산 것이 되었으니 그런즉 너희 몸으로 하나님께 영광을 돌리라.

34. 행 5:30~33 너희가 나무에 달아 죽인 예수를 우리 조상의 하나님이 살리시고 이스라엘로 회개케 하사 죄사함을 얻게 하시려고 그를 오른손으로 높이사 임금과 구주를 삼으셨느니라 우리는 이 일에 증인이요 하나님이 자기를 순종하는 사람들에게 주신 성령도 그러하니라 하더라 저희가 듣고 크게 노하여 사도들을 없이 하고자 할새.

35. 행 1:8 오직 성령이 너희에게 임하시면 너희가 권능을 받고 예루살렘과 온 유대와 사마리아와 땅끝까지 이르러 내 증인이 되리라 하시니라.

36. 고전 2:4~5 내 말과 내 전도함이 지혜의 권하는 말로 하지 아니하고 다만 성령의 나타남과 능력으로 하여 5 너희 믿음이 사람의 지혜에 있지 아니하고 다만 하나님의 능력에 있게 하려 하였노라.

37. 영접기도

아버지 하나님, 저는 죄인입니다. 죄 때문에 심판 받고 지옥 갈 수밖에 없지만 예수님께서 저 대신 십자가에서 못 박혀 피 흘려 죽으심으로 심판을 받아 주셨음을 믿습니다. 이 시간 내가 주인이 되어서 살아온 무서운 죄를 회개하고 예수님을 저의 심령 속에 나의 주님과 나의 하나님으로 모셔드립니다. 지금 들어와 주셔서 제 마음을 다스려 주세요. 들어와 주시니 감사합니다. 주 예수님의 이름으로 기도드립니다. 아멘.

3
복음 제시의 내용과 실천

1) 전도의 핵심은 무엇입니까?

사람으로 오신 예수님이 그리스도이시다. 하나님의 아들 메시야이시다. 천지를 창조하신 하나님이시다. 나를 만드신 나의 주인이시요 나를 구원하신 구세주 하나님이시다.

2) 죄인은 누구입니까?

모든 사람입니다. 죄인으로 태어났습니다.

3) 예수님이 누구를 만나 주십니까?

죄인을 만나 주십니다.

4) 예수님이 행하신 가장 중요한 일이 무엇입니까?

십자가에서 고통받으시고 피 흘려 죽으심으로 모든 사람들의 죄에 대한 심판을 받으시고 구속하시고 부활하시고 승천하시고 약속의 성령님을 보내 주셨습니다.

5) 죄인이 구원을 받으려면 어떻게 하여야 합니까?

(1) 예수님의 부활을 믿는다.

(2) 기도하여 부활의 예수님을 만난다.

(3) 나의 주인으로 영접한다.

(4) 변화된 간증을 한다: 증인, 전도.

내가 주인이 되어서 살아온 죄인임을 회개하고 부활하신 주 예수님을 나의 주인으로 영접하면 성령을 받고 구원받습니다.

6) 구원받은 증거가 무엇입니까?

성령님을 마음에 모시고 삽니다.

7) 예수님이 하나님의 아들이심을 무엇으로 믿을 수 있습니까?

모든 사람들이 믿을 만한 증거 부활입니다.

8) 예수님을 나의 주인으로 영접하지 아니하면 어떻게 됩니까?

구원받지 못하여 지옥 갑니다.

9) 성령님이 책망하시는 가장 큰 죄는 무엇입니까?

예수님을 나의 주인으로 믿지 않는 것입니다.

10) 성도들은 누구입니까?

예수님의 부활의 증인들입니다.

11) 성도들에게 성령이 임하시면 무엇이 됩니까?

땅끝까지 예수님의 부활의 증인이 됩니다.

12) 전파하는 자가 없으면 어떻게 됩니까?

복음을 듣지 못하여 구원받지 못합니다.

13) 전도하지 않으면 어떻게 되니까?

내게 화가 있습니다.

14) 전도하고 순종하면 어떻게 됩니까?

많은 사람들이 구원받고 아버지께서 영광을 받으시고 일한 대로 상을 받습니다. 복음으로 살게 됩니다.

15) 준비된 영혼, 예비된 영혼이 항상 있습니까?

예 항상 있습니다.

16) 예수님을 누가 증거합니까?

성령, 말씀, 피입니다. 셋이 하나입니다.

말씀

1. 고전 12:3 그러므로 내가 너희에게 알게 하노니 하나님의 영으로 말하는 자는 누구든지 예수를 저주할 자라 하지 않고 또 성령으로 아니하고는 누구든지 예수를 주시라 할 수 없느니라.

2. 고전 2:1~5 형제들아 내가 너희에게 나아가 하나님의 증거를 전할 때에 말과 지혜의 아름다운 것으로 아니하였나니 내가 너희 중에서 예수 그리스도와 그의 십자가에 못 박히신 것 외에는 아무것도 알지 아니하기로 작정하였음이라 내가 너희 가운데 거할 때에 약하며 두려워하며 심히 떨었노라 내 말과 내 전도함이 지혜의 권하는 말로 하지 아니하고 다만 성령의 나타남과 능력으로 하여 너희 믿음이 사람의 지혜에 있지 아니하고 다만 하나님의 능력에 있게 하려 하였노라.

3. 롬 10:13~15 누구든지 주의 이름을 부르는 자는 구원을 얻으리라 그런즉 저희가 믿지 아니하는 이를 어찌 부르리요 듣지도 못한 이를 어찌 믿으리요 전파하는 자가 없이 어찌 들으리요 보내심을 받지 아니하였으면 어찌 전파하리요 기록된바 아름답도다 좋은 소식을 전하는 자들의 발이여 함과 같으니라.

4. 마 10:19~20 너희를 넘겨 줄 때에 어떻게 또는 무엇을 말할까 염려치 말라 그때에 무슨 말 할 것을 주시리니 말하는 이는 너희가 아니라 너희 속에서 말씀하시는 자 곧 너희 아버지의 성령이시니라.

5. 롬 3:23 모든 사람이 죄를 범하였으매 하나님의 영광에 이르지 못하더니.

6. 시 51:5 내가 죄악 중에 출생하였음이여 모친이 죄 중에 나를 잉태하였나이다.

7. 요 19:30 예수께서 신 포도주를 받으신 후 가라사대 다 이루었다 하시고 머리를 숙이시고

영혼이 돌아가시니라.

8. 사 53:5~6 그가 찔림은 우리의 허물을 인함이요 그가 상함은 우리의 죄악을 인함이라 그가 징계를 받음으로 우리가 평화를 누리고 그가 채찍에 맞음으로 우리가 나음을 입었도다 우리는 다 양 같아서 그릇 행하며 각기 제 길로 갔거늘 여호와께서는 우리 무리의 죄악을 그에게 담당시키셨도다.

9. 마 9:13 너희는 가서 내가 긍휼을 원하고 제사를 원치 아니하노라 하신 뜻이 무엇인지 배우라 내가 의인을 부르러 온 것이 아니요 죄인을 부르러 왔노라 하시니라.

10. 요 1:12 영접하는 자 곧 그 이름을 믿는 자들에게는 하나님의 자녀가 되는 권세를 주셨으니.

11. 눅 10:17~20 칠십 인이 기뻐 돌아와 가로되 주여 주의 이름으로 귀신들도 우리에게 항복하더이다 예수께서 이르시되 사단이 하늘로서 번개같이 떨어지는 것을 내가 보았노라 내가 너희에게 뱀과 전갈을 밟으며 원수의 모든 능력을 제어할 권세를 주었으니 너희를 해할 자가 결단코 없으리라 그러나 귀신들이 너희에게 항복하는 것으로 기뻐하지 말고 너희 이름이 하늘에 기록된 것으로 기뻐하라 하시니라.

12. 마 10:11 아무 성이나 촌에 들어가든지 그중에 합당한 자를 찾아내어 너희가 떠나기까지 거기서 머물라(준비된 영혼).

13. 행 4:1~4 사도들이 백성에게 말할 때에 제사장들과 성전 맡은 자와 사두개인들이 이르러 백성을 가르침과 예수를 들어 죽은 자 가운데서 부활하는 도 전함을 싫어하여 저희를 잡으매 날이 이미 저문 고로 이튿날까지 가두었으나 말씀을 들은 사람 중에 믿는 자가 많으니 남자의 수가 약 오천이나 되었더라.

14. 행 2:36~38 그런즉 이스라엘 온 집이 정녕 알지니 너희가 십자가에 못 박은 이 예수를 하나님이 주와 그리스도가 되게 하셨느니라 하니라 저희가 이 말을 듣고 마음에 찔려 베드로와 다른 사도들에게 물어 가로되 형제들아 우리가 어찌할꼬 하거늘 베드로가 가로되 너희가 회개하여 각각 예수 그리스도의 이름으로 세례를 받고 죄사함을 얻으라 그리하면 성령을 선물로 받으리니.

15. 고전 6:19~20 너희 몸은 너희가 하나님께로부터 받은바 너희 가운데 계신 성령의 전인 줄을 알지 못하느냐 너희는 너희의 것이 아니라 값으로 산 것이 되었으니 그런즉 너희 몸으로 하나님께 영광을 돌리라.

16. 롬 5:10 곧 우리가 원수 되었을 때에 그 아들의 죽으심으로 말미암아 하나님으로 더불어 화목되었은즉 화목된 자로서는 더욱 그의 살으심을 인하여 구원을 얻을 것이니라.

17. 요 16:9 죄에 대하여라 함은 저희가 나를 믿지 아니함이요.

18. 요 2:22 죽은 자 가운데서 살아나신 후에야 제자들이 이 말씀하신 것을 기억하고 성경과 및 예수의 하신 말씀을 믿었더라.

19. 행 17:30~31 알지 못하던 시대에는 하나님이 허물치 아니하셨거니와 이제는 어디든지 사람을 다 명하사 회개하라 하셨으니 이는 정하신 사람으로 하여금 천하를 공의로 심판할 날을 작정하시고 이에 저를 죽은 자 가운데서 다시 살리신 것으로 모든 사람에게 믿을 만한 증거를 주셨음이니라 하니라.

20. 롬 1:4 성결의 영으로는 죽은 가운데서 부활하여 능력으로 하나님의 아들로 인정되셨으니 곧 우리 주 예수 그리스도시니라.

21. 행 1:22 항상 우리와 함께 다니던 사람 중에 하나를 세워 우리로 더불어 예수의 부활하심을 증거할 사람이 되게 하여야 하리라 하거늘.

22. 행 2:31~33 미리 보는 고로 그리스도의 부활하심을 말하되 저가 음부에 버림이 되지 않고 육신이 썩음을 당하지 아니하시리라 하더니 이 예수를 하나님이 살리신지라 우리가 다 이 일에 증인이로다 하나님이 오른손으로 예수를 높이시매 그가 약속하신 성령을 아버지께 받아서 너희 보고 듣는 이것을 부어 주셨느니라.

23. 행 3:15 생명의 주를 죽였도다 그러나 하나님이 죽은 자 가운데서 살리셨으니 우리가 이 일에 증인이로라.

24. 행 4:10~12 너희와 모든 이스라엘 백성들은 알라 너희가 십자가에 못 박고 하나님이 죽은 자 가운데서 살리신 나사렛 예수 그리스도의 이름으로 이 사람이 건강하게 되어 너희 앞에 섰느니라 이 예수는 너희 건축자들의 버린 돌로서 집 모퉁이의 머릿돌이 되었느니라 다른 이로서는 구원을 얻을 수 없나니 천하 인간에 구원을 얻을 만한 다른 이름을 우리에게 주신 일이 없음이니라 하였더라.

25. 행 5:30~32 너희가 나무에 달아 죽인 예수를 우리 조상의 하나님이 살리시고 이스라엘로 회개케 하사 죄사함을 얻게 하시려고 그를 오른손으로 높이사 임금과 구주를 삼으셨느니라 우리는 이 일에 증인이요 하나님이 자기를 순종하는 사람들에게 주신 성령도 그러하니라 하더라.

26. 행 5:42 저희가 날마다 성전에 있든지 집에 있든지 예수는 그리스도라 가르치기와 전도하기를 쉬지 아니하니라.

하나님 나라의 비밀

27. 요일 5:5~8 예수께서 하나님의 아들이심을 믿는 자가 아니면 세상을 이기는 자가 누구뇨 이는 물과 피로 임하신 자니 곧 예수 그리스도시라 물로만 아니요 물과 피로 임하셨고 증거하는 이는 성령이시니 성령은 진리니라 증거하는 이가 셋이니 성령과 물과 피라 또한 이 셋이 합하여 하나이니라.

28. 행 1:8 오직 성령이 너희에게 임하시면 너희가 권능을 받고 예루살렘과 온 유대와 사마리아와 땅끝까지 이르러 내 증인이 되리라 하시니라.

29. 고전 9:14, 16 이와 같이 주께서도 복음 전하는 자들이 복음으로 말미암아 살리라 명하셨느니라 내가 복음을 전할지라도 자랑할 것이 없음은 내가 부득불 할 일임이라 만일 복음을 전하지 아니하면 내게 화가 있을 것임이로라.

30. 눅 5:31~32 예수께서 대답하여 가라사대 건강한 자에게는 의원이 쓸데없고 병든 자에게라야 쓸데 있나니 내가 의인을 부르러 온 것이 아니요 죄인을 불러 회개시키러 왔노라.

31. 롬 10:8~10 그러면 무엇을 말하느뇨 말씀이 네게 가까와 네 입에 있으며 네 마음에 있다 하였으니 곧 우리가 전파하는 믿음의 말씀이라 네가 만일 네 입으로 예수를 주로 시인하며 또 하나님께서 그를 죽은 자 가운데서 살리신 것을 네 마음에 믿으면 구원을 얻으리니 사람이 마음으로 믿어 의에 이르고 입으로 시인하여 구원에 이르느니라.

참고. 복음전도-전도 현장 복음 제시

전도 내용: 모든 사람에게 질문한다.

인사: 선생님! 안녕하세요. 저는 ○○교회 ○○○입니다. 전도하러 왔습니다.

1) 불신자 전도 시, 죄인임을 시인하는 경우

전도자: 예수님 믿으십니까?

불신자: 안 믿습니다. 절에 다닙니다.

전도자: 선생님은 죄가 있습니까?

불신자: 있습니다.

전도자: 예수님을 믿으시면 구원을 받습니다. 예수님께서 십자가에서 피 흘려 죽으시고 부활하심으로 모든 사람의 죗값을 갚아 주셨습니다. 예수님께서 부활하심으로 죽은

자와 산 자의 주인이 되셨습니다. 하나님의 아들 하나님으로 증명이 되었습니다. 부활하신 주 예수님을 나의 주 나의 하나님으로 영접하면 죄사함 받고 성령을 받아 하나님의 자녀가 됩니다. 저도 죄인입니다.

그래서 나의 죗값을 십자가에서 대신 갚아 주시고 부활하신 주 예수님을 나의 주인 나의 하나님으로 영접하므로 죄사함 받고 성령 받아 구원을 받았습니다. 나의 주인이 예수님으로 바뀌고 새사람이 되었습니다.

롬 3:23 모든 사람이 죄를 범하였으매 하나님의 영광에 이르지 못하더니.

롬 10:9~10 네가 만일 네 입으로 예수를 주로 시인하며 또 하나님께서 그를 죽은 자 가운데서 살리신 것을 네 마음에 믿으면 구원을 얻으리니 사람이 마음으로 믿어 의에 이르고 입으로 시인하여 구원에 이르느니라.

전도자: 예수님의 부활하심을 믿습니까?

불신자: 예 믿습니다. 또는 아니요 안 믿습니다.

전도자: 예수님이 부활하심으로 하나님의 아들로 인정되셨습니다.

롬 1:4 성결의 영으로는 죽은 가운데서 부활하여 능력으로 하나님의 아들로 인정되셨으니 곧 우리 주 예수 그리스도시니라.

전도자: 예수님의 부활은 역사적인 사건입니다. 예수님이 부활하심으로 믿을 만한 증거를 주셨습니다(행 17:31).

요 16:9 죄에 대하여라 함은 저희가 나를 믿지 아니함이요.

전도자: 모든 사람은 죄인입니다. 그래서 예수님께서 십자가에서 피 흘려 죽으시고 부활하심으로 선생님의 죗값을 갚아 주셨습니다. 부활하신 증거가 확실하신 주 예수님을 믿지 않는 것이 가장 큰 죄입니다. 주 예수님을 나의 새 주인으로 영접하시면 구원

하나님 나라의 비밀

을 받습니다. 지금 영접하시겠습니까?

불신자: 예. 영접하겠습니다.

전도자: 따라서 기도하세요(영접기도문).

주 예수님. 저는 주 예수님을 나의 주인으로 모시지 못하고 내가 주인이 되어서 살아온 죄인입니다. 주 예수님을 지금 나의 마음에 나의 주인으로 모셔 들입니다. 지금 들어오세요. 들어오시니 감사합니다. 나를 구원해 주시니 감사합니다. 앞으로 나의 마음을 다스려 주시고 인도해 주세요. 주 예수 그리스도의 이름으로 기도합니다. 아멘.

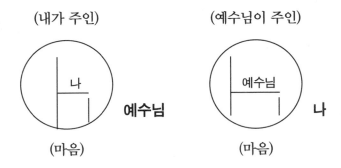

* 예수님을 주인으로 믿는 것은 마음 중심에서 주인이 예수님으로 바뀌는 것이다.

성경의 핵심 및 예수님의 부활

전도자: 예수님이 지금 어디 계십니까?

불신자: 내 마음속에 계십니다.

전도자: 내 죄는 어떻게 되었습니까?

불신자: 예수님께서 속죄하여 주셨습니다.

전도자: 천국은 언제 갑니까?

불신자: 지금 즉시 마음속에서 천국생활을 살며 죽으면 당연히 천국 갑니다.

전도자: 이제 나의 주인은 누구입니까?

불신자: 주 예수님이십니다.

2) 불신자 전도 시 죄인임을 시인하지 않는 경우

전도자: 선생님은 죄가 있습니까? 없습니까?

불신자: 예. 없습니다.

전도자: 이 땅위에 죄 없는 사람은 한 사람도 없습니다.

롬 3:23 모든 사람이 죄를 범 하였으매 하나님의 영광에 이르지 못하더니.

롬 3:10 의인은 없나니 하나도 없으며.

요 16:9 죄에 대하여라 함은 저희가 나를 믿지 아니함이요.

행 16:31 가로되 주 예수를 믿으라 그리하면 너와 네 집이 구원을 얻으리라 하고.

행 2:31~38 미리 보는 고로 그리스도의 부활하심을 말하되 저가 음부에 버림이 되지 않고 육신이 썩음을 당하지 아니하시리라 하더니 이 예수를 하나님이 살리신지라 우리가 다 이 일에 증인이로다 하나님이 오른손으로 예수를 높이시매 그가 약속하신 성령을 아버지께 받아서 너희 보고 듣는 이것을 부어 주셨느니라. 다윗은 하늘에 올라가지 못하였으나 친히 말하여 가로되 주께서 내 주에게 말씀하시기를 내가 네 원수로 네 발등상 되게 하기까지는 너는 내 우편에 앉았으라 하셨도다 하였으니 그런즉 이스라엘 온 집이 정녕 알지니 너희가 십자가에 못 박은 이 예수를 하나님이 주와 그리스도가 되게 하셨느니라 하니라 저희가 이 말을 듣고 마음에 찔려 베드로와 다른 사도들에게 물어 가로되 형제들아 우리가 어찌할꼬 하거늘 베드로가 가로되 너희가 회개하여 각각 예수 그리스도의 이름으로 세례를 받고 죄사함을 얻으라 그리하면 성령을 선물로 받으리니 이 약속은 너희와 너희 자녀와 모든 먼 데 사람 곧 주 우리 하나님이 얼마든지 부르시는 자들에게 하신 것이라.

전도자: 예수님께서 십자가에서 피 흘려 죽으심으로 우리의 모든 죗값을 갚아 주시고 다시 살아나신 것을 아세요?
　　　예수님께서 십자가에 죽으시고 3일 만에 부활하신 사건은 역사적인 사건입니다. 성경대로 죽으시고 성경대로 살아 나셨습니다. 예수님의 부활은 예수님이 나의 주님 나의 하나님이시라는 증거입니다. 이보다 더 확실한 증거는 없습니다.

전도자: 예수님을 주인으로 여기지 않고서 내가 주인 되어서 살아온 죄를 회개하시겠습니까?

불신자: 예.

전도자: 부활하신 주 예수님의 나의 주인으로 믿고 마음에 모셔 들이면 구원을 받습니다. 성령을 받습니다.

전도자: 주 예수님을 나의 주인으로 모셔 들이겠습니까?

불신자: 네.

전도자: (영접기도) 주 예수님. 저는 주 예수님을 나의 주인으로 모시지 못하고 내가 주인이 되어서 살아온 죄인입니다. 주 예수님을 지금 나의 마음에 나의 주인으로 모셔 들입니다. 지금 들어오세요. 들어오시니 감사합니다. 나를 구원해 주시니 감사합니다. 앞으로 나의 마음을 다스려 주시고 인도해 주세요. 주 예수 그리스도의 이름으로 기도합니다. 아멘.

3) 신자 전도 시

전도자: 예수님 믿습니까?

신자: 예, 믿습니다. 혹은 교회 다닙니다.

전도자: 예수님이 하나님의 아들이심을 어떻게 믿습니까?

신자: 부활로 믿습니다.

전도자: 나의 주인이 누구십니까?

신자: 주 예수님이십니다.

전도자: 예수님이 지금 어디에 계십니까?

신자: 내 마음속에 계십니다.

전도자: 내가 지은 죄는 어떻게 되었습니까?

신자: 예수님이 속죄하여 주셨습니다.

전도자: 천국은 언제 들어갑니까?

신자: 지금부터 마음속에서 천국의 삶을 살며 죽으면 당연히 천국 갑니다.

참고! 마음속에 주님이 안 계시거나 구원이 확신이 없다면 처음부터 다시 기도하고 전도해야 합니다.

고후 13:5 너희가 믿음에 있는가 너희 자신을 시험하고 너희 자신을 확증하라 예수 그리스도께서 너희 안에 계신 줄을 너희가 스스로 알지 못하느냐 그렇지 않으면 너희가 버리운 자니라.

롬 10:9 네가 만일 네 입으로 예수를 주로 시인하며 또 하나님께서 그를 죽은 자 가운데서 살리신 것을 네 마음에 믿으면 구원을 얻으리니.

롬 8:16 성령이 친히 우리 영으로 더불어 우리가 하나님의 자녀인 것을 증거하시나니.

성령이 구원받은 증거입니다.

4) 질문 전도법

(1) 예수님의 부활을 어떻게 믿습니까?

역사적인 사실입니다.

(2) 예수님이 하나님의 아들이심을 어떻게 믿습니까?

부활입니다.

> **롬 1:4** 성결의 영으로는 죽은 가운데서 부활하여 능력으로 하나님의 아들로 인정되셨으니 곧 우리 주 예수 그리스도시니라.

(3) 모든 사람이 예수님을 믿을 만한 증거가 무엇입니까?

부활입니다.

> **행 17:31** 이는 정하신 사람으로 하여금 천하를 공의로 심판할 날을 작정하시고 이에 저를 죽은 자 가운데서 다시 살리신 것으로 모든 사람에게 믿을 만한 증거를 주셨음이니라 하니라.

(4) 주 예수님을 나의 주인으로 영접하셨습니까?

예수님 영접은 간절한 마음으로 진실한 마음으로 영접하여야 합니다. 영접이 안 되었으면 다시 반복 하여 시간을 두고 간절한 마음으로 기도하고 주님이 임재하실 때 믿음으로 영접하여야 합니다.

5) 기타 전도법

(1) 4영리 등 전도지를 활용한다.

(2) 사 53:6 우리는 다 양 같아서 그릇 행하며 각기 제 길로 갔거늘 여호와께서는 우리 무리의 죄악을 그에게 담당시키셨도다.

나의 죄를 주님께서 담당하셨습니다. 내 죄가 주님께로 옮겨 갔습니다.

손동작을 사용함. 오른손에 있는 내 죄가 왼손(예수님)으로 옮겨졌습니다.

1) 나는 복음전도자이다-먼저 복음전도자가 되어라-지상명령, 사명이다

2) 예수님, 12제자, 70인 전도자, 스데반, 빌립, 세례요한, 요나, 사도 바울, 요한 웨슬리, 최봉석 등

3) 준비된 영혼이 있다-찾아내라-주님이 준비시키신다

4) 준비된 일꾼이 있다-낙심한 자, 시험 든 자, 이사, 기타

5) 바벨론 교회-현대교회-교회 안에 구원받지 못한 자가 많다

6) 날마다 추수하고 씨를 뿌려라, 추수할 것은 많으나 일꾼이 부족하다

7) 꾸준히 전도하면 내 영혼 성장에 유익이 된다.

8) 듣지도 못한 이를 어찌 믿으리요. 전파하는 자가 없이 어찌 들으리요

　전파하는 자가 없으면 들을 수 없고 듣지 못하면 믿을 수 없다(롬 10:14).

9) 가난한 자, 병든 자, 문제 있는 자들에게 전하라

10) 때를 얻든지, 못 얻든지, 듣든지, 아니 듣든지 전파하라

11) 온 천하에 다니며 만민에게 전파하라. 이 동네 저 동네로 다니며 복음을 전파하라

12) 교회와 교인은 많아도 복음을 제대로 듣지 못한 자들이 많다

13) 지상 명령이다, 순종하라

14) 주님이 기뻐하신다

15) 교회의 정도이다, 주님의 말씀, 음성, 꿈, 등

16) 일한 대로 상 받는다, 심은 대로 거둔다

17) 복음 전하는 자들이 복음으로 말미암아 살리라(고전 9:14)

18) 자녀, 가정, 교회에 복이 된다

19) 핍박이 있다-상급이 크다-주가 함께하심-죽도록 충성하라

20) 전도는 내 안의 성령님이 하신다-주와 동행-쓰임 받으라

21) 추수할 일꾼을 구하라-기도하라

22) 천사의 도우심이 있다

4

주님의 일에 충성

문답

1) 하나님의 일이 무엇입니까?

하나님이 보내신 자 예수님을 믿는 일입니다.

2) 추수할 일꾼은 누가 보내 주십니까?

하나님이 보내 주십니다.

3) 군사로 다니는 자는 자기 생활에 얽매이는 자가 하나도 없는데 그 이유가 무엇입니까?

이는 군사로 모집한 자를 기쁘게 하려 함입니다.

4) 복음 전하는 자들이 무엇으로 말미암아 살아갑니까?

복음으로 말미암아 살아갑니다.

5) 주님께서 각 사람에게 그의 일한 대로 무엇으로 갚아 주십니까?

주님이 주시는 상급이 있습니다.

6) 주님을 어떻게 섬겨야 합니까?

부지런하여 게으르지 말고 열심을 품고 주를 섬겨야 합니다.

7) 착하고 충성된 종이 작은 일에 충성하였으매 무슨 상급이 있습니까?

주님이 많은 것으로 맡기시며 주인의 즐거움에 참예하게 하십니다.

8) 네 양떼의 형편을 부지런히 살피며 네 소떼에 무엇을 두어야 합니까?

마음을 두어야 합니다.

9) 맡은 자에게 구할 것은 무엇입니까?

충성.

10) 여호와의 일을 태만히 하는 자는 무엇을 받습니까?

저주.

11) 죽도록 충성하면 무엇을 받습니까?

생명의 면류관.

12) 하나님은 누구에게 능력을 베푸십니까?

전심으로 하나님을 향하는 자입니다

말씀

1. 요 6:29 하나님의 보내신 자를 믿는 것이 하나님의 일이니라.
2. 마 9:38~39 이에 제자들에게 이르시되 추수할 것은 많되 일꾼은 적으니 그러므로 추수하는 주인에게 청하여 추수할 일꾼들을 보내어 주소서 하라.
3. 딤후 2:15 네가 진리의 말씀을 옳게 분별하여 부끄러울 것이 없는 일꾼으로 인정된 자로 자신을 하나님 앞에 드리기를 힘쓰라.
4. 딤후 2:4 군사로 다니는 자는 자기 생활에 얽매이는 자가 하나도 없나니 이는 군사로 모집한 자를 기쁘게 하려 함이라.
5. 고전 9:14 이와 같이 주께서도 복음 전하는 자들이 복음으로 말미암아 살리라 명하셨느니라.

하나님 나라의 비밀

6. 계 22:12 보라 내가 속히 오리니 내가 줄 상이 내게 있어 각 사람에게 그의 일한 대로 갚아 주리라.

7. 롬 12:11 부지런하여 게으르지 말고 열심을 품고 주를 섬기라.

8. 잠 10:4~5 손을 게으르게 놀리는 자는 가난하게 되고 손이 부지런한 자는 부하게 되느니라 여름에 거두는 자는 지혜로운 아들이나 추수 때에 자는 부끄러움을 끼치는 아들이니라.

9. 계 14:15~16 또 다른 천사가 성전으로부터 나와 구름 위에 앉은 이를 향하여 큰 음성으로 외쳐 가로되 낫을 휘둘러 거두라 거둘 때가 이르러 땅에 곡식이 다 익었음이로다 하니 구름위에 앉으신 이가 낫을 땅에 휘두르매 곡식이 거두어지니라.

10. 마 13:39~40 가라지를 심은 원수는 마귀요 추수 때는 세상 끝이요 추숫꾼은 천사들이니 그런즉 가라지를 거두어 불에 사르는 것같이 세상 끝에도 그러하리라.

11. 마 25:20~21 다섯 달란트를 받았던 자는 다섯 달란트를 더 가지고 와서 가로되 주여 내게 다섯 달란트를 주셨는데 보소서 내가 또 다섯 달란트를 남겼나이다 그 주인이 이르되 잘하였도다 착하고 충성된 종아 네가 작은 일에 충성하였으매 내가 많은 것으로 네게 맡기리니 네 주인의 즐거움에 참예할지어다 하고.

12. 잠 27:23 네 양떼의 형편을 부지런히 살피며 네 소떼에 마음을 두라.

13. 고전 15:10 그러나 내가 나 된 것은 하나님의 은혜로 된 것이니 내게 주신 그의 은혜가 헛되지 아니하여 내가 모든 사도보다 더 많이 수고하였으나 내가 한 것이 아니요 오직 나와 함께하신 하나님의 은혜로라.

14. 요 4:34~36 나의 양식은 나를 보내신 이의 뜻을 행하며 그의 일을 온전히 이루는 이것이니라 너희가 넉 달이 지나야 추수할 때가 이르겠다 하지 아니하였느냐 내가 너희에게 이르노니 눈을 들어 밭을 보라 희어져 추수하게 되었도다 거두는 자가 이미 삯도 받고 영생에 이르는 열매를 모으나니 이는 뿌리는 자와 거두는 자가 함께 즐거워하게 하려 함이니라.

15. 고전 4:2 맡은 자에게 구할 것은 충성이니라.

16. 대하 16:9 여호와의 눈은 온 땅을 두루 감찰하사 전심으로 자기에게 향하는 자를 위하여 능력을 베푸시나니.

17. 행 20:24 나의 달려갈 길과 주 예수께 받은 사명 곧 하나님의 은혜의 복음 증거하는 일을 마치려 함에는 나의 생명을 조금도 귀한 것으로 여기지 아니하노라.

18. 약 2:26 영혼 없는 몸이 죽은 것같이 행함이 없는 믿음은 죽은 것이니라.

19. 렘 48:10 여호와의 일을 태만히 하는 자는 저주를 받을 것이요.

20. 계 2:10 네가 죽도록 충성하라 그리하면 내가 생명의 면류관을 네게 주리라.

21. 딤후 4:1~2 하나님 앞과 살아 있는 자와 죽은 자를 심판하실 그리스도 예수 앞에서 그가 나타나실 것과 그의 나라를 두고 엄히 명하노니 너는 말씀을 전파하라 때를 얻든지 못 얻든지 항상 힘쓰라 범사에 오래참음과 가르침으로 경책하며 경계하며 권하라.

22. 마 11:29~30 나는 마음이 온유하고 겸손하니 나의 멍에를 메고 내게 배우라 그러면 너희 마음이 쉼을 얻으리니 이는 내 멍에는 쉽고 내 짐은 가벼움이라 하시니라.

23. 마 6:33 너희는 먼저 그의 나라와 그의 의를 구하라 그리하면 이 모든 것을 너희에게 더하시리라.

24. 요삼 1:2 사랑하는 자여 네 영혼이 잘 됨같이 네가 범사에 잘 되고 강건하기를 내가 간구하노라.

25. 갈 4:19 나의 자녀들아 너희 속에 그리스도의 형상이 이루기까지 다시 너희를 위하여 해산하는 수고를 하노니.

26. 고전 9:16 내가 복음을 전할지라도 자랑할 것이 없음은 내가 부득불 할 일임이라 만일 복음을 전하지 아니하면 내게 화가 있을 것임이로라.

5
핍박

1) 육체를 따라 난 자가 누구를 따라 난 자를 핍박합니까?

성령.

2) 예수님을 인하여 너희를 욕하고 핍박하고 거짓으로 너희를 거스려 모든 악한 말을 할 때에는 너희에게 복이 있나니 기뻐하고 즐거워하는 이유가 무엇입니까?

하늘에 계신 하나님의 상이 크기 때문입니다.

3) 그리스도인으로 고난을 받은즉 부끄러워 말고 도리어 그 이름으로 하나님께 무엇을 돌려야 합니까?

영광을 돌려야 합니다.

4) 전도할 때에 사람들이 핍박하면 어떻게 하여야 합니까?

이 동네에서 저 동네로 피하면 됩니다.

5) 원수 같은 사람이 우리를 핍박하면 어떻게 대처하여야 합니까?

원수를 사랑하며 핍박하는 자를 위하여 기도하여야 합니다.

6) 우리가 항상 예수 죽인 것을 몸에 짊어지는 이유가 무엇입니까?

예수의 생명이 우리 몸에 나타나게 하려 함입니다. 즉 나 자신을 부인하면 예수님의 능력이 나타납니다.

7) 내 영혼이 두려워 말아야 하는 이유는 무엇입니까?

주님이 나와 항상 함께하시기 때문입니다.

말씀	

1. 갈 4:29 그러나 그때에 육체를 따라 난 자가 성령을 따라 난 자를 핍박한 것같이 이제도 그러하도다.
2. 갈 5:11 형제들아 내가 지금까지 할례를 전하면 어찌하여 지금까지 핍박을 받으리요 그리하였으면 십자가의 거치는 것이 그쳤으리니.
3. 마 5:11~12 나를 인하여 너희를 욕하고 핍박하고 거짓으로 너희를 거스려 모든 악한 말을 할 때에는 너희에게 복이 있나니 기뻐하고 즐거워하라 하늘에서 너희의 상이 큼이라 너희 전에 있던 선지자들을 이같이 핍박하였느니라.
4. 요 15:19 너희가 세상에 속하였으면 세상이 자기의 것을 사랑할 터이나 너희는 세상에 속한 자가 아니요 도리어 세상에서 나의 택함을 입은 자인 고로 세상이 너희를 미워하느니라.
5. 행 4:17~18 이것이 민간에 더 퍼지지 못하게 저희를 위협하여 이후에는 이 이름으로 아무 사람에게도 말하지 말게 하자 하고 그들을 불러 경계하여 도무지 예수의 이름으로 말하지도 말고 가르치지도 말라 하니.
6. 행 5:40 저희가 옳게 여겨 사도들을 불러들여 채찍질하며 예수의 이름으로 말하는 것을 금하고 놓으니.
7. 눅 21:12~19 이 모든 일 전에 내 이름을 인하여 너희에게 손을 대어 핍박하며 회당과 옥에 넘겨주며 임금들과 관장들 앞에 끌어가려니와 이 일이 도리어 너희에게 증거가 되리라 그러므로 너희는 변명할 것을 미리 연구치 않기로 결심하라 내가 너희의 모든 대적이 능히 대항하거나 변박할 수 없는 구재와 지혜를 너희에게 주리라 심지어 부모와 형제와 친척과 벗이 너희를 넘겨주어 너희 중에 몇을 죽이게 하겠고 또 너희가 내 이름을 인하여 모든 사람에게 미움을 받을 것이나 너희 머리털 하나도 상치 아니하리라 너희의 인내로 너희 영혼을 얻으리라

8. 벧전 4:16 만일 그리스도인으로 고난을 받은즉 부끄러워 말고 도리어 그 이름으로 하나님께 영광을 돌리라.

9. 고전 4:9~13 내가 생각건대 하나님이 사도인 우리를 죽이기로 작정한 자같이 미말에 두셨으매 우리는 세계 곧 천사와 사람에게 구경거리가 되었노라 우리는 그리스도의 연고로 미련하되 너희는 그리스도 안에서 지혜롭고 우리는 약하되 너희는 강하고 너희는 존귀하되 우리는 비천하여 바로 이 시간까지 우리가 주리고 목마르며 헐벗고 매 맞으며 정처가 없고 또 수고하여 친히 손으로 일을 하며 후욕을 당한즉 축복하고 핍박을 당한즉 참고 비방을 당한즉 권면하니 우리가 지금까지 세상의 더러운 것과 만물의 찌끼같이 되었도다.

10. 마 10:23 이 동네에서 너희를 핍박하거든 저 동네로 피하라 내가 진실로 너희에게 이르노니 이스라엘의 모든 동네를 다 다니지 못하여서 인자가 오리라.

11. 마 5:44 나는 너희에게 이르노니 너희 원수를 사랑하며 너희를 핍박하는 자를 위하여 기도하라.

12. 행 8:1 사울이 그의 죽임 당함을 마땅히 여기더라 그날에 예루살렘에 있는 교회에 큰 핍박이 나서 사도 외에는 다 유대와 사마리아 모든 땅으로 흩어지니라.

13. 행 6:10~13 스데반이 지혜와 성령으로 말함을 저희가 능히 당치 못하여 사람들을 가르쳐 말 시키되 이 사람이 모세와 및 하나님을 모독하는 말하는 것을 우리가 들었노라 하게 하고 백성과 장로와 서기관들을 충동시켜 와서 잡아 가지고 공회에 이르러 거짓 증인들을 세우니 가로되 이 사람이 이 거룩한 곳과 율법을 거스려 말하기를 마지 아니하는도다.

14. 계 1:9 나 요한은 너희 형제요 예수의 환난과 나라와 참음에 동참하는 자라 하나님의 말씀과 예수의 증거를 인하여 밧모라 하는 섬에 있었더니.

15. 계 2:13 네가 어디 사는 것을 내가 아노니 거기는 사단의 위가 있는 데라 네가 내 이름을 굳게 잡아서 내 충성된 증인 안디바가 너희 가운데 곧 사단의 거하는 곳에서 죽임을 당할 때에도 나를 믿는 믿음을 저버리지 아니하였도다.

16. 계 2:9~10 내가 네 환난과 궁핍을 아노니 실상은 네가 부요한 자니라 자칭 유대인이라 하는 자들의 훼방도 아노니 실상은 유대인이 아니요 사단의 회라 네가 장차 받을 고난을 두려워 말라 볼지어다 마귀가 장차 너희 가운데서 몇 사람을 옥에 던져 시험을 받게 하리니 너희가 십 일 동안 환난을 받으리라 네가 죽도록 충성하라 그리하면 내가 생명의 면류관을 네게 주리라.

17. 고후 4:8~10 우리가 사방으로 우겨쌈을 당하여도 싸이지 아니하며 답답한 일을 당하여도 낙심하지 아니하며 핍박을 받아도 버린바 되지 아니하며 거꾸러뜨림을 당하여도 망하지 아니하고 우리가 항상 예수 죽인 것을 몸에 짊어짐은 예수의 생명도 우리 몸에 나타나게 하려 함이라.

18. 행 9:9:23~25 여러 날이 지나매 유대인들이 사울 죽이기를 공모하더니 그 계교가 사울에게 알려지니라 저희가 그를 죽이려고 밤낮으로 성문까지 지키거늘 그의 제자들이 밤에 광주리에 사울을 담아 성에서 달아 내리니라.

19. 계 12:17 용이 여자에게 분노하여 돌아가서 그 여자의 남은 자손 곧 하나님의 계명을 지키며 예수의 증거를 가진 자들로 더불어 싸우려고 바다 모래 위에 섰더라.

20. 마 13:21 돌밭에 뿌리웠다는 것은 말씀을 듣고 즉시 기쁨으로 받되 그 속에 뿌리가 없어 잠시 견디다가 말씀을 인하여 환난이나 핍박이 일어나는 때에는 곧 넘어지는 자요.

21. 행 13:50~52 이에 유대인들이 경건한 귀부인들과 그 성내 유력자들을 선동하여 바울과 바나바를 핍박케 하여 그 지경에서 쫓아내니 두 사람이 저희를 향하여 발에 티끌을 떨어버리고 이고니온으로 가거늘. 제자들은 기쁨과 성령이 충만하니라.

22. 시 42:9~11 내 반석이신 하나님께 말하기를 어찌하여 나를 잊으셨나이까 내가 어찌하여 원수의 압제로 인하여 슬프게 다니나이까 하리로다 내 뼈를 찌르는 칼같이 내 대적이 나를 비방하여 늘 말하기를 네 하나님이 어디 있느냐 하도다 내 영혼아 네가 어찌하여 낙망하며 어찌하여 내 속에서 불안하여 하는고 너는 하나님을 바라라 나는 내 얼굴을 도우시는 내 하나님을 오히려 찬송하리로다.

하나님만 의지함과 감찰하심

문답

1) 성도가 사형선고와 같은 어려움을 당하는 이유는 무엇입니까?

오직 하나님만 의지하기 위하여.

2) 우리는 우리의 명철을 의지하지 말고 누구를 신뢰해야 합니까?

여호와 하나님.

3) 아브라함의 믿음은 무엇입니까?

죽은 자를 살리시며 없는 것을 있는 것으로 부르시는 하나님.

4) 우리는 누구를 떠나서는 아무것도 할 수 없습니까?

주 예수님.

5) 우리에게 모든 것을 후히 주사 누리게 하시는 분은 누구입니까?

아버지 하나님.

6) 먹을 것과 입을 것을 구하는 사람은 누구입니까?

이방인들.

7) 우리가 먼저 구하여야 할 것은 무엇입니까?

하나님 나라와 하나님의 의.

8) 하나님은 누구를 감찰하시고 능력을 베푸십니까?

전심으로 자기에게 향하는 자들.

9) 하나님은 사람의 무엇을 감찰하십니까?

사람의 마음과 양심.

10) 나의 모든 행위를 아시는 분은 누구입니까?

아버지 하나님.

11) 누가 우리를 위하여 하나님의 뜻대로 기도하십니까?

성령 하나님. 주 예수님.

말씀

1. 고후 1:9 (의지함) 우리는 우리 자신이 사형 선고를 받은 줄 알았으니 이는 우리로 자기를 의지하지 말고 오직 죽은 자를 다시 살리시는 하나님만 의지하게 하심이라.
2. 잠 3:5 너는 마음을 다하여 여호와를 신뢰하고 네 명철을 의지하지 말라.
3. 롬 4:17 내가 너를 많은 민족의 조상으로 세웠다 하심과 같으니 그가 믿은바 하나님은 죽은 자를 살리시며 없는 것을 있는 것으로 부르시는 이시니라.
4. 사 59:1~2 여호와의 손이 짧아 구원하지 못하심도 아니요 귀가 둔하여 듣지 못하심도 아니라 오직 너희 죄악이 너희와 너희 하나님 사이를 갈라놓았고 너희 죄가 그의 얼굴을 가리어서 너희에게서 듣지 않으시게 함이니라.
5. 요 15:5 나는 포도나무요 너희는 가지라 그가 내 안에 내가 그 안에 거하면 사람이 열매를 많이 맺나니 나를 떠나서는 너희가 아무것도 할 수 없음이라.
6. 롬 8:6 육신의 생각은 사망이요 영의 생각은 생명과 평안이니라.
7. 창 22:12 사자가 이르시되 그 아이에게 네 손을 대지 말라 그에게 아무 일도 하지 말라 네

하나님 나라의 비밀

가 네 아들 독자까지도 내게 아끼지 아니하였으니 내가 이제야 네가 하나님을 경외하는 줄을 아노라.

8. 갈 6:14 그러나 내게는 우리 주 예수 그리스도의 십자가 외에 결코 자랑할 것이 없으니 그리스도로 말미암아 세상이 나를 대하여 십자가에 못 박히고 내가 또한 세상을 대하여 그러하니라.

9. 딤전 6:17 네가 이 세대에서 부한 자들을 명하여 마음을 높이지 말고 정함이 없는 재물에 소망을 두지 말고 오직 우리에게 모든 것을 후히 주사 누리게 하시는 하나님께 두며.

10. 신 8:2 네 하나님 여호와께서 이 사십 년 동안에 네게 광야 길을 걷게 하신 것을 기억하라 이는 너를 낮추시며 너를 시험하사 네 마음이 어떠한지 그 명령을 지키는지 않는지 알려 하심이라.

11. 마 6:24 한 사람이 두 주인을 섬기지 못할 것이니 혹 이를 미워하며 저를 사랑하거나 혹 이를 중히 여기며 저를 경히 여김이라 너희가 하나님과 재물을 겸하여 섬기지 못하느니라.

12. 눅 18:22~25 예수께서 이 말을 들으시고 이르시되 네가 오히려 한 가지 부족한 것이 있으니 네게 있는 것을 다 팔아 가난한 자들을 나눠 주라 그리하면 하늘에서 보화가 네게 있으리라 그리고 와서 나를 좇으라 하시니 그 사람이 큰 부자인 고로 이 말씀을 듣고 심히 근심하더라 예수께서 저를 보시고 가라사대 재물이 있는 자는 하나님의 나라에 들어가기가 어떻게 어려운지약대가 바늘귀로 들어가는 것이 부자가 하나님의 나라에 들어가는 것보다 쉬우니라 하신대.

13. 약 1:6~8 오직 믿음으로 구하고 조금도 의심하지 말라 의심하는 자는 마치 바람에 밀려 요동하는 바다 물결 같으니 이런 사람은 무엇이든지 주께 얻기를 생각하지 말라 두 마음을 품어 모든 일에 정함이 없는 자로다.

14. 마 6:31~33 그러므로 염려하여 이르기를 무엇을 먹을까 무엇을 마실까 무엇을 입을까 하지 말라 이는 다 이방인들이 구하는 것이라 너희 천부께서 이 모든 것이 너희에게 있어야 할 줄을 아시느니라 너희는 먼저 그의 나라와 그의 의를 구하라 그리하면 이 모든 것을 너희에게 더하시리라.

15. 창 16:13 (감찰하심) 하갈이 자기에게 이르신 여호와의 이름을 나를 살피시는 (감찰하시는) 하나님이라 하였으니 이는 내가 어떻게 여기서 나를 살피시는 하나님을 뵈었는고 함이라.

16. 창 31:42 우리 아버지의 하나님 아브라함의 하나님 곧 이삭이 경외하는 이가 나와 함께 계시지 아니하셨더라면 외삼촌께서 이제 나를 빈손으로 돌려 보내셨으리이다마는 하나님이 내 고난과 내 손의 수고를 보시고(감찰하시고) 어제 밤에 외삼촌을 책망하셨나이다.

17. 대하 16:9 여호와의 눈은 온 땅을 두루 감찰하사 전심으로 자기에게 향하는 자들을 위하여 능력을 베푸시나니.

18. 시 7:9 악인의 악을 끊고 의인을 세우소서 의로우신 하나님이 사람의 마음과 양심을 감찰하시나이다.

19. 시 10:14 주께서는 보셨나이다 주는 재앙과 원한을 감찰하시고 주의 손으로 갚으려 하시오니 외로운 자가 주를 의지하나이다 주는 벌써부터 고아를 도우시는 이시니이다.

20. 시 139:1~3, 7~8 여호와여 주께서 나를 살펴보셨으므로 나를 아시나이다 주께서 내가 앉고 일어섬을 아시고 멀리서도 나의 생각을 밝히 아시오며 나의 모든 길과 내가 눕는 것을 살펴보셨으므로 나의 모든 행위를 익히 아시오니 내가 주의 영을 떠나 어디로 가며 주의 앞에서 어디로 피하리이까 내가 하늘에 올라갈지라도 거기 계시며 스올에 내 자리를 펼지라도 거기 계시나이다.

21. 잠 16:2 사람의 행위가 자기 보기에는 모두 깨끗하여도 여호와는 심령을 감찰 하시느니라.

22. 사 18:4 여호와께서 내게 이르시되 내가 나의 처소에서 조용히 감찰함이 쬐이는 일광 같고 가을 더위에 운무 같도다.

23. 롬 8:27 마음을 살피시는 이가 성령의 생각을 아시나니 이는 성령이 하나님의 뜻대로 성도를 위하여 간구하심이니라.

24. 살전 2:4 오직 하나님께 옳게 여기심을 입어 복음을 위탁받았으니 우리가 이와 같이 말함은 사람을 기쁘게 하려 함이 아니요 오직 우리 마음을 감찰 하시는 하나님을 기쁘시게 하려 함이라.

25. 히 4:12 하나님의 말씀은 살아 있고 활력이 있어 좌우에 날 선 어떤 검보다도 예리하여 혼과 영과 및 관절과 골수를 찔러 쪼개기까지 하며 또 마음의 생각과 뜻을 판단(감찰)하나니.

7
거룩함과 성결
: 주와 동행

문답

1) 나의 지은 죄를 깨끗하게 하려면 어떠한 은혜가 필요한가요?

성령의 인도하심을 받아 지은 죄를 자백하고 고침받아야 합니다.

2) 주님을 보려면 어떠한 은혜가 필요합니까?

화평함과 거룩함을 따르는 은혜를 받아야 합니다.

3) 우리 앞에 있는 경주를 하려면 어떠한 은혜가 필요한가요?

무거운 것과 얽매이기 쉬운 죄를 벗어 버리는 은혜를 받아야 합니다.

4) 징계의 유익은 무엇입니까?

하나님의 거룩하심에 참여합니다.

5) 거룩하게 되려면 어떠한 은혜가 필요합니까?

말씀과 기도. 기도하여 말씀에 순종하는 은혜를 받아야 합니다.

6) 하나님이 기뻐하시는 것은 무엇입니까?

나의 몸을 거룩한 산 제물로 드리는 것입니다.

7) 하나님의 성전은 어디입니까?

나의 몸.

8) 하나님을 따라 의와 진리의 거룩함으로 지으심을 받은 사람은 누구입니까?

새사람입니다.

9) 이 세상이나 세상에 있는 것들을 사랑하지 말아야 하는 이유는 무엇입니까?

세상에 있는 모든 것이 육신의 정욕과 안목의 정욕과 이생의 자랑이니 다 아버지께로 좇아 온 것이 아니요 세상으로 좇아 온 것이기 때문입니다.

10) 우리는 어떻게 기도하여야 합니까?

우리 아버지의 이름이 거룩히 여김을 받으시도록 기도하여야 합니다.

말씀

1. 요일 1:7, 9 그가 빛 가운데 계신 것같이 우리도 빛 가운데 행하면 우리가 서로 사귐이 있고 그 아들 예수의 피가 우리를 모든 죄에서 깨끗하게 하실 것이요 만일 우리가 우리 죄를 자백하면 저는 미쁘시고 의로우사 우리 죄를 사하시며 모든 불의에서 우리를 깨끗케 하실 것이요.

2. 히 12:14 모든 사람으로 더불어 화평함과 거룩함을 좇으라 이것이 없이는 아무도 주를 보지 못하리라.

3. 히 12:1 이러므로 우리에게 구름같이 둘러싼 허다한 증인들이 있으니 모든 무거운 것과 얽매이기 쉬운 죄를 벗어 버리고 인내로써 우리 앞에 당한 경주를 경주하며.

4. 히 12:10 저희는 잠시 자기의 뜻대로 우리를 징계하였거니와 오직 하나님은 우리의 유익을 위하여 그의 거룩하심에 참여케 하시느니라.

5. 히 10:10 이 뜻을 따라 예수 그리스도의 몸을 단번에 드리심으로 말미암아 우리가 거룩함을 얻었노라.

6. 살전 4:3 하나님의 뜻은 이것이니 너희의 거룩함이라 곧 음란을 버리고.

7. 딤전 4:5 하나님의 말씀과 기도로 거룩하여짐이라.

8. 엡 5:26~27 이는 곧 물로 씻어 말씀으로 깨끗하게 하사 거룩하게 하시고 자기 앞에 영광
스러운 교회로 세우사 티나 주름 잡힌 것이나 이런 것들이 없이 거룩하고 흠이 없게 하려
하심이라.

9. 엡 4:24 하나님을 따라 의와 진리의 거룩함으로 지으심을 받은 새사람을 입으라.

10. 요일 2:15~16 이 세상이나 세상에 있는 것들을 사랑치 말라 누구든지 세상을 사랑하면 아
버지의 사랑이 그 속에 있지 아니하니 이는 세상에 있는 모든 것이 육신의 정욕과 안목의
정욕과 이생의 자랑이니 다 아버지께로 좇아 온 것이 아니요 세상으로 좇아 온 것이라.

11. 약 1:26~27 누구든지 스스로 경건하다 생각하며 자기 혀를 재갈 먹이지 아니하고 자기 마
음을 속이면 이 사람의 경건은 헛것이라 하나님 아버지 앞에서 정결하고 더러움이 없는
경건은 곧 고아와 과부를 그 환난 중에 돌아보고 또 자기를 지켜 세속에 물들지 아니하는
이것이니라.

12. 행 15:9 믿음으로 저희 마음을 깨끗이 하사 저희나 우리나 분간치 아니하셨느니라.

13. 슥 13:1 그날에 죄와 더러움을 씻는 샘이 다윗의 족속과 예루살렘 거민을 위하여 열리리라.

14. 마 5:8 마음이 청결한 자는 복이 있나니 저희가 하나님을 볼 것임이요.

15. 욥 8:6 또 청결하고 정직하면 정녕 너를 돌아보시고 네 의로운 집으로 형통하게 하실 것이라.

16. 시 24:3~5 여호와의 산에 오를 자 누구며 그 거룩한 곳에 설 자가 누군고 곧 손이 깨끗하
며 마음이 청결하며 뜻을 허탄한 데 두지 아니하며 거짓 맹세치 아니하는 자로다 저는 여
호와께 복을 받고 구원의 하나님께 의를 얻으리니.

17. 약 4:8 하나님을 가까이 하라 그리하면 너희를 가까이 하시리라 죄인들아 손을 깨끗이 하
라 두 마음을 품은 자들아 마음을 성결케 하라.

18. 대하 29:5 저희에게 이르되 레위 사람들아 내 말을 들으라 이제 너희는 성결케 하고 또 너
희 열조의 하나님 여호와의 전을 성결케 하여 그 더러운 것을 성소에서 없이 하라.

19. 출 19:22 또 여호와께 가까이 하는 제사장들로 그 몸을 성결히 하게 하라 나 여호와가 그
들을 돌격할까 하노라.

20. 수 3:5 여호수아가 또 백성에게 이르되 너희는 스스로 성결케 하라 여호와께서 내일 너희
가운데 기사를 행하시리라.

21. 수 7:13 너는 일어나서 백성을 성결케 하여 이르기를 너희는 스스로 성결케 하여 내일을
기다리라 이스라엘의 하나님 여호와의 말씀에 이스라엘아 너의 중에 바친 물건이 있나니

네가 그 바친 물건을 너의 중에서 제하기 전에는 너의 대적을 당치 못하리라.

22. 약 3:17 오직 위로부터 난 지혜는 첫째 성결하고 다음에 화평하고 관용하고 양순하며 긍휼과 선한 열매가 가득하고 편벽과 거짓이 없나니.

23. 말 2:11 유다는 궤사를 행하였고 이스라엘과 예루살렘 중에서는 가증한 일을 행하였으며 유다는 여호와의 사랑하시는 성결을 욕되게 하여 이방 신의 딸과 결혼하였으니.

24. 출 39:30 그들이 또 정금으로 거룩한 패를 만들고 인을 새김같이 그 위에 (여호와께 성결)이라 새기고.

25. 삼상 21:5 다윗이 제사장에게 대답하여 가로되 우리가 참으로 삼일 동안이나 부녀를 가까이 하지 아니하였나이다 나의 떠난 길이 보통 여행이라도 소년들의 그릇이 성결하겠거든 하물며 오늘날 그들의 그릇이 성결치 아니하겠나이까 하매.

26. 레 11:45 나는 너희의 하나님이 되려고 너희를 애굽 땅에서 인도하여 낸 여호와라 내가 거룩하니 너희도 거룩할지어다.

27. 시 22:3 이스라엘의 찬송 중에 거하시는 주여 주는 거룩하시니이다.

28. 사 57:15 지존 무상하며 영원히 거하며 거룩하다 이름하는 자가 이같이 말씀하시되 내가 높고 거룩한 곳에 거하며 또한 통회하고 마음이 겸손한 자와 함께 거하나니 이는 겸손한 자의 영을 소성케 하며 통회하는 자의 마음을 소성케 하려 함이라.

29. 벧전 2:5 너희도 산 돌같이 신령한 집으로 세워지고 예수 그리스도로 말미암아 하나님이 기쁘게 받으실 신령한 제사를 드릴 거룩한 제사장이 될지니라.

30. 엡 1:3~5 찬송하리로다 하나님 곧 우리 주 예수 그리스도의 아버지께서 그리스도 안에서 하늘에 속한 모든 신령한 복으로 우리에게 복 주시되 곧 창세 전에 그리스도 안에서 우리를 택하사 우리로 사랑 안에서 그 앞에 거룩하고 흠이 없게 하시려고 그 기쁘신 뜻대로 우리를 예정하사 예수 그리스도로 말미암아 자기의 아들들이 되게 하셨으니.

31. 출 19:6 너희가 내게 대하여 제사장 나라가 되며 거룩한 백성이 되리라 너는 이 말을 이스라엘 자손에게 고할지니라.

32. 창 2:3 하나님이 일곱째 날을 복 주사 거룩하게 하셨으니 이는 하나님이 그 창조하시며 만드시던 모든 일을 마치시고 이날에 안식하셨음이더라.

33. 레 19:23~25 너희가 그 땅에 들어가 각종 과목을 심거든 그 열매는 아직 할례받지 못한 것으로 여기되 곧 삼 년 동안 너희는 그것을 할례받지 못한 것으로 여겨 먹지 말 것이요

하나님 나라의 비밀

제사 년에는 그 모든 과실이 거룩하니 여호와께 드려 찬송할 것이며 제오 년에는 그 열매를 먹을지니 그리하면 너희에게 그 소산이 풍성하리라 나는 너희 하나님 여호와니라.

34. 롬 12:1 그러므로 형제들아 내가 하나님의 모든 자비하심으로 너희를 권하노니 너희 몸을 하나님이 기뻐하시는 거룩한 산 제사로 드리라 이는 너희의 드릴 영적 예배니라.

　　구속함의 거룩함: 존재적인 거룩함입니다.

　　날마다 죄를 씻는 속죄함의 거룩함: 생활 속의 거룩함입니다.

35. 고전 3:16~17 너희가 하나님의 성전인 것과 하나님의 성령이 너희 안에 거하시는 것을 알지 못하느뇨 누구든지 하나님의 성전을 더럽히면 하나님이 그 사람을 멸하시리라 하나님의 성전은 거룩하니 너희도 그러하니라.

36. 롬 6:19 너희 육신이 연약하므로 내가 사람의 예대로 말하노니 전에 너희가 너희 지체를 부정과 불법에 드려 불법에 이른 것같이 이제는 너희 지체를 의에게 종으로 드려 거룩함에 이르라.

37. 벧후 3:11 이 모든 것이 이렇게 풀어지리니 너희가 어떠한 사람이 되어야 마땅하냐 거룩한 행실과 경건함으로.

38. 요일 4:12~13 어느 때나 하나님을 본 사람이 없으되 만일 우리가 서로 사랑하면 하나님이 우리 안에 거하시고 그의 사랑이 우리 안에 온전히 이루느니라 그의 성령을 우리에게 주시므로 우리가 그 안에 거하고 그가 우리 안에 거하시는 줄을 아느니라.

39. 겔 36:21, 23 그러나 이스라엘 족속이 들어간 그 열국에서 더럽힌 내 거룩한 이름을 내가 아꼈노라 열국 가운데서 더럽힘을 받은 이름 곧 너희가 그들 중에서 더럽힌 나의 큰 이름을 내가 거룩하게 할지라 내가 그들의 목전에서 너희로 인하여 나의 거룩함을 나타내리니 열국 사람이 나를 여호와인 줄 알리라 나 주 여호와의 말이니라.

40. 마 6:9 그러므로 너희는 이렇게 기도하라 하늘에 계신 우리 아버지여 이름이 거룩히 여김을 받으시오며.

41. 롬 1:4 성결의 영으로는 죽은 가운데서 부활하여 능력으로 하나님의 아들로 인정되셨으니 곧 우리 주 예수 그리스도시니라.

42. 히 2:11 거룩하게 하시는 자와 거룩하게 함을 입은 자들이 다 하나에서 난지라 그러므로 형제라 부르시기를 부끄러워 아니하시고.

8

사랑과 용서

1) 어느 때에 하나님이 우리와 함께하십니까?

서로 사랑할 때입니다.

2) 우리가 하나님 안에 거하고 하나님이 우리 안에 거하시는 것을 무엇으로 알 수 있습니까?

성령을 우리에게 주심으로 알 수 있습니다.

3) 형제를 미워하는 자는 누구입니까?

살인하는 자니 살인하는 자마다 영생이 그 속에 거하지 아니하는 것을 우리가 압니다.

4) 너희가 사람의 잘못을 용서하면 너희 하늘 아버지께서도 너희 잘못을 용서하시려니와 너희가 사람의 잘못을 용서하지 아니하면 너희 아버지께서도 너희 잘못을 어떻게 하십니까?

용서하지 아니하십니다.

5) 너희가 무슨 일이든지 뉘게 용서하면 나도 그리하고 내가 만일 용서한 일이 있으면 용서한 그것은 너희를 위하여 누구 앞에서 한 것입니까?

주 예수 그리스도.

6) 너희 원수를 사랑하며 너희를 박해하는 자를 위하여 무엇을 해야 합니까?

기도해야 합니다.

7) 내 사랑하는 자들아 너희가 친히 원수를 갚지 말고 하나님의 진노하심에 맡기라고 하셨는데 왜 그렇습니까?

하나님이 원수를 갚아 주시기 때문입니다.

8) 무엇보다도 뜨겁게 서로 사랑할찌니 사랑은 허다한 무엇을 덮습니까?

죄입니다.

9) 예수님은 간음한 여인을 어떻게 하셨습니까?

용서하셨습니다.

10) 예수님은 이 땅 위에 왜 오셨습니까?

죄인을 만나 회개하게 하시고 용서하시려고 오셨습니다.

11) 기도 응답의 비결은 무엇입니까?

그 아들 예수 그리스도의 이름을 믿고 그가 우리에게 주신 계명대로 서로 사랑하는 것입니다.

말씀

1. 요일 4:11~13 사랑하는 자들아 하나님이 이같이 우리를 사랑하셨은즉 우리도 서로 사랑하는 것이 마땅하도다 어느 때나 하나님을 본 사람이 없으되 만일 우리가 서로 사랑하면 하나님이 우리에게 거하시고 그의 사랑이 우리 안에 온전히 이루어지느니라 그의 성령을 우리에게 주시므로 우리가 그 안에 거하고 그가 우리 안에 거하시는 줄을 아느니라.

2. 요일 3:15 그 형제를 미워하는 자마다 살인하는 자니 살인하는 자마다 영생이 그 속에 거하지 아니하는 것을 너희가 아는 바라.

3. 요일 2:9~11 빛 가운데 있다 하면서 그 형제를 미워하는 자는 지금까지 어둠에 있는 자요

그의 형제를 사랑하는 자는 빛 가운데 거하여 자기 속에 거리낌이 없으나 그의 형제를 미워하는 자는 어둠에 있고 또 어둠에 행하며 갈 곳을 알지 못하나니 이는 그 어둠이 그의 눈을 멀게 하였음이라.

4. 마 6:14~15 너희가 사람의 잘못을 용서하면 너희 하늘 아버지께서도 너희 잘못을 용서하시려니와 너희가 사람의 잘못을 용서하지 아니하면 너희 아버지께서도 너희 잘못을 용서하지 아니하시리라.

5. 고후 2:10 너희가 무슨 일이든지 뉘게 용서하면 나도 그리하고 내가 만일 용서한 일이 있으면 용서한 그것은 너희를 위하여 그리스도 앞에서 한 것이니.

6. 엡 4:2 서로 인자하게 하며 불쌍히 여기며 서로 용서하기를 하나님이 그리스도 안에서 너희를 용서하심과 같이 하라.

7. 마 18:21~22~35 그때에 베드로가 나아와 이르되 주여 형제가 내게 죄를 범하면 몇 번이나 용서하여 주리이까 일곱 번까지 하오리까 예수께서 이르시되 네게 이르노니 일곱 번뿐 아니라 일곱 번을 일흔 번까지라도 할지니라 너희가 각각 중심으로 형제를 용서하지 아니하면 내 천부께서도 너희에게 이와 같이 하시리라.

8. 마 5:44, 46 너희 원수를 사랑하며 너희를 박해하는 자를 위하여 기도하라 너희가 너희를 사랑하는 자를 사랑하면 무슨 상이 있으리요 세리도 이같이 아니하느냐.

9. 롬 12:19 내 사랑하는 자들아 너희가 친히 원수를 갚지 말고 하나님의 진노하심에 맡기라 기록되었으되 원수 갚는 것이 내게 있으니 내가 갚으리라고 주께서 말씀하시느니라.

10. 갈 5:5~6 우리가 성령으로 믿음을 따라 의의 소망을 기다리노니 그리스도 예수 안에서는 할례나 무할례나 효력이 없으되 사랑으로써 역사하는 믿음뿐이니라.

11. 벧전 4:8 무엇보다도 뜨겁게 서로 사랑할찌니 사랑은 허다한 죄를 덮느니라.

12. 롬 8:1~2 그러므로 이제 그리스도 예수 안에 있는 자에게는 정죄함이 없나니 이는 그리스도 예수 안에 있는 생명의 성령의 법이 죄와 사망의 법에서 너를 해방하였음이라.

13. 창 50:19~21 요셉이 그들에게 이르되 두려워하지 마소서 내가 하나님을 대신하리이까 당신들은 나를 해하려 하였으나 하나님은 그것을 선으로 바꾸사 오늘과 같이 많은 백성의 생명을 구원하게 하시려 하셨나니 당신들은 두려워 마소서 내가 당신들과 당신들의 자녀를 기르리이다 하고 그들을 간곡한 말로 위로하였더라.

14. 요 8:11 대답하되 주여 없나이다 예수께서 이르시되 나도 너를 정죄하지 아니하노니 가서

하나님 나라의 비밀

다시는 죄를 범하지 말라 하시니라.

15. 창 9:22~25 가나안의 아버지 함이 그의 아버지의 하체를 보고 밖으로 나가서 그의 두 형제에게 알리매 셈과 야벳이 옷을 가져다가 자기들의 어깨에 메고 뒷걸음쳐 들어가서 그들의 아버지의 하체를 덮었으며 그들이 얼굴을 돌이키고 그들의 아버지의 하체를 보지 아니하였더라 노아가 술이 깨어 작은 아들이 자기에게 행한 일을 알고 이에 이르되 가나안은 저주를 받아 그의 형제의 종들이 되기를 원하노라 하고.

16. 창 33:10 내가 형님의 눈 앞에서 은혜를 입었사오면 청하건대 내 손에서 이 예물을 받으소서 내가 형님의 얼굴을 뵈온즉 하나님의 얼굴을 본 것 같사오며 형님도 나를 기뻐하심이니이다.

17. 눅 5:32 내가 의인을 부르러 온 것이 아니요 죄인을 불러 회개시키러 왔노라.

18. 요일 3:21~23 사랑하는 자들아 만일 우리 마음이 우리를 책망할 것이 없으면 하나님 앞에서 담대함을 얻고 무엇이든지 구하는 바를 그에게 받나니 이는 우리가 그의 계명들을 지키고 그 앞에서 기뻐하시는 것을 행함이라 그의 계명은 이것이니 곧 그 아들 예수그리스도의 이름을 믿고 그가 우리에게 주신 계명대로 서로 사랑할 것이니라.

9

행함의 믿음과 순종과 사랑의 열매

문답

1) 예수님은 어디까지 순종하셨습니까?

　죽기까지 순종하셨습니다.

2) 스데반 집사는 어디까지 순종하였습니까?

　죽기까지 예수님의 부활을 증거하였습니다.

3) 성령의 가장 큰 열매는 무엇입니까?

　사랑입니다.

4) 하나님은 어디에 계십니까?

　서로 사랑할 때 우리 안에 계십니다.

5) 좋은 열매 맺지 아니하는 나무는 어떻게 됩니까?

　도끼에 찍혀 불에 던져집니다.

6) 빛의 열매는 무엇입니까?

　모든 착함과 의로움과 진실함입니다.

7) 재물을 얻어서 그 곳간에 채움을 받는 사람은 누구입니까?

주 예수님을 사랑하는 자입니다.

8) 하나님은 아브라함이 하나님을 경외하는 줄을 어떻게 알았습니까?

아브라함의 아들 독자 이삭을 하나님께 아끼지 아니하고 순종하여 드렸기 때문입니다.

9) 사랑 안에 두려움이 없고 온전한 사랑이 두려움을 내어 쫓나니 두려움에는 무엇이 있습니까?

형벌이 있습니다.

10) 사도들이 목숨까지도 성도들에게 주기를 즐겨 한 이유가 무엇입니까?

제자들의 사랑하는 자가 되었기 때문입니다.

11)형제들아 너희가 자유를 위하여 부르심을 입었으나 그러나 그 자유로 육체의 기회를 삼지 말고 무엇을 하여야 합니까?

오직 사랑으로 서로 종노릇 하여야 합니다.

12) 누가 제자입니까?

무릇 내게 오는 자가 자기 부모와 처자와 형제와 자매와 및 자기 목숨까지 미워하지 아니하면 능히 나의 제자가 되지 못하리라.

말씀

1. 빌 2:8~9 사람의 모양으로 나타나셨으매 자기를 낮추시고 죽기까지 복종하셨으니 곧 십자가에 죽으심이라 이러므로 하나님이 그를 지극히 높여 모든 이름 위에 뛰어난 이름을 주사.
2. 행 7:59~60 저희가 돌로 스데반을 치니 스데반이 부르짖어 가로되 주 예수여 내 영혼을 받으시옵소서 하고 무릎을 꿇고 크게 불러 가로되 주여 이 죄를 저들에게 돌리지 마옵소서 이 말을 하고 자니라.
3. 행 28:30~31 바울이 온 이태를 자기 셋집에 유하며 자기에게 오는 사람을 다 영접하고 담

대히 하나님 나라를 전파하며 주 예수 그리스도께 관한 것을 가르치되 금하는 사람이 없었더라.

4. 막 14:3 예수께서 베다니 문둥이 시몬의 집에서 식사하실 때에 한 여자가 매우 값진 향유 곧 순전한 나드 한 옥합을 가지고 와서 그 옥합을 깨뜨리고 예수의 머리에 부으니.

5. 요 21:17 세 번째 가라사대 요한의 아들 시몬아 네가 나를 사랑하느냐 하시니 주께서 세 번째 네가 나를 사랑하느냐 하시므로 베드로가 근심하여 가로되 주여 모든 것을 아시오매 내가 주를 사랑하는 줄을 주께서 아시나이다 예수께서 가라사대 내 양을 먹이라.

6. 막 4:20 좋은 땅에 뿌리웠다는 것은 곧 말씀을 듣고 받아 삼십 배와 육십 배와 백 배의 결실을 하는 자니라.

7. 갈 4:19 나의 자녀들아 너희 속에 그리스도의 형상이 이루기까지 다시 너희를 위하여 해산하는 수고를 하노니.

8. 갈 5:22~23 오직 성령의 열매는 사랑과 희락과 화평과 오래참음과 자비와 양선과 충성과 온유와 절제니 이 같은 것을 금지할 법이 없느니라.

9. 요일 4:12~13 어느 때나 하나님을 본 사람이 없으되 만일 우리가 서로 사랑하면 하나님이 우리 안에 거하시고 그의 사랑이 우리 안에 온전히 이루느니라 그의 성령을 우리에게 주시므로 우리가 그 안에 거하고 그가 우리 안에 거하시는 줄을 아느니라.

10. 마 3:10 이미 도끼가 나무뿌리에 놓였으니 좋은 열매 맺지 아니하는 나무마다 찍혀 불에 던지우리라.

11. 엡 5:9~11 빛의 열매는 모든 착함과 의로움과 진실함에 있느니라 주께 기쁘시게 할 것이 무엇인가 시험하여 보라 너희는 열매 없는 어두움의 일에 참여하지 말고 도리어 책망하라.

12. 마 28:18 예수께서 나아와 일러 가라사대 하늘과 땅의 모든 권세를 내게 주셨으니 그러므로 너희는 가서 모든 족속으로 제자를 삼아 아버지와 아들과 성령의 이름으로 세례를 주고 내가 너희에게 분부한 모든 것을 가르쳐 지키게 하라 볼지어다 내가 세상 끝날까지 너희와 항상 함께 있으리라 하시니라.

13. 잠 8:21 이는 나를 사랑하는 자로 재물을 얻어서 그 곳간에 채우게 하려 함이니라.

14. 창 22:12 사자가 가라사대 그 아이에게 네 손을 대지 말라 아무 일도 그에게 하지 말라 네가 네 아들 네 독자라도 내게 아끼지 아니하였으니 내가 이제야 네가 하나님을 경외하는 줄을 아노라.

하나님 나라의 비밀

15. 갈 5:13~15 형제들아 너희가 자유를 위하여 부르심을 입었으나 그러나 그 자유로 육체의 기회를 삼지 말고 오직사랑으로 서로 종노릇 하라 온 율법은 네 이웃 사랑하기를 네 몸같이 하라 하신 한 말씀에 이루었나니 만일 서로 물고 먹으면 피차 멸망할까 조심하라.

16. 요일 4:18 사랑 안에 두려움이 없고 온전한 사랑이 두려움을 내어 쫓나니 두려움에는 형벌이 있음이라 두려워하는 자는 사랑 안에서 온전히 이루지 못하였느니라.

17. 고후 2:8 그러므로 너희를 권하노니 사랑을 저희에게 나타내라.

18. 살전 2:7~8 오직 우리가 너희 가운데서 유순한 자 되어 유모가 자기 자녀를 기름과 같이 하였으니 우리가 이같이 너희를 사모하여 하나님의 복음으로만 아니라 우리 목숨까지 너희에게 주기를 즐겨 함은 너희가 우리의 사랑하는 자 됨이니라.

19. 롬 13:8 피차 사랑의 빚 외에는 아무에게든지 아무 빚도지지 말라 남을 사랑하는 자는 율법을 다 이루었느니라.

20. 삼상 15:22 사무엘이 가로되 여호와께서 번제와 다른 제사를 그 목소리 순종하는 것을 좋아하심같이 좋아하시겠나이까 순종이 제사보다 낫고 듣는 것이 숫양의 기름보다 나으니 23 이는 거역하는 것은 사술의 죄와 같고 완고한 것은 사신우상에게 절하는 죄와 같음이라 왕이 여호와의 말씀을 버렸으므로 여호와께서도 왕을 버려 왕이 되지 못하게 하셨나이다.

21. 고전 6:20 값으로 산 것이 되었으니 그런즉 너희 몸으로 하나님께 영광을 돌리라.

22. 고전 9:14 이와 같이 주께서도 복음 전하는 자들이 복음으로 말미암아 살리라 명하셨느니라 내가 복음을 전할지라도 자랑할 것이 없음은 내가 부득불 할 일임이라 만일 복음을 전하지 아니하면 내게 화가 있을 것임이로다 내가 내 임의로 이것을 행하면 상을 얻으려니와 임의로 아니한다 할지라도 나는 직분을 맡았노라.

23. 막 12:43 예수께서 제자들을 불러다가 이르시되 내가 진실로 너희에게 이르노니 이 가난한 과부는 연보궤에 넣는 모든 사람보다 많이 넣었도다 저희는 다 그 풍족한 중에서 넣었거니와 이 과부는 그 구차한 중에서 자기 모든 소유 곧 생활비 전부를 넣었느니라 하셨더라.

24. 눅 14:26 무릇 내게 오는 자가 자기 부모와 처자와 형제와 자매와 및 자기 목숨까지 미워하지 아니하면 능히 나의 제자가 되지 못하고.

1) 풍성한 열매를 맺는 비결: 하나님께서 영광을 받으신다

(1) 믿음이 필요함

포도나무와 가지 → 일체 → 하나됨 → 예수님과 성도와의 관계이다 → 예수님이 주체이다 → 예수님이 하신다

(2)말씀을 받아라 → 약속의 말씀으로 기도하라

요 15:7 너희가 내 안에 거하고 내 말이 너희 안에 거하면 무엇이든지 원하는 대로 구하라 그리하면 이루리라.

(3) 순종과 100% 헌신과 사랑의 실천

주님의 핏값으로 우리를 사셨다

(4) 인격의 고침과 거룩함

(5) 주 안에 거하고 동행함

(6) 영혼의 열매 → 주님께 영광 → 상급, 형통함

(7) 기도와 명령과 선포 → 자녀와 예수 이름과 혀의 권세

(8) 성령충만 → 예수님의 임재하심

(9) 고난의 유익 → 예수님만 의지한다 → 사도 바울

(10) 전심전력 → 집중력의 생활 → 죽도록 충성하라

(11) 나의 옛사람은 100% 죽었다 → 이제는 100% 영혼만을 위하여 살아야 한다

2) 일한 대로 상을 받는다.

계 22:12 보라 내가 속히 오리니 내가 줄 상이 내게 있어 각 사람에게 그의 일한 대로 갚아 주리라.

고전 9:14 이와 같이 주께서도 복음 전하는 자들이 복음으로 말미암아 살리라 명하셨느니라.

고전 9:16 내가 복음을 전할지라도 자랑할 것이 없음은 내가 부득불 할 일임이라 만일 복음을 전하지 아니하면 내게 화가 있을 것임이로라.

주의 일: 복음전파

3) 기도, 전도, 양육, 봉사

요 6:29 예수께서 대답하여 가라사대 하나님의 보내신 자를 믿는 것이 하나님의 일이니라 하시니.

계 2:10 네가 죽도록 충성하라 그리하면 내가 생명의 면류관을 네게 주리라.

행 20:24 나의 달려갈 길과 주 예수께 받은 사명 곧 하나님의 은혜의 복음 증거하는 일을 마치려 함에는 나의 생명을 조금도 귀한 것으로 여기지 아니하노라.

하나님께 열매로 영광을 돌리라! 참 제자이다.

요 15:8 너희가 과실을 많이 맺으면 내 아버지께서 영광을 받으실 것이요 너희가 내 제자가 되리라.

주 예수님의 은혜로 풍성한 영혼의 열매를 맺어 아버지 하나님께 영광을 드리는 삶을 삽시다!

렘 23:9 선지자들에 대한 말씀이라 내 중심이 상하며 내 모든 뼈가 떨리며 내가 취한 사람 같으며 포도주에 잡힌 사람 같으니 이는 여호와와 그 거룩한 말씀을 인함이라.

예수님 십자가의 보혈의 은혜는 내 생명을 다 바쳐도 부족합니다. 그러므로 전심전력을 다하여야만 합니다!

계 22:21 주 예수의 은혜가 모든 자들에게 있을지어다 아멘.

10

일한 대로 상급

1) 아브람의 방패와 상급은 누구입니까?

여호와 하나님.

2) 주의 나타나심을 사모하는 모든 자에게 무슨 상을 주십니까?

의의 면류관.

3) 시험을 참는 자에게 무엇을 주십니까?

생명의 면류관.

4) 하나님을 기쁘시게 하는 믿음은 무엇입니까?

하나님께 나아가는 자는 반드시 그가 계신 것과 또한 그가 자기를 찾는 자들에게 상 주시는
이심을 믿어야 합니다.

5) 전도자들의 소망이나 기쁨이나 자랑의 면류관이 무엇입니까?

주님의 강림하실 때 우리 주 예수 앞에서 구원받은 성도가 영광이요 기쁨입니다.

**6) '지혜 있는 자는 궁창의 빛과 같이 빛날 것이요 많은 사람을 옳은 데로 돌아오게
한 자는 그것과 같이 영원토록 비춰리라'라고 하였는데 그것은 무엇입니까?**

별.

7) 하나님의 심판대 앞에서 심판 받을 때에 무엇을 따라 받습니까?

선악 간에 몸으로 행한 것을 따라 받습니다.

8) 집사의 직분을 잘한 자들은 무슨 상을 받습니까?

아름다운 지위와 그리스도 예수 안에 있는 믿음에 큰 담력을 얻습니다.

9) 라오디게아 교회 성도는 말하기를 나는 부자라 부요하여 부족한 것이 없다 하나 부족한 것이 있는데 그것은 무엇입니까?

곤고한 것과 가련한 것과 가난한 것과 눈먼 것과 벌거벗은 것을 알지 못하였습니다.

말씀

1. 창 15:1 이 후에 여호와의 말씀이 이상 중에 아브람에게 임하여 가라사대 아브람아 두려워 말라 나는 너의 방패요 너의 지극히 큰 상급이니라.
2. 마 5:12 기뻐하고 즐거워하라 하늘에서 너희의 상이 큼이라 너희 전에 있던 선지자들을 이 같이 핍박하였느니라.
3. 마 10:41 선지자의 이름으로 선지자를 영접하는 자는 선지자의 상을 받을 것이요 의인의 이름으로 의인을 영접하는 자는 의인의 상을 받을 것이요.
4. 빌 3:14 내게 능력 주시는 자 안에서 내가 모든 것을 할 수 있느니라.
5. 마 25:21 그 주인이 이르되 잘 하였도다 착하고 충성된 종아 네가 작은 일에 충성하였으매 내가 많은 것으로 네게 맡기리니 네 주인의 즐거움에 참여할지어다 하고.
6. 눅 19:17 주인이 이르되 잘 하였다 착한 종이여 네가 지극히 작은 것에 충성하였으니 열 고을 권세를 차지하라 하고.
7. 고전 9:18 그런즉 내 상이 무엇이냐 내가 복음을 전할 때에 값없이 전하고 복음으로 인하여 내게 있는 권을 다 쓰지 아니하는 이것이로라.
8. 고전 15:58 그러므로 내 사랑하는 형제들아 견고하며 흔들리지 말며 항상 주의 일에 더욱 힘쓰는 자들이 되라 이는 너희 수고가 주 안에서 헛되지 않은 줄을 앎이니라.
9. 딤후 4:8 이제 후로는 나를 위하여 의의 면류관이 예비되었으므로 주 곧 의로우신 재판장

이 그날에 내게 주실 것이니 내게만 아니라 주의 나타나심을 사모하는 모든 자에게니라.

10. 벧전 5:4 그리하면 목자장이 나타나실 때에 시들지 아니하는 영광의 면류관을 얻으리라.

11. 약 1:12 시험을 참는 자는 복이 있도다 이것에 옳다 인정하심을 받은 후에 주께서 자기를 사랑하는 자들에게 약속하신 생명의 면류관을 얻을 것임이니라.

12. 살후 1:7 환난 받는 너희에게는 우리와 함께 안식으로 갚으시는 것이 하나님의 공의시니 주 예수께서 저의 능력의 천사들과 함께 하늘로부터 불꽃 중에 나타나실 때에.

13. 히 11:6 믿음이 없이는 기쁘시게 못하나니 하나님께 나아가는 자는 반드시 그가 계신 것과 또한 그가 자기를 찾는 자들에게 상 주시는 이심을 믿어야 할지니라.

14. 전 4:9 두 사람이 한 사람보다 나음은 저희가 수고함으로 좋은 상을 얻을 것임이라.

15. 잠 13:13 말씀을 멸시하는 자는 패망을 이루고 계명을 두려워하는 자는 상을 얻느니라.

16. 눅 14:14 그리하면 저희가 갚을 것이 없는 고로 네게 복이 되리니 이는 의인의 부활 시에 네가 갚음을 받겠음이니라 하시더라.

17. 살전 2:19~20 우리의 소망이나 기쁨이나 자랑의 면류관이 무엇이냐 그의 강림하실 때 우리 주 예수 앞에 너희가 아니냐 너희는 우리의 영광이요 기쁨이니라.

18. 고전 9:24~25 운동장에서 달음질하는 자들이 다 달아날지라도 오직 상 얻는 자는 하나인 줄을 너희가 알지 못하느냐 너희도 얻도록 이와 같이 달음질하라 이기기를 다투는 자마다 모든 일에 절제하나니 저희는 썩을 면류관을 얻고자 하되 우리는 썩지 아니할 것을 얻고자 하노라.

19. 딤후 2:5 경기하는 자가 법대로 경기하지 아니하면 면류관을 얻지 못할 것이며.

20. 히 12:2 믿음의 주요 또 온전케 하시는 이인 예수를 바라보자 저는 그 앞에 있는 즐거움을 위하여 십자가를 참으사 부끄러움을 개의치 아니하시더니 하나님 보좌 우편에 앉으셨느니라.

21. 마 10:42 또 누구든지 제자의 이름으로 이 소자 중 하나에게 냉수 한 그릇이라도 주는 자는 내가 진실로 너희에게 이르노니 그 사람이 결단코 상을 잃지 아니하리라 하시니라.

22. 계 22:12 보라 내가 속히 오리니 내가 줄 상이 내게 있어 각 사람에게 그의 일한 대로 갚아 주리라.

23. 고전 9:13~14 성전의 일을 하는 이들은 성전에서 나는 것을 먹으며 제단을 모시는 이들은 제단과 함께 나누는 것을 너희가 알지 못하느냐 이와 같이 주께서도 복음 전하는 자들이 복음으로 말미암아 살리라 명하셨느니라.

제4부

부록

1
은혜와 율법주의

문답

1) 은혜란 무엇입니까?

받을 자격이 없는 죄인에게 일방적으로 주시는 하나님의 선물입니다.

> 엡 2:8 너희가 그 은혜를 인하여 믿음으로 말미암아 구원을 얻었나니 이것이 너희에게서 난 것이 아니요 하나님의 선물이라.

2) 은혜는 내가 존재적인 죄인인 것을 아는 것이다

내가 소망이 없는 죄인이며 죄의 종, 마귀의 종, 세상의 종이며 지옥 갈 자격밖에 없는 비참한 죄인인 것을 깊이 깨닫는 것이다.

> 롬 3:23 모든 사람이 죄를 범하였으매 하나님의 영광에 이르지 못하더니.

3) 은혜는 십자가의 도: 예수님의 죽으심과 부활하심과 승천하심과 성령 하나님이 믿는 자의 육체 속 심령에 오시는 것을 깊이 깨닫는 것이다

> 사 53:6 그가 찔림은 우리의 허물을 인함이요 그가 상함은 우리의 죄악을 인함이라 그가 징계를 받음으로 우리가 평화를 누리고 그가 채찍에 맞음으로 우리가 나음을 입었도다.

> 요 19:30 예수께서 신 포도주를 받으신 후 가라사대 다 이루었다 하시고 머리를 숙이

시고 영혼이 돌아가시다.

4) 구원받은 은혜: 구원받은 믿음: 성령님의 내주하심과 인 치심

요 1:12 영접하는 자 곧 그 이름을 믿는 자들에게는 하나님의 자녀가 되는 권세를 주셨으니.

5) 주님과 동행하며 함께 사는 은혜: 주님과 동행하는 믿음

갈 2:20 내가 그리스도와 함께 십자가에 못 박혔나니 그런즉 이제는 내가 산 것이 아니요 오직 내 안에 그리스도께서 사신 것이라 이제 내가 육체 가운데서 사는 것은 나를 사랑하사 나를 위하여 자기 몸을 버리신 하나님의 아들을 믿는 믿음 안에서 사는 것이라.

6) 복음을 전파하며 영혼을 살리는 은혜: 영혼을 살리는 믿음

행 1:8 오직 성령이 너희에게 임하시면 너희가 권능을 받고 예루살렘과 온 유대와 사마리아와 땅끝까지 이르러 내 증인이 되리라.

7) 은혜를 잃어버리면 율법주의자가 된다

율법주의적인 신앙인이 된다. 주님을 잃어버리면 고아가 된다. 은혜는 행위 주체가 성령님, 율법주의는 행위의 주체가 자기 자신이다. 주님이 없으므로 사는 것이 힘들다.

8) 율법주의자는 주님이 하신 것이 없기 때문에 자기의 행위를 자랑하고 사람에게 칭찬받기를 좋아한다: 바리새인

9) 율법주의자는 자기의 죄는 잘 안보이고 남의 죄만 잘 보이고 정죄한다

타락한 후의 최초의 율법주의자는 아담과 하와이다.

10) 은혜를 아는 사람은 십자가를 자랑하고 예수님을 자랑하고 은혜를 자랑한다

고전 15:10 그러나 내가 나 된 것은 하나님의 은혜로 된 것이니 내게 주신 그의 은혜가 헛되지 아니하여.

11) 은혜 받는 비결

내가 죄인임을 깨닫는 것이다. 하나님이 주인이신데 내가 주인 되어 사는 것. 하나님을 떠나 사는 죄인인 것이다(존재적인 죄인).

12) 은혜의 단절

죄를 자백하지 않고 죄를 품기 때문(요일 1:9, 잠 28:13).

13) 은혜를 지속하는 비결

자신의 무능함과 연약함을 늘 고백하고 날마다 짓는 죄를 씻고 하나님께 도움을 요청한다.

14) 은혜 신앙과 율법주의 신앙과의 차이점(예: 하와, 가인, 함 등)

(1) 행위의 주체가 성령(빌 2:13) ············· 육신, 육체를 신뢰함

(2) 진리를 알고 믿고 순종한다 ············· 지식을 알고 깨닫고 가르침

(3) 사랑으로 책망하고 권면한다 ············· 사랑 없이 정죄하고 비판함

(4) 사랑으로 용서, 긍휼히 여김 ············· 용서하지 않음

(5) 하나님의 의, 영광을 받으심 ············· 자기의 의, 자기가 영광을 받음

(6) 믿음으로 행한다 ············· 믿음 없이 육신으로 행한다

(7) 순종과 믿음으로 복을 받는다 ············· 행위의 결과로 복을 받으려 함

(8) 주님과 동행한다 ············· 주님과 동행이 없다

(9) 자기 죄를 깨닫고 회개한다 ············· 남의 죄만 보여 정죄한다

(10) 겸손하다, 기도한다 ············· 교만하다, 기도하지 않는다

(11) 구원이 자녀들에게 열린다 ············· 자녀들이 구원받기 어렵다

(12) 형통하고 열매가 있다 ············· 형통하지 못하며 고난이 많다

(13) 하나님 앞에서 행함 ············· 사람 앞에서 행하고 칭찬을 구함

(14) 주와 동행으로 죄를 이김 ············· 육신의 힘으로 죄를 이기려 함

(15) 자기 죄를 아파하고 회개함 ············· 자기 죄를 회개하지 않음

(16) 은혜(예수)로 복을 받는다·················· 율법주의는 반드시 망한다

(17) 새 언약이다 ······························· 옛 언약이다

(18) 그리스도 한 분으로 충분·················· 율법을 행하라

(19) 사랑 ······································· 율법

(20) 허물을 덮어 줌 ··························· 허물을 찾아냄

(21) 다 이루었다 ····························· 행위를 요구함

2

속사람과 겉사람의 비교

: 속사람과 겉사람(옛사람)의 분리=영과 혼의 분리

완전한 사람 = 영 + 혼 + 몸 = 예닮(살전 5:23)

　　　　　　　spirit　　　soul　　　body

　　　　　　　프뉴마　　프쉬케　　소마 － 헬라어

살전 5:23 평강의 하나님이 친히 너희로 온전히 거룩하게 하시고 또 너희 온 영과 혼과 몸이 우리 주 예수 그리스도 강림하실 때에 흠 없게 보전되기를 원하노라.

(1) 속사람(롬 7:22)······················· 겉사람-옛사람, 자아, 지정의(롬 6:6)

(2) 성령, 말씀 내주····················· 다스림, 통치받음

(3) 영적인 사람 ························· 육신적인 사람(고전 3:3)

(4) 영의 생각 ··························· 육신의 생각(롬 8:6), 하나님의 원수

(5) 밀알→씨앗→새싹 ·················· 껍질-썩어야 한다-자아포기

(6) 의, 거룩함, 의인····················· 사륵스-죄, 죄성, 죄인, 짐승

(7) 낙원, 천국 ·························· 음부, 지옥

(8) 영적인 인격 ························· 육신, 죄인의 인격-선은 없다(롬 7:18)

(9) 성령의 열매 ························· 육신의 열매(갈 5:19~23)

(10) 영의 자존심 ······················ 혼, 육신의 자존심-무너짐

(11) 영의 성장, 말씀····················· 혼의 통제-말씀, 고난

(12) 영은 성령의 통로···················· 혼은 마귀와 세상의 통로

(13) 영의 성장, 순종····················· 불순종의 체질-혼의 포기

(14) 하나님의 일 ························ 사람의 일-사탄의 통로(마 16:22~23)

(15) 하나님의 상급·························· 하나님의 진노(골 3:5~6)

(16) 하늘의 보화 ···························· 땅의 썩어질 것

(17) 하나님, 천사 ························· 독사, 불뱀, 맹수와 같다

(18) 성령의 역사 ························· 정욕, 귀신의 역사

(19) 주의 일을 소망························ 주의 일을 방해함

(20) 주님을 사랑·························· 세상, 자아를 사랑함(요일 2:15~17)

(21) 주님 사랑-거룩함····················· 세상 사랑-창기-우상숭배-진노

(22) 영생=주와 동행 ······················ 사망⇒주님과 교제 단절(롬 6:21~23)

사도 바울=육신의 유익한 것도 배설물로 여김-버림-예수를 얻음

주와 동행=속사람의 성장(경건 생활)+겉사람을 부인하고 파쇄

겉사람을 부인, 파쇄=고난+말씀의 검+십자가 보혈+성령의 역사

3

성막의 여섯 가지 요소 요약

성막: 예수 그리스도, 영적 생활

히 10:19~20 그러므로 형제들아 우리가 예수의 피를 힘입어 성소에 들어갈 담력을 얻었나니 그 길은 우리를 위하여 휘장 가운데로 열어 놓으신 새롭고 산 길이요 휘장은 곧 저의 육체니라.

1) 번제 단: 십자가의 죽으심과 부활, 십자가의 보혈의 은혜와 사랑과 능력 → 죄인들이 십자가 보혈의 은혜를 받고 회개함 → 죄인인 내가 죽었음 → 장사 지냄 → 핏값 → 100% 헌신 → 제물 → 주님을 사랑함

레 4:30 제사장은 손가락으로 그 피를 찍어 번제단 뿔에 바르고 그 피 전부를 단 밑에 쏟고 그 모든 기름을 화목제 희생의 기름을 취한 것같이 취하여 단 위에 불살라 여호와께 향기롭게 할지니 제사장이 그를 위하여 속죄한즉 그가 사함을 얻으리라.

롬 12:12:1~2 그러므로 형제들아 내가 하나님의 모든 자비하심으로 너희를 권하노니 너희 몸을 하나님이 기뻐하시는 거룩한 산 제사로 드리라 이는 너희의 드릴 영적 예배니라 너희는 이 세대를 본받지 말고 오직 마음을 새롭게 함으로 변화를 받아 하나님의 선하시고 기뻐하시고 온전하신 뜻이 무엇인지 분별하도록 하라.

롬 6:4 그러므로 우리가 그의 죽으심과 합하여 세례를 받음으로 그와 함께 장사되었나니 이는 아버지의 영광으로 말미암아 그리스도를 죽은 자 가운데서 살리심과 같이 우리로 또한 새 생명 가운데서 행하게 하려 함이니라.

요 12:24~25 내가 진실로 진실로 너희에게 이르노니 한 알의 밀이 땅에 떨어져 죽지

아니하면 한 알 그대로 있고 죽으면 많은 열매를 맺느니라 자기 생명을 사랑하는 자는 잃어버릴 것이요 이 세상에서 자기 생명을 미워하는 자는 영생하도록 보존하리라.

2) 물두멍: 날마다 죄를 씻는다 → 죄 자백 → 성령충만

출 40:30~31 그가 또 물두멍을 회막과 단 사이에 두고 거기 씻을 물을 담고 자기와 아론과 그 아들들이 거기서 수족을 씻되.

요일 1:9 만일 우리가 우리 죄를 자백하면 저는 미쁘시고 의로우사 우리 죄를 사하시며 모든 불의에서 우리를 깨끗케 하실 것이요.

행 2:38 베드로가 가로되 너희가 회개하여 각각 예수 그리스도의 이름으로 세례를 받고 죄사함을 얻으라 그리하면 성령을 선물로 받으리니.

3) 떡 상: 말씀 충만

출 25:30 상 위에 진설병을 두어 항상 내 앞에 있게 할지니라.

마 4:4 예수께서 대답하여 가라사대 기록되었으되 사람이 떡으로만 살 것이 아니요 하나님의 입으로 나오는 모든 말씀으로 살 것이라 하였느니라 하시니.

4) 분향 단: 날마다 말씀 안에서의 기도

출 40:26~27 그가 또 금향단을 회막 안 장 앞에 두고 그 위에 향기로운 향을 사르니 여호와께서 모세에게 명하신 대로 되니라.

계 8:3~5 또 다른 천사가 와서 제단 곁에 서서 금향로를 가지고 많은 향을 받았으니 이는 모든 성도의 기도들과 합하여 보좌 앞 금단에 드리고자 함이라 향연이 성도의 기도와 함께 천사의 손으로부터 하나님 앞으로 올라가는지라 천사가 향로를 가지고 단 위의 불을 담아다가 땅에 쏟으매 뇌성과 음성과 번개와 지진이 나더라.

5) 촛대: 교회 → 세상의 빛 → 믿음, 소망, 사랑, 순종 → 기도, 명령, 선포 → 복음전파

출 25:37 등잔 일곱을 만들어 그 위에 두어 앞을 비추게 하며.

마 5:14 너희는 세상의 빛이라 산 위에 있는 동네가 숨기우지 못할 것이요.

벧전 2:9 오직 너희는 택하신 족속이요 왕 같은 제사장들이요 거룩한 나라요 그의 소유된 백성이니 이는 너희를 어두운 데서 불러내어 그의 기이한 빛에 들어가게 하신 자의 아름다운 덕을 선전하게 하려 하심이라.

6) 언약궤: 시온좌 → 주님과의 친밀한 교제 → 주와 동행 → 동거 → 주의 임재

출 25:21~22 속죄소를 궤 위에 얹고 내가 네게 줄 증거판을 궤 속에 넣으라 거기서 내가 너와 만나고 속죄소 위 곧 증거궤 위에 있는 두 그룹 사이에서 내가 이스라엘 자손을 위하여 네게 명할 모든 일을 네게 이르리라.

출 33:9 모세가 회막에 들어갈 때에 구름 기둥이 내려 회막문에 서며 여호와께서 모세와 말씀하시니.

요일 2:27 너희는 주께 받은바 기름부음이 너희 안에 거하나니 아무도 너희를 가르칠 필요가 없고 오직 그의 기름부음이 모든 것을 너희에게 가르치며 또 참되고 거짓이 없으니 너희를 가르치신 그대로 주 안에 거하라.

4

자아포기와 주와 동행 요약

1) 십자가 보혈의 은혜와 능력을 체험하고 내 영혼이 경건 생활을 통하여서 성장하면 주님과 동행이 되고 재창조의 역사가 일어납니다

2) 성령의 통제와 고난을 통하여서 내 자아가 부인이 됩니다

3) 성령의 말씀의 빛

말씀의 능력으로 내 영과 혼이 분리가 됩니다. 영적인 것과 육적인 것이 구분이 됩니다

4) 롬 6장: 죄를 이기는 생활

알고(롬 6:6), 여기고(롬 6:11), 드리고(롬 6:13), 종으로 쓰임 받음(롬 6:19)으로 죄를 이기고 승리하는 삶을 살게 됩니다. 주님과 동행하게 됩니다.

5) 8복: 주님과 동행의 복

주님을 찾는 복이다.

6) 롬 8장: 성령의 생명의 법

성령충만—성령을 따라 행하라. 육체의 욕심을 이루지 아니하리라.

주님과 동행하게 됩니다.

롬 8:1~2 그러므로 이제 그리스도 예수 안에 있는 자에게는 결코 정죄함이 없나니 이는 그리스도 예수 안에 있는 생명의 성령의 법이 죄와 사망의 법에서 너를 해방하였

음이라.

7) 나는 날마다 죽노라: 부활신앙

내가 죽어야 예수가 산다. 밀알 신앙이다.

요 12:24 내가 진실로 진실로 너희에게 이르노니 한 알의 밀이 땅에 떨어져 죽지 아니하면 한 알 그대로 있고 죽으면 많은 열매를 맺느니라.

고전 15:31 형제들아 내가 그리스도 예수 우리 주 안에서 가진 바 너희에게 대한 나의 자랑을 두고 단언하노니 나는 날마다 죽노라.

8) 주님의 남은 고난

몸된 교회를 위하여 (성도) 내 육체에 채우노라. 복음전파-주의 일.

골 1:24 내가 이제 너희를 위하여 받는 괴로움을 기뻐하고 그리스도의 남은 고난을 그의 몸된 교회를 위하여 내 육체에 채우노라.

9) 일한 대로 상급: 현재의 상급

계 22:12 보라 내가 속히 오리니 내가 줄 상이 내게 있어 각 사람에게 그의 일한 대로 갚아 주리라.

10) 종의 자리: 낮아짐의 자리, 주님의 자리, 내 자리이다 → 주와 동행하게 된다

마 20:26~28 너희 중에는 그렇지 아니하니 너희 중에 누구든지 크고자 하는 자는 너희를 섬기는 자가 되고 너희 중에 누구든지 으뜸이 되고자 하는 자는 너희 종이 되어야 하리라 인자가 온 것은 섬김을 받으려 함이 아니라 도리어 섬기려 하고 자기 목숨을 많은 사람의 대속물로 주려 함이니라.

11) 포도나무는 가지를 통하여서 열매를 맺는다

영혼. 인격의 열매.

요 15:5 나는 포도나무요 너희는 가지니 저가 내 안에, 내가 저 안에 있으면 이 사람은 과실을 많이 맺나니 나를 떠나서는 너희가 아무것도 할 수 없음이라.

12) 성령의 은혜로 된다, 믿음의 기도로 된다

5

1907년 평양 교회의 부흥과 기도 요약

평양에 있던 스월른 선교사는 다음과 같이 보고하고 있습니다. 1906년 9월에 서울에 갔는데 뉴욕에서 오신 존 스톤 선교사가 인도 카시아 지방에서 1905~1906년에 8, 200명이 회심하고 세례 받았고 부흥이 왔다는 소식을 전하였습니다.

그 후 평양으로 돌아와 20여 명의 장로교 감리교 선교사들을 모아 놓고 인도 카시아 지방처럼 평양에도 부흥이 임할 때까지 기도회를 갖자고 제안하였습니다. 그리고 매일 정오에 1시간씩 기도하였습니다. 그러나 부흥이 오지 않았습니다.

일부 선교사들은 기도회를 포기하고 각자가 집에서 기도하자고 하였으나 대다수 선교사들은 우리의 기도가 부족하기 때문이라면서 오후 4시부터 저녁식사 때까지 집중적으로 기도하자고 하였습니다. 그래서 약 4개월 정도 집중적으로 성령의 역사가 일어날 때까지 기도하였습니다.

어느 날 스월른 선교사와 블레이어 선교사가 시찰 구역 내에 있는 한 시골교회를 방문하여 기도회를 인도하였는데 기도회에 참여한 성도들이 회개하며 울면서 죄를 자백하는 기현상이 일어났습니다. 드디어 부흥이 오게 되었습니다. 다음 날 기쁜 마음으로 평양에 돌아온 그들은 평양에도 부흥이 임박하게 되었음을 보고하였습니다.

1907년 1월 첫 주부터 전역에서 700여 명이 평양의 장대현 장로교회에 모여서 특별연차 수양회를 갖게 되었습니다. 1주간 동안 특별한 일이 일어나지 않았으나 마지막 1월 8일 주일 저녁에는 장대현 교인들을 비롯하여 1500여 명이 모여서 기도회를 하는데 드디어 거룩하신 성령님께서 임재하셨습니다. 길선주 장로가 친구 부인의 돈 100달러를 사취한 죄를 자백할 때에 강력한 회개의 영이 임하여 대부분의 사람들이 애통하며 회개하는 역사가 일어났습니다.

스월른 선교사님은 그동안 5개월 정도 간절함으로 기도한 일은 보람이 컸습니다. 우리 선교사들이 1년 동안 해도 안 되는 일들을 하루 만에 이루어 주셨다고 고백하였습니다. 6개월 정도 지났는데 평양 시내에 3만 명 이상 회심하게 되었고 이때부터 서울을 비롯하여 전국적으로 부흥이 일어나게 되었습니다(이하 생략).

참고서적. 요나단 고우포스, 《1907년 한국을 휩쓴 성령의 불길》, 예수전도협회 출판, 1995.

6

오스왈드 스미스의
부흥과 기도 요약

　캐나다 토론토 선교사, 오스왈드 스미스가 데일 장로교회에서 시무할 때에 하나님께서 어떻게 역사하셨는지를 말하려면 스미스의 일기를 소개하는 것이 가장 좋은 방법일 것입니다.

토론토에서. 일기장

1917.8.16. 오랫동안 기도해 오던 부흥이 나에게 임하였다. 죄에 대한 옛날식의 깊은 각성이다. 기도, 성경, 전도, 봉사하는 일에 전심을 다하지 못하고 사탄에게 많은 시간을 내어 준 일에 대하여 회개시키시었다. 1시간 이상 시간 가는 줄도 모르고 마음이 녹아내리며 기이한 방법으로 감동의 기도를 드리게 하셨다. 마음에 자유함과 감미로운 마음을 주셨다.

1917.8.25. 사무엘 스티븐슨과 함께 1시간 정도 기도하였다. 성령님께서 역사하셔서 많은 사람들이 눈물을 뿌리며 십자가로 나아오기를 기도드렸다.

1917.8.26. 3명이 모여서 서재에서 기도회를 가졌다.

1917.8.31. 저녁에 8명이 교회에서 모여서 성경 공부하고 기도하였다. 1주일에 1번 구역 기도회를 갖기로 하였다.

　대하 7:14 내 이름으로 일컫는 내 백성이 그 악한 길에서 떠나 스스로 겸비하고 기도하여 내 얼굴을 구하면 내가 하늘에서 듣고 그 죄를 사하고 그 땅을 고칠지라.

1917.9.2. 오늘밤에 설교하였으나 영혼들이 죄를 깨닫고 고통하며 애통하는 자가 없었다. 위로부터 능력을 받지 못한 것이 분명하다.

1917.9.7. 오늘 설교에도 열매가 없다. 기도의 대가를 치러야 한다. 내가 성령으로 충만하다면

그 열매로 알 것인데 이런 것이 결여되어 있으니 내 마음이 쉴 수가 없다.

1917.9.11. 확신을 가지고 기도한 지 27일이 되었다. 오늘은 구역 기도회를 인도하였다. 한 부인이 갑자기 '나는 교인입니다. 저를 위하여 기도해 주세요' 하며 통곡하고 울음을 터트렸다. 동료들이 찬송하며 기도하였다. 얼마 후에 놀랍게도 구원을 받았다. 성령께서 역사하셨다. 드디어 한 영혼이 구원을 받은 것이다. 할렐루야! 오늘날 구원받지 못하고 교회에 다니는 영혼들이 얼마나 많은가!

1917.9.12. 성령님께서 확실히 역사하고 계신다. 오늘 밤에는 죄를 깨달은 한 여인이 어제 직장에서 구원받았다고 간증하였다. 오늘 아침에는 주님께서 구원의 확신을 주셨다고 하였다. 주님을 찬양한다. 한 주간 내내 기도만 했는데 주님께서 두 번째 영혼을 우리에게 주셨다. 이것을 위하여 그동안 기도하여 왔는데 성령께서 강력하게 역사하셔서 죄를 깨닫게 하시고 구원함을 주셨다.

1917.9.26. 오늘밤에는 큰 역사가 있었다. 설교를 끝내고 집회를 마쳤는데 한 부인이 울기 시작하였다. 그러자 다른 사람들도 울고 결국 모인 사람들 중에 삼분지 일 정도가 마음이 깨어졌다. 첫 두 사람이 번갈아 가면서 통회하면서 죄를 자백하였다. 성령께서 각 사람을 회심시키셨다. 부흥이 시작된 것이 확실하다. 할렐루야!(이하 생략)

참고서적, 오스월드 스미스, 《구령의 열정》, 생명의 말씀사. 1998.

7

데이비드 브레이너드의 부흥과 기도 요약

: 미국 인디언 선교사

데이비드 브레이너드는 인디언들의 영혼구원을 위하여 성령님의 임재와 역사가 일어나도록 금식하며 눈물로 간절히 기도드렸다. 그 결과 성령님의 구원의 역사가 일어났다.

일기장

1742.4.19. 하나님의 은혜를 사모하며 금식기도하며 주님의 임재를 구하였다. 목회사역 준비와 추수 때에 나를 보내 달라고 기도드렸다. 불쌍한 이방인들이 회개하고 주님께로 돌아오게 하여 달라고 어느 때보다도 더 열심히 기도하였다. 오후에는 주님이 정말 나와 함께하셨다. 주님과의 사귐이 얼마나 달콤하고 복된지! 주님이 위로와 기쁨을 주셨다. 온몸이 땀으로 흠뻑 젖도록 세상의 죄인들을 위하여 오래도록 기도드렸다.

1742.5.2. 오늘 아침 주님은 내 진실한 모습을 보게 해 주셨다. 내 모습이 얼마나 추하던지 내 마음을 휘젓고 있는 이 타락한 본성을 도저히 잠재울 수 없다. 너무나 너무나 낙심된다. 내적인 시험에 이제는 지친다.

1742.6.8. 오늘은 달콤하고 소중한 시간을 가졌다. 내가 무가치한 존재임을 깨닫는 것이 얼마나 행복한 일인지 미처 깨닫지 못하였다.

1743.4.1. 스톡블리지에서 30여 킬로미터 떨어진 인디언 정착촌인 뉴욕 주에 속한 카우나우믹으로 스코틀랜드 복음전도협회 소속 선교사로 임명받아 파송가게 되었다. 온종일 내적인 시험과 낙심과 싸우느라 괴로웠다. 오, 주여 나를 도우소서!

1743.4.10. 주일 아침에 일찍 일어나 숲속에 한참 기도하고 오전과 오후에 인디언들에게 설교하였다. 그들은 대체로 진지하게 반응하였다. 그중 2~3명이 신앙에 대하여 깊이 고민하길래 따로 상담을 하였다. 한 여인은 내 첫 번째 전도 설교를 듣고 내내 울었다고 하였다.

1743.4.15. 오전에는 몹시 우울했다. 오후에는 성도들을 찾아가서 설교하였다. 하나님께서 그들에게 긍휼을 베풀어 주실 거라는 희망이 조금이나마 생겼다. 그리고 영혼을 달라고 기도드렸다.

1743.7.30. 해 질 무렵에 드디어 완성된 아늑한 오막집으로 거처를 옮겼다. 인디언들과 움막에서 있는 동안 나 혼자 있을 집이 그리웠다. 마음 놓고 간절히 기도할 수 있어서 좋았다.

1743.8.14. 주일 영적인 감흥을 가지고 설교했으나 눈에 띄는 결과는 없었다. 더욱더 간절히 기도하게 되었다.

1743.10.4. 뉴욕 여행을 마치고 드디어 집에 돌아왔다. 가엾은 인디언들은 내가 돌아와 기뻐하였다.

1743.10.23. 주일 오늘은 천국과 지옥에 대하여 설교하였다. 2~3명이 자기의 영혼의 깊은 염려에 대하여 상담하였다.

1744.5.1. 펜실베니아 텔라웨어 강 근처 인디안 마을로 가서 선교하라는 새로운 명령을 받았다.

1745.6.22. 정오에 크로스윅 성에 있는 인디언들에게 가서 복음을 밤늦게까지 전하였다. 하나님의 능력이 말씀 가운데 임재하였다. 그러자 여러 사람들이 자기의 영혼에 대해 깊이 각성하면서 구원을 위해서 부르짖어 기도하였다.

1745.2.17. 다시금 용기를 얻었다. 저녁에는 불쌍한 인디언들이 진리에 눈을 뜨고 회심하게 하여 달라고 간절히 기도드렸다.

1745.4.5. 예배 후 상당한 인디언 신자들이 우리 막사에 찾아왔다 그 어느 때보다도 끈끈한 형제애를 느낄 수 있었다. 그들 역시 같은 사랑을 느낄 수 있었다. 마치 천국의 한 장면 같았다.

1745.7.13. 주일. 오전에는 생명의 떡에 대하여 설교하였다(요 6:45). 설교 내내 성령님의 도우심을 체험하였다. 성도들이 큰 감명을 받았다. 31명이 성찬식에 참여하였다. 원주민들이 눈물을 흘리며 참여하였다. 성찬 후에 감미로운 교제의 시간을 가졌다. 주님이 오늘 모임에 친히 임재하여 주셔서 감사드렸다. 하나님의 선하심을 맛보고 기뻐하며 돌아갔다.

1745.8.12. 브레이너드는 6명의 인디언들과 함께 서스케하나로 선교여행을 떠났습니다. 인디언들이 브레이너드에게 도움이 될 만한 사람들을 선정하여 파송한 것이었습니다.

1745.8.26. 정오 무렵 많은 사람들에게 복음을 전하자 많은 사람들이 감동을 받았습니다. 나

와 함께 온 인디언 성도들이 간증을 하였습니다. 그들은 훌륭히 해냈습니다. 내 마음에 새 힘이 솟아났습니다.

1945.9.20. 토. 밤이 되어 긴 전도 여행을 마치고 내가 섬기는 원주민이 있는 지역으로 돌아왔다. 돌아와 보니 그들이 모여서 기도를 하는 것이 아닌가. 그들에게 주님께서 하신 일을 전하고 함께 기도할 때에 성령님의 강한 역사를 체험케 하였다. 그들은 눈물과 감사로 기도드렸다. 나는 몸이 많이 아파서 숙소로 돌아오면서 우리를 지켜 주신 주님께 감사드렸다(이하 생략).

참고서적, 조나단 에드워즈 엮음, 김보람 옮김, 《데이비드 브레이너드 생애와 일기》, 좋은씨앗, 2018.

하나님 나라의 비밀

8
기도하는 하이드 요약

존 하이드 1965~1912, 미국 출생, 인도 펀자브 선교사.

1) 1904년 펀자브 기도연맹 창설-펀자브 기도연맹의 5대 원칙

(1) 당신은 당신과 동료 사역자 그리고 교회의 부흥을 위해 기도하고 있습니까?

(2) 당신은 성령의 더 큰 능력이 당신 자신의 삶과 사역에 임하기를 갈망하며 이 능력이 없이는 살 수 없음을 확인합니까?

(3) 당신이 예수님을 부끄러워하지 않기 위해 기도하겠습니까?

(4) 당신은 이런 영적 부흥을 위한 수단이 기도임을 믿습니까?

(5) 가능한 매일 정오 직후 30분을 떼어 내어 이 부흥을 위해 기도하겠습니까?

> **마 9:37~38 이에 제자들에게 이르시되 추수할 것은 많되 일꾼은 적으니 그러므로 추수하는 주인에게 청하여 추수할 일꾼들을 보내어 주소서 하라 하시니라.**

추수할 일꾼들을 얻는 비결은 오직 기도뿐입니다. 존 하이드는 기도의 골방에 들어가서 탄식과 신음과 눈물과 금식과 밤낮 없는 기도로 몸이 수척하여질 정도로 '하나님이여 제게 영혼을 주옵소서! 그렇지 않으면 죽을 것입니다'라고 부르짖어 기도하였다.

펀자브 기도연맹을 이끄는 하이드와 회원들은 영적 부흥을 일으키는 수단이 기도임을 확신하였다. 그들은 눈에 보이는 결과가 나타날 때까지 굳은 의지를 가지고 결사적으로 기도하였다. 찰 스피니가 '추수할 곡식이 거저 주어진 기적이 아닌 것처럼 부흥도 거저 이루어지는 것이 아니다'라고 말하였던 것처럼 열매가 없으면 죽겠다는 각오로 뛰어드는 신앙의 영웅들이 있을 때 하나님께서도 역사하신다.

마 11:12 세례 요한의 때부터 지금까지 천국은 침노를 당하나니 침노하는 자는 빼앗느니라.

하나님은 펀자브 기도연맹 핵심 인물 3인을 통하여서 역사하셨다. 죤 하이드, 맥셰인 패터슨, 죠지 터너이다. 하나님은 이들의 어깨 위에 기도의 짐을 지우셨다. 1904년 제1차 펀자브 집회가 일어난 해로 역사에 길이 남게 되었다. 하이드와 패터슨은 1달 전부터 집회를 위하여 밤낮으로 기도하였다. 9일 후에 터너도 합세하였다. 이 세 사람은 마음을 합하여 그리스도의 심장을 가지고 인도의 교회들과 수많은 영혼들을 위하여 호소와 탄식과 기도와 찬양으로 몸부림을 쳤다. 하나님께 끈질기게 매달렸다. 하나님의 역사가 반드시 일어날 것이라는 믿음을 가지고 밤낮으로 기도드렸다. 철야기도와 금식기도로 매달렸다. 참으로 많은 대가를 치렀다. 그 결과 수천 명의 사람들이 구원을 얻었다.

사 62:6~7 예루살렘이여 내가 너의 성벽 위에 파수꾼을 세우고 그들로 종일 종야에 잠잠치 않게 하였느니라 너희 여호와로 기억하시게 하는 자들아 너희는 쉬지 말며 또 여호와께서 예루살렘을 세워 세상에서 찬송을 받게 하시기까지 그로 쉬지 못하시게 하라.

2) 하이드와 함께 동역한 한 선교사의 증언

증언을 들어보면 하이드는 하나님이 주시는 힘으로 건강을 유지할 수 있었다. 하나님이 주시는 힘으로 고난을 견디었다. 비록 잠을 적게 자지만 짧은 시간 동안 평안하게 깊이 잠들 수 있는 안식을 주셔서 피곤함을 해소하였다.

하이드는 집회를 할 때마다 성령님을 앞세우고 성령님의 인도하심을 받았다. 성령님만이 십자가의 도를 온전하고 능력 있게 전하시기 때문이다. 하이드는 항상 성령님이 전하시는 메시지만을 전하였다. 메시지가 없으면 전하지 않고 기도만 하였다. 성령님께 순종하지 않으면 메시지를 주지 않으시기 때문이었다.

하이드는 아브라함처럼 영적인 자녀를 많이 둔 아버지가 되라는 약속을 받았다. 순종하는 한 사람 하이드를 통하여서 하나님은 많은 일을 하셨다. 하이드는 항상 하나님의 임재 가운

하나님 나라의 비밀

데 살았다. 하이드가 인도하는 기도회나 집회에는 놀라운 하나님의 임재하심을 체험할 수가 있었다. 하이드는 하나님의 마음을 가지고 영혼을 사랑하였다. 각 사람의 마음속에 하나님의 나라가 임하도록 금식하며 간절히 부르짖어 기도하였다. 그리스도의 남은 고난을 위하여 그의 몸된 교회를 위하여 힘써 수고하였다.

하이드의 찬양은 항상 영혼의 고뇌 속에서 부르는 찬양이었다. 죽어 가는 영혼들을 바라보며 주여! 이 영혼들을 주소서! 그렇지 않으면 죽을 것입니다. 하이드의 기도의 비결은 삶 자체가 기도였다. 하나님은 예수님의 중보기도를 들어주신다. 예수님의 영 성령님께서 내 심령 안에서 탄식함으로 기도하신다. 내 영이 성령님과 함께 아버지의 마음을 가지고 기도할 때에 응답하신다. 이것이 기도의 비결이다.

3) 존 하이드의 기도

1908년경 존 하이드는 결정적인 소원을 하나님께 드렸다. 그것은 매일 하루에 1명의 영혼을 세례 받고 구원해 달라는 기도였다. 이것은 목숨 걸고 드린 기도의 서약이었다.

'하루에 1명의 영혼을 주시지 않으면 저는 죽을 것입니다'

이러한 목숨을 건 기도의결과로 주님의 양떼들이 우리 안으로 들어오게 되었다. 그해 말에 400명 이상의 영혼들이 구원을 받게 되었다. 그다음에는 하루에 2명의 영혼을 달라고 기도 드렸다. 내 마음이 아니라 예수님의 찢어지는 아픔으로, 나의 고난이 아니라 예수님의 고난에 동참하는 마음으로, 내 눈물이아니라 예수님의 눈물을 가지고 기도드리고 권면하고 사랑하였다. 예수님의 심장을 가지고 전도하였다. 바울도 밤낮으로 아버지의 마음을 가지고 눈물을 흘리며 기도하며 권면하였다. 내 자아를 십자가에 못 박히고 죽고 장사 지내야 한다. 나는 날마다 죽고 주님만을 의지하였다. 그 결과 800명의 영혼들이 돌아왔다.

빌 1:8 내가 예수 그리스도의 심장으로 너희 무리를 어떻게 사모하는지 하나님이 내 증인이시라.

그다음에는 주님께서 하루에 4명의 영혼을 주실 것을 믿고 기도드렸다. 겟세마네 동산의 예수님처럼 간절히 기도드렸다. 그 결과 하나님은 하이드를 인도 전역에 걸쳐서 부흥집회를 인도하게 하셨다.

4) 하이드의 영혼 사랑과 전도

어느 날 전도하기 전에 기도하면서 오늘 전도할 인원을 위하여 기도드렸다. 기도할 때에 10명의 영혼을 주실 것을 확신을 가지고 기도드렸다. 그리고 마차를 타고 펀자브 마을로 가서 이리저리 돌아다니며 복음을 전하였다. 전도하고 찬양하며 다녔다. 그러나 하루 종일 다녔지만 한 사람도 관심을 가지지 아니하였다. 같이 전도 다녔던 인도인 전도자들은 날이 저물어 가니 이제 돌아가자고 하였다. 그러나 하이드는 돌아갈 생각을 전혀 하지 아니하고 더 계속 돌아다녔다.

드디어 어느 한 빈민 가옥에 가게 되었다. 목이 말라서 물을 구하였다. 주인은 물과 우유를 주면서 친절하게 대하였다. 서로 대화하는 가운데 주인은 예수님에 대하여 관심을 가지고 있었다. 그래서 하이드는 복음을 전하고 예수님을 구세주로 주인으로 영접할 것을 권면하였다. 그 주인은 즉시로 받아들였다. 그리고 8명의 가족들도 함께 복음을 듣고 예수님을 주인으로 영접하고 세례를 받게 되었다. 날이 저물어 가기 때문에 그 집 주인은 하이드 일행이 즉시로 떠나도록 마차를 불렀다. 그러나 하이드는 아쉬운 듯 떠나려 하지 않았다. 아직 한 명의 영혼이 남아 있다고 하였다. 주인은 여기 양자로 삼은 조카가 있는데 집 밖에서 놀고 있다고 하면서 불러서 복음을 듣게 하고 예수님을 영접하고 세례 받도록 하였다. 하이드는 그제서야 만족한 마음으로 기쁨으로 돌아오게 되었다.

5) 존 하이드는 남다른 특징

(1) 하이드는 주님을 뜨겁게 사랑하였다. 주님을 너무나 사랑하였기에 무엇인가 드리고 싶었다. 그래서 그는 그의 몸을 평생 주님께 드리기로 서약하고 몸과 마음을 온전히 주님께 드리고 결혼을 하지 아니하고 주님만을 사랑하고 헌신하였다.

(2) 하이드는 사람들을 사랑하는 열정이 있었다. 그는 자기의 모든 것을 희생하더라도 한 영혼 한 영혼을 사랑하며 함께 생활하였다. 그리고 그 영혼들을 위하여 눈물을 흘리며 많은 기도를 드렸다.

(3) 하이드는 동료 선교사들을 사랑하고 섬기며 관심을 가지고 살았다.

하나님 나라의 비밀

(4) 하이드는 전도하기 전에 기도하고 찬양을 많이 불렀다.

(5) 하이드는 십자가 보혈의 능력을 믿고 의지하고 기도드렸다.

(6) 하이드는 철저하게 육체의 욕망을 버리고 죄를 미워하고 거룩한 삶을 살았다.

(7) 하이드는 전적으로 성령님을 앞세우고 성령님의 인도하심을 받았다. 성령님과 친밀한 교제를 나누었다.

6) 채프먼 전도자의 편지

잉글랜드에서 개최한 전도 집회는 사람들의 참석률이 극히 저조하여서 성과를 기대할 수가 없었다. 그런데 미국인 선교사 하이드가 이 전도 집회를 위하여 기도하고 있다는 연락을 받았다. 얼마 후에 기도의 역사는 나타나기 시작하였다. 집회 장소에는 사람들로 가득 차게 되었고 첫 번째 복음 초청에서 50명이 예수님을 영접하는 역사가 일어났다.

하이드가 떠나려고 할 때에 전도자 채프먼 박사는 하이드에게 기도를 부탁하였다. 잠시 후에 하이드는 방에 들어가서 기도드렸는데 내 심장과 하이드의 심장이 두근거리며 고동치는 소리를 들을 수 있었고 하나님의 임재를 느낄 수 있었다. 하이드는 하나님 앞에서 하염없이 눈물을 흘리고 있었다. 약 5분간 더 기도하고 내 어깨를 감싸면서 사람들을 위하여 더욱더 간절히 기도드렸다. 나는 이런 기도는 처음 보았다. 이렇게 기도의 능력이 큰 것을 처음 보고 알게 되었다. 나는 지금까지 이러한 기도를 한 적이 전혀 없었다. 이제 기도의 능력이 무엇인지 알게 되었다. 기도에 대한 나의 믿음이 완전히 달라지게 되었다(이하 중략).

참고서적. 캡틴카레 편저, 《기도하는 하이드》, 생명의 말씀사, 2008.

9
개인 구원 간증 3편 요약

제1편. 이을휘 목사의 구원 간증

저는 중1 때에 예수 믿고 천안 중앙 장로교회에 다니기 시작해서 서울로 이주하여 만 31세 때까지 믿음 없이 종교생활만 하였습니다. 결혼 후 31세 때에 3째 아이를 낙태시키고 나서부터는 마음이 어두워져서 하늘이 노랗게 보이고 꽃을 보아도 아름답지가 않고 때로는 죽고 싶다는 생각도 들었습니다.

이때에 서울남부성결교회에서 부흥회가 있었는데 부흥회 후에 《새롭게 하소서》라는 간증책을 구입하게 되었습니다. 이 책에서 어느 분의 신앙 간증문을 읽고 나서 저도 금식기도원에 가서 금식하며 기도하고자 하는 마음이 생겼습니다.

그 후에 저는 금식기도원에 가서 3일 동안 금식하면서 내 죄를 회개하며 구원의 확신을 얻기 위하여 부르짖어 기도드렸습니다. 3일째 금식 후에 주님이 말씀으로 저를 찾아오셨습니다.

요 14:11 내가 아버지 안에 거하고 아버지께서 내 안에 계심을 믿으라 그렇지 못하겠거든 행하는 그 일로 말미암아 나를 믿으라.

내 마음속에 이 말씀이 스쳐 지나가면서 예수님이 하나님의 아들이심이 믿어지고 복음서의 예수님의 행적이 믿어지기 시작하였습니다. 그 당시는 요한복음에 있는 말씀임을 알지 못하고 그 후에 알게 되었습니다.

이때부터 모든 성경의 말씀이 사실임이 믿어지면서 '아! 내가 죄인이구나! 하나님이 나의 모든 죄를 알고 계시구나!'라는 생각이 들면서 하나님이 두려워지기 시작하였습니다. 그래서 한적한 기도굴에 들어가서 하나님 앞에 제가 죄인임을 고백하고 나의 모든 죄를 자백하고 반복하여 용서를 구하였습니다. 그리고 예수님을 나의 구주로 영접하고 주 예수님의 인도하심을 구하였습니다. 눈물로 간구드렸습니다.

그리고 나서 밖에 나오니 내 심령이 새로워졌습니다. 나무를 보아도 아름답고 서로 말하며 하나님을 찬양하는 것 같았습니다. 돌에도 생명력이 있는 것처럼 보였습니다. 하늘도 아름답게 보였습니다. 이때부터 내 심령이 새롭게 변하고 새사람이 된 것을 알게 되었습니다. 마음속에 평강과 기쁨으로 충만하게 되었습니다. 구원의 확신을 갖게 되었습니다.

이때부터 십자가만 보면 눈물이 약 1달 정도 흘렀습니다. 아! 예수님이 여기서 나를 위하여 나를 사랑하사 내 죗값을 대신 갚아 주시고 고통당하시고 피 흘려 죽으셨구나! 그리고 부활하셔서 우주 만물을 다스리시는 하나님이시구나! 이제 나도 주님을 위하여 살아야 되겠구나! 주님! 이제부터 주님을 위하여 살겠습니다. 이때부터 성경이 읽어지고 새벽기도 다니도록 주님이 약 1달간 깨워 주시고 술, 담배 다 끊어지고 대장안의 궤양도 고쳐 주시고 머리와 마음속의 복잡한 생각들이 없어지고 심플하게 하셨습니다.

이때부터 지금까지 성령님께서 여러 방면으로 인도하여 주셨습니다. 서울남부성결교회 새벽기도 시간에 몸과 마음을 주 예수님께 다 드리는 기도를 눈물로써 기도드렸습니다. 신학공부하고 10년 만에 목회자가 되기까지 주님은 여러 가지로 인도하셨습니다. 때로는 꿈속에서 목사증을 저의 목에 걸어 주셨습니다. 100만 명의 영혼구원의 소원을 주시고 별 2개를 두 어깨에 달아 주셨습니다. 그리고 이마 속에 조그만 십자가를 넣어 주셨습니다. 그리고 여러 중요 성경 말씀들을 직접 보여 주시고 들려주셨습니다. 때로는 하나님의 손이 나타나서 성경 구절을 짚어 주시기도 하셨습니다.

그러나 한 가지 문제점은 목회자가 되기 전후 과정을 통하여서 참진리의 신앙을 확실하게 배우지 못하고 기복신앙을 같이 배우게 되었고 이것을 가르치기도 하였습니다. 그러나 성경책과 고전들의 책과 전도협회와 고난(약 12년)을 통하여서 기복 신앙이 잘못되었음을 깨닫고 회개하고 참진리 되신, 주 되신 예수님께로 돌아오게 되었습니다. 오직 주 예수님을 나의 주인으로 모시고 나의 주인이 주 예수님으로 완전히 바꾸어지며 속사람 영혼이 성장하여서 예수님과 친밀하여지는 것이 인생의 목표임을 알게 되었습니다.

모든 것이 주 예수님의 큰 은혜입니다. 이제부터는 영적인 목회자가 되어서 영적인 교회를 세우기 위하여 기도하고 있습니다. 내 자아를 부인하고 내 십자가를 지고 주님 따라가서 어부가 되기를 원합니다. 옛사람이 죽어야 예수님이 내 안에서 사신다는 밀알 신앙, 부활신앙을 가지고 주님과 동행, 동거하며 인격과 영혼의 열매 맺기를 원합니다. 100% 주님께 헌신하고 신실한 주의 종이 되어서 죽도록 주님만을 사랑하며 모든 영혼들을 사랑하기를 원합니다. 주님의 영광만을 나타내기를 원합니다. 주님께 온전하게 쓰임 받기를 원합니다.

끝으로 부활신앙이 중요합니다. 예수님께서 죽으시고 부활하심으로 하나님의 아들로 인정되셨고 예수님이 창조주 하나님으로 확증되었으므로 주 예수님을 나의 주인으로 확실하게 인정하는 것이 주 예수님을 따라가는 데 지름길이 되는 것입니다. 저는 예수님을 나의 실제적인 나의 주인으로 인정하는 데 많은 시간이 걸렸습니다.

롬 10:9 네가 만일 네 입으로 예수를 주로 시인하며 또 하나님께서 그를 죽은 자 가운데서 살리신 것을 네 마음에 믿으면 구원을 얻으리니.

전도할 때에도 부활의 예수님을 반드시 증거하는 것이 중요합니다. 부활은 확실한 증거이기 때문입니다. 앞으로 부활의 증인으로서 성령의 권능으로 복음을 전하는데 더욱더 쓰임 받기를 기도합니다. 오늘도 보혈의 능력을 의지하여 영적인 전쟁, 진리의 전쟁, 기도의 전쟁, 사랑의 전쟁, 마귀와의 전쟁에서 승리하기를 기도합니다. 풍성한 영혼의 열매를 맺기를 기도합니다. 아멘.

제2편. 이유빈 복음전도자의 구원 간증 요약

저는 어려서 일찍이 하나님이 저를 깨뜨리실 때에 저의 부친도 일찍이 데려가시고 세상에 좋은 것들을 다 가져가시고 좋은 학교에 들어갈 수 있는 길도 이상할 정도로 막히게 하셨습니다.

병든 어머니도 데려가시고 그나마 다니던 대학교도 중단케 하시고 어린 동생들 둘을 놓고 울면서 군대에 입대하는 등의 역경들을 수도 없이 겪은 후에 주님 앞에 꼬꾸라져 회개하며 돌아오게 하셨습니다.

이것이 전적인 하나님의 사랑이요 은혜인 것은 나 같은 죄인을 그냥 내버려 두면 주님을 찾을 수도 돌아올 수도 없고 그냥 세상 죄악의 탁류에 떠내려갈 것이 분명한 사실이기 때문이었습니다.

　그런데 하나님이 나 같은 죄인을 찾아오셨습니다. 경기도 포천의 군대 막사 뒤에 있는 동굴 속에서 신약성경을 3번 읽는 중에 내가 죄인이라는 것을 처음으로 알게 되었습니다. 주님 앞에서 눈물로 내가 죽을 수밖에 없는 죄인임을 고백하고 모든 죄를 자백하며 주 예수님을 나의 주님으로 모셔 들였습니다. 하나님이 나를 은혜로 만나 주셨습니다.

　이때부터 지치고 병든 나를 가르쳐 주시고 교육하기 시작하셨습니다. 1년 3개월을 말씀과 기도와 눈물로 지냈습니다. 하루 4시간을 자고도 피곤을 느껴 본 적이 없습니다. 회오의 아픔의 눈물과 하나님의 사랑에 감사의 눈물이 볼을 타고 뜨겁게 흘러내렸습니다. 하루에도 수십 번씩을 울었습니다. 기도하다 울고 말씀보다 울고 묵상하다 울고 밥을 먹다가도 울고 그렇게 하나님 앞에서 울면서 살았습니다. 하나님이 저에게 하나님과 함께 사는 것을 가르쳐 주셨습니다. 나는 그렇게도 하나님이 골방에서 친밀히 나를 가르치시고 깨우치시고 위로해 주셨던 그날들을 잊을 수가 없습니다.

　그리고 기적같이 시험을 보고 KBS 방송국에 입사시켜 주시고 본사로 발령을 내 주셨습니다. 그리고 직장에 들어가서 세상을 이기는 실전 훈련을 시키셨습니다. 주님은 환경을 이기고 세상을 이기고 죄를 이기도록 친히 가르쳐 주셨습니다.

　그 후에 교통사고를 당한 후에는 지금까지 살아온 것들이 없어질 것들을 위하여 살아왔음을 깨닫게 하시고 이제부터는 영원한 영혼을 위하여 살도록 전도를 시키셨습니다. 그리고 아들까지도 마음으로 포기하고 주님만을 의지하게 하셨습니다. 나의 모든 것을 포기하고 주님께만 마음과 시간을 드렸을 때에 주님께서 강력하게 역사하셨습니다.

　주님이 나를 주관하시고 그때부터 주님이 나를 쓰시기 시작하셨습니다. 주님의 역사가 일어나기 시작하였습니다. 그때부터는 주님이 주님의 일을 하시기 시작하셨습니다. 나는 오직 주님의 역사의 현장에 서 있을 뿐이었습니다. 주님이 일하시는 것들, 사람들을 감화시키시고 깨뜨리시고 변화시키시고 사람들을 모으시며 회심을 시키시는 현장들이 날마다 있어 왔습니다(이하 생략).

참고서적. 이유빈, 《제자의 조건 상권》, 예전, 1998.

요한 웨슬리는 영국 옥스퍼드대 신학과를 졸업하고 목사가 되었고 선교사가 되었으나 이때까지도 구원받지 못하였습니다. 웨슬리는 모태 신앙인으로 선하고 올바로 살면 구원을 받는 줄로 알았습니다. 그는 종교인이었습니다. 죄사함의 확신도 구원의 확신도 마음의 평강도 능력도 없었습니다.

그가 미국에 배를 타고 선교사로 가는데 큰 풍랑을 만났습니다. 아주 위험한 처지에 있었습니다. 그런데 한 배에 같이 타고 가던 25명의 모라비아 교인들은 조금도 두려워하지 않고 평강 가운데 찬송을 부르며 배 안에서 봉사하는 모습들을 보면서 깊은 감명을 받았습니다.

미국에서 선교사역은 실패로 끝나고 다시 영국으로 돌아왔습니다. 모라비아 교인들, 페터 뵐러 등 교인들을 만나서 십자가 보혈의 복음을 들었습니다. 예수 믿으면 즉시로 구원받는다는 것도 알았습니다. 자신이 죄인이며 구원이 필요함을 알고 구원을 위해 기도드렸습니다. 그리고 올더스케이트 거리에 있는 모라비안 모임에 가게 되었습니다.

1738년 5월 24일 수요일 저녁 8시 45분경 페인트공인 홀런드 형제가 루터의 로마서 서문을 읽고 있을 때에 오직 주 예수를 믿는 믿음으로 말미암아 하나님께서 우리 마음속에서 일으키시는 변화에 대해서 말을 할 때에 갑자기 마음속이 뜨거워지는 체험을 하게 되었습니다. 그리고 예수님께서 죄인인 나를 대신해서 십자가에서 죽으시고 피 흘리심으로 내 죗값이 청산되었다는 사실이 믿어지는 역사가 일어나게 되었습니다. 그리고 구원의 확신을 갖게 되었습니다.

여기서 웨슬리는 십자가의 은혜를 믿음으로 구원을 받게 된 것입니다. 성령님께서 마음속에 평강과 기쁨과 안식과 능력을 주셨습니다. 이때부터 웨슬리는 새사람이 되었고 새로운 능력으로 전도자의 삶을 살게 되었습니다(이하 생략).

참고서적. 바실밀러저, 《요한웨슬리의 생애》, 생명의 말씀사, 1998.

10
교회 성도의 중요한 기도제목

말씀: 누가복음 18:1~8

1. 항상 기도하고 낙망치 말아야 될 것을 저희에게 비유로 하여.

2. 가라사대 어떤 도시에 하나님을 두려워 아니하고 사람을 무시하는 한 재판관이 있는데.

3. 그 도시에 한 과부가 있어 자주 그에게 가서 내 원수에 대한 나의 원한을 풀어 주소서 하되.

4. 그가 얼마 동안 듣지 아니하다가 후에 속으로 생각하되 내가 하나님을 두려워 아니하고 사람을 무시하나.

5. 이 과부가 나를 번거롭게 하니 내가 그 원한을 풀어 주리라 그렇지 않으면 늘 와서 나를 괴롭게 하리라 하였느니라.

6. 주께서 또 가라사대 불의한 재판관의 말한 것을 들으라.

7. 하물며 하나님께서 그 밤낮 부르짖는 택하신 자들의 원한을 풀어 주지 아니하시겠느냐 저희에게 오래 참으시겠느냐.

8. 내가 너희에게 이르노니 속히 그 원한을 풀어 주시리라 그러나 인자가 올 때에 세상에서 믿음을 보겠느냐 하시니라.

기도제목

1) 내 몸이 성전이다
성령 하나님 내주하심: 내 형편 다 알고 계심 → 성령과 말씀으로 내 마음을 다스리심.

하나님의 나라와 그 의의: 거룩함 → 죄 씻음과 순종 → 날마다 고쳐 주심.

• 영혼성장: 경건생활 → 회개 → 성령 → 말씀, 기도, 전도, 교제 → 주님과 동행하는 은혜

구함.

고전 6:19 너희 몸은 너희가 하나님께로부터 받은바 너희 가운데 계신성령의 전인 줄을 알지 못하느냐 너희는 너희의 것이 아니라 값으로 산 것이 되었으니 그런즉 너희 몸으로 하나님께 영광을 돌리라.

눅 17:21 또 여기 있다 저기 있다고도 못하리니 하나님의 나라는 너희 안에 있느니라.

마 6:32 이는 다 이방인들이 구하는 것이라 너희 천부께서 이 모든 것이 너희에게 있어야 할 줄을 아시느니라 너희는 먼저 그의 나라와 그의 의를 구하라 그리하면 이 모든 것을 너희에게 더하시리라.

2) 오직 주님만 의지하라

고후 1:8~10 형제들아 우리가 아시아에서 당한 환난을 너희가 알지 못하기를 원치 아니하노니 힘에 지나도록 심한 고생을 받아 살 소망까지 끊어지고 우리 마음에 사형 선고를 받은 줄 알았으니 이는 우리로 자기를 의뢰하지 말고 오직 죽은 자를 다시 살리시는 하나님만 의뢰하게 하심이라.

3) 오직 성령충만을 받으라

엡 5:16~18 세월을 아끼라 때가 악하니라 그러므로 어리석은 자가 되지 말고 오직 주의 뜻이 무엇인가 이해하라 술 취하지 말라 이는 방탕한 것이니 오직 성령의 충만을 받으라.

시 105:4 여호와와 그 능력을 구할지어다 그 얼굴을 항상 구할지어다. 주님의 임재하심.

4) 하나님 사랑과 이웃사랑

영혼사랑, 신의 성품을 갖게 하여 주세요.

마 22:37~40 예수께서 가라사대 네 마음을 다하고 목숨을 다하고 뜻을 다하여 주 너의 하나님을 사랑하라 하셨으니 이것이 크고 첫째 되는 계명이요 둘째는 그와 같으니 네 이웃을 네 몸과 같이 사랑하라 하셨으니 이 두 계명이 온 율법과 선지자의 강령이니라.

벧후 1:4 이로써 그 보배롭고 지극히 큰 약속을 우리에게 주사 이 약속으로 말미암아 너희로 정욕을 인하여 세상에서 썩어질 것을 피하여 신의 성품에 참여하는 자가 되게 하려 하셨으니

5) 영적인 교회와 부흥을 위하여 기도하라

골 1:24 내가 이제 너희를 위하여 받는 괴로움을 기뻐하고 그리스도의 남은 고난을 그의 몸된 교회를 위하여 내 육체에 채우노라.

행 20:28 너희는 자기를 위하여 또는 온 양떼를 위하여 삼가라 성령이 저들 가운데 너희로 감독자를 삼고 하나님이 자기 피로 사신 교회를 치게 하셨느니라.

6) 부활의 복음을 전파하라, 목숨보다 귀한 사명이다

전도의 문을 열어 주세요. 옥토 마음 최소 30배의 열매를 주옵소서.

행 20:23~24 오직 성령이 각 성에서 내게 증거하여 결박과 환난이 나를 기다린다 하시나 나의 달려갈 길과 주 예수께 받은 사명 곧 하나님의 은혜의 복음 증거하는 일을 마치려 함에는 나의 생명을 조금도 귀한 것으로 여기지 아니하노라.

막 4:20 좋은 땅에 뿌리웠다는 것은 곧 말씀을 듣고 받아 삼십 배와 육십 배와 백 배의 결실을 하는 자니라.

요 20:28 도마가 대답하여 가로되 나의 주시며 나의 하나님이시니이다.

7) 영적인 전쟁에서 승리를 위하여 기도하라

마귀, 육신, 세상, 죄. 이 세상의 어두움으로부터 탈출하게 하여 주세요.

> **벧전 5:8** 근신하라 깨어라 너희 대적 마귀가 우는 사자같이 두루 다니며 삼킬 자를 찾나니.

> **요일 2:15~17** 이 세상이나 세상에 있는 것들을 사랑치 말라 누구든지 세상을 사랑하면 아버지의 사랑이 그 속에 있지 아니하니 이는 세상에 있는 모든 것이 육신의 정욕과 안목의 정욕과 이생의 자랑이니 다 아버지께로 좋아 온 것이 아니요 세상으로 좇아 온 것이라 이 세상도, 그 정욕도 지나가되 오직 하나님의 뜻을 행하는 이는 영원히 거하느니라.

> **약 4:2** 너희가 욕심을 내어도 얻지 못하고 살인하며 시기하여도 능히 취하지 못하나니 너희가 다투고 싸우는도다 너희가 얻지 못함은 구하지 아니함이요.

> **요일 5:4~ 5** 대저 하나님께로서 난 자마다 세상을 이기느니라 세상을 이긴 이김은 이것이니 우리의 믿음이니라 예수께서 하나님의 아들이심을 믿는 자가 아니면 세상을 이기는 자가 누구뇨.

(1) 마귀를 대적하고 이기게 하여 주세요

> **약 4:7** 그런즉 너희는 하나님께 순복할지어다 마귀를 대적하라 그리하면 너희를 피하리라.

> **엡 6:12** 우리의 씨름은 혈과 육에 대한 것이 아니요 정사와 권세와 이 어두움의 세상 주관자들과 하늘에 있는 악의 영들에게 대함이라.

(2) 육신 자아를 이기게 하여 주세요

> **롬 8:13** 너희가 육신대로 살면 반드시 죽을 것이로되 영으로써 몸의 행실을 죽이면

살리니.

롬 8:6~7 육신의 생각은 사망이요 영의 생각은 생명과 평안이니라 7 육신의 생각은 하나님과 원수가 되나니 이는 하나님의 법에 굴복치 아니할 뿐 아니라 할 수도 없음이라.

(3) 세상을 이기게 하여 주세요

요일 2:15 이 세상이나 세상에 있는 것들을 사랑치 말라 누구든지 세상을 사랑하면 아버지의 사랑이 그 속에 있지 아니하니 이는 세상에 있는 모든 것이 육신의 정욕과 안목의 정욕과 이생의 자랑이니 다 아버지께로 좇아 온 것이 아니요 세상으로 좇아 온 것이라.

약 4:4 간음하는 여자들이여 세상과 벗된 것이 하나님의 원수임을 알지 못하느뇨 그런즉 누구든지 세상과 벗이 되고자 하는 자는 스스로 하나님과 원수 되게 하는 것이니라.

약 4:2 너희가 욕심을 내어도 얻지 못하고 살인하며 시기하여도 능히 취하지 못하나니 너희가 다투고 싸우는도다 너희가 얻지 못함은 구하지 아니함이요.

골 3:1~6 그러므로 너희가 그리스도와 함께 다시 살리심을 받았으면 위엣 것을 찾으라 거기는 그리스도께서 하나님 우편에 앉아 계시느니라 위엣 것을 생각하고 땅엣 것을 생각지 말라 이는 너희가 죽었고 너희 생명이 그리스도와 함께 하나님 안에 감취었음이니라 우리 생명이신 그리스도께서 나타나실 그때에 너희도 그와 함께 영광 중에 나타나리라 그러므로 땅에 있는 지체를 죽이라 곧 음란과 부정과 사욕과 악한 정욕과 탐심이니 탐심은 우상숭배니라. 이것들을 인하여 하나님의 진노가 임하느니라.

요일 5:4 대저 하나님께로서 난 자마다 세상을 이기느니라 세상을 이긴 이김은 이것이니 우리의 믿음이니라.

(4) 죄를 이기게 하여 주세요

히 12:4 너희가 죄와 싸우되 아직 피 흘리기까지는 대항치 아니하고.

8) 전심전력을 다하고 죽도록 충성하는 은혜를 구하라

반심으로는 안 됩니다. 죽고자 하면 산다.

렘 29:13 너희가 전심으로 나를 찾고 찾으면 나를 만나리라.

계 2:10 네가 장차 받을 고난을 두려워 말라 볼지어다 마귀가 장차 너희 가운데서 몇 사람을 옥에 던져 시험을 받게 하리니 너희가 십 일 동안 환난을 받으리라 네가 죽도록 충성하라 그리하면 내가 생명의 면류관을 네게 주리라.

마 16:25 누구든지 제 목숨을 구원코자 하면 잃을 것이요 누구든지 나를 위하여 제 목숨을 잃으면 찾으리라.

9) 일한 대로 상을 받는다

심은 대로 거둔다. 근면. 성실함

계 22:12 보라 내가 속히 오리니 내가 줄 상이 내게 있어 각 사람에게 그의 일한 대로 갚아 주리라.

요 6:29 예수께서 대답하여 가라사대 하나님의 보내신 자를 믿는 것이 하나님의 일이니라 하시니.

10) 중보기도: 가족 구원 등

행 16:31 가로되 주 예수를 믿으라 그리하면 너와 네 집이 구원을 얻으리라.

11) 형통함과 왕 같은 제사장의 생활

요삼 1:2 사랑하는 자여 네 영혼이 잘 됨같이 네가 범사에 잘 되고 강건하기를 내가 간구하노라.

벧전 2:9 오직 너희는 택하신 족속이요 왕 같은 제사장들이요 거룩한 나라요 그의 소유된 백성이니 이는 너희를 어두운데서 불러내어 그의 기이한 빛에 들어가게 하신 자의 아름다운 덕을 선전하게 하려 하심이라.

12) 날마다 하나님의 영광이 나를 통하여서 나타나게 하소서!

사 43:7 무릇 내 이름으로 일컫는 자 곧 내가 내 영광을 위하여 창조한 자를 오게 하라 그들을 내가 지었고 만들었느니라.

고전 6:20 값으로 산 것이 되었으니 그런즉 너희 몸으로 하나님께 영광을 돌리라.

요 15:8 너희가 과실을 많이 맺으면 내 아버지께서 영광을 받으실 것이요 너희가 내 제자가 되리라.

13) 십자가의 보혈의 사랑과 은혜와 능력을 체험하라!

요 19:30 예수께서 신 포도주를 받으신 후 가라사대 다 이루었다 하시고 머리를 숙이시고 영혼이 돌아가시니라.

14) 주기도문

마 6:9~13 그러므로 너희는 이렇게 기도하라 하늘에 계신 우리 아버지여 이름이 거룩히 여김을 받으시오며 나라이 임하옵시며 뜻이 하늘에서 이룬 것같이 땅에서도 이루어지이다 오늘날 우리에게 일용할 양식을 주옵시고 우리가 우리에게 죄 지은 자를 사하여 준 것같이 우리 죄를 사하여 주옵시고 우리를 시험에 들게 하지 마옵시고 다만 악에서 구하옵소서(나라와 권세와 영광이 아버지께 영원히 있사옵나이다 아멘).

1) 우리 아버지여 이름이 거룩히 여김을 받으시오며

온 세상 사람들로부터 경배 받으며 영광을 받으시도록 기도하여야 합니다.

2) 나라이 임하옵시며

하나님의 나라가 각 사람의 마음속에 이루어 져서 성령과 말씀으로 다스림 받도록 기도하여야 합니다.

3) 뜻이 하늘에서 이룬 것같이 땅에서도 이루어지이다

각 사람의 마음속에 거룩함이 이루어져야 합니다. 말씀에 순종하는 거룩함. 날마다 지은 죄를 자백하여 예수님의 피로 씻김 받는 거룩함으로 주님과 함께 사는 은혜를 구하여야 합니다.

4) 오늘날 우리에게 일용할 양식을 주옵시고

날마다 순종하여 살아야 할 말씀을 얻기 위하여 기도하여야 합니다.

5) 우리가 우리에게 죄 지은 자를 사하여 준 것같이 우리 죄를 사하여 주옵시고

먼저 모든 사람들의 죄를 용서할 수 있는 은혜를 구하여야 합니다.

6) 우리를 시험에 들게 하지 마옵시고 다만 악에서 구하옵소서

욕심을 내지 말고 마귀를 물리치고 모든 죄악에서 건짐 받을 수 있도록 기도하여야 합니다.

8복은 하나님을 찾는 복이요 주님과 동행하는 복이요 열매 맺는 복이요 큰 상급을 받는 복입니다

마 5:3~12 심령이 가난한 자는 복이 있나니 천국이 저희 것임이요 애통하는 자는 복이 있나니 저희가 위로를 받을 것임이요 온유한 자는 복이 있나니 저희가 땅을 기업

으로 받을 것임이요 의에 주리고 목마른 자는 복이 있나니 저희가 배부를 것임이요 긍휼히 여기는 자는 복이 있나니 저희가 긍휼히 여김을 받을 것임이요 마음이 청결한 자는 복이 있나니 저희가 하나님을 볼 것임이요 화평케 하는 자는 복이 있나니 저희가 하나님의 아들이라 일컬음을 받을 것임이요 의를 위하여 핍박을 받은 자는 복이 있나니 천국이 저희 것임이라 나를 인하여 너희를 욕하고 핍박하고 거짓으로 너희를 거스려 모든 악한 말을 할 때에는 너희에게 복이 있나니 기뻐하고 즐거워하라 하늘에서 너희의 상이 큼이라 너희 전에 있던 선지자들을 이같이 핍박하였느니라.

11

세 종류의 사람과
네 종류의 믿음

세 종류의 사람

1) 육적인 사람

영적 생명이 없는 구원받지 못한 사람: 자연인.

고전 2:14 육에 속한 사람은 하나님의 성령의 일을 받지 아니하나니 저희에게는 미련하게 보임이요 또 깨닫지도 못하나니 이런 일은 영적으로라야 분변함이니라.

2) 육신적인 사람

영적인 생명은 있어 구원은 받았으나 믿음이 어린아이와 같은 사람: 서로 분쟁, 시기, 질투하는 사람.

고전 3:1~3 형제들아 내가 신령한 자들을 대함과 같이 너희에게 말할 수 없어서 육신에 속한 자 곧 그리스도 안에서 어린아이들을 대함과 같이 하노라 내가 너희를 젖으로 먹이고 밥으로 아니하였노니 이는 너희가 감당치 못하였음이거니와 지금도 못하리라 너희가 아직도 육신에 속한 자로다 너희 가운데 시기와 분쟁이 있으니 어찌 육신에 속하여 사람을 따라 행함이 아니리요.

3) 영적인 사람

고전 2:13 우리가 이것을 말하거니와 사람의 지혜의 가르친 말로 아니하고 오직 성령의 가르치신 것으로 하니 신령한 일은 신령한 것으로 분별하느니라.

1) 자녀의 믿음

죄사함 받고 구원받아 하나님의 자녀가 되는 믿음.

요일 2:12 자녀들아 내가 너희에게 쓰는 것은 너희 죄가 그의 이름으로 말미암아 사함을 얻음이요.

2) 아이의 믿음

아버지 하나님을 알아 간다.

요일 2:14 아이들아 내가 너희에게 쓴 것은 너희가 아버지를 알았음이요 아비들아 내가 너희에게 쓴 것은 너희가 태초부터 계신 이를 알았음이요 청년들아 내가 너희에게 쓴 것은 너희가 강하고 하나님의 말씀이 너희 속에 거하시고 너희가 흉악한 자를 이기었음이라.

3) 청년의 믿음

마귀를 이기는 믿음.

4) 아비의 믿음

태초부터 계신 아버지 하나님에 대하여 다 아는 믿음: 성숙한 믿음.

참고. 욥의 믿음

욥 42:5~6 내가 주께 대하여 귀로 듣기만 하였삽더니 이제는 눈으로 주를 뵈옵나이다. 6 그러므로 내가 스스로 한하고 티끌과 재 가운데서 회개하나이다.
욥 42:10 욥이 그 벗들을 위하여 빌매 여호와께서 욥의 곤경을 돌이키시고 욥에게 그 전 소유보다 갑절이나 주신지라.

1) 귀로 듣는 믿음

2) 고난을 이기는 믿음

3) 눈으로 주를 뵈옵는 믿음

마 5:8 마음이 청결한 자는 복이 있나니 저희가 하나님을 볼 것임이요.

4) 회개하고 성령충만한 믿음: 주님을 모시고 사는 믿음

주와 동행: 존재적인 죄인임을 회개

철저한 회개: 자아 부인, 원수를 축복하고 영혼을 사랑하는 믿음

→ 갑절의 복. 형통의 복.

참고. 세 가지 믿음

1) 구원받은 믿음

예수 생명.

2) 주님과 동행하는 믿음

성령의 인도하심, 거룩한 인격화.

3) 영혼을 살리는 믿음

복음전파, 영혼 구원과 전도자 양육.

참고. 세 가지 교회

1) 육적인 교회

영적 생명이 없음.

2) 육신적인 교회

영적인 생명은 있으나 세속적이고 마귀와 죄와 육신의 욕망을 이기지 못하는 어린아이와

같은 교회이다. 현대 교회(세 더러운 영이 역사한다. 계 16:13).

3) 영적인 교회

사도행전 교회. 초대교회와 같은 교회.

지금 이 시대는 육신적인 교회들이 영적인 교회로 성장 회복되어서 진리의 전쟁에서 승리할 때입니다.

12

설교문 세 편

제1편 아브라함의 부활신앙

본문: 창세기 22:1~18

1. 그 일 후에 하나님이 아브라함을 시험하시려고 그를 부르시되 아브라함아 하시니 그가 가로되 내가 여기 있나이다.

2. 여호와께서 가라사대 네 아들 네 사랑하는 독자 이삭을 데리고 모리아 땅으로 가서 내가 네게 지시하는 한 산 거기서 그를 번제로 드리라.

3. 아브라함이 아침에 일찌기 일어나 나귀에 안장을 지우고 두 사환과 그 아들 이삭을 데리고 번제에 쓸 나무를 쪼개어 가지고 떠나 하나님의 자기에게 지시하시는 곳으로 가더니.

4. 제 삼 일에 아브라함이 눈을 들어 그 곳을 멀리 바라본지라.

5. 이에 아브라함이 사환에게 이르되 너희는 나귀와 함께 여기서 기다리라 내가 아이와 함께 저기 가서 경배하고 너희에게로 돌아오리라 하고.

6. 아브라함이 이에 번제 나무를 취하여 그 아들 이삭에게 지우고 자기는 불과 칼을 손에 들고 두 사람이 동행하더니.

7. 이삭이 그 아비 아브라함에게 말하여 가로되 내 아버지여 하니 그가 가로되 내 아들아 내가 여기 있노라 이삭이 가로되 불과 나무는 있거니와 번제할 어린 양은 어디 있나이까.

8. 아브라함이 가로되 아들아 번제할 어린 양은 하나님이 자기를 위하여 친히 준비하시리라 하고 두 사람이 함께 나아가서.

9. 하나님이 그에게 지시하신 곳에 이른지라 이에 아브라함이 그 곳에 단을 쌓고 나무를 벌여 놓고 그 아들 이삭을 결박하여 단 나무 위에 놓고.

10. 손을 내밀어 칼을 잡고 그 아들을 잡으려 하더니.

11. 여호와의 사자가 하늘에서부터 그를 불러 가라사대 아브라함아 아브라함아 하시는지라 아브라함이 가로되 내가 여기 있나이다 하매.

12. 사자가 가라사대 그 아이에게 네 손을 대지 말라 아무 일도 그에게 하지 말라 네가 네 아들 네 독자라도 내게 아끼지 아니하였으니 내가 이제야 네가 하나님을 경외하는 줄을 아노라.

13. 아브라함이 눈을 들어 살펴본즉 한 숫양이 뒤에 있는데 뿔이 수풀에 걸렸는지라 아브라함이 가서 그 숫양을 가져다가 아들을 대신하여 번제로 드렸더라.

14. 아브라함이 그 땅 이름을 여호와이레라 하였으므로 오늘까지 사람들이 이르기를 여호와의 산에서 준비되리라 하더라

15. 여호와의 사자가 하늘에서부터 두 번째 아브라함을 불러.

16. 가라사대 여호와께서 이르시기를 내가 나를 가리켜 맹세하노니 네가 이같이 행하여 네 아들 네 독자를 아끼지 아니하였은즉.

17. 내가 네게 큰 복을 주고 네 씨로 크게 성하여 하늘의 별과 같고 바닷가의 모래와 같게 하리니 네 씨가 그 대적의 문을 얻으리라.

18. 또 네 씨로 말미암아 천하 만민이 복을 얻으리니 이는 네가 나의 말을 준행하였음이니라 하셨다 하니라.

설교

1) 할렐루야! 예수님의 이름으로 축복합니다

내 몸이 성전입니다. 부활의 예수님이 나의 주인이십니다. 예수님의 이름으로 사탄은 떠나갈지어다. 오늘도 죽은 자는 일어날지어다. 아멘.

> 갈 2:20 내가 그리스도와 함께 십자가에 못 박혔나니 그런즉 이제는 내가 산 것이 아니요 오직 내 안에 그리스도께서 사신 것이라 이제 내가 육체 가운데 사는 것은 나를 사랑하사 나를 위하여 자기 몸을 버리신 하나님의 아들을 믿는 믿음 안에서 사는 것이라.

2) 구속의 역사

인류의 역사는 구속, 구원의 역사이다. 성경책은 역사책이다.

•구약성경: 창조 → 타락 → 구속.

        아담 → 타락과 회복 → 구원의 길.

창 3:15 내가 너로 여자와 원수가 되게 하고 너의 후손도 여자의 후손과 원수가 되게 하리니 여자의 후손은 네 머리를 상하게 할 것이요 너는 그의 발꿈치를 상하게 할 것이니라 하시고.

•여자의 후손: 구약교회의 후손 → 예수 그리스도.

        아담 → 셋 → 노아 → 샘 → 아브라함 → 이삭 → 야곱 → 유다 → 다윗 →

        요셉 → 마리아 → 예수그리스도 → 구세주 탄생.

3) 아브라함의 믿음

부활의 신앙이다. 테스트 → 시험 → 고난 → 난관 → 이삭을 하나님께 번제물로 드려라 → 부활의 신앙으로 통과 → 합격.

아브라함의 부르심과 약속. 언약 → 갈대아 우르 → 아버지 데라 → 우상숭배를 떠나라 → 하란을 거쳐서 가나안 땅 → 약속의 땅에 들어감 → 아들 이삭의 후손을 통하여서 → 구원자. 예수 그리스도 탄생.

창 12:1~4 여호와께서 아브람에게 이르시되 너는 너의 본토 친척 아비 집을 떠나 내가 네게 지시할 땅으로 가라 내가 너로 큰 민족을 이루고 네게 복을 주어 네 이름을 창대케 하리니 너는 복의 근원이 될지라 너를 축복하는 자에게는 내가 복을 내리고 너를 저주하는 자에게는 내가 저주하리니 땅의 모든 족속이 너를 인하여 복을 얻을 것이니라 하신지라 이에 아브람이 여호와의 말씀을 좇아갔고 롯도 그와 함께 갔으며 아브람이 하란을 떠날 때에 그 나이 칠십오 세였더라.

75세의 아브람에게 하나님의 약속: 아브람에게 아들을 주고 그 아들을 통하여 메시야를 보

내 주겠다.(창 15:1~6, 창 17:1~8)

창 15:1~6 이 후에 여호와의 말씀이 이상 중에 아브람에게 임하여 가라사대 아브람아 두려워 말라 나는 너의 방패요 너의 지극히 큰 상급이니라 아브람이 가로되 주 여호와여 무엇을 내게 주시려나이까 나는 무자하오니 나의 상속자는 이 다메섹 엘리에셀이니이다 아브람이 또 가로되 주께서 내게 씨를 아니 주셨으니 내 집에서 길리운 자가 나의 후사가 될 것이니이다 여호와의 말씀이 그에게 임하여 가라사대 그 사람은 너의 후사가 아니라 네 몸에서 날 자가 네 후사가 되리라 하시고 그를 이끌고 밖으로 나가 가라사대 하늘을 우러러 뭇 별을 셀 수 있나 보라 또 그에게 이르시되 네 자손이 이와 같으리라 아브람이 여호와를 믿으니 여호와께서 이를 그의 의로 여기시고.

창 17:1~8 아브람의 구십구 세 때에 여호와께서 아브람에게 나타나서 그에게 이르시되 나는 전능한 하나님이라 너는 내 앞에서 행하여 완전하라 내가 내 언약을 나와 너 사이에 세워 너로 심히 번성케 하리라 하시니 아브람이 엎드린대 하나님이 또 그에게 일러 가라사대 내가 너와 내 언약을 세우니 너는 열국의 아비가 될지라 이제 후로는 네 이름을 아브람이라 하지 아니하고 아브라함이라 하리니 이는 내가 너로 열국의 아비가 되게 함이니라 내가 너로 심히 번성케 하리니 나라들이 네게로 좇아 일어나며 열왕이 네게로 좇아 나리라 내가 내 언약을 나와 너와 네 대대 후손의 사이에 세워서 영원한 언약을 삼고 너와 네 후손의 하나님이 되리라 내가 너와 네 후손에게 너의 우거하는 이 땅 곧 가나안 일경으로 주어 영원한 기업이 되게 하고 나는 그들의 하나님이 되리라.

아브라함의 시험 → 모리아 산 → 아들 이삭을 번제물로 하나님께 드려라
 * 청년이삭 → 번제물 → 예수님 33세 → 청년 예수 → 십자가의 제물

4) 아브라함의 부활신앙에 대하여

아브라함은 하나님은 죽은 자를 살리시며 없는 것을 있는 것같이 부르시는 하나님이심을 믿었습니다. 아브라함은 지금부활을 믿었습니다.

롬 4:17~25 기록된바 내가 너를 많은 민족의 조상으로 세웠다 하심과 같으니 그의 믿은바 하나님은 죽은 자를 살리시며 없는 것을 있는 것같이 부르시는 이시니라 아브라함이 바랄 수 없는 중에 바라고 믿었으니 이는 네 후손이 이 같으리라 하신 말씀대로 많은 민족의 조상이 되게 하려 하심을 인함이라 그가 백 세나 되어 자기 몸의 죽은 것 같음과 사라의 태의 죽은 것 같음을 알고도 믿음이 약하여지지 아니하고 믿음이 없어 하나님의 약속을 의심치 않고 믿음에 견고하여져서 하나님께 영광을 돌리며 약속하신 그것을 또한 능히 이루실 줄을 확신하였으니 그러므로 이것을 저에게 의로 여기셨느니라 저에게 의로 여기셨다 기록된 것은 아브라함만 위한 것이 아니요 의로 여기심을 받을 우리도 위함이니 곧 예수 우리 주를 죽은 자 가운데서 살리신 이를 믿는 자니라 예수는 우리 범죄함을 위하여 내어 줌이 되고 또한 우리를 의롭다 하심을 위하여 살아나셨느니라.

요 11:25 예수께서 가라사대 나는 부활이요 생명이니 나를 믿는 자는 죽어도 살겠고 무릇 살아서 나를 믿는 자는 영원히 죽지 아니하리니 이것을 네가 믿느냐.

5) 나의 신앙

우리의 신앙도 믿음의 조상 아브라함의 부활신앙을 가져야 한다.

부활의 체험 → 예수님의 부활 → 내 부활이 되어야 한다 → 지금부활이다 → 예수님도 지금부활이다 → 현재~100% 헌신의 기도를 드려야 한다 → 나는 날마다 죽노라

빌 3:10~11 내가 그리스도와 그 부활의 권능과 그 고난에 참여함을 알려 하여 그의 죽으심을 본받아 어찌하든지 죽은 자 가운데서 부활에 이르려 하노니. 먼저 내 몸을 하나님께 드려라.

고전 6:19~20 너희 몸은 너희가 하나님께로부터 받은바 너희 가운데 계신 성령의 전인 줄을 알지 못하느냐 너희는 너희의 것이 아니라 값으로 산 것이 되었으니 그런즉 너희 몸으로 하나님께 영광을 돌리라.

하나님 나라의 비밀

결론

하나님이 주신 아브라함의 부활신앙을 통하여서 이삭이 탄생하고 이삭의 후손을 통하여 구세주 예수님이 오시고 예수님의 십자의 보혈과 죽으심과 부활을 통하여서 구원의 문이 열렸습니다. 예수 믿으면 지금 구원받습니다.

예수님의 부활은 지금부활이다. 예수님은 지금도 살아 계셔서 지금 바로 역사하신다. 죽은 자도 살리신다. 예수님 안에는 불가능이 없다. 예수님은 창조주 하나님이시다.

그러므로 나도 지금 예수님을 모시고 지금 주님과 함께 재창조의 삶을 사는 것이다. 부활신앙은 불가능이 없는 것이다.

이것이 아브라함의 믿음이요 나의 믿음이다. 이삭의 부활, 나사로의 부활은 지금부활이다. 지금 모든 문제를 해결받으라. 날마다 부활신앙으로 살 수 있도록 기도하라. 날마다 순간마다 나의 주인으로부터 은혜를 받으라.

예수님은 부활하심을 통하여서 마귀 권세, 사망 권세 깨뜨리셨습니다. 예수님의 부활과 성령의 내주하심을 통하여서 하나님의 영원하신 사랑이 확증되었습니다.

예수님은 끝까지 하나님의 자녀들을 사랑하십니다.

구원의 확신과 사랑의 확신을 가지고 끝까지 승리하는 삶을 살아야 합니다.

예수님의 보혈의 능력을 믿고 십자가의 사랑을 주장하라.

반드시 이긴다. 십자가에서 다 이루었다. 아멘

제2편 내 영혼의 배를 수리하자

본문: 엡 5:26~27, 계 21:1, 요일 2:15~17

엡 5:26~27 이는 곧 물로 씻어 말씀으로 깨끗하게 하사 거룩하게 하시고 자기 앞에 영광스러운 교회로 세우사 티나 주름 잡힌 것이나 이런 것들이 없이 거룩하고 흠이 없게 하려 하심이니라

계 21:1 또 내가 새 하늘과 새 땅을 보니 처음 하늘과 처음 땅이 없어졌고 바다도 다시 있지 않더라.

요일 2:15~17 이 세상이나 세상에 있는 것들을 사랑치 말라 누구든지 세상을 사랑하면 아버지의 사랑이 그 속에 있지 아니하니 이는 세상에 있는 모든 것이 육신의 정욕과 안목의 정욕과 이생의 자랑이니 다 아버지께로 좇아 온 것이 아니요 세상으로 좇아 온 것이라 이 세상도, 그 정욕도 지나가되 오직하나님의 뜻을 행하는 이는 영원히 거하느니라.

1) 인생은 항해하는 배와 같다
죄악으로 충만한 험악한 이 세상을 살아가는 것은 파도치는 험한 바다를 항해하는 돛단배와 같다. 이 세상을 고해-험한 바다와 같다고 한다. 이 세상을 지배하고 속이는 원수마귀가 존재한다. 사람들은 이 세상 부귀영화에 속고 또 속고 산다. 세상 사람들은 보이는 이 세상만 있고 보이지 않는 영원한 세계는 없는 줄로 착각하고 있다. 이 세상은 영원한 세계의 그림자이다. 이 세상은 지나가는 것이다.

2) 요일 2:15~17 해설: 이 세상에 있는 모든 것이 세 가지이다
• 육신의 정욕: 욕망-육신이 원하는 것 → 육체에게 필요한 것들
• 안목의 정욕: 눈으로 보는 것 → 눈으로 만족 → 좋은 집 → 넓은 땅 → 좋은 차 → 보이는 아름다움 등이다.
• 이생의 자랑: 땅 위에 있는 것들을 자랑하는 것이다.

이 3가지는 땅에 있는 것, 육체가 요구하는 것, 보이는 것들은 마귀의 통로이다. 마귀가 속이는 것이다.

이 3가지는 지나가는 것이다. 영원히 있는 것이 아니다. 죽으면 나하고 상관이 없는 것이다. 사라지는 것이다. 불타 버리는 것이다.

이 3가지는 불신자 하나님의 자녀가 아닌 마귀의 자녀들이 원하는 것들이다. 예수 믿는 자녀들은 세상의 욕심에 대해서 죽은 자들이다. 세상을 따라가는 것이 아니고 예수님을 따라가는 사람들이다.

땅에 있는 것을 생각하지 말고 하늘의 것을 생각하라. 가치관의 변화이다(골 3:1~3).

아직도 땅에 것에 미련이 남아 있고 세상 것을 자랑하는 사람은 하나님의 자녀가 아니거나 믿음이 부족한 사람이다.

3) 4가지 무서운 적: 자아, 세상, 마귀, 죄

4) 성경본문 해석

계 21:1 또 내가 새 하늘과 새 땅을 보니 처음 하늘과 처음 땅이 없어졌고 바다도 다시 있지 않더라.

- 새 하늘과 새 땅: 새로운 심령
- 새사람, 새 생명: 모든 것이 새롭게 보인다
- 마음의 등불: 이 세상을 새롭게 바라본다, 정복의 대상이다, 마귀 세상이다, 모든 사람은 죄인이다, 마귀의 자녀들, 지옥 간다, 구원이 필요하다, 이 세상을 이긴다.
- 바다도 있지 않더라: 바다는 예언적인 용어, 세상, 성도의 마음속에 세상을 사랑하는 마음이 없다. 거룩한 심령이다. 사도 바울은 세상의 유익한 것들도 배설물로 여겼다.

5) 내 영혼의 배를 수리하라: 영혼이 중요하다, 온 천하보다 귀하다

이 세상을 잘 살아가려면 먼저 속사람인 영혼이 잘되어야 한다.

요삼 1:2 네 영혼이 잘됨같이 네가 범사에 잘되고 강건하기를 간구하노라.

영혼이 잘되어야 이 세상을 살아가는데 승리하며 마귀에게 속지 않고 살아갈 수가 있다.

6) 세상 물속에서 내 영혼을 건져 내야 한다

올여름 장마, 흙탕물에 휩쓸려 떠내려간다. 세상물은 흙탕물이다. 내 영혼이 살 수 없는 오염된 물이다. 이 세상을 사랑하면 내 영혼을 죽이는 것이다.

7) 딤전 4:5 하나님의 말씀과 기도로 거룩하여짐이니라

요 15:2~4 무릇 내게 있어 과실을 맺지 아니하는 가지는 아버지께서 이를 제해 버리시고 무릇 과실을 맺는 가지는 더 과실을 맺게 하려 하여 이를 깨끗케 하시느니라. 너희는 내가 일러 준 말로 이미 깨끗하였으니 내 안에 거하라 나도 너희 안에 거하리라 가지가 포도나무에 붙어 있지 아니하면 절로 과실을 맺을 수 없음같이 너희도 내 안에 있지 아니하면 그러하리라.

시 1:2 오직 여호와의 율법을 즐거워하여 그 율법을 주야로 묵상하는 자로다.

시 1:3 저는 시냇가에 심은 나무가 시절을 좇아 과실을 맺으며 그 잎사귀가 마르지 아니함 같으니 그 행사가 다 형통하리로다.

사 55:3 너희는 귀를 기울이고 내게 나아와 들으라 그리하면 너희 영혼이 살리라 내가 너희에게 영원한 언약을 세우리니 곧 다윗에게 허락한 확실한 은혜니라.

8) 노아의 홍수 때 역청을 발라서 방주에 물이 새지 않도록 하였다.

물이 들어오면 배는 침몰된다. 세상 물에 영혼이 침몰된다. 세상 물을 빼내고 성령과 말씀으로 가득 채워야 믿음으로 살 수 있다. 말씀이 믿음이다. 믿음이 세상을 이긴다.

9) 세상은 무서운 곳이다 내 영혼을 죽이는 곳이다

영혼 속에 들어와 있는 세상의 흙탕물, 오염된 물을 빼내야 한다. 그래야 내 영혼의 배가 영적 생활, 믿음 생활을 잘할 수 있다. 범사가 잘되고 건강하고 영혼의 열매를 맺게 된다. 전도가 잘된다. 세상 물을 끌어들이는 파이프는 tv, 핸드폰, 세상 친구, 세상 자랑, 세상 욕심이다. 이런 것들이 내 영혼을 침몰시킨다.

10) 교회는 영혼을 살리는 곳이다.

예수님의 몸이다. 세상 이야기하면 안 된다. 생수를 마셔라. 영적인 교회는 주와 동행하는 교회이다. 말씀으로 살도록 기도하고 은혜 받으라. 그리하면 범사가 잘된다.

하나님 나라의 비밀

11) 주님께 감사드리라 영적인 교회로 세워 주심에 감사드린다

12) 눅 13:23~24 혹이 여짜오되 주여 구원을 얻는 자가 적으니이까 저희에게 이르시되 좁은 문으로 들어가기를 힘쓰라 내가 너희에게 이르노니 들어가기를 구하여도 못하는 자가 많으리라.

주님은 구원받는 자가 아주 적다고 말씀하십니다. 십자가의 복음을 믿어야만 구원받습니다. 부활의 예수님을 나의 주인으로 영접하여 주인이 바꾸어져야 합니다. 그리고 영혼이 성장하여 날마다 주와 동거하는 믿음의 생활을 사는 은혜를 받아야 합니다.

결론

사 55:3 너희는 귀를 기울이고 내게 나아와 들으라 그리하면 너희 영혼이 살리라 내가 너희에게 영원한 언약을 세우리니 곧 다윗에게 허락한 확실한 은혜니라.

내 영혼이 살아서 힘을 얻을 때까지 말씀에 집중하고 또 집중하여야 한다. 말씀으로 영혼이 고쳐지고 성장한 사람을 세상을 이기고 이 세상을 무사히 항해할 수 있다. 마귀를 이기고 승리할 수 있다.

보혈의 능력을 의지하라. 십자가에서 다 이루시었다. 십자가의 피와 부활의 능력을 의지하라. 십자가의 보혈의 능력을 선포하라. 십자가의 하나님의 피로 승리하셨다.

부활의 능력을 선포하라. 성령님께서 역사하시고 승리를 주신다. 심령 속의 하나님 나라에서 성령님께서 말씀으로 나를 다스려 주시고 이 세상을 이기게 하신다.

내주하시는 성령님을 의지하고 하나님의 사랑을 확신하라.

하나님은 끝까지 우리를 사랑하신다. 십자가에서 죽으시기까지 자녀들을 사랑하신다(롬 5:8). 사랑의 확신을 가지고 승리합시다. 아멘.

제3편 지금부활의 권능으로 승리하자

본문: 요한복음 11:21~27

21. 마르다가 예수께 여짜오되 주께서 여기 계셨더면 내 오라비가 죽지 아니하였겠나이다
22. 그러나 나는 이제라도 주께서 무엇이든지 하나님께 구하시는 것을 하나님이 주실 줄을 아나이다
23. 예수께서 가라사대 네 오라비가 다시 살리라
24. 마르다가 가로되 마지막 날 부활에는 다시 살 줄을 내가 아나이다
25. 예수께서 가라사대 나는 부활이요 생명이니 나를 믿는 자는 죽어도 살겠고
26. 무릇 살아서 나를 믿는 자는 영원히 죽지 아니하리니 이것을 네가 믿느냐
27. 가로되 주여 그러하외다 주는 그리스도시요 세상에 오시는 하나님의 아들이신 줄 내가 믿나이다.

설교

1) 두 가지 부활

첫째 부활과 둘째 부활이 그것이다. 첫째 부활은 예수를 구주로 믿어 영생을 얻는 것을 말하는 것이요, 둘째 부활은 마지막 때에 주의 강림하시는 나팔소리와 함께 성도의 육체가 순식간에 홀연히 다 변화되어 썩지 아니하는 영광스러운 몸으로 변화되는 것이다.

그러므로 십자가에서 죽으셨다가 다시 사신 예수를 믿어 영생을 얻는 것은 첫째 부활이며 현재적인 부활이다. 그러나 주님이 다시 오실 때에 썩지 아니함으로 다시 사는 것은 둘째 부활인 것이다.

어리석은 사람들은 첫째 부활을 말하지 않고 둘째 부활을 말한다. 그것은 생활에 아무런 도움도 주지 못하는 부활이며 아무런 변화도 일어나지 않는 것이다. 나중에 다시 사는 것이 오늘의 죄인에게 무슨 유익이 될 것인가 나중에 부활은 성도에게 당연히 따라오는 부속물과 같은 것이다.

마르다는 예수님이 계셨더면 자기의 오라비가 죽지 않았을 것이라고 슬퍼하였다. 그가 생

각하는 부활은 재림 시에 몸의 부활을 말하고 있는 것이다.

그러나 주님의 말씀은 지금부활을 말씀하시는 것이다.

영혼이 구원받은 나사로는 몸이 죽었어도 지금 다시 살아날 수 있다는 말씀이다. 왜냐하면 예수님은 지금부활이요 생명이시기 때문이다.

2) 첫째 사망

첫째 사망은 모든 인류가 이 세상에 나올 때부터 가지고 나오는 것이다. 우리 조상 아담 한 사람으로 말미암아 죄가 들어오고 죄로 말미암아 사망이 왔다. 이 사망은 만인이 가지고 태어난 사망이다.

> **롬 5:12 이러므로 한 사람으로 말미암아 죄가 세상에 들어오고 죄로 말미암아 사망이 왔나니 이와 같이 모든 사람이 죄를 지었으므로 사망이 모든 사람에게 이르렀느니라.**

우리 조상 아담이 죄를 지음으로 모든 사람에게 미친 것이 첫째 사망이다.

이렇게 첫째 사망의 해를 받고 이 세상에 나온 죄인들은 하나님이 창조하신대로 영광스러운 생활을 살지 못한다. 그것을 성경은 저주라고 한다.

> **창 3:17 아담에게 이르시되 네가 네 아내의 말을 듣고 내가 너더러 먹지 말라 한 나무 실과를 먹었은즉 땅은 너로 인하여 저주를 받고 너는 종신토록 수고하여야 그 소산을 먹으리라**

이전에 하나님의 자녀로서 하나님의 다스림을 받아 살던 생활을 더 이상 살지 못하고 나면서부터 죄에 매여 종노릇 하는 삶을 살게 되었다.

하나님이 창조 때에 주셨던 바다의 고기와 공중의 새와 육축과 온 땅과 땅에 기는 모든 것을 다스리는 권세를 잃어버리고 여러 피조물과 같이 종노릇 하는 생활을 살게 된 것이다.

그러므로 세상의 일이 뜻대로 안되고 모든 것이 부족한 생활을 사는 것이다. 하나님의 사랑을 잃어버린 것도 저주이다. 인격의 무질서로 고장 난 인격을 가지고 사는 것도 저주이다.

날마다 죄를 짓고 그 죄를 하나라도 해결하지 못하고 사는 것도 영적인 사망으로부터 온 저주이다. 가정이나 직장이나 어디서든지 인간 사이에서 일어나는 모든 문제들도 영생을 잃어버린 저주로부터 온 것이다.

가난도 죄의 결과로 영생을 잃어버림으로부터 온 저주이다. 육체의 온갖 질병도 저주의 산물이다. 먹고 사는 것이 목적이 되고 돈을 벌어야 먹고 살기 때문에 돈을 버는 것이 목적이 되는 인생도 저주인 것이다. 이 모든 것이 첫째 사망을 가지고 태어난 모든 죄인들에게 임한 것이다.

그러므로 하나님의 가장 크고 급한 문제는 죽은 죄인들을 다시 살리셔야만 하는 사망의 문제를 해결하는 것이었다.

3) 세상의 구주로 오신 예수

이와 같은 인간의 사망과 저주를 담당하시기 위하여 하나님은 그 아들을 세상에 보내셨다.

그가 곧 예수 그리스도이다. 인자의 온 것은 섬김을 받으려 함이 아니라 도리어 섬기려 하고 자기 목숨을 많은 사람의 대속물로 주려 함이니라. 그는 십자가에서 죄인들이 당하는 모든 저주도 담당하심으로 인간의 저주를 다 풀어 주셨다.

> **갈 3:13 그리스도께서 우리를 위하여 저주를 받은바 되사 율법의 저주에서 우리를 속량하셨으니 기록된바 나무에 달린 자마다 저주 아래 있는 자라 하였음이라.**

그리고 다시 사신 부활의 능력으로 이 세상의 모든 죄인들을 구원하신 것이다.

> **고전 15:22 아담 안에서 모든 사람이 죽은 것같이 그리스도 안에서 모든 사람이 삶을 얻으리라.**

이것이 하나님의 첫째 사망에 빠진 인간들을 구원하사 영생을 주시는 첫째 부활이다.

4) 첫째 부활과 둘째 부활

첫째 부활은 첫째 사망으로 인하여 잃어버린 영생을 다시 찾아 주신 것이다. 첫째 부활은 예수를 믿을 때에 죽었던 영혼이 다시 살아나는 영생을 얻는 것이요, 둘째 부활은 죽어도 죽지 않는 생명인 영원한 생명을 선물로 받은 그리스도인들은 육체가 죽어도 심판에 이르지 않고 둘째 사망의 불 못에 던지움을 받지 않는 것이다.

요 5:24 내가 진실로 진실로 너희에게 이르노니 내 말을 듣고 또 나 보내신 이를 믿는 자는 영생을 얻었고 심판에 이르지 아니하나니 사망에서 생명으로 옮겼느니라.

5) 마르다의 믿음

마르다는 나중에 있을 자기 오라비의 육체의 부활을 믿었으나 그가 당장에 다시 살 것이라고는 생각하지 않았다. 그는 첫째 부활을 믿기보다는 둘째 부활을 믿은 것이다.

그러나 주님은 마르다에게 나사로가 지금 살 것을 말씀하셨다. 주님은 자신이 부활이요 생명이기 때문에 예수를 믿어 영생을 얻은 나사로는 지금 다시 살 수 있다고 말씀을 하신 것이다.

그러나 영생이 없는 부활은 불가능한 것이다. 오늘날도 마르다와 같은 생각을 가진 사람들이 많이 있다는 것이다. 곧 마지막 날에 부활만을 믿는 사람들이다. 부활에 있어서 육신의 부활은 영적인 부활에 종속이 되는 것이다. 영생을 얻은 사람에게는 육체의 부활은 부록과 같이 따라 오는 것이다.

그러나 영적으로 죽은 사람이 다시 살리심을 받은 영생의 선물을 받는 첫째 부활을 알지 못하면 다시 살지 못하고 둘째 사망의 해를 받게 되는데 그것은 꺼지지 않는 불 못에 던지움을 받는 것이다.

그러나 마르다와 같이 예수께서 세상의 구주이심을 믿어 영생을 얻고도 지금부활 지금생명을 믿지 아니하면 하나님의 자녀이면서도 죄인 되었을 때의 저주의 생활을 살 수밖에 없는 것이다.

첫째 부활의 권능이 생활 가운데 나타나서 받은바 하나님의 생명으로 죄를 이기고 저주를 이기는 생활을 사는 것이 참 그리스도인의 생활을 사는 것이다.

주님은 나중에 자기 오라비 나사로의 육체가 다시 살 것을 믿는다고 고백을 한 마르다에게 부활은 지금부활이며 생명도 지금생명이라고 말씀하셨다.

요 11:25~26 예수께서 가라사대 나는 부활이요 생명이니 나를 믿는 자는 죽어도 살겠고 무릇 살아서 나를 믿는 자는 영원히 죽지 아니하리니 이것을 네가 믿느냐

이 말씀에서 '나는 부활이요 생명이니'는 지금 현재 믿는 자에게 영생을 주시는 것을 말한다. 무릇 살아서 나를 믿는 자는 영원히 죽지 않는다고 말씀하신 것은 지금 영원히 죽지 않는 생명이 그의 안에 있기 때문에 죽어도 죽는 것이 아니라는 말씀이다.

그래서 성경은 믿은 성도의 죽음을 죽음이라고 말하지 않고 잠을 잔다고 말하는 것이다.

살전 4:13~14 형제들아 자는 자들에 관하여는 너희가 알지 못함을 우리가 원치 아니하노니 이는 소망 없는 다른 이와 같이 슬퍼하지 않게 하려 함이라 우리가 예수의 죽었다가 다시 사심을 믿을진대 이와 같이 예수 안에서 자는 자들도 하나님이 저와 함께 데리고 오시리라.

그래서 주님도 나사로에 관해서 제자들에게 말씀하실 때에도 죽었다고 말씀하시지 않고 잠들었다고 말씀하신 것이다.

요 11:11~12 이 말씀을 하신 후에 또 가라사대 우리 친구 나사로가 잠들었도다 그러나 내가 깨우러 가노라.

죽은 자를 잠자는 자처럼 깨우시는 것은 그의 안에 영생이 있기 때문이다(요 11:12). 내가 거기 있지 아니한 것을 너희를 위하여 기뻐하노니 이는 너희로 믿게 하려 함이라(요 11:15).

그러나 그에게로 가자 하신대. 그것은 첫째 부활을 믿고 그 부활에 참여한 성도들에게만 해당되는 은혜이다. 주님은 베다니에서 마르다에게 영생을 얻은 자인 나사로는 죽어도 죽지 않는 생명을 받은 사실을 말씀하시고 그의 죽은 육체를 지금 다시 살리시는 것을 말씀하신 것이다.

그것은 육체는 죽어도 영혼은 죽지 않는다는 말씀이며 영혼의 생명을 가진 자에게는 일어나는 육체의 죽음도 그의 안에 생명이 있기 때문에 잠을 자는 것과 같다고 말씀하신 것이다.

나사로는 잠들었다가 주님이 깨우셨으며 그 후에 죽은 것도 잠을 잔 것이고 나중에 마지막 날에 잠을 자는 그의 몸을 주님이 깨우시는 것이 둘째 부활이다.

6) 부활의 권능

첫째 부활에 참여한 자들은 둘째 사망이 그들을 다스리는 권세가 없다고 했다.

계 20:4~6 또 내가 보좌들을 보니 거기 앉은 자들이 있어 심판하는 권세를 받았더라 또 내가 보니 예수의 증거와 하나님의 말씀을 인하여 목 베임을 받은 자의 영혼들과 또 짐승과 그의 우상에게 경배하지도 아니하고 이마와 손에 그의 표를 받지도 아니한 자들이 살아서 그리스도로 더불어 천 년 동안 왕노릇하니 (그 나머지 죽은 자들은 그 천 년이 차기까지 살지 못하더라) 이는 첫째 부활이라. 이 첫째 부활에 참여하는 자들은 복이 있고 거룩하도다 둘째 사망이 그들을 다스리는 권세가 없고 도리어 그들이 하나님과 그리스도의 제사장이 되어 천 년 동안 그리스도로 더불어 왕노릇하리라.

예수를 믿어 하나님의 자녀가 된 그리스도인들은 첫째 부활에 참여한 자들이요 그들은 그리스도와 함께 왕노릇하는 생활을 사는 사람들이다.

롬 5:17 한 사람의 범죄를 인하여 사망이 그 한 사람으로 말미암아 왕노릇하였은즉 더욱 은혜와 의의 선물을 넘치게 받는 자들이 한 분 예수 그리스도로 말미암아 생명 안에서 왕노릇하리로다.

눅 22:28~30 너희는 나의 모든 시험 중에 항상 나와 함께한 자들인즉 내 아버지께서 나라를 내게 맡기신 것같이 나도 너희에게 맡겨 너희로 내 나라에 있어 내 상에서 먹고 마시며 또는 보좌에 앉아 이스라엘 열두 지파를 다스리게 하려 하노라.

부활은 죽었던 생명이 다시 사는 것이다. 부활의 생명은 부활의 생활을 수반하는 것이다. 부활의 생활은 부활의 권능으로 사는 것을 말한다.

부활의 권능으로 살 때에 죄인으로 살았을 때에 가지고 살았던 모든 저주와 모든 질병과 문제들이 다 떠나가고 해결되는 은혜가 임한다.

그것이 부활의 권능에 참여하는 것이다. 그렇게 사는 것이 그리스도와 함께 모든 문제를 다스리는 왕노릇을 하는 생활을 사는 것이다. 그것은 능치 못함이 없고 모든 것을 이기고 모든 것이 형통한 생활을 사는 것이다.

빌 3:10~11 내가 그리스도와 그 부활의 권능과 그 고난에 참여함을 알려 하여 그의 죽으심을 본받아 어찌하든지 죽은 자 가운데서 부활에 이르려 하노니.

바울은 그리스도의 죽으심을 본받기 위해 날마다 죽는 생활을 살았다. 그에게는 날마다 죽는 것이 자랑거리였다.

고전 15:31 형제들아 내가 그리스도 예수 우리 주 안에서 가진 바 너희에게 대한 나의 자랑을 두고 단언하노니 나는 날마다 죽노라.

그것은 내가 그리스도와 함께 십자가에 죽은 것을 믿는 것이다. 그래야 내 안에 주님이 나를 살아 주시는 은혜가 임하는 것이다. 그것이 부활의 권능에 참여하는 것이다.

갈 2:20 내가 그리스도와 함께 십자가에 못 박혔나니 그런즉 이제는 내가 산 것이 아니요 오직 내 안에 그리스도께서 사신 것이라 이제 내가 육체 가운데 사는 것은 나를 사랑하사 나를 위하여 자기 몸을 버리신 하나님의 아들을 믿는 믿음 안에서 사는 것이라.

주님은 그의 제자들에게 날마다 자기를 부인하고 자기 십자가를 지고 주를 쫓으라고 명령하셨다.

눅 9:23 또 무리에게 이르시되 아무든지 나를 따라오려거든 자기를 부인하고 날마다 제 십자가를 지고 나를 쫓을 것이니라.

이 말씀은 오늘날도 영생을 얻어 그 생명으로 주님을 날마다 따르는 제자들에게도 해당되는 말씀이다.

그리스도와 함께 부활의 권능으로 왕노릇하는 생활을 사는 사람은 죽은 것은 버리고 살리신 것을 가지고 사는 것이다. 그렇게 사는 것이 곧 다시 살리심을 받은 부활의 권능으로 사는 것이다.

결론

예수님이 십자가에서 피 흘리고 죽으시고 부활승리를 통하여서 우리에게 성령을 보내 주시고 성령님의 내주하심을 통하여서 하나님의 사랑을 확증하셨습니다(롬 5:8). 하나님은 끝까지 자녀들을 사랑하십니다.

구원의 확신. 아버지 하나님의 사랑의 확신을 가지고 원수 마귀를 이기고 세상을 이기고 승리합시다. 지금부활을 믿고 지금 승리를 주시는 부활의 능력으로 살아갑시다.

지금부활의 생명, 영생으로 사는 생활을 살아갑시다.

지금부활의 권능이 오늘도 개인과 교회와 가정과 직장에 나타나시기를 간절히 축원합니다.

13
인생의 모든 문제를
해결받는 믿음

인생의 모든 문제를 해결받는 길을 말씀드리고자 합니다.

1) 주 예수를 믿으라

인생의 모든 문제는 하나님 아버지를 떠났기 때문입니다. 아버지 하나님과 함께 사는 것이 사람창조의 목적인데 사람이 범죄함으로 아버지 하나님을 잃어버리게 되었습니다. 잃어버린 아버지 하나님을 다시 찾는 것이 인생의 목표입니다.

인생의 모든 문제는 돈과 환경과 저주의 문제가 아니라 죄의 문제입니다. 모든 문제는 아버지 하나님을 떠난 죄의 문제입니다.

행16:31 주 예수를 믿으라 그리하면 너와 네집이 구원을 얻으리라.

하나님은 주 예수님의 십자가에 피 흘려 죽으심과 부활하심을 통하여서 재창조, 구원의 길을 열어 놓으셨습니다.

주 예수님을 나의 주인으로 구세주로 모시면 구원을 얻습니다. 예수를 믿으면 죄의 문제, 저주의 문제가 해결됩니다.

그리고 인생의 영육간의 모든 문제가 해결됩니다.

2) 예수님 믿어도 문제의 해결이 잘 안되는 경우가 있습니다

그 이유는 예수님을 잘못 믿기 때문입니다. 믿음의 문제입니다. 믿음이 성장해야 합니다. 예수님을 믿는다는 것은 죄인이었던 옛사람, 자아를 부인하고 주예수님을 나의 주인으로 모시고 주님과 동행하며 친밀하게 사랑하며 순종하는 것입니다. 주님과 동거, 동행하며 순종하며 주님의 일꾼으로 쓰임받으면 모든 문제가 해결되며 형통한 삶을 살며 풍성한 열매를 맺게 되는 것입니다.

3) 믿음이 성장하려면 어떻게 하여야 합니까?

마6:33 너희는 먼저 그의 나라와 그의 의를 구하라 그리하면 이 모든것을 너희에게 더하시리라.

우선 하나님과 동행하는 하나님나라의 삶을 구하여야 합니다. 하나님과의 친밀함과 거룩함을 구하여야 합니다.

하나님과 함께 살지 아니하면 도움을 제대로 받을 수가 없습니다.

약4:3 구하여도 받지 못함은 정욕으로 쓰려고 잘못 구함이니라.

정욕이 앞선 기도는 이루어지지 않습니다. 기도의 우선순위가 아주 중요합니다. 주님의 얼굴을 구하고 주님을 목숨을 다하여 사랑하고 친밀하게 되도록 간구해야 합니다. 말씀보고 기도하고 전도하고 교제하고 회개하는 경건생활이 잘되어야 합니다.

마음속에서 생수가 터져 나올 때까지 영적인 것과 육적인 것의 구별이 될 때까지 내 영혼이 힘 있게 말씀으로 살 때까지 집중해서 계속해서 말씀을 읽고 듣고 묵상하는 은혜를 받아야 합니다. 주님으로 양육 받는 기간 최소 3년 반 이상 필요합니다.

마음을 강하게 하고 담대히 하여 반드시 세상 환경을 이기고 말씀을 주야로 묵상하여야 합니다. 다른 길은 없습니다.

4) 기도해도 잘 안되는 경우가 있습니다

렘29:13 너희가 전심으로 나를 찾고 찾으면 나를 만나리라.

대하16:9 여호와의 눈은 온 땅을 두루 감찰하사 전심으로 자기에게 향하는 자를 위하여 능력을 베푸시나니.

반심으로 기도하면 안 되고 전심을 다하여 기도하면 됩니다. 죽을 각오로 기도하면 안 될 것이 없습니다.

5) 문제는 내 믿음의 문제입니다

예수님께서 십자가에서 모든 문제를 다 이루어 놓으셨습니다.

내 몸이 성전입니다. 주님은 내 안에 계시고 모든 문제를 다 알고 계십니다. 주님은 나와 하나이고 일체입니다. 항상 함께하십니다.

마28:20 볼찌어다 내가 세상 끝날까지 너희와 항상 함께 있으리라.

빌4:13 내게 능력 주시는 자 안에서 내가 모든 것을 할 수 있느니라.

믿음이 좋으면 문제가 해결될 때까지 부르짖어 기도하고 목숨을 걸고 기도하면 반드시 문제를 해결받게 될 것입니다.

6) 예화: 눅 18장 8절 과부의 기도, 마 9장 2절 침상에 누운 중풍병자 등

인생에 있어서 가장 중요한 것은 하나님의 뜻과 계획을 알고 성취하는 은혜를 받는 것입니다. 인생의 분명한 목적을 알고 행하는 것입니다. 그것은 사람이 잃어버린 하나님의 형상과 모양으로 회복하는 것입니다(창 1:26).

심령 속에서 예수님과의 실제적이고 능력 있는 생활을 사는 것입니다. 주님과 함께 왕 같은 제사장의 삶을 사는 것입니다. 하나님의 나라가 심령 속에 이루어져서 예수님의 다스림을 받고 예수님과 사랑의 생활이 나타나는 것입니다. 예수님의 인격으로 변화받아 예수님과 동행, 동거하며 친밀하여지므로 풍성한 영혼의 열매를 맺는 어부가 되는 것입니다(마 4:19). 예수님께서 나를 통하여서 나타나는 것입니다. 즉 작은 예수가 되는 것입니다. 예수님을 인격적으로 닮는 것입니다.

하나님을 대적하는 모든 생각을 사로잡아 예수님께로 집중하는 것입니다. 전심을 다하여 주 예수님과 동행, 동거하는 것입니다. 부활신앙을 가지고 날마다 승리하는 삶을 사는 것입니다.

주님과 동행의 비결은 말씀에 순종하는 것과 거룩함입니다. 순종은 은혜로만 됩니다. 성령의 역사와 인도하심 있어야만 가능한 것입니다. 성령의 인도하심을 간절히 구하면 순종할 수 있는 거룩한 능력과 축복이 나타납니다. 거룩한 순종의 능력과 축복이 나타나기를 목숨 걸고 기도해야 합니다. 성령으로 사랑해야 합니다. 예수님의 증인이 되어야 합니다.

불순종은 사술의 죄와 같습니다.

삼상 15:22 사무엘이 가로되 여호와께서 번제와 다른 제사를 그 목소리 순종하는 것을 좋아하심같이 좋아하시겠나이까 순종이 제사보다 낫고 듣는 것이 숫양의 기름보다 나으니 이는 거역하는 것은 사술의 죄와 같고 완고한 것은 사신우상에게 절하는 죄와 같음이라 왕이 여호와의 말씀을 버렸으므로 여호와께서도 왕을 버려 왕이 되지 못하게 하셨나이다.

많은 사람들은 복 받기를 소원합니다. 복을 받아야 살기 때문입니다. 복에는 두 가지 복이 있습니다. 하나는 찾는 복이요 하나는 받는 복입니다.

복은 하나님만이 주실 수 있습니다. 하나님을 먼저 만나서 친밀하여지는 복을 받는 것입니다.

복에는 영원한 영적인 복이 있고 썩어서 없어지는 육신의 복, 땅에 속한 복이 있습니다.

영혼이 먼저 주 예수님과 친밀하여져야 범사가 잘되고 강건하게 되는 것입니다. 많은 사람들은 하나님을 찾아서 만나서 친밀하여지는 복을 먼저 구하지 않고서 세상의 복만 받으려고 하는데 이것은 크게 잘못된 것입니다.

하나님을 찾는 복이 마태복음 5장에 있는 8복입니다.

마 6:33 그리고 너희는 먼저 그의 나라와 그의 의를 구하라 그리하면 이 모든 것을 너희에게 더하시리라.

성령님은 말씀을 통하여서 내 허물과 죄를 깨닫게 하시고 자백하게 하시어서 내 영혼을 깨끗하게 씻어 주시고 하나님과 사귐을 가질 수 있도록 은혜를 부어 주십니다. 먼저 내 심령 속에서 하나님의 다스림과 거룩함이 이루어질 수 있도록 기도해서 받아야 합니다.

내 몸이 하나님의 성전이요 마음속에 하나님의 나라가 있습니다. 구원은 예수님의 십자가와 보혈을 통하여서 성령의 거듭나게 하심으로 이루어집니다.

예수님은 나 같은 죄인들을 위하여 십자가에서 피 흘려 죽으심으로 나 대신 심판을 받아 주시고 내 모든 죗값을 청산하시고 나를 하나님의 자녀로 하나님의 종으로 불러 주셨습니다.

이제는 나는 내 것이 아니고 주님의 것입니다. 오직 주님만을 위하여 살고 주님께서 나 대신 살아 주시며 주님만을 위하여 쓰임 받는 주님의 종이 된 것입니다. 이것이 참된 구원입니다(고후 5:15, 갈 2:20).

십자가의 은혜를 통하여서 완전하게 새로운 생명, 새로운 사람, 새로운 생활, 새로운 가치관, 새로운 방식으로 생활하는 것입니다. 전에는 마귀의 통치 아래에 있었지만은 이제는 예수님의 통치 아래에 있게 된 것입니다.

전에는 죄의 종으로 있었지만은 이제는 의의 종이 된 것입니다.

죄로부터 마귀로부터 자유함을 얻었습니다.

마귀의 나라로부터 하나님의 나라로 옮겨졌습니다. 신분이 바뀌었습니다. 이제는 고아의 생활을 청산하고 잃어버린 아버지 하나님을 찾아서 만나서 함께 사는 은혜를 받았습니다. 예수님은 나의 왕 나의 신랑, 나의 주인, 나의 하나님이 되십니다.

죄인인 옛사람, 무능한 자아, 저주 아래에 있던 나는 십자가에서 죽고 하나님의 자녀인 새 사람으로 거듭났습니다. 십자가의 피를 통하여서 나의 관점이 완전히 달라졌다는 것을 확실하게 알아야 합니다. 주 안에서 능력의 사람이 된 것입니다. 할렐루야!.

이제는 예수님의 생명인 영적인 생명으로 생활하는 것입니다. 영혼의 성장, 즉 영적인 전쟁에서 승리하는 것, 복음전파, 예수님을 닮는 것, 예수님과 동행, 동거하는 것, 성령으로 충만한 생활, 완전한 사람, 완전한 사랑, 영혼의 열매를 맺는 것, 예수님을 부활을 전하는 증인의 삶을 사는 것 등.

이것이야말로 하나님의 형상과 모양으로 회복된 것입니다. 이것보다 더 귀한 것은 없습니다. 이것이 하나님의 뜻과 계획이요 인생의 분명한 목적이요 목표가 되는 것입니다.

이 모든 것은 십자가의 보혈의 은혜로만 됩니다. 모든 것은 십자가의 피로부터 출발합니다. 십자가의 도는 모든 것의 원동력이요, 발전소와 같습니다.

십자가의 보혈의 은혜를 간절히 구하여 받아야만 합니다. 십자가에서 예수님께서 구원의 역사를 다 이루어 놓으셨습니다(요 19:30).

예수님은 사랑이십니다. 사랑의 영이신 성령님께서 나를 통해서 일하실 때까지 기도하며 기다려야 합니다. 포도나무 가지의 열매는 사랑의 열매입니다.

주님은 나를 통해서 풍성한 사랑의 열매를 맺기를 원하십니다. 성령의 임재와 역사하심으로 순종하여 믿음으로 사랑을 실천할 때에 열매가 나타납니다.

사랑 안에 하나님이 계십니다. 사랑 안에서 기적은 일어납니다.

우리에게는 **4대 적**이 있습니다. 자아, 마귀, 세상, 죄악입니다. 우리는 주님을 의지하여 승리하여야 합니다.

사람에게는 **2가지 생명**이 있습니다. 영적인 생명과 육적인 생명입니다. 영적인 생명은 하늘 아버지께로부터 왔고 육적인 생명은 부모로부터 온 땅에 속한 생명입니다. 육적인 생명은 십자가에서 죽은 생명입니다.

성도는 하나님의 생명인 최고의 가치가 있는 영적인 생명으로 살아야 합니다.

인류의 역사는 구속사입니다. 사람이 하나님의 구속역사에 참여하는 것이 최고의 축복입니다. 개개인의 생활이 매일 하나님의 구원역사에 쓰임 받는 것이 최고의 가치가 있는 일입니다.

저는 고난 받기 전에는 육신적이고 기복적인 신앙관을 가지고 있었습니다. 즉 하나님께 기도하여 나의 육신이 잘되는 것만이 신앙생활인 줄로 잘못 알고 있었습니다. 예수님 자신보다도 세상적인 복을 더 구하였습니다.

만왕의 왕이 되시는 예수님을 나의 몸의 주인과 왕으로 모시고 오직 주님만 의지하고 주님께 다스림 받고 주님의 일을 위하여 쓰임 받아야만 된다는 사실도 잘 모르고 살았습니다. 썩어지고 없어지는 육신을 위하여 사는 것이 우상숭배인 것을 잘 알지 못하였습니다.

그러나 저에게 홀연히 예고 없이 찾아온 약 12년 동안의 고난과 연단을 받은 후에는 (부채가 약 8억 원—약 70만 달러—부채는 하나님이 해결하여 주셨습니다.) 내 자아가 생활의 중심이 된 것이 우상숭배인 것을 깨달아 알게 되었습니다.

이제는 날마다 내 영혼이 경건 생활을 통하여 성장하여 예수님을 닮아 가고 내 자아가 날마다 십자가에서 죽었음을 확인하고 철저하게 부인하는 훈련이 필요하다는 것도 알게 되었습니다. 그리고 날마다 주님과 동행하고 동역하는 것이 하나님의 뜻임을 뼈저리게 깨닫게 되었습니다.

주 예수님은 지옥 갈 수밖에 없는 이 죄인을 핏값을 주고 사셨습니다. 내 몸이 내 것이 아니고 주님의 것이라는 것도 말씀을 통하여서 알게 되었습니다. 내 몸을 온전히 100% 주님께 드리는 것이 당연한 것이며 승리의 길입니다.

오직 주 예수님만을 의지하며 이 몸으로 주님만을 위하여 쓰임 받고 영광을 드리는 것이 참구원이요 참복입니다. 이것이 하나님의 한없는 은혜입니다.

이 길 외에 더 좋은 다른 길은 없습니다.

이에 불순종하면 끝없는 고난이 찾아옵니다. 순종하는 길. 하나님의 뜻에 항복하는 길밖에는 없습니다.

벧전 4:1~3 그리스도께서 이미 육체의 고난을 받으셨으니 너희도 같은 마음으로 갑옷을 삼으라 이는 육체의 고난을 받은 자가 죄를 그쳤음이니 그 후로는 다시 사람의 정욕을 좇지 않고 오직 하나님의 뜻을 좇아 육체의 남은 때를 살게 하려 함이라 너희가 음란과 정욕과 술 취함과 방탕과 연락과 무법한 우상숭배를 하여 이방인의 뜻을

좋아 행한 것이 지나간 때가 족하도다.

인류의 모든 역사는 영혼을 구원하는 구속의 역사입니다.

십자가의 보혈로 구원의 문이 활짝 열려 있습니다. 주 예수님께서 재림하시기 전에 또 우리가 이 세상을 떠나가기 전에 구원 사역의 마감 시간이 이르기 전에 하나님의 구원 사역에 귀하게 쓰임 받는 여러분들 되시기를 바랍니다.

부활신앙을 가지고 날마다 승리하시기를 바랍니다. 부활 공동체, 영적인 공동체가 이루어지시기를 소망합니다.

이 영적인 진리의 전쟁에서 승리함으로 아버지 하나님께 영광을 드리는 은혜가 충만하게 임하시기를 주 예수님의 이름으로 축원합니다.

| 이 교재의 사용법 |

먼저 성경을 많이 읽고 묵상해야 합니다. 영과 혼이 갈라질 때까지(히 4:12), 내 영혼이 살아날 때까지(사 55:3), 영적인 말씀이 육신적인 욕망을 제어할 때까지 계속해서 읽고 묵상해야 합니다.

말씀으로 살아질 때까지 계속해서 묵상하고 기도하는 골방 생활, 바울의 아라비아 생활 3년 이상이 필요합니다.

제자들처럼 주님으로부터 양육받는 1,260일이 필요합니다.

성령과 말씀의 생명수가 터져 나올 때까지 계속해야 합니다.

전심을 다하여야 합니다. 반심으로는 안 됩니다.

그리고 이 보조 교재를 사용하시면 영적인 사람이 되는 데 큰 효과가 있으며 시간을 최대한 단축할 수가 있습니다.

자신감과 확신을 가지고 반복하여 사용하셔야 합니다. 말씀이 심령 속에 심겨질 때까지 100번 이상 입으로 시인하고 묵상하셔야 합니다.

내 생각이 영적인 생각, 말씀의 생각으로 바꾸어질 때까지 반복하여야 합니다.

모든 것은 주님의 은혜로 되기 때문에 기도하시면서 확신을 가지고 사용하시기 바랍니다.

모든 교회 위에 거룩한 부흥이 속히 임하시기를 간절히 기도드립니다. 주 예수님께 감사와 찬송과 영광을 드립니다.

* 그동안 영적으로 많은 도움을 주신 이유빈 장로님과 여러 목사님들과 여러 성도님들과 좋은땅출판사 편집팀분들에게 진심으로 감사를 드립니다.
* 본 교재는 주일예배, 구역예배, 가정예배, 각종예배, 기도모임, 부흥회, 수련회, 각종 모임에 다방면으로 사용할 수 있습니다.

하나님 나라의
비밀

ⓒ 이을휘, 2021

초판 1쇄 발행 2021년 3월 30일

지은이   이을휘
펴낸이   이기봉
편집   좋은땅 편집팀
펴낸곳   도서출판 좋은땅
주소   서울 마포구 성지길 25 보광빌딩 2층
전화   02)374-8616~7
팩스   02)374-8614
이메일   gworldbook@naver.com
홈페이지   www.g-world.co.kr

ISBN   979-11-6649-457-4 (03230)